POCHES ODILE JACOB

W0310598

LE NOUVEL INCONSCIENT

LIONEL NACCACHE

LE NOUVEL INCONSCIENT

Freud, Christophe Colomb des neurosciences

Odile Jacob
poches

© Odile Jacob, 2006, février 2009
15, rue Soufflot, 75005 Paris

www.odilejacob.fr

ISBN : 978-2-7381-2213-1
ISSN : 1621-0654

Le Code de la propriété intellectuelle n'autorisant, aux termes de l'article L.122-5, 2° et 3° a, d'une part, que les « copies ou reproductions strictement réservées à l'usage privé du copiste et non destinées à une utilisation collective » et, d'autre part, que les analyses et les courtes citations dans un but d'exemple et d'illustration, « toute représentation ou reproduction intégrale ou partielle faite sans le consentement de l'auteur ou de ses ayants droit ou ayants cause est illicite » (art. L. 122-4). Cette représentation ou reproduction, par quelque procédé que ce soit, constituerait donc une contrefaçon sanctionnée par les articles L. 335-2 et suivants du Code de la propriété intellectuelle.

À Karine, Nathan et Gabriel

Avant-propos

Nous ouvrons les yeux et notre esprit s'emplit aussitôt de perceptions dont nous avons conscience. Chaque jour de notre existence, nous concevons des intentions conscientes que nous traduisons en actions volontaires, nous nourrissons des désirs conscients, nous éprouvons des sentiments conscients, nous convoquons des souvenirs conscients, et nous nous abandonnons parfois à des rêveries conscientes. Malgré leur omniprésence familière et rassurante, ces cogitations conscientes n'épuisent pas pour autant l'ensemble des processus qui agitent nos esprits. Comment parvenir à connaître cette face cachée de notre *psyché* dont nous ne faisons, par définition, jamais l'expérience à la première personne ?

De nombreux explorateurs de la vie mentale, dont Freud, sont partis à la découverte de ce qui est au-delà de l'horizon de notre conscience. Chacun de ces voyageurs nous a livré son récit sous la forme de théories de l'inconscient. Je vous invite dans ce livre à une nouvelle odyssée, placée sous les auspices des neurosciences de l'esprit. Nous allons ainsi découvrir, dans la première partie de cet ouvrage, le portrait vivant de l'inconscient contemporain tel qu'il se révèle dans la tranquillité de nombreux laboratoires de recherche depuis la fin des années 1970. Ce nouveau champ de savoir est issu d'un ménage à trois dont les protagonistes sont la psychologie cognitive, l'imagerie cérébrale fonctionnelle et la neuropsychologie clinique.

La psychologie cognitive a transformé notre conception de la vie mentale en faisant le choix de la décrire comme un ensemble d'opérations et de processus qui manipulent de l'information. En rupture avec les anciennes métaphores énergétiques ou réflexes du mental, cette nouvelle psychologie a stimulé une riche recherche expérimentale qui s'est avérée particulièrement productive dans l'exploration de l'inconscient cognitif.

L'imagerie cérébrale fonctionnelle, qui utilise actuellement de nombreuses techniques complémentaires, permet d'observer avec une résolution spatiale et une précision temporelle parfois très fines, un cerveau « en action ». Grâce à elle, il devient donc enfin possible de mettre en images notre inconscient cognitif, ainsi que notre conscience. La phrénologie inventée par Gall vers la fin du XVIIIe siècle dans la perspective, largement illusoire, de pouvoir deviner les capacités intellectuelles et les valeurs morales des individus à travers l'étude des bosses de leur crâne a contribué à jeter un certain discrédit au projet plus général de lire le contenu de l'esprit en observant le cerveau penser.

Aujourd'hui, ces méthodes d'imagerie cérébrale fonctionnelle qui peuvent apparaître comme une néophrénologie en gestation et à ce titre qui parfois effrayent, méritent, je le crois, d'être expliquées au plus grand nombre afin d'en démystifier le contenu et d'en saisir les aspects les plus profonds.

La neuropsychologie clinique, enfin, est le troisième partenaire de cette aventure scientifique. Cette branche de la psychologie s'intéresse aux mécanismes qui perturbent le fonctionnement psychique chez des malades souffrant de lésions cérébrales ou d'autres affections du système nerveux central. Si les théories de l'inconscient formulées au cours du XIXe siècle et de la première moitié du XXe siècle s'étaient déjà construites sur les données immédiates de l'observation de tels patients – des malades amnésiques observés par Korsakov aux patients épileptiques analysés par Jackson, en passant par les hystériques de Charcot et par les névrosés de Freud et Janet –, les neurosciences cognitives modernes de l'inconscient se construisent elles aussi à partir de l'étude de nombreux patients. Ces malades nous apportent la source d'information la plus précieuse sur le fonctionnement de notre vie mentale, en révélant de manière spectaculaire l'existence de phénomènes que nul chercheur n'aurait pu imaginer. Souvent, ces propriétés, qui sont initialement découvertes chez des patients atteints de maladies neurologiques, s'avèrent ensuite généralisables à la cognition du sujet sain à l'aide d'expériences de psychologie cognitive combinées à des méthodes d'imagerie cérébrale fonctionnelle. Il existe dans ces allers et retours incessants entre les patients neurologiques ou psychiatriques et les sujets sains une dimension humaniste authentique qui se déploie à travers les liens qui unissent ces individus dont la vie mentale a été affectée par les contingences de la maladie avec les « bien portants » que nous sommes. J'espère parvenir à exprimer la reconnaissance que nous devons à ces femmes et à ces hommes malades qui apportent une contribution majeure à la formulation des théories les plus générales de la vie mentale et de ses bases cérébrales.

Le parcours que nous emprunterons pour explorer l'inconscient cognitif suit un ordre croissant de surprise dans le dévoilement de la richesse de notre vie mentale inconsciente. Nous sommes en effet passés en moins de quarante ans d'une conception scientifique d'un inconscient archaïque du point de vue de ses fondements anatomiques cérébraux, d'un inconscient stupide automatique et réflexe du point de vue de ses fonctions mentales, à celle d'un inconscient autrement plus riche et élaboré sur les plans fonctionnel et anatomique. Cette conception moderne nous conduira à reconnaître notamment l'existence de représentations mentales inconscientes très abstraites et complexes qui coexistent avec nos pensées conscientes. En ce sens, la richesse de la vie mentale inconsciente, longtemps insoupçonnée et même niée par les neurosciences, semble résonner comme une confirmation scientifique de certaines affirmations de Freud, pour lequel l'existence de pensées inconscientes élaborées ne faisait pas l'ombre d'un doute.

Cette transformation radicale de notre conception scientifique de l'inconscient nous conduira alors à nous interroger sur la nature de ses limites éventuelles : existe-t-il des propriétés psychologiques qui seraient le propre de notre vie consciente, et dont seraient ainsi dépourvus nos processus mentaux inconscients ? C'est l'objet de la deuxième partie de ce livre qui s'intitule « Neurosciences de la conscience » à l'issue de laquelle nous disposerons d'une description relativement précise de ce qu'est – et aussi de ce que n'est pas – notre vie mentale inconsciente.

À la lumière de ces connaissances scientifiques récentes, nous serons alors en mesure, dans la troisième et dernière partie de cet ouvrage, de comparer le modèle contemporain de l'inconscient cognitif avec celui proposé par Sigmund Freud. Mon intérêt pour cette « confrontation » tient à deux motivations profondes.

Tout d'abord, le concept d'inconscient a été largement diffusé par l'œuvre de Freud et, au-delà du champ de la pratique psychanalytique, ses idées continuent à façonner nombre des représentations artistiques et culturelles de notre vie mentale inconsciente. Élaborer un discours contemporain sur l'inconscient, et faire l'économie d'une discussion de la pensée freudienne relèverait, je le crois, du mépris ou de l'ignorance, bref d'une forme de barbarie intellectuelle. Je m'efforcerai de conduire cette discussion en évitant les deux écueils qui guettent ce genre d'exercice : le « dialogue de sourds » où neuroscientifiques et psychanalystes s'invectivent superbement sans parvenir à créer un véritable échange, et la « grand-messe œcuménique » qui célèbre la réconciliation tant attendue entre professionnels du divan et obsédés du neurone, en cultivant les analogies possibles entre ces deux conceptions tout en fermant les yeux sur les motifs d'opposition radicale qui parfois les distinguent.

La seconde motivation qui m'anime pour revenir vers Freud est plus personnelle. Je ne suis pas psychanalyste et je ne revendique aucune expertise de l'œuvre théorique de Freud. Je suis un simple lecteur, de longue date, des écrits de Freud dont j'admire le parcours. Neurologue et chercheur en neurosciences de la cognition, je ne peux ignorer le mystère que constitue le « cas Freud » qui s'offre à moi chaque matin lorsque je traverse les allées de l'hôpital de la Salpêtrière empruntées par Freud lui-même il y a plus d'un siècle. Comment une culture neurologique et expérimentale traditionnelle, dans laquelle je me reconnais moi-même, a pu conduire Sigmund Freud à abandonner, dans la plus grande sérénité, son rapport initial aux sciences du système nerveux – qui ne s'appelaient pas encore neurosciences – pour élaborer la psychanalyse ? Prendre cette énigme au sérieux revient à emprunter soi-même, un siècle de neurosciences plus tard, le chemin intellectuel suivi par Freud et, une fois arrivé au terme de son parcours, se poser la question suivante : où suis-je ? Quelle est pour nous aujourd'hui la signification de l'« inconscient » freudien ?

Nous aurons alors la surprise de découvrir que le lieu fabuleux où nos pas nous aurons conduits en suivant les empreintes de Freud n'est pas du tout celui vers lequel il croyait lui-même se rendre. En hommage au fondateur de la psychanalyse, qui cultivait l'art de la métaphore à un degré inégalé de justesse, je me permettrai de faire à mon tour usage de cette figure de style. La thèse que je défends dans cet essai peut en effet être illustrée par la métaphore suivante : Freud peut être envisagé comme le Christophe Colomb de notre univers mental. À l'image de Colomb qui nous fit cadeau d'un nouveau continent, nous reconnaissons dans l'« inconscient » de Freud une immense découverte psychologique qui a révolutionné la connaissance que nous avons de nous-mêmes. L'analogie entre ces deux voyageurs ne se limite cependant pas à ce premier point. À l'image de Colomb qui explorait les Amériques en étant persuadé de découvrir les Indes, Freud commit lui aussi une erreur. L'« erreur de Freud » fut de croire découvrir l'« inconscient », alors qu'il nous dévoilait l'essence profonde de notre conscience !

Au-delà des analogies et des oppositions entre l'inconscient freudien et l'inconscient cognitif, je montrerai que la posture même du discours freudien détient une clé essentielle de notre faculté à construire notre pensée consciente. Cette clé de la conscience découverte par Freud, à son insu, peut aujourd'hui être pleinement comprise à la lumière d'expériences récentes des neurosciences de l'esprit.

Cette nouvelle interprétation de l'inconscient freudien, conjuguée à l'exposition préalable de l'inconscient cognitif contemporain, dessinent ensemble le portrait de ce *Nouvel Inconscient* qui donne son titre au présent essai.

Première partie

L'« INCONSCIENT CONTEMPORAIN »

CHAPITRE PREMIER

Qui regarde ce que je ne vois pas ?

La vision aveugle

Je vous propose, sans plus attendre, une première rencontre avec ces processus mentaux inconscients étudiés par les neurosciences contemporaines. Transportons-nous par la pensée en 1972, dans un laboratoire nord-américain de la côte est et faisons connaissance avec un syndrome neurologique qui n'aura bientôt plus de secret pour vous : le *blindsight* ou la vision aveugle.

Un homme est assis à une table face à un écran d'ordinateur. Un observateur extérieur ne s'en rendrait probablement pas compte de manière immédiate, mais cet homme souffre d'un handicap visuel alors que ses yeux, eux, ne présentent aucune pathologie. Il ne voit pas dans toute une partie de son champ visuel. Cette forme de cécité partielle bien connue de la neurologie a reçu depuis plus d'un siècle son « nom-jargon » de baptême qui authentifie son intégration officielle au sein du vaste savoir médical : le patient dont nous parlons présente un *scotome hémi-anopsique d'origine corticale*. Bref, il ne voit rien dans la partie droite de son champ visuel consécutivement à une lésion cérébrale. En effet, si on explorait l'anatomie cérébrale de ce patient par un examen d'imagerie médicale tel qu'un scanner ou une IRM (imagerie par résonance magnétique), on confirmerait l'existence d'une destruction d'une région essentielle à la vision qui siège dans le cortex occipital de l'hémisphère gauche, tout à l'arrière de notre tête. Lorsqu'on lui demande de fixer son regard droit devant lui et qu'on lui présente des petits objets lumineux qui sont brièvement flashés dans la moitié droite de son champ visuel, ce patient répète inlassablement qu'il ne les voit pas. Soit. Cette brève scène de consultation-fiction n'aurait pas eu grand-chose de plus à nous apprendre jusqu'en 1973. Cette année-là, trois chercheurs du Massachusetts Institute of Technology (MIT) à Boston révolutionnèrent notre compréhension de cette forme de cécité cérébrale : ils osèrent dépasser le simple recueil des impressions subjectives de ce malade. Lorsque celui-ci affirme ne pas avoir vu le petit point lumineux qui brillait à droite de son regard, ce qu'il nous apprend précisément, c'est qu'il ne fait pas l'expérience consciente de la vision de cet objet. Poppel, Held et Frost demandèrent à plusieurs de ces patients de diriger leur regard vers la région de l'espace dans laquelle ce point lumineux venait d'apparaître brièvement (Poppel, Held et Frost, 1973). Ce travail, publié dans la prestigieuse revue scientifique *Nature*, comporte une description du discours désemparé et souvent agacé de ces patients à l'égard des expérimentateurs : « Comment voulez-vous que je regarde quelque chose que je ne vois pas ? » disaient-ils. Situation très bizarre de devoir laisser cours à un comportement dont on a l'intime conviction qu'il est absolument absurde et dépourvu de la moindre chance de succès. Invités néanmoins à laisser leur regard se diriger vers cette source lumineuse, ils ont été stupéfaits d'apprendre – tout comme les trois chercheurs et bientôt l'ensemble de la communauté des neuroscientifiques de la vision – que leur regard se dirigeait avec une grande précision vers le point lumineux qu'ils ne voyaient pourtant pas consciemment ! Autrement dit, l'étude de ces patients nous révélait de manière spectaculaire qu'il existe bien des processus perceptifs, et même moteurs, qui œuvrent et agissent à l'insu de notre conscience.

Ce phénomène de « vision aveugle » ou *blindsight*, terme proposé par le psychologue britannique Larry Weiskrantz, constitue l'un des nombreux exemples de ce que l'on appelle des dissociations entre la performance et la conscience. Il s'agit en effet de dissociations dans lesquelles un sujet fait preuve d'une performance cognitive en l'absence d'expérience consciente de l'information initiale qui a servi de source à cette performance. Le patient qui présente un phénomène de *blindsight* est en effet capable d'identifier le lieu précis d'où provient la stimulation visuelle, puis de programmer une saccade oculomotrice pour y déplacer son regard, en l'absence d'expérience consciente du point lumineux qui brille dans la région aveugle de son champ de vision, et qui a guidé son comportement. Lorsqu'on les observe, de telles dissociations constituent des preuves de l'existence de processus cognitifs inconscients. Elles jouent donc en neurosciences de la cognition un véritable rôle de fondations sur lesquelles repose l'édifice de la vie mentale inconsciente.

Décrire de telles dissociations, c'est également commencer à aménager une place à part entière au discours conscient des malades. En effet, montrer que le discours conscient des patients peut être dissocié de leurs performances revient à définir certaines maladies comme des maladies de la conscience. Pour reprendre l'exemple de la cécité, un malade aveugle suite à une pathologie de l'œil et non du cerveau, comme par exemple une cataracte responsable d'une opacification complète des deux cristallins, ne voit pas consciemment, mais il ne voit pas non plus de manière inconsciente. Dans les épreuves d'orientation du regard vers la source lumineuse que nous venons de décrire, un tel malade réalise des mouvements oculaires aléatoires, qui ne témoignent donc pas de l'existence chez lui d'une forme de vision résiduelle inconsciente. La cécité corticale révélée par le phénomène de *blindsight* est donc bien spécifiquement une maladie de la vision consciente plutôt qu'une maladie de la vision en général. En un sens, c'est avec la découverte de ces dissociations entre performance et conscience que la neurologie et la médecine se voient obligées de prendre au sérieux le discours subjectif conscient des malades[1].

Dans le sillage de cette publication dans *Nature*, un nombre sans cesse croissant de publications médicales et scientifiques ont permis de reproduire et d'enrichir ce phénomène de *blindsight* : de tels patients peuvent orienter leur regard vers une source lumineuse, mais également pointer du doigt ou attraper sur ordre des objets présentés dans leur scotome. Si on leur présente un objet au sein de la région aveugle, puis qu'on leur demande immédiatement après d'identifier cet objet en leur proposant deux choix possibles dans la région saine du champ visuel, ces patients ayant une vision aveugle choisissent très souvent la bonne réponse, ce qui témoigne là encore d'une analyse inconsciente du stimulus. En utilisant de telles situations expérimentales de réponse à choix forcé, certains patients *blindsights* se sont également avérés capables de discriminer correctement la couleur ou la forme d'un

1. Cette remarque polémique concerne la médecine en tant que savoir, et bien entendu pas les médecins pris individuellement qui n'ont pas attendu 1973 pour apprendre à recueillir les impressions subjectives conscientes des malades qu'ils soignent.

stimulus présenté au sein de leur scotome. Dans l'ensemble de ces épreuves, les patients ont la très curieuse impression de répondre n'importe quoi aux expérimentateurs, et ils sont invariablement ébahis d'apprendre après coup que leurs performances étaient aussi précises[1].

Indicibles émotions

Bien que spectaculaires, ces prouesses inconscientes des patients *blindsights* semblent se limiter à des processus perceptifs et moteurs relativement élémentaires : localiser un point lumineux dans l'espace, discriminer deux objets visuels, etc. S'agit-il de la limite indépassable de ces phénomènes inconscients découverts en observant ces patients ? Les processus perceptifs visuels inconscients observables chez ces patients peuvent-ils dépasser le cadre strict de ces opérations pour atteindre des niveaux de représentation mentale plus élaborés, et surtout plus pertinents pour le fonctionnement psychique du sujet ?

Probablement guidés par l'héritage freudien qui insiste sur le contenu émotionnel de la vie mentale inconsciente,

---

1. À l'image de tout mouvement scientifique, l'histoire du *blindsight* comporte des épisodes dialectiques critiques successifs qui ont permis d'améliorer la rigueur expérimentale, et de raffiner la représentation que l'on s'en fait. Par exemple, l'utilisation de faisceaux lumineux très focalisés suite aux critiques d'une possible diffusion de la lumière vers les régions saines du champ visuel a permis de conforter l'existence du phénomène. D'autre part, il semble bien que certains patients *blindsights* continuent à éprouver dans certaines circonstances très particulières une forme de conscience visuelle très originale : conscience de mouvement visuel sans objet décrite dès 1913 par Riddoch puis par Zeki (1998), ou ébauches de conscience d'attributs visuels divers (Stoerig et Barth, 2001). Néanmoins, le résultat fondamental qui est l'existence, dans le *blindsight*, de situations de dissociations entre la performance et la conscience reste valide.

plusieurs auteurs ont activement recherché si ces malades pouvaient percevoir des émotions inconsciemment.

Récemment, Béatrice de Gelder et Larry Weiskrantz proposèrent au patient *blindsight* G. Y. – patient nommé selon ses initiales – un protocole audacieux. Plutôt que de lui présenter des points lumineux, des barres orientées, ou d'autres objets dépourvus du moindre contenu émotionnel, ces chercheurs stimulèrent G. Y. avec des visages humains (de Gelder, Vroomen, Pourtois et Weiskrantz, 1999). G. Y. saurait-il analyser inconsciemment les visages présentés dans la région aveugle de son champ visuel ? Les processus perceptifs inconscients à l'œuvre dans le *blindsight* sont-ils suffisamment riches pour extraire de ces visages humains tous les attributs qui nous permettent d'en identifier le contenu émotionnel : visages exprimant l'effroi, la peur, la colère, la joie, l'ennui, l'hypocrisie, l'extase ou la jouissance ? Évidemment, il n'a pas fallu attendre les neurosciences cognitives pour comprendre toute la richesse des informations présentes sur un visage humain, support par excellence de la communication entre congénères. Nous savons depuis bien longtemps que regarder le visage de l'autre, c'est ouvrir une fenêtre imprenable sur ses pensées les plus secrètes, sur ses émotions et aussi sur son propre regard vers notre visage. Cette maîtrise étonnante, et très précoce chez l'humain, de l'utilisation de l'information présente sur les visages des autres afin d'améliorer sa propre condition, constitue l'une des sources essentielles de notre psychologie populaire, c'est-à-dire de ces connaissances de psychologie sociale qui n'ont pas besoin d'être enseignées sous une forme explicite et formalisée pour être apprises par l'individu.

Bref, si G. Y. manifestait dans son comportement des performances d'analyse émotionnelle des visages présentés dans son scotome, alors cette couche de processus inconscients découverts avec le *blindsight* s'enrichirait de manière significative. Les résultats furent assez démonstratifs. À chaque essai, un visage était présenté à G. Y., soit dans la partie saine de son champ visuel, soit au sein de son scotome. Ce visage pouvait être porteur d'une émotion de peur ou pouvait être neutre. À la fin de chaque essai, G. Y. devait catégoriser le visage présenté comme étant soit un visage apeuré, soit un visage neutre. Bien entendu, sa performance pour les visages consciemment perçus fut parfaite. Mais, résultat autrement plus surprenant, G. Y. s'avéra aussi capable de classer les visages non consciemment perçus avec une proportion significativement importante de réponses correctes. Pourtant, G. Y. n'était capable de rapporter consciemment ni la présence ni l'identité de ces visages ! Autrement dit, cette expérience élargissait la gamme des processus inconscients préservés chez certains patients *blindsights* à la riche famille des opérations à contenu émotionnel.

Bien entendu, il ne s'agissait ici que de deux émotions, et non pas d'une catégorisation fine de l'ensemble des nuances qu'un visage peut exprimer. Ce résultat venait cependant corroborer deux découvertes du début des années 1980 qui concernaient une autre catégorie de patients neurologiques : les patients dits prosopagnosiques. Une lésion focalisée de la partie postéro-inférieure des lobes temporaux peut provoquer une perte spécifique de la faculté à identifier les visages familiers : c'est la prosopagnosie. Les patients atteints de ce trouble neurologique ont tout simplement perdu la capacité de reconnaître le visage d'un être familier, être familier qu'ils restent heureusement capables de reconnaître à mille autres indices tels que sa voix, ses vêtements, sa démarche ou son odeur. Par comparaison avec les patients *blindsights*, les prosopagnosiques ont eux aussi perdu une faculté de la vision consciente, mais ce déficit s'étend à tout le champ visuel – et non pas uniquement au scotome des patients *blindsights* – et ne concerne qu'une seule catégorie d'objets visuels : les visages. Cherchant déjà à identifier des indices témoignant d'une analyse émotionnelle inconsciente des visages par ces malades prosopagnosiques, Bauer d'une part, Tranel et Damasio d'autre part, avaient eu l'idée d'utiliser les vieux détecteurs de mensonge qui hantent les films d'espionnage des séries B des années 1960 et 1970 (Bauer, 1984 ; Tranel et Damasio, 1985). Lorsque l'on place une électrode de chaque côté de la main immobile d'un sujet, et que l'on enregistre les variations de la différence de potentiel électrique entre ces deux électrodes, on dispose alors d'un marqueur de l'état émotionnel du sujet. En effet, les variations de l'émotion se traduisent sur le corps par d'infimes modifications de la transpiration qui modifient très nettement la valeur du signal électrique enregistré sur la peau de la main. Ce signal est appelé la réponse électrodermale. On peut coupler cette mesure à celle d'autres marqueurs somatiques qui dépendent également de l'émotion tels que les fréquences cardiaque et respiratoire, la pression artérielle ou la taille de la pupille. Signalons que, si ces différents marqueurs sont d'excellents indices de l'état émotionnel, ils ne sont par contre pas du tout spécifiques du mensonge dans un contexte d'interrogatoire dans lequel un sujet a mille autres raisons de ressentir des émotions fortes[1] !

Tranel et Damasio présentèrent des photos d'individus familiers ou de personnes inconnues à plusieurs patients prosopagnosiques, tout en enregistrant leur réponse électro-

1. Ce qui est actuellement à l'étude, ce n'est plus d'essayer de lire les conséquences du mensonge sur l'état du corps, mais plutôt d'aller directement détecter le mensonge à sa source, en analysant les variations d'activité cérébrale chez un sujet allongé qui ment dans une IRM. Il n'est pas certain que ce procédé ne soit réservé qu'aux futures séries B !

dermale. Le résultat principal fut de mettre en évidence l'existence d'amples réponses électrodermales suite à la présentation de photographies de visages familiers qui n'étaient pourtant pas reconnus consciemment par ces malades. Depuis votre rencontre avec les patients *blindsights*, vous êtes entraînés : je n'ai plus besoin de vous faire remarquer qu'il s'agit d'un nouvel exemple de dissociation entre une performance présente – ici la réponse comportementale émotionnelle de l'organisme – et l'absence de conscience de l'identité du stimulus – ici le visage – qui est à l'origine de cette réaction.

Je vous avais promis une rencontre rapide avec les phénomènes inconscients qui habitent notre vie mentale. Si vous aviez encore des doutes quant à leur existence, vous voici à présent confrontés à l'évidence du réel. Ces phénomènes existent et sont capables de véhiculer des contenus émotionnels. Notre visite guidée ne fait que commencer mais nous devons déjà nous interrompre – brièvement – afin de répondre à une première question dont il serait difficile de faire l'économie : quels sont les mécanismes cérébraux de ces processus inconscients manifestés par ces patients *blindsights* ou par les malades prosopagnosiques ? La compréhension de ces mécanismes pourrait-elle nous aider à mieux délimiter l'univers de cette vie mentale inconsciente observée chez des patients porteurs de lésions cérébrales ?

Le colliculéléphantocamélos

Si nous sommes préoccupés par le mystère de la vision inconsciente des patients *blindsights*, un brin de neuroanatomie des voies visuelles s'impose.

Au fond de nos globes oculaires siège la rétine, organe sensoriel dont les cellules sensibles aux ondes lumineuses de la scène visuelle codent l'image sous la forme d'impulsions électriques transmises au nerf optique, qui part de l'œil pour rejoindre le cerveau. Les deux nerfs optiques se croisent en un carrefour – le chiasma optique – situé sur la ligne médiane qui sépare les deux hémisphères cérébraux. Ce croisement est en réalité l'occasion de procéder à de subtils échanges de fibres en provenance de chaque rétine afin de regrouper toutes les fibres issues des deux rétines qui correspondent à une même moitié du champ visuel. Bref, après le passage du chiasma, il existe une bandelette optique – notez le changement de nom de ces câbles de fibres nerveuses – dans chaque hémisphère cérébral. Chacune de ces bandelettes optiques comporte l'ensemble des fibres en provenance d'une même moitié du champ visuel du sujet. Ainsi, la bandelette optique droite comporte l'ensemble des fibres en provenance des deux rétines, donc des deux yeux, qui représentent la moitié gauche du champ visuel. Après un relais nerveux dans un gros noyau de substance grise (le thalamus visuel, dit encore le corps genouillé latéral), les radiations optiques – notez le nouveau changement de nom – se frayent leur chemin jusqu'au cortex occipital qui bombe à l'arrière de notre crâne. Plus précisément, les radiations optiques transmettent leurs informations à une petite région du cortex occipital, le cortex visuel primaire ou cortex strié qui est très précisément la région lésée chez les patients *blindsights*[1]. Cette région joue un rôle fondamental dans la vision puisqu'il s'agit du point d'entrée de l'information rétinienne

1. Pour être plus précis, un tableau clinique de *blindsight* peut être observé pour des lésions rétro-chiasmatiques, c'est-à-dire en arrière du croisement des fibres en provenance des nerfs optiques.

dans le néocortex, c'est-à-dire dans les régions cérébrales les plus récentes dans l'évolution des espèces animales[1]. À partir de cette région, les informations visuelles sont projetées vers plus d'une vingtaine d'aires cérébrales différentes qui communiquent entre elles. Cette architecture neurale complexe a été métaphoriquement décrite comme une raffinerie dont les multiples *pipe-lines* dessinent un véritable casse-tête qui évoque pour tout Parisien la façade du Centre Beaubourg, musée d'art contemporain. Nous verrons bientôt que cette architecture d'apparence chaotique obéit en réalité à un remarquable principe d'organisation générale.

Ces schémas anatomiques une fois exposés, nous est-il possible d'identifier le substrat cérébral des performances inconscientes des patients *blindsights* que nous venons de décrire ? Quels sont chez ces patients les circuits cérébraux encore fonctionnels qui reçoivent et traitent les informations visuelles ?

Si vous avez bien suivi ce petit précis d'anatomie, rien ne doit vous empêcher de répondre avec calme et détermination quelque chose comme : « Si l'on suit vos indications et qu'une portion de l'un des deux cortex visuels primaires est détruite chez ces patients, alors rien ne permet de comprendre par où passent les informations visuelles originaires des zones de la rétine qui projettent normalement leurs informations vers cette zone du cortex qui est endommagée. »

Brillante réponse qui fait honneur à votre esprit critique et à vos capacités d'assimilation !

En réalité, j'ai pris quelques libertés avec l'anatomie visuelle et je ne vous ai pour l'instant parlé que de la plus

1. La découverte des propriétés neurophysiologiques et de l'organisation en colonne d'orientation sélective des neurones du cortex visuel primaire a valu à Hubel et Wiesel le prix Nobel de médecine et de physiologie en 1981.

célèbre des voies visuelles. Il en existe d'autres, confidentielles et minoritaires, souvent méconnues d'un grand nombre de médecins, voire de neurologues.

L'une de ces voies annexes joue en fait un rôle majeur dans le phénomène du *blindsight*, il s'agit de la voie dite « colliculaire » qui emprunte précisément un petit noyau situé à la face postérieure des pédoncules supérieurs qui correspondent à la partie haute du tronc cérébral. Ce petit noyau s'appelle le colliculus supérieur ou tubercule quadrijumeau supérieur. Délicieux vertige des termes anatomiques qui ne peut que faire songer à Edmond Rostand et à son fameux hippocampoélephantocamélos !

Depuis les rétines, certaines fibres rebelles ne cheminent pas dans le faisceau majoritaire qui fonce vers le thalamus visuel. Elles se projettent vers le colliculus supérieur qui envoie lui-même des informations visuelles à de multiples régions sous-corticales, c'est-à-dire situées sous les nobles hémisphères, au cervelet et à l'amygdale cérébrale, ainsi qu'à certaines régions corticales bien choisies. Il s'agit donc bel et bien d'un circuit visuel parallèle qui comporte de nombreuses ramifications. Il faut d'ailleurs signaler que, contrairement aux idées reçues, la neuroanatomie n'est pas une science achevée et poussiéreuse qui n'aurait plus rien de neuf à nous apprendre. En fait, chaque année nous apporte son lot de nouvelles découvertes anatomiques aux conséquences conceptuelles parfois majeures. Sans cesse des méthodes ingénieuses utilisant des techniques de traçage moléculaire des voies neuronales ou des astuces d'imagerie telles que l'IRM après injection de manganèse sont élaborées. Elles permettent de poursuivre cet effort qui ne vise à rien moins que de nous offrir un modèle parfait de l'architecture intime du cerveau.

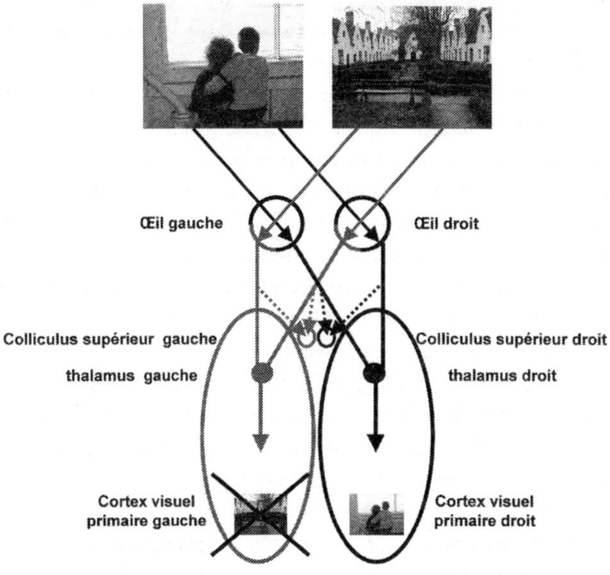

FIGURE 1 – Anatomie schématique des voies visuelles.
Chacune de nos deux rétines (droite et gauche) reçoit des informations en provenance des deux moitiés du champ visuel, et les transmet au nerf optique (traits noirs et gris). Puis grâce à un échange partiel des fibres de ces nerfs optiques au niveau du chiasma (croisement des traits), l'ensemble des informations visuelles qui proviennent de la moitié gauche du champ visuel sont regroupées dans l'hémisphère droit et vice versa. *Chez M. G. Y., la lésion du cortex visuel primaire gauche (barrée d'une croix sur la figure) provoque donc une cécité de la moitié droite du champ visuel. Toutefois, certaines informations visuelles en provenance des nerfs optiques (flèches en pointillés) empruntent un raccourci et sont transmises aux deux colliculi supérieurs.*

Ainsi, nous avons fait la connaissance du circuit colliculaire.

Si je vous pose à nouveau la question précédente : « Quels sont chez ces patients les circuits cérébraux encore fonctionnels qui reçoivent et traitent les informations visuelles ? », vous pouvez maintenant sourire et répondre sans hésitation : « Ceux qui passent par le colliculus supérieur, voyons ! », ce en quoi vous avez parfaitement raison.

En 1997, Arash Sahraïe et son mentor Larry Weiskrantz eurent l'heureuse idée d'enregistrer pour la première fois les variations d'activité cérébrale concomitantes à la perception visuelle inconsciente du patient G. Y. (Sahraïe *et al.*, 1997). Allongé à l'intérieur du tunnel de l'aimant géant utilisé pour réaliser une IRM fonctionnelle, M. G. Y. fixait droit devant lui un écran sur lequel les expérimentateurs lui projetaient

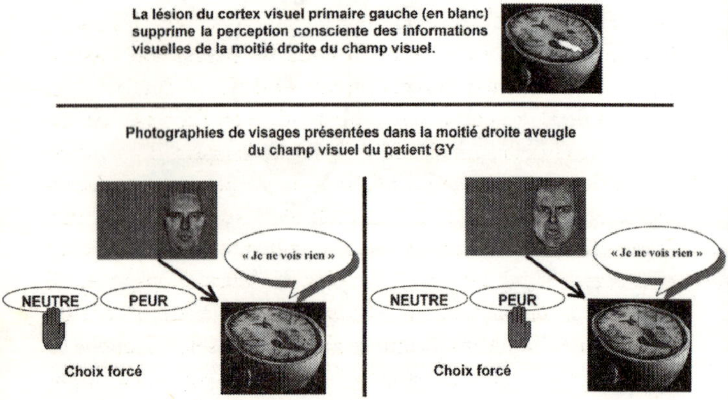

FIGURE 2 – Le phénomène de « vision aveugle » ou *blindsight* chez M. G. Y. *Lorsqu'on lui présente un stimulus, comme ici un visage, dans la moitié droite de son champ visuel, M. G. Y. rapporte ne pas le voir consciemment. L'image est en effet présentée dans la partie du champ visuel qui est analysée par la région du cortex visuel primaire endommagée (voir la lésion en blanc en haut). Pourtant, si on lui demande de catégoriser la valence émotionnelle de chacun de ces visages qu'il ne voit pas (répondre à choix forcé si le visage évoque la peur ou si le visage est neutre), il répond à son insu avec une impressionnante exactitude.*
Adapté de Morris *et al.*, *Brain*, 2001, et de DeGelder *et al.*, *Neuroreport*, 1999.

des stimuli visuels à l'aide d'un vidéo-projecteur. Plus précisément, à chaque essai une cible visuelle se déplaçait horizontalement de droite à gauche ou de gauche à droite. Parfois, la cible apparaissait dans le champ visuel sain de ce patient, et parfois dans son scotome. Après chaque essai, G. Y. devait décider dans quelle direction la cible s'était déplacée, et ensuite il indiquait s'il l'avait perçue consciemment ou non[1].

Cela ne vous surprendra désormais plus beaucoup : G. Y. s'avéra capable de déterminer quasi parfaitement le sens du déplacement de la cible visuelle, même lorsqu'elle apparaissait dans son scotome et qu'il ne la percevait pas consciemment[2]. Afin d'isoler les activations cérébrales spécifiquement associées à cette situation de perception inconsciente, les auteurs enregistrèrent également l'activité du cerveau de G. Y. « au repos », c'est-à-dire en l'absence de stimulation visuelle. Ainsi, en comparant la carte d'activation cérébrale correspondant à la situation de perception inconsciente et la carte d'activation cérébrale « au repos », Sahraïe et Weiskrantz découvrirent que le colliculus supérieur était effectivement activé par les cibles visuelles mouvantes. Il s'agissait là de la première étude donnant véritablement un crédit scientifique important à l'hypothèse selon laquelle la vision inconsciente des patients *blindsights* serait médiée par cette voie sous-corticale empruntant le colliculus supérieur.

---

1. Le protocole expérimental utilisait également deux vitesses de déplacement de la cible : l'une lente dans laquelle G. Y. ne percevait jamais consciemment la cible, alors qu'en situation de vitesse rapide G. Y. ne voyait toujours pas consciemment la cible, mais il faisait par contre l'expérience consciente de voir un mouvement sans objet. Cette surprenante situation avait été décrite dès 1913 par Riddoch. Nous nous limitons ici à la situation de vitesse lente dans laquelle G. Y. ne faisait aucune expérience consciente de la cible mouvante.
2. Dans cette condition, son taux de réussite était supérieur à 80 %, alors que le niveau du hasard correspond à un taux de 50 % de réussite.

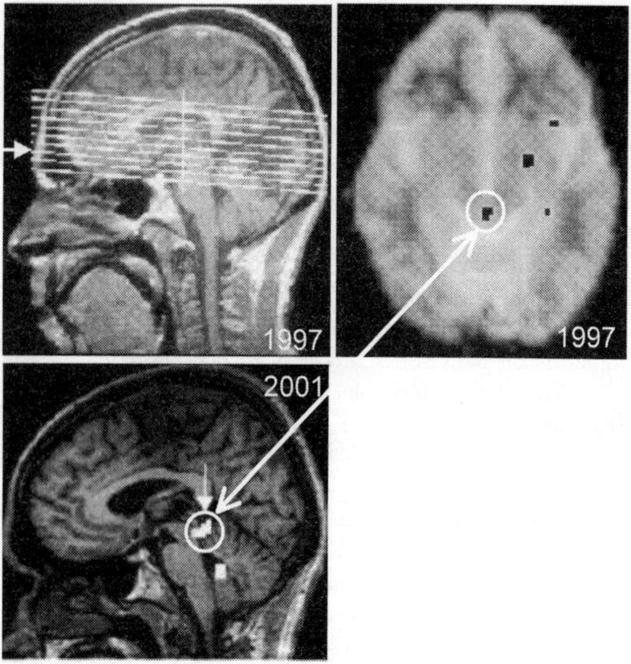

FIGURE 3 – Le colliculus supérieur de M. G. Y. s'active pendant le phénomène de *blindsight*.

En 1997 Sahraïe et Weiskrantz ont pour la première fois mis en images les performances visuelles inconscientes de M. G. Y. Ils ont enregistré les variations d'activité de son cerveau pendant le phénomène de blindsight *à l'aide d'une technique d'IRM fonctionnelle. En haut à gauche on peut voir les coupes transversales (traits blancs légèrement obliques) que ces auteurs ont utilisées. La troisième de ces coupes en partant du bas est représentée en haut à droite. La petite « tache d'activation » qui est encerclée correspond à l'hyperactivité du petit colliculus supérieur lorsque M. G. Y. voit des images inconsciemment. Il s'agit de la première image radiologique d'une performance mentale inconsciente. En bas, on observe un résultat quasi identique obtenu chez le même patient à peine quatre ans plus tard, mais avec une grande amélioration des technologies et des méthodes d'analyse d'IRM fonctionnelle.*

Adapté de Sahraïe *et al.*, *PNAS*, 1997, et de Morris *et al.*, *Brain*, 2001.

Qu'on ne s'y méprenne pas, la perception visuelle inconsciente de G. Y. ne se limite évidemment pas à l'activation du seul colliculus supérieur telle que pourraient le redouter les adeptes d'un discours réactionnaire projetant dans les neurosciences cognitives une crainte d'un retour d'une phrénologie réductionniste avilissante. L'« inconscient » ne siège pas dans le colliculus. Un colliculus dans un bocal ne fait pas grand-chose. Relié au reste d'un cerveau vivant et fonctionnel, il contribue en revanche, de manière déterminante et spécifique, à certaines opérations mentales. Bref, Sahraïe et Weiskrantz ont simplement apporté ici la brique déterminante d'un passage effectif de ces informations visuelles par le précieux colliculus. 1997 n'est pas une date si ancienne que cela. Pourtant, lorsqu'on se penche aujourd'hui sur les détails techniques et méthodologiques de l'enregistrement et de l'analyse des données IRM de ce travail, on ne peut manquer de prendre conscience de la vitesse d'évolution de ces outils devenus d'un usage quotidien en neurosciences cognitives. Une réplication de ce travail en 2006 offrirait une résolution spatiale de bien meilleure qualité, et permettrait d'utiliser un dessin expérimental bien plus sophistiqué que celui utilisé il y a à peine neuf ans. En tenant compte de l'état de l'art actuel en ce domaine, cet article publié en 1997 dans une revue aussi prestigieuse que les *Proceedings of the National Academy of Sciences* n'y serait probablement pas accepté aujourd'hui. Ainsi, malgré l'utilisation d'une technique déjà un peu obsolète, Sahraïe et Weiskrantz purent détecter la précieuse activation de ce petit noyau infracentimétrique qu'est le colliculus supérieur. Ceci est remarquable !

Trafics affectifs

Grâce à ce travail pionnier, Beatrice DeGelder et Larry Weiskrantz se sentaient à présent suffisamment armés pour aborder la question du substrat cérébral des émotions inconscientes ressenties par les patients *blindsights* ou par certains patients prosopagnosiques. Convoquant le désormais familier M. G. Y. pour être l'acteur d'une nouvelle expérience d'imagerie cérébrale fonctionnelle, ils lui demandèrent de s'allonger dans l'anneau d'une caméra à positons[1] et de regarder des photos de visages effrayés ou gais qui lui étaient présentés sur un écran soit dans son champ de vision sain, soit dans la partie aveugle de son champ visuel (Morris, DeGelder, Weiskrantz et Dolan, 2001). Lorsque des visages effrayés apparaissaient dans son champ visuel sain, M. G. Y. les percevait consciemment et savait parfaitement bien lire l'émotion qu'ils véhiculaient. Du point de vue de la caméra à positons, ces performances comportementales se traduisaient par des activations du cortex visuel primaire sain ainsi que des régions corticales visuelles impliquées dans la reconnaissance des visages : en d'autres termes, son activité cérébrale était en tous points comparable à celle d'un sujet normal.

Lorsque l'on comparait l'activité cérébrale produite par la vision consciente d'un visage effrayé à celle évoquée par un visage gai, on isolait par soustraction l'activation spécifique

1. La tomographie par émission de positons permet d'estimer les variations d'activité cérébrale en mesurant les variations de débit sanguin cérébral correspondantes. L'injection d'un traceur marqué par un isotope radioactif (exemple : eau marquée à l'oxygène 15) permet de suivre le destin cérébral de cette molécule. Ainsi, en injectant de l'eau marquée, il devient possible de quantifier les variations d'apport sanguin en chaque volume élémentaire (ou voxel) du cerveau (Dehaene, 1996).

d'une région jouant un rôle pivot dans la régulation de nos émotions : les amygdales cérébrales, petites structures cérébrales profondes et symétriques en forme d'amande qui appartiennent à notre cerveau limbique. La photo du visage parvenait donc bien au cortex visuel primaire controlatéral, elle était représentée et analysée par les aires visuelles corticales jusqu'au niveau d'un traitement fin et spécialisé permettant d'abord l'identification consciente de ce stimulus visuel comme étant un visage, puis l'extraction de l'émotion véhiculée par ce visage, et le cas échéant – lorsqu'il véhiculait la peur – cette information était transmise à l'amygdale qui colorait alors ce visage de son attribut émotionnel adéquat.

Le résultat vraiment stupéfiant de cette étude fut de démontrer que l'amygdale continuait à être activée par les visages effrayés même lorsque ces derniers étaient présentés dans la partie aveugle du champ visuel de M. G. Y. ! Et pourtant, dans cette situation, le cortex visuel primaire correspondant étant détruit, les aires visuelles corticales associées au traitement des visages ne recevaient pas d'informations visuelles, et elles ne s'activaient tout simplement pas. Par où passaient donc ces informations pour atteindre l'amygdale et permettre la genèse d'une émotion inconsciente ?

Les images de la caméra à positons furent univoques : le rôle du « passeur » visuel sous-tendant ce phénomène de *blindsight* affectif était joué par le petit colliculus supérieur ! C'est donc à un véritable trafic parallèle que se livre ce petit noyau, antique héritage phylogénétique enfoui dans les sombres profondeurs sous-corticales, bricoleur des circuits visuels encore disponibles quand les chemins habituels sont endommagés.

Une étude expérimentale plus récemment réalisée chez un autre patient victime d'une cécité corticale assez compa-

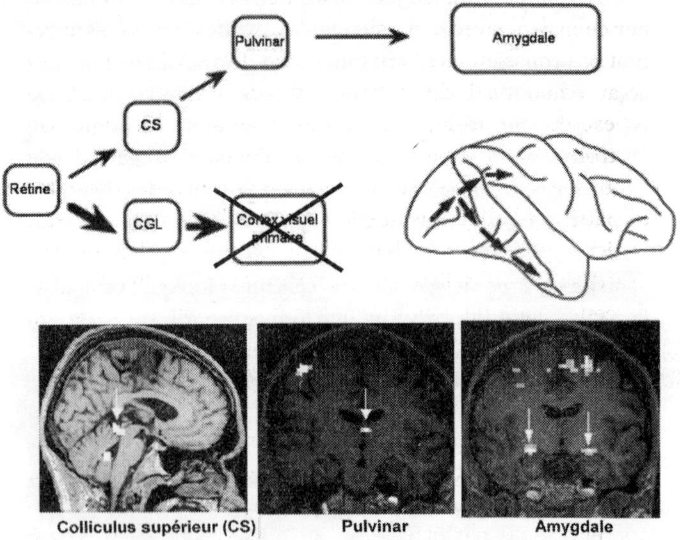

FIGURE 4 – Le circuit anatomique de la perception émotionnelle inconsciente de M. G. Y.
Morris et ses collègues ont présenté à M. G. Y. des photographies de visages exprimant soit des émotions neutres, soit la peur. En étudiant les activations des différentes régions cérébrales impliquées dans cette forme de perception émotionnelle inconsciente, ils ont réussi à suivre « à la trace » chacune des étapes de ce circuit anatomique qui partant de la rétine, parvient jusqu'à l'amygdale, après des relais par le colliculus supérieur (CS), puis par une petite région du thalamus (le pulvinar). En haut, ce schéma anatomique est figuré ainsi que la lésion du cortex visuel primaire. En bas, on observe les activations en IRM fonctionnelle de chacun de ces trois relais (flèches).
Adapté de Morris *et al.*, *Brain*, 2001.

rable à celle dont souffre M. G. Y., a permis de confirmer indirectement l'existence de cette voie anatomique qui relie le colliculus à l'amygdale.

Hamm et ses collègues ont en effet réussi à conditionner ce malade avec le dessin d'un avion qu'il ne voyait pourtant pas consciemment (Hamm *et al.*, 2003). Afin de mesurer l'état émotionnel du patient, les auteurs ont étudié un réflexe de sursaut au bruit qui est potentialisé lorsque l'on se trouve dans un état de stress. Pendant la période de conditionnement, ces chercheurs ont présenté des dessins à ce patient. Chaque fois que le dessin de l'avion apparaissait à l'écran, il était immédiatement suivi par un choc électrique désagréable délivré sur son avant-bras gauche. À l'issue de cette phase de conditionnement, la simple présentation du dessin de l'avion suffisait à provoquer un ébranlement émotionnel inconscient. Le réflexe de sursaut était nettement et spécifiquement amplifié par la simple présentation du dessin de l'avion, non suivie du choc électrique. Autrement dit, malgré l'absence de vision consciente du dessin, ce patient put acquérir un conditionnement qui rappelle les apprentissages pavloviens du chien et de la cloche. Toute l'astuce de cette expérience repose sur le fait scientifique suivant : afin qu'un tel conditionnement puisse opérer, il est indispensable que certaines informations du stimulus visuel (l'avion) parviennent aux amygdales où elles peuvent être mises en relation avec la nature émotionnellement désagréable du choc électrique[1]. Autrement dit, l'existence d'un conditionnement chez ce patient confirme l'existence d'une transmission d'informations visuelles depuis le colliculus jusqu'aux amygdales.

Ce travail expérimental démontre donc à nouveau, de manière indirecte cette fois, que c'est effectivement la voie visuelle sous-corticale empruntant le colliculus supérieur

1. Une immense littérature expérimentale chez des modèles animaux a bien démontré ce fait (LeDoux, 2000).

qui est capable d'informer l'amygdale de la présence de cet objet visuel.

Cette mise en relation de certains aspects de la perception inconsciente des patients *blindsights* avec l'activation de l'amygdale renforce considérablement l'hypothèse de l'existence de processus émotionnels inconscients chez ces malades. L'amygdale est en effet une structure phylogénétiquement ancienne qui appartient à notre archaïque cerveau limbique, et que la neurologie clinique a depuis longtemps identifiée comme étant l'une des clés de voûte de notre faculté à attribuer une coloration émotionnelle à nos pensées et à nos percepts les plus divers.

Les patients dont les amygdales cérébrales ont été endommagées, par exemple dans les suites d'une infection virale cérébrale par le virus de l'herpès, présentent à des degrés divers un syndrome neurologique très impressionnant décrit dès 1939 par MM. Klüver et Bucy qui avaient observé les conséquences d'une ablation expérimentale bilatérale de ces structures chez le singe. Un singe atteint du syndrome de Klüver et Bucy porte indistinctement tous les objets à la bouche, se livre à tout bout de champ à des comportements sexuels de type masturbatoire ou inadaptés avec des objets ou des interlocuteurs inadéquats, et manifeste surtout une altération profonde de la capacité à identifier ce qui, dans son entourage immédiat, est potentiellement dangereux ou menaçant pour lui. Ce déficit prend également la forme d'une perturbation sévère des conduites sociales dans le groupe animal, avec la disparition des attitudes normales de domination ou de soumission à l'égard des autres individus du clan. Il ne semble plus savoir décoder les émotions faciales de ses congénères. En quelques jours, un singe jusqu'alors parfaitement bien adapté socialement et affectivement devient un véritable paria définitivement exclu de son groupe.

Si le destin neurologique d'un patient humain est heureusement moins sévère que celui que nous venons de décrire chez le singe, force est de reconnaître qu'il partage néanmoins avec lui de nombreuses homologies. Le groupe d'Antonio Damasio, célèbre neurologue américain, précisa la nature des troubles de ces malades en les soumettant à des épreuves qui rappellent un peu les scènes cinématographiques d'identification de suspects dans les bureaux du FBI. Ils présentèrent à des patients amygdalo-lésés des photos de visages qui comportaient des figures angéliques et rassurantes, ainsi que des portraits patibulaires dont la simple vue suffisait à faire frissonner d'effroi un individu neurologiquement sain (Adolphs, Tranel et Damasio, 1998). Pour chacun de ces visages, les patients devaient procéder à deux expériences fictives de psychologie sociale. Damasio et ses collègues leur demandaient tout d'abord d'estimer jusqu'à quel point ils pourraient remettre leur fortune ou leur existence entre les mains de ce personnage. Ensuite, les patients devaient imaginer qu'ils croisaient cet individu dans la rue. Ils devaient indiquer leur envie d'aller spontanément l'aborder et engager une conversation avec lui.

Comparés à des sujets sains ou à des malades disposant d'une amygdale saine, les trois malades présentant des lésions bilatérales des amygdales étudiés par Damasio étaient tout simplement incapables de répondre correctement dans ces deux épreuves d'évaluation sociale : ils semblaient incapables de dépister les traits de menace ou d'hypocrisie présents sur certains visages. Afin de mieux cerner la nature de ce déficit social, les chercheurs leur racontèrent également plusieurs courtes biographies fictives. Dans cette situation, les trois malades étaient parfaitement capables d'identifier les individus avec lesquels il était préférable de ne pas frayer. Autrement dit, leur problème provenait ici très spécifiquement d'une sorte de cécité aux indices émotionnels véhiculés par les visages[1]. Un tel déficit de décodage visuel qui trouve son origine dans l'altération du fonctionnement de ces deux amygdales peut ainsi être à l'origine de comportements qui seront interprétés par les autres comme des traits profonds et complexes de la personnalité.

L'une des patientes étudiées par Damasio était une jeune femme atteinte de la maladie d'Urbach-Wiethe, pathologie rarissime qui se caractérise en particulier par la destruction des neurones amygdaliens qui sont remplacés par des calcifications. Cette femme d'une trentaine d'années était décrite par son entourage comme hypersociable, un peu naïve sur le plan social et d'un abord sexuel plutôt facile. Ou comment une anomalie de quelques centimètres cubes suffit à façonner le destin social et certains aspects essentiels de la psychologie affective d'un individu.

Un mouton à cinq pattes ou des moutons qui s'ignorent ?

Le phénomène de *blindsight* nous apparaît désormais comme une manifestation univoque de l'existence d'une vie mentale perceptive inconsciente. Cette perception inconsciente comprend d'authentiques processus émotionnels. Elle

1. Dans une expérience contrôle, Damasio et ses collègues ont vérifié que c'est bien l'interprétation émotionnelle du visage qui pose problème chez ces patients, et non pas l'analyse visuelle du visage en général. Ces patients sont ainsi tout à fait normaux pour reconnaître si deux visages qui leur sont présentés sont identiques ou différents.

est également susceptible, dans certaines conditions expérimentales et sans doute également dans certaines situations de la vie courante, d'affecter le comportement, l'état corporel ou même les réponses verbales conscientes du sujet à son insu. Bref, le *blindsight* constitue une excellente illustration de la manière dont on conçoit aujourd'hui les processus mentaux inconscients à la lumière des neurosciences de la cognition.

D'un point de vue strictement factuel, le cas du *blindsight* suffit donc à démontrer la possibilité d'une vie cognitive inconsciente chez l'homme. S'agit-il là de l'unique apport conceptuel de cette situation clinique exceptionnelle ? Nous allons à présent découvrir comment ces phénomènes inconscients que nous venons de rencontrer chez des malades neurologiques exceptionnels ont un équivalent chez le sujet sain. Autrement dit, ce qui nous apparaissait comme l'apanage de certains patients se révélera bientôt comme une manifestation « extrême » de propriétés très générales de la cognition humaine qui opèrent chez tout un chacun.

Le simple fait que le *blindsight* soit si rare, ainsi qu'en atteste le cercle très restreint des patients étudiés à travers les laboratoires de neurospychologie du monde entier, suggère qu'il s'agit bien là d'un phénomène exceptionnel qui résulterait de la combinaison de lésions cérébrales très particulières, affectant quelques patients insolites dotés d'une plasticité cérébrale inhabituelle. On pourrait très bien imaginer que le cerveau de ces patients endommagé par une lésion ait pu faire l'objet de modifications structurales et fonctionnelles réactionnelles, modifications qui auraient fait apparaître de manière fortuite et accidentelle ce phénomène singulier de perception visuelle inconsciente qu'est le *blindsight*. Nous sommes en effet familiarisés de longue date avec l'incroyable aptitude de la nature à « bricoler » ses constituants élémentaires afin d'évoluer et de s'adapter aux contingences sans cesse mouvantes de l'environnement (Jacob, 1986). Il est donc tout à fait envisageable que ce que l'on découvre avec le *blindsight* ne soit qu'un « mouton à cinq pattes » dont les stupéfiantes propriétés n'auraient qu'une valeur scientifique très « locale », dépourvues de la moindre utilité dans le cadre d'une théorie générale de la conscience et des processus mentaux inconscients.

Toutefois, serait-il possible que ces processus perceptifs inconscients soient à l'œuvre chez chacun d'entre nous sans que nous soyons capables d'en prendre conscience, à l'image précisément des patients *blindsights* stupéfaits d'apprendre que leurs performances ne doivent rien au hasard mais qu'elles sont en réalité guidées par de tels processus inconscients ? Nous avons évoqué en introduction à cet ouvrage le rôle d'éclaireurs avancés joué par les patients neurologiques dans l'exploration neuroscientifique des propriétés et des mécanismes cérébraux de la pensée (Naccache, 2005). Bref, pourrait-on envisager que nous soyons tous des patients *blindsights* qui nous ignorons ?

Prendre cette question au sérieux conduit directement à envisager de présenter des informations visuelles à un individu indemne de toute lésion cérébrale à son insu, puis de vérifier si ces informations ont pu être traitées inconsciemment ou non par son cerveau. La simple évocation de cette expression de « présentation d'images visuelles à un individu à son insu » devrait rapidement activer l'une des innombrables représentations mentales lovées dans les replis de votre cortex cérébral : « perception subliminale », « le visage de François Mitterrand dans le générique du journal télévisé de 20 heures en 1988 », « la bouteille de Coca-Cola perlée de gouttes d'eau glacée dans un spot publicitaire américain des années 1950 puis dans un épisode de la série télévisée

Columbo »... Ça y est ? Vous y êtes ? La perception subliminale existe, vous allez à présent faire sa connaissance.

La perception subliminale

Si je vous demandais de fixer avec la plus grande attention le centre d'un écran d'ordinateur, et qu'une image vous y était présentée pendant une durée extrêmement brève, c'est-à-dire pendant une vingtaine de millisecondes, sans doute seriez-vous capables de percevoir consciemment cette image. En revanche, si cette image (l'image cible) vous était présentée dans les mêmes conditions mais qu'elle était immédiatement suivie par une autre image (l'image masque), alors il est fort probable que vous ne pourriez désormais plus la percevoir consciemment malgré tous vos efforts de focalisation attentionnelle.

Ce phénomène découvert dès 1910 par Stigler est à la base de toutes les expériences de perception subliminale ou de perception visuelle masquée. Chaque individu possède ce que l'on appelle un seuil de durée de l'image cible, seuil en dessous duquel il n'en fait plus l'expérience consciente dans ces conditions de présentation visuelle masquée. Ce seuil varie avec l'âge, les médicaments éventuellement consommés, mais aussi avec l'attention du sujet, les conditions de luminosité, la nature des images utilisées et mille autres paramètres. Dès lors qu'on détermine pour un sujet donné la valeur de ce seuil de la perception visuelle consciente, on peut lui présenter des informations visuelles en se situant sous ce seuil. C'est précisément dans ce cas de figure que l'on parlera de « perception subliminale » ou « subliminaire ». Plutôt que de mesurer individuellement les valeurs de ce seuil de la perception consciente, il est également possible de choisir des conditions de masquage particulièrement fortes qui se situent en dessous du seuil de la grande majorité de nos congénères.

Paul Whalen eut le premier l'idée d'utiliser cette technique de perception visuelle masquée pour essayer de « transformer » un sujet neurologiquement sain en un patient *blindsight,* c'est-à-dire de lui présenter des stimuli visuels qu'il serait incapable de percevoir consciemment. Son idée fut de présenter à chaque essai de l'expérience une paire de visages (Whalen *et al.*, 1998). Le premier visage (le visage masqué) était flashé pendant 33 millièmes de seconde, puis il était immédiatement suivi par un autre visage (le visage visible) flashé pendant 167 millièmes de seconde. Du point de vue des sujets, ils ne faisaient l'expérience consciente que de la perception du visage visible. L'élégance du protocole mis au point par Whalen et ses collègues à Harvard résidait dans le fait que tous les visages visibles utilisés étaient porteurs d'une valence émotionnelle de gaieté. Autrement dit, pendant toute la durée de l'expérience les sujets ne voyaient consciemment que des visages émotionnellement joyeux. Par contre, les visages masqués qu'ils ne percevaient jamais consciemment pouvaient correspondre soit à des visages gais, soit à des visages effrayés. Mesurant grâce à l'IRM fonctionnelle les variations d'activité des différentes régions cérébrales tout au long de l'expérience, Whalen put ainsi rechercher si les visages masqués étaient inconsciemment traités par le cerveau de ses volontaires. Sans la moindre équivoque, les images enregistrées par Whalen révélèrent que les amygdales étaient significativement activées par les visages masqués porteurs d'une émotion de peur, alors que leur activité diminuait lorsque des visages masqués gais étaient présentés. Tout comme chez les patients *blindsights*, ces visages étaient donc inconsciemment analysés et représentés jusqu'au niveau de leur contenu émotionnel, ainsi que permettaient de l'attester les variations d'activité de ces petites régions du cerveau limbique que sont les amygdales.

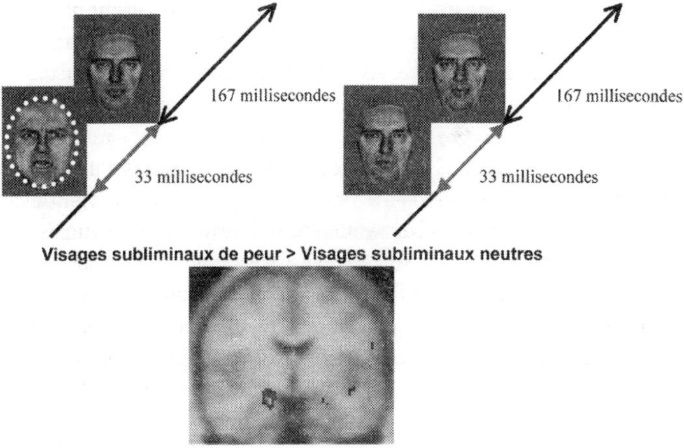

FIGURE 5 – Le circuit visuel émotionnel inconscient découvert chez M. G. Y. existe également chez le sujet neurologiquement sain.
Paul Whalen et ses collègues ont présenté à des sujets sains des paires de visages qui comprenaient chaque fois un premier visage présenté très brièvement et immédiatement suivi par un second visage qui était affiché à l'écran pendant une durée bien plus longue. Cette technique de masquage visuel, ou de perception subliminale, permet de supprimer la perception consciente du premier visage. Le sujet ne voit consciemment chaque fois qu'un visage neutre (le second visage). Certains essais contenaient un visage subliminal exprimant la peur. L'IRM fonctionnelle a permis de démontrer que ces visages inconsciemment perçus étaient traités par le colliculus supérieur (non représenté ici) et par les amygdales. Le réseau « colliculo-amygdalien » découvert chez les patients blindsights *est donc également à l'œuvre chez le sujet neurologiquement sain.*
Adapté de Whalen *et al.*, *Journal of Neuroscience*, 1998.

Dans la foulée immédiate de ce travail, le groupe de Morris et Dolan à Londres rapporta une découverte qui répliqua et consolida les travaux de Whalen (Morris, Ohman et Dolan, 1998, 1999). Mesurant eux aussi les corrélats cérébraux de la perception inconsciente de visages masqués à l'aide d'une caméra à positons, les chercheurs britanniques réussirent à pister d'où provenait l'activation inconsciente de l'amygdale. Guidés par les intuitions nées de l'observation des patients *blindsights*, ils purent ainsi montrer que ces visages masqués empruntaient effectivement la voie sous-corticale passant par le colliculus supérieur !

Les processus visuels inconscients découverts chez ces patients existent donc également chez le sujet neurologiquement sain. Il s'agit d'une extension majeure de la pertinence cognitive de ces processus perceptifs inconscients puisqu'ils ne sont pas restreints à quelques rares patients disséminés à travers le globe, mais qu'ils affectent chaque être humain. Nous sommes donc en présence, et ce pour la première fois depuis le début de notre exploration, d'une illustration tangible d'un processus perceptif inconscient général.

Regarde-moi dans le blanc des yeux !

Une découverte d'une telle ampleur ne pouvait laisser longtemps tranquille le petit monde des neurosciences cognitives. Avoir enfin accès à un indiscutable phénomène mental inconscient capable d'intégrer des attributs émotionnels constitue une invitation à poursuivre le voyage. Qu'est-ce qui est réellement analysé par ces processus perceptifs inconscients sous-tendus par l'activité des régions sous-corticales telles que le petit colliculus supérieur ? Quelle est la richesse de leurs contenus et de leurs représentations ? Pourquoi de tels phénomènes ont-ils été sélectionnés par l'évolution naturelle ? Quelle peut bien être leur utilité dans la vie quotidienne ? Résument-ils l'ensemble des processus inconscients qui coexistent à nos pensées conscientes ?

Alimentés par ces multiples interrogations, plusieurs développements expérimentaux récents ont permis d'apporter de nouvelles pièces au puzzle de la perception inconsciente des visages et de leurs émotions. L'intuition partagée par de nombreux chercheurs est que cette première couche de phénomènes inconscients « colliculaires » ne peut sans doute pas correspondre à de riches et précises représentations mentales de la scène visuelle. Pourquoi ? Essentiellement en raison des trois indices suivants.

Premièrement, la voie visuelle à l'œuvre dans cette perception inconsciente semble un peu trop sommaire pour être capable de donner naissance à des représentations visuelles détaillées. À titre d'exemple, comparer les capacités de représentation du colliculus supérieur qui sous-tend ces processus inconscients à celles du cortex visuel primaire, qui est le point d'entrée principal des représentations visuelles corticales conscientes, revient à comparer la ligne d'affichage de cristaux liquides monochromes rouges à 12 chiffres d'une calculatrice TI-57 des années 1970 à l'écran d'un système Home Cinema *nec plus ultra* à très haute définition spatiale, capable de résoudre une image à l'échelle du millimètre à travers une palette de plusieurs millions de contrastes !

Deuxièmement, les cellules rétiniennes – dites magnocellulaires – qui envoient leurs informations au colliculus supérieur, et celles qui alimentent le cortex visuel primaire – les cellules parvocellulaires – n'ont pas les mêmes propriétés. Le colliculus supérieur reçoit des informations visuelles qui sont dépourvues de couleurs qui ont une résolution spatiale très médiocre mais qui sont très sensibles au mouvement et qui couvrent toute la périphérie du champ visuel. Le cortex visuel primaire reçoit, quant à lui, des informations visuelles colorées, de très haute résolution spatiale, et qui correspondent essentiellement à la partie centrale du champ visuel. Ces informations « parvocellulaires » sont peu sensibles au mouvement visuel, et restent aveugles à ce qui se passe quelques degrés à peine au-delà du centre de la scène visuelle visée par le regard.

Enfin, on sait depuis un travail très récent que les activations du cerveau limbique – dont l'amygdale et la région orbito-frontale font partie – par des images menaçantes ou effrayantes surviennent bien plus tôt que les activations des régions visuelles corticales alimentées par le cortex visuel primaire (Krolak-Salmon, Henaff, Vighetto, Bertrand et Mauguiere, 2004).

La combinaison de ces trois indices permet de dresser une hypothèse assez séduisante : nous serions en possession de deux systèmes visuels complémentaires. Le premier système est associé à la voie du colliculus supérieur, il est très rapide, il peut procéder inconsciemment, il est centré sur la détection des objets en mouvement et élabore des représentations visuelles grossières de l'ensemble de la scène visuelle. Le second système est bien plus lent, il sous-tend une analyse visuelle très fine, riche de mille nuances perceptives et de subtils contrastes. Cette seconde voie visuelle associée à la voie du cortex visuel primaire est par contre médiocre pour représenter le mouvement et ne concerne que le centre du champ visuel.

On conçoit sans peine la complémentarité de ces deux systèmes visuels qui permettent ainsi à un *homo sapiens sapiens* se promenant dans la savane de contempler l'architecture d'un nid d'oiseau, tout en restant capable de détecter rapidement la présence d'un fauve s'approchant de lui à pas discrets sur son côté droit.

Autrement dit, la corrélation de la vision inconsciente des visages masqués avec l'activité de la voie visuelle du colliculus supérieur est éminemment suspecte d'un traitement perceptif inconscient assez sommaire qui ne semble pas pouvoir prétendre se comparer aux riches représentations visuelles qui alimentent le flux de notre conscience phénoménale. Bref, ces indices suggèrent – au risque de nous décevoir – que cette forme d'« inconscient » est probablement assez pauvre !

Patrik Vuilleumier, qui exerce son magistère depuis les rives du lac de Genève, a très récemment apporté une contribution majeure à cette interprétation dans une nouvelle expérience d'IRM fonctionnelle (Vuilleumier, Armony, Driver et Dolan, 2003). Vuilleumier et ses collaborateurs londoniens eurent l'idée d'utiliser une baguette magique présente aujourd'hui dans la trousse de tout spécialiste du traitement du signal qui se respecte : le filtrage numérique. En appliquant un filtre spatial sur les photographies de visages, ils décomposèrent chaque visage en deux images distinctes : l'une qui contenait les informations de haute fréquence spatiale, et l'autre les informations de basse fréquence spatiale. Cette décomposition permettait en réalité de distinguer ce qui, dans l'image, correspondait davantage aux propriétés d'analyse de la voie visuelle du colliculus (image des basses fréquences spatiales), de ce qui était optimal pour activer la voie visuelle du cortex visuel primaire (image des hautes fréquences spatiales). Comme on pouvait le prévoir, l'amygdale était spécifiquement suractivée lorsque les sujets percevaient l'image intégrale d'un visage exprimant la peur. Plus intéressant, lorsque les images filtrées furent présentées, cette activation de l'amygdale ne fut observée qu'en réponse aux images de basses fréquences spatiales des visages effrayés, et pas du tout pour les images de haute résolution spatiale. Ce résultat est assez spectaculaire, car si vous jetez un coup d'œil à ces images vous constaterez que l'image des basses fréquences du visage semble subjectivement beaucoup plus pauvre en informations détaillées que celle des hautes fréquences. Ce que nous interprétons comme un traitement inconscient de l'émotion du visage pourrait-il se résumer en définitive à une analyse assez superficielle et sommaire, située à mille lieues de ce que nous attendons d'un riche processus détaillé tel que celui qui entre en jeu lorsque nous regardons consciemment avec une grande attention un portrait peint ou photographié ? Cette hypothèse suppose qu'il existerait dans l'image d'un visage effrayé des indices visuels très fortement associés à la mimique de peur qui pourraient être analysés de manière très rapide par un système neural – la voie colliculaire – sensible aux basses fréquences spatiales. Quel(s) pourrai(en)t bien être le ou les indices visuel(s) présent(s) sur un visage qui permettrai(en)t de reconnaître inconsciemment et en un clin d'œil la présence d'une émotion de peur ?

Une étude britannique d'IRM fonctionnelle publiée en 2002 (Morris, DeBonis et Dolan, 2002) permit d'identifier les yeux comme étant la partie du visage déterminante pour provoquer une activation inconsciente de l'amygdale. Morris et ses collègues façonnèrent des chimères de visages combinant des yeux effrayés à une bouche souriante et *vice versa*. L'amygdale des sujets testés était bien activée par les visages effrayés, mais également par les chimères comportant des yeux effrayés, alors que les chimères comportant une bouche effrayée et des yeux souriants ne l'activaient pas. Bref, la voie colliculaire semble bien extraire des yeux du visage l'indice qui permet d'identifier une émotion de peur.

Le point final de cette enquête fut apporté par l'équipe de Paul Whalen dans une nouvelle expérience d'IRM fonctionnelle (Whalen *et al.*, 2004). Ils réussirent à démontrer de manière magistrale que la condition nécessaire et suffisante à cette activation inconsciente de l'amygdale cérébrale par un visage effrayé se résumait à la taille du « blanc des yeux » : la sclère ! La simple présentation d'un dessin d'une paire d'yeux masquée comportant une large sclère suffit à activer l'amygdale inconsciemment.

Finalement, « qui regarde ce que je ne vois pas ? »

La perception visuelle inconsciente que nous partageons tous avec les patients *blindsights* repose sur un circuit cérébral sous-cortical archaïque et se limite à des opérations cognitives assez primitives.

L'étude de la perception inconsciente de visages menaçants nous a appris que si ces phénomènes mentaux inconscients sont parfois capables d'induire en nous des états émotionnels subliminaux[1] objectivables, ils reposent toutefois sur une analyse assez pauvre. Ainsi, lorsqu'une émotion inconsciente naît en nous suite à la perception subliminale d'un visage menaçant, elle n'est pas déclenchée

1. Si la plupart des sujets testés dans ces expériences ne perçoivent consciemment ni le visage menaçant masqué ni la réaction émotionnelle provoqué par ce stimulus, il n'est pas exclu que certaines personnes dotées d'une qualité d'introspection inhabituelle puissent détecter consciemment un tel état émotionnel sans pour autant pouvoir prendre conscience du stimulus source. De telles expériences restent à être entreprises.

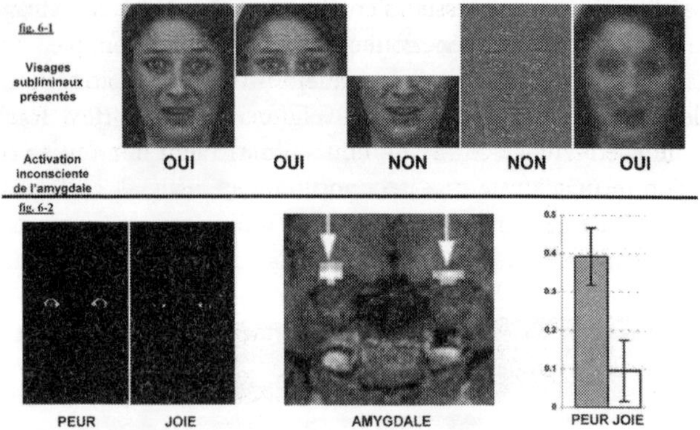

FIGURE 6 – Pour le colliculus, la peur réside dans le blanc des yeux !
Nous savions déjà que la simple présentation subliminale d'un visage exprimant la peur suffit à activer le colliculus supérieur et l'amygdale inconsciemment. Vuilleumier et ses collègues ont démontré que les informations visuelles que le colliculus extrait des images sont contenues dans les basses fréquences spatiales (visage flou, figure 6-1). Morris et al. *ont également mis en évidence que les informations émotionnelles nécessaires à cette activation concernent la partie supérieure du visage. Enfin Whalen et ses collègues ont isolé (figure 6-2) le paramètre réellement déterminant pour cette activation émotionnelle inconsciente : la sclère des yeux colorée en blanc. On observe à droite le niveau d'activation mesuré en IRM fonctionnelle de l'amygdale par le blanc des yeux d'un visage effrayé et d'un visage gai.*
Adapté de Vuilleumier *et al.*, *Nature Neuroscience*, 2003 ; Morris *et al.*, *Neuroimage*, 2002 et Whalen *et al.*, *Science*, 2004.

par l'analyse complexe de toute la mimique faciale, mais elle est simplement provoquée par la taille de la sclère de l'œil !

La pauvreté psychologique de ces phénomènes inconscients va de pair avec l'archaïsme cérébral qui les sous-tend. Les études d'imagerie cérébrale fonctionnelle et de neuropsychologie clinique chez des patients porteurs de lésions des aires visuelles corticales nous ont effectivement permis d'apprendre que ces processus inconscients sont sous-tendus par l'activité de processeurs cérébraux sous-corticaux comme le colliculus, phylogénétiquement anciens, et non pas par l'activité des régions les plus récentes et les plus complexes de notre cerveau que sont les régions du néocortex. Bref, cette première rencontre ne nous a finalement fait découvrir qu'un inconscient « stupide » ancestral et vestigial !

CHAPITRE 2

Au-delà du colliculus…

Quand l'inconscient était stupide

Au-delà du caractère spectaculaire des expériences que nous venons de raconter, notre première incursion dans les neurosciences de la vie mentale inconsciente est bien loin de remettre en cause la conception scientifique classique qui dominait les esprits depuis un siècle.

L'inconscient « stupide » et sous-cortical dont nous avons fait la connaissance en étudiant les patients *blindsights* n'a pas opéré de rupture avec le cadre théorique qui prévalait depuis Hughlings Jackson, neurologue britannique génial de la seconde moitié du XIXe siècle. D'une certaine manière, l'« inconscient colliculaire » découvert par les neurosciences des années 1970 n'est rien d'autre qu'une brillante et lumineuse illustration de l'inconscient jacksonien. Pourtant, il n'aura suffi que d'une petite vingtaine d'années, depuis le milieu des années 1980, pour faire voler en éclats ce brillant modèle avec lequel nous allons à présent nous familiariser.

Ce chapitre est celui de l'histoire de cette déconstruction du vieil inconscient jacksonien, au profit d'un inconscient autrement plus riche sur le plan psychologique, et autrement plus proche de notre vie mentale consciente en termes de substrat cérébral. Certains des processus inconscients que nous allons à présent rencontrer reposent en effet non plus sur l'activité de régions anciennes et « inférieures » de notre système nerveux, mais sur celle des régions les plus complexes et les plus récentes de notre cerveau.

Afin de raconter cette déconstruction, nous emprunterons un itinéraire en trois étapes. Dans un premier temps, nous synthétiserons le modèle scientifique d'inspiration jacksonienne de l'inconscient dont nous avons hérité. Nous identifierons ensuite les causes intellectuelles profondes qui sont à l'origine de l'apparition des neurosciences cognitives de la conscience au cours des années 1980. Nous serons alors prêts à comprendre comment l'observation ingénieuse de nouveaux patients neurologiques a inspiré cette déconstruction, et comment des expériences réalisées chez le sujet sain ont permis de la parachever.

Suprématie de la neurologie victorienne

Tout a commencé il y a environ cent trente ans, dans l'esprit d'un éminent neurologue britannique, Hughlings Jackson, véritable Charcot de la Perfide Albion. Cet homme a contribué à façonner notre approche contemporaine de nombreux domaines de la neurologie et des neurosciences. Sa vision des processus mentaux conscients et non conscients dérive en droite ligne de sa théorie originale d'intégration verticale hiérarchique du système nerveux.

Le point de départ de la réflexion de Jackson est l'observation féconde, minutieuse et globale du comportement des patients atteints de lésions du système nerveux[1]. Considérons par exemple un patient atteint d'une tumeur cérébrale qui endommage la région motrice primaire de l'hémisphère gauche. Une telle lésion est responsable d'une paralysie de la moitié droite du corps. Ce fait clinique parfaitement connu de Jackson et de ses contemporains pourrait suggérer que les hémisphères cérébraux sont le siège de l'action motrice et que tout ce qui, dans le système nerveux, se situe en aval de ce centre de commande (le tronc cérébral, la moelle épinière, les nerfs moteurs et les muscles) ne sont que des exécuteurs esclaves dépourvus de la moindre « capacité d'initiative ». L'examen clinique neurologique rapide d'un tel patient suffit pourtant à contredire cette conception naïve du système nerveux. En effet, l'utilisation d'un simple marteau à réflexes et d'une pointe mousse permet de mettre en évidence un cortège de signes cliniques troublants. Si ce patient a perdu la capacité de mouvoir de manière volontaire, intentionnelle et consciente son hémicorps droit, quelques coups de marteau à réflexes révèlent à son médecin que l'ensemble des réactions motrices involontaires en provenance de ce même hémicorps droit paralysé sont non seulement présentes, mais qu'elles sont anormalement amplifiées et étendues.

Cette véritable libération des mouvements réflexes constitue l'autre facette de la paralysie du patient. Le fameux signe de Babinski en fait partie : lorsqu'on gratte le bord externe de la plante du pied d'un sujet normal, on observe

1. Comme après lui le seront des neurologues tels que Kurt Goldstein qui chercheront à ne pas fermer les yeux sur des phénomènes cliniques qui ne font pas sens immédiatement à leurs yeux.

soit une réponse en flexion du gros orteil, soit une indifférence motrice. Chez le patient que nous évoquons, on observera une extension lente et majestueuse de ce gros orteil qui pourra parfois s'accompagner d'une réaction motrice rapide, très ample et brutale de retrait du pied, de la jambe et de la cuisse ! Malgré leur grande banalité clinique, ces signes demeurent souvent une source de grande stupéfaction pour les patients qui observent leur jambe paralysée capable de mouvements involontaires puissants et amples. Comment expliquer ce versant « positif » de la sémiologie nerveuse ?

Confronté à ce mystère neurologique, la solution apportée par Jackson a durablement marqué les esprits des neurologues. Elle nous propose de concevoir le système nerveux, qui est organisé verticalement chez l'homme, sous la forme d'un système intégré à plusieurs étages interconnectés et dont le fonctionnement normal obéirait à plusieurs règles ou principes assez simples[1].

Premièrement, chaque étage nerveux posséderait des capacités offertes par sa connectivité anatomo-fonctionnelle propre. Ainsi, la moelle épinière serait capable d'assurer des fonctions motrices réflexes telles que celles que nous avons décrites.

Deuxièmement, Jackson postule que l'« altitude nerveuse » qui est étroitement associée à l'évolution phylogénique, c'est-à-dire au développement progressif des systèmes nerveux au cours de l'évolution des espèces animales, joue ici un rôle fondamental : plus on se situe « haut » dans ce système nerveux, c'est-à-dire plus on est proche du néocortex cérébral, dernier venu de cette construction multiétagée, plus on dispose d'autorité et de pouvoir sur le fonctionnement des

1. Ces principes apparaissent dans les *Croonian Lectures* de Jackson publiées en 1884 (Jackson, 1932).

structures sous-jacentes. Ce principe de hiérarchie verticale permet d'introduire ici la notion centrale d'inhibition. Gouverner au sein du système nerveux consiste bien entendu à ordonner des actions volontaires mûrement réfléchies qui seront exécutées par les instances nerveuses inférieures, mais également à inhiber le fonctionnement autonome, réflexe, de ces structures archaïques.

Cette théorie donne pour la première fois sens à la face cachée de la sémiologie nerveuse : les maladies nerveuses donnent naissance à des signes déficitaires ou négatifs (une paralysie, une cécité, une aphasie...), mais également à une libération de phénomènes « positifs » extrêmement riches par désinhibition des structures inférieures au siège de la lésion. Grâce à Jackson, nous disposons d'un cadre théorique qui introduit une dynamique fonctionnelle des différents constituants du système nerveux. Point d'orgue de cette vision révolutionnaire, la maladie nerveuse est alors conçue, selon la règle de dissolution nerveuse, comme une régression – ontogénique et phylogénique – de l'individu depuis un fonctionnement normal vers un fonctionnement plus archaïque, primitif, immature, utilisant des stades de développement inférieurs. Jackson suggère en effet que plus on se situe à un étage élevé du système nerveux, plus on est fragile aux « agressions » de la maladie en général. C'est ainsi qu'il décrit l'évolution des phases de la maladie nerveuse comme une marche inverse à celle suivie par l'organisme au cours des stades du développement.

Si ce dernier aspect de la théorie jacksonienne prête aujourd'hui davantage à sourire, il continue à servir de fondation théorique discrète à certaines situations cliniques aussi importantes que l'étude des comas. Lorsqu'on affirme qu'un patient comateux « s'enfonce » ou au contraire qu'il « remonte », la métaphore que nous utilisons vient implicitement de Jackson. Appliquée au coma, sa conception de dissolution progressive nous enseigne que lors du coma, les étages nerveux vont s'arrêter de fonctionner les uns après les autres en suivant cet ordre vertical décroissant des étages les plus hauts qui sont les plus fragiles vers les étages les plus bas situés. Autrement dit, selon Jackson, il serait possible de décrire ce niveau de coma sous la forme d'un « niveau thermométrique » qui monte ou qui descend avec le niveau d'intégrité verticale, et qui reflète donc directement la profondeur du coma.

L'échelle clinique la plus célèbre pour déterminer le niveau de profondeur et donc de gravité d'un état de coma – l'échelle de Glascow –, consiste à calculer la somme de 3 scores qui reflètent pour chacun d'entre eux un aspect important du comportement spontané et stimulé du patient : sa capacité à mouvoir ses membres (exemple : le patient fléchit son avant-bras lorsqu'on le pince), à ouvrir ses yeux (exemple : il ouvre même très brièvement les paupières en réponse à des stimulations douloureuses), et à répondre verbalement à l'examinateur. Plus le score global de Glascow est proche de sa valeur maximale de 15 points, moins le coma du patient est profond. Le score moteur de cette échelle est typiquement construit sur le modèle jacksonien : la note attribuée est d'autant plus élevée que le signe clinique correspond à l'intégrité fonctionnelle d'un centre plus élevé. Ainsi la réaction motrice dite de « décortication » – parce qu'on peut l'observer chez un animal dont le cortex cérébral a été isolé du reste du système nerveux central – et qui correspond à une flexion des deux membres supérieurs et à une extension des membres inférieurs est mieux notée que la réaction de « décérébration » qui se manifeste par une extension des quatre membres. Jackson est donc toujours parmi nous, même si nous avons fini par ne plus faire attention à lui !

L'inconscient selon Jackson

Que pense Jackson de la vie mentale consciente et de son substrat cérébral, et comment considère-t-il l'ensemble des processus perceptifs et moteurs inconscients ?

Nous ne serons guère surpris qu'il ne fait pour lui pas l'ombre d'un doute que la vie mentale consciente et volontaire est étroitement associée à l'activité du néocortex cérébral, ainsi que le suggère notre exemple de physiologie motrice : le néocortex sous-tend la prise de décision consciente et volontaire du geste, tandis que les étages inférieurs s'affairent à orchestrer toute la motricité réflexe inconsciente ainsi que tous les autres processus nerveux inconscients. Nous aurons l'occasion de revenir sur les implications profondes de cet héritage neurologique et neurophysiologique[1]. Signalons toutefois dès à présent que, selon Jackson, la notion de réflexe semble pouvoir être complexifiée et ne pas se limiter à des chaînes associatives entre stimulations sensorielles et réponses motrices. L'idée de chaînes réflexes associant, d'une part, des *stimuli* écologiquement importants pour l'individu ainsi que pour la survie de l'espèce et, d'autre part, des réponses comportementales au sens large, incluant des réactions émotionnelles, s'inscrit ainsi dans la droite ligne de la pensée jacksonienne. Cette

1. Les filiations intellectuelles de Jackson et de ses contradicteurs constituent un formidable sujet épistémologique abordé de manière synthétique et lumineuse par Marcel Gauchet dans son remarquable essai *L'Inconscient cérébral* (Gauchet, 1992).

partition neurologique de la vie mentale entre un secteur anatomique – le néocortex – sous-tendant la pensée consciente, et d'autres secteurs plus vastes dont l'activité échapperait à la conscience de l'individu permet ainsi de rendre compte de cette première classe de phénomènes mentaux inconscients que nous avons rencontrée en tournant autour du colliculus supérieur et de l'amygdale. On peut imaginer la satisfaction intellectuelle et le plaisir que Jackson aurait probablement éprouvés à la lecture de ces expériences réalisées un siècle après lui !

La révolution des sciences cognitives

La vie mentale inconsciente telle que l'étudient aujourd'hui les neuroscientifiques et les neuropsychologues s'arrête-t-elle là ? Les processus mentaux inconscients sont-ils nécessairement limités à ce type de phénomènes qui ne repose que sur une analyse assez pauvre de l'information (exemple : la portion de sclère oculaire visible), analyse réalisée d'ailleurs par des structures cérébrales ancestrales aux capacités de représentation limitées (exemple : le petit colliculus supérieur) ? Avant d'apporter une réponse à ces questions, il me semble important de rapidement rendre compte de ce qui en a autorisé la formulation vers la fin du XXe siècle, près d'un siècle après la fermeture du dossier scientifique de la vie mentale inconsciente avec la mention : « Affaire classée. »

Ce qui change à partir des années 1970 et 1980, c'est essentiellement un changement de paradigme en neurosciences, c'est-à-dire l'apparition d'une véritable transformation du regard porté à l'antique question des rapports entre le cerveau et la pensée. À l'origine de ce grand changement conceptuel, on retrouve tout d'abord le mouvement des sciences cognitives qui est apparu après guerre dans certains campus nord-américains. Les réflexions de brillants mathématiciens, cybernéticiens, linguistes et psychologues tels que John Von Neuman, Alan Turing, Norbert Weiner, Marvin Minsky, Noam Chomsky ou George Miller ont forgé une nouvelle vision de la vie mentale : les processus mentaux peuvent être décrits comme des processus de traitement de l'information, au sens mathématique et statistique du terme. L'usage de la théorie de l'information pour décrire le mental fait suite à celui de la thermodynamique dont les métaphores énergétiques avaient été abondamment élimées par des générations de chercheurs. Ce virage conceptuel a logiquement permis de décrire les catégories du mental comme autant de niveaux différents de traitement de l'information. Cette vision informationnelle a très tôt été associée à une conception représentationnelle qui domine aujourd'hui encore notre mode de pensée[1] : par exemple, lorsque nous voyons une balle de tennis jaune foncer droit sur nous sur un court de tennis, nous faisons aujourd'hui l'hypothèse que différents processus mentaux représentent dans notre esprit les différents attributs de ce stimulus singulier : certains processus devront extraire de la scène visuelle les contours de la balle, d'autres sa couleur et sa

1. Afin de restituer la diversité des approches théoriques contemporaines, signalons qu'il existe toutefois aujourd'hui encore quelques chercheurs qui défendent une vision non représentationnelle de l'esprit, tels le psychologue Kevin O'Reagan ou le philosophe Alva Noë qui développent une conception « énactive » de la conscience (O'Regan et Noë, 2001). Cette théorie, qui semble nécessiter malgré tout le concept de représentation interne, est fondée sur l'idée que la vision consciente repose sur l'exploration active du monde par le sujet qui le perçoit, à l'aide de connaissances des « contingences sensori-motrices ».

texture, d'autres encore sa position à chaque instant et servir donc à calculer sa vitesse ou son accélération. Enfin, d'autres processus devront calculer les gestes les plus adaptés afin de percuter cette balle de manière optimale. Formulée ainsi, la perception visuelle – mais aussi les autres modes perceptifs, l'imagination et même l'action – devient une collection de processus mentaux dont chacun extrait de la scène visuelle les informations pertinentes à la nature de la représentation qu'il est en charge d'élaborer (exemple : carte mentale de la distribution de la couleur ou du mouvement ou des formes d'une scène visuelle...).

En parallèle à cette évolution des idées en psychologie, les neurosciences ont également été fécondées par la théorie de l'information : cette dernière leur a permis de penser les neurones et les réseaux de neurones comme des systèmes représentationnels de l'information des milieux extérieur et intérieur. Ces évolutions parallèles de la psychologie et des neurosciences ont ainsi abouti à l'émergence des neurosciences cognitives qui articulent ces deux niveaux psychologique et neurophysiologique afin d'étudier les propriétés de représentation du cerveau/esprit.

C'est dans ce contexte que le dossier de la vie mentale inconsciente a été ouvert de nouveau vers le début des années 1980. Le « nouveau regard » du neuroscientifique l'a amené à dresser le constat suivant : le cerveau est une machine à représenter différents attributs et différents objets mentaux (exemple : objets perceptifs, imaginatifs ou moteurs) sur la base du fonctionnement de réseaux de neurones qui partagent tous les mêmes grandes propriétés élémentaires de codage de l'information. D'une certaine manière, cette homogénéisation neurale et représentationnelle des différents types de catégories du mental a permis de remettre en cause des différences « qualitatives » souvent supposées *a priori* par la psychologie. Les

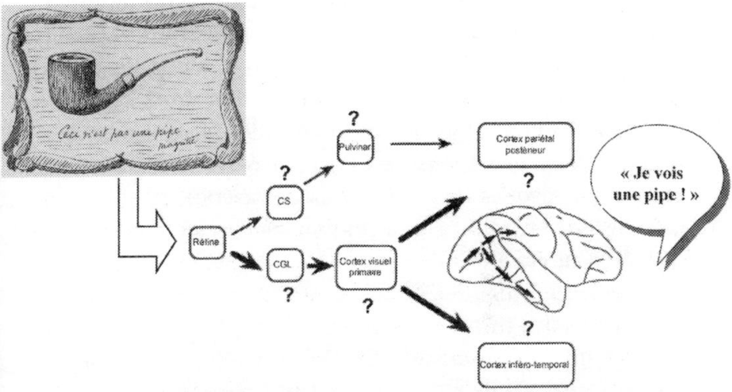

FIGURE 7 – La révolution cognitiviste ou la victoire de la représentation. *Ceci n'est pas une pipe*, encre de chine sur papier de René Magritte (1964), © Adagp, Paris, 2006.

La révolution conceptuelle apportée par les sciences cognitives tient à la définition de la vie mentale en termes de représentations contenant de l'information. Cette vision représentationnelle de l'esprit s'applique également à la question de la conscience. Lorsque vous avez conscience de voir un objet, comme la pipe de Magritte, ce dont vous avez conscience ce n'est bien sûr pas de l'objet lui-même, qui appartient à la réalité extérieure, mais de certaines des représentations que votre esprit/cerveau en élabore et qui sont figurées par autant de points d'interrogation. Cette réflexion, magnifiquement symbolisée par ce tableau de Magritte, nous annonce un programme scientifique très clair : 1) commencer par faire l'inventaire de toutes les formes de représentations mentales visuelles fabriquées par notre cerveau/esprit, puis 2) tester pour chacune d'entre elles si elle participe ou non à notre contenu conscient. Nos premières rencontres avec les patients blindsights *nous ont déjà permis de mettre au jour certaines de ces représentations mentales visuelles (ex. : colliculus) qui ne participent pas à notre contenu conscient.*

différentes formes de représentation ne se distinguent donc plus « naturellement » les unes des autres de manière évidente.

Appliquée à la question du rôle de la conscience dans le fonctionnement mental, cette conception pose qu'il ne va pas de soi que certaines formes de représentations nécessiteraient la conscience tandis que d'autres pourraient procéder inconsciemment. Quand bien même il demeure évident qu'une théorie définitive devra identifier les niveaux de représentation mentale qui s'identifient avec le fonctionnement conscient du sujet, l'homogénéité des mécanismes nerveux invite à une remise en cause générale des relations entre les catégories du mental et la conscience, et prédit un plus grand territoire à la cognition inconsciente que celui qui lui avait été attribué jusque-là[1].

Comment aborder expérimentalement cette question des « nouvelles frontières » de nos capacités de représentation mentale inconsciente ? C'est à nouveau vers l'étude de patients neurologiques qu'il nous faut nous diriger, afin d'y découvrir une nouvelle source d'intuitions scientifiques.

L'« inconscient » est cortiqué !

Une façon de remettre en cause le modèle jacksonien de l'inconscient consisterait à faire la démonstration que d'authentiques phénomènes mentaux inconscients trouvent leur origine non plus dans les étages inférieurs du système nerveux, mais dans l'activité des régions corticales les plus complexes de notre cerveau. C'est très précisément cette

1. Cette homogénéité de la substance nerveuse donnait déjà matière à des réflexions similaires au XIXe siècle quant à la façon de poser la question de la physiologie de la conscience sans sombrer dans une forme de dualisme philosophique : comment penser le conscient sur la base d'un fonctionnement du système nerveux dont les constituants apparaissaient déjà sous une forme homogène les uns aux autres et dont on avait découvert le fonctionnement réflexe à certains étages comme la moelle épinière. Force est tout de même de reconnaître que les succès de la théorie neuronale, et le développement de la psychologie expérimentale et des neurosciences n'ont permis de porter ce questionnement à maturité que bien plus tard.

démonstration qui fut établie en 1991, grâce à l'exploration simple mais ingénieuse d'une patiente atteinte d'une affection neurologique assez rare.

Mme D. F. fut victime d'une grave intoxication au monoxyde de carbone. Ce poison gazeux inodore qui fuit des systèmes de chauffage défectueux est souvent mortel pour ceux qui le respirent dans leur sommeil. Une fois inhalée, cette substance bloque en quelques secondes les protéines qui transportent l'oxygène dans le sang ainsi que les systèmes enzymatiques de la « respiration cellulaire », en se fixant très fortement à la place réservée aux molécules d'oxygène. Les cellules de l'organisme deviennent ainsi rapidement incapables d'extraire l'oxygène pourtant disponible dans l'air ambiant. Bref, respirer ce gaz revient à ne plus pouvoir respirer d'oxygène.

Dans les formes sévères d'intoxication le seul remède véritablement efficace consiste à transporter en extrême urgence le malade dans un caisson hyperbare qui permet de « déplacer » les molécules de monoxyde de carbone en lui faisant respirer un air artificiellement riche en oxygène. À défaut d'un traitement urgent et efficace, la mort survient. Le sort de Mme D. F. fut heureusement moins sombre. Sauvée de l'asphyxie fatale, elle conserva néanmoins des séquelles neurologiques handicapantes. Mme D. F. souffrit de ce que l'on appelle une « agnosie visuelle aperceptive ». Souffrir d'une agnosie visuelle aperceptive revient à ne plus savoir reconnaître visuellement les objets les plus familiers alors qu'on conserve une connaissance abstraite parfaite de ces objets ! Face à une cafetière, Mme D. F. était bien incapable de percevoir la forme de cet objet, ses limites, ou ses différentes composantes. Pourtant, si on lui demandait à quoi servait une cafetière elle vous répondait à tout coup que c'était un appareil qui sert à produire du café chaud, et elle pouvait en décrire les différentes composantes. Mme D. F. n'était pas aveugle comme les patients *blindsights* que nous avons rencontrés dans le chapitre précédent, puisqu'elle faisait l'expérience consciente de la vision. Elle percevait consciemment des images non organisées de la scène visuelle. Le handicap perceptif de cette patiente peut être apprécié en réalisant qu'elle éprouvait les plus grandes difficultés à reconnaître de simples formes géométriques, et qu'elle était tout simplement incapable de distinguer l'orientation de deux lignes droites. Soit dit en passant, les principaux points d'entrée des informations visuelles dans le cortex cérébral – les cortex visuels primaires détruits chez les patients *blindsights* – étaient indemnes de toute lésion chez Mme D. F. Cette malade était donc atteinte d'une maladie de la vision autrement plus complexe que la cécité corticale de M. G. Y.

Jusqu'en 1991, l'agnosie visuelle aperceptive ne semblait pas avoir grand-chose à partager avec la question de la vie mentale inconsciente.

C'est alors que deux neuropsychologues ingénieux, Melvyn Goodale et David Milner, eurent l'idée de soumettre Mme D. F. à une épreuve aussi simple que pénétrante. Ces deux chercheurs mirent au point une « boîte aux lettres » révolutionnaire dont la fente, au lieu d'être fixe et horizontale, pouvait être inclinée à volonté dans le plan vertical (Goodale, Milner, Jakobson et Carey, 1991). Ils présentèrent cette boîte à Mme D. F. en lui demandant dans un premier temps d'en décrire l'orientation. Conformément à ce que l'on pouvait attendre, cette patiente s'avéra incapable de percevoir consciemment cette orientation. Afin de parachever la description de la sévérité de cette forme d'agnosie visuelle, Goodale et Milner donnèrent comme instruction à Mme D. F. d'essayer de reproduire avec sa main l'orientation de la fente de cette boîte aux lettres. Répétant les essais en modifiant chaque fois l'orientation réelle de la fente, les chercheurs purent constater que les réponses de Mme D. F. dans cette épreuve à choix forcé se distribuaient de manière tout à fait aléatoire. Autrement dit, cette malade était très massivement agnosique, et rien dans son discours ni dans son comportement ne trahissait l'existence d'une perception consciente ou inconsciente de l'orientation de la fente de la boîte aux lettres.

C'est alors que les deux neuropsychologues glissèrent une enveloppe dans la main de Mme D. F. et qu'ils lui demandèrent de la poster dans la fente de la boîte aux lettres située face à elle. De façon très surprenante, cette même patiente qui était incapable de décrire consciemment cette boîte s'avéra capable de diriger sa main vers la fente avec une précision diabolique. Dès le lancement du geste, et donc bien avant le contact physique avec la boîte, la main de Mme D. F. était inclinée dans l'orientation correcte de cette fameuse fente dont elle ne faisait pourtant pas l'expérience consciente ! Vérifiant leur incroyable découverte de manière rigoureuse et reproductible avant de la soumettre à la revue *Nature*, Goodale et Milner venaient tout simplement de découvrir une nouvelle couche de processus cognitifs inconscients.

Jusqu'à présent, les processus perceptifs et moteurs inconscients que nous avions rencontrés, chez les patients *blindsights* et chez les sujets sains à l'aide de la présentation subliminale de visages, étaient sous-tendus par l'activité de régions sous-corticales aux faibles capacités de représentation. Ce qui change de manière radicale avec la découverte de Goodale et Milner, c'est que le phénomène mental inconscient qu'ils ont mis en évidence repose sur l'activité de régions du néocortex cérébral qui culminent au sommet de l'édifice jacksonien : des régions cérébrales parmi les plus

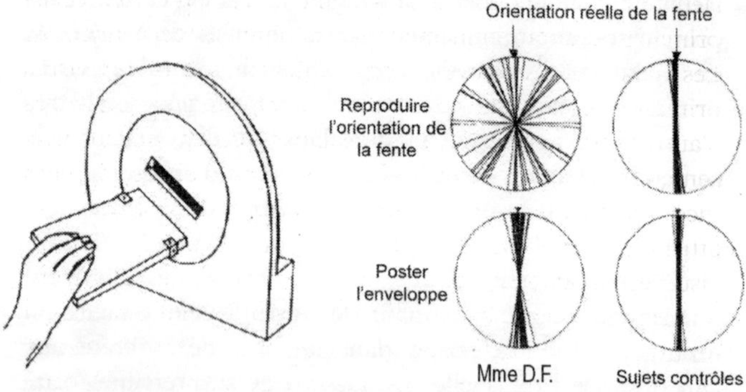

FIGURE 8 – Qui pilote la main de Mme D. F. ?
Suite à une destruction du cortex occipito-temporal des deux hémisphères cérébraux, Mme D. F. présente un tableau d'agnosie visuelle aperceptive très sévère décrit par la neurologie classique depuis la fin du XIXe *siècle par Lissauer et Wernicke. Lorsque Goodale et Milner lui ont demandé de reproduire avec sa main l'orientation de la fente d'une boîte aux lettres qui pouvait être modifiée à chaque essai, ils ont pu vérifier que Mme D. F. ne la percevait pas consciemment. Pourtant, dès lors qu'ils lui ont demandé de poster une lettre, à chaque essai sa main était inclinée de manière à adapter l'orientation de l'enveloppe à celle de la fente.*
Adapté de Goodale et Milner, *Nature*, 1991.

complexes et les plus récentes d'un point de vue phylogénétique sont le siège de processus mentaux inconscients.

En effet, dans la situation du *blindsight* le néocortex cérébral ne reçoit quasiment plus d'informations visuelles en provenance de la région de l'espace qui correspond au scotome du patient. Le principal point d'entrée de ces informations, le cortex visuel primaire, est précisément le siège de la lésion qui affecte ces patients. Nous avons déjà vu comment ces phénomènes inconscients reposent sur l'activité de régions visuelles sous-corticales telles que le colliculus supérieur. En ce qui concerne la patiente D. F., son cortex visuel primaire est anatomiquement et fonctionnellement indemne. Les riches cartes visuelles construites par son cortex visuel primaire continuent donc à alimenter un grand nombre d'autres régions corticales qui élaborent de multiples représentations de la scène visuelle. Les performances visuelles inconscientes de Mme D. F. sont donc très probablement attribuables à l'activité de certaines de ces représentations visuelles complexes construites par des régions du néocortex.

D'une certaine façon, Goodale et Milner ont ainsi offert un droit de cité aux processus cognitifs non conscients dans ce « sanctuaire de la conscience » qu'était jusqu'alors le néocortex cérébral théorisé par les émules de Hughlings Jackson.

Qui fait quoi dans le cortex visuel ?

Afin de bien comprendre la signification du cas de Mme D. F., il nous faut poursuivre brièvement le précis d'anatomie des voies visuelles qui nous avait conduit depuis les rétines jusqu'au colliculus, d'une part, et jusqu'au cortex visuel primaire situé dans le lobe occipital, d'autre part. Si tout cela ne s'est pas encore parfaitement imprimé d'une manière indélébile dans votre cortex, jetez un simple coup d'œil au paragraphe sur le « colliculéléphantocamélos » du chapitre précédent.

Si l'information rétinienne fait son entrée dans le cortex principalement au niveau de cette région bien définie du cerveau dite V1, l'aire visuelle primaire ou cortex strié en raison de son aspect anatomique, cette information n'emprunte plus ensuite une voie de traitement unique et sérielle. Bien au contraire, immédiatement à la sortie de V1, l'architecture cérébrale de la vision subit un éclatement considérable. Plusieurs aires cérébrales reçoivent, en parallèle, des informations visuelles différentes. Chacune de ces régions code certains attributs spécifiques de la scène visuelle perçue. Ainsi, l'aire V2 est impliquée dans la délimitation des contours de formes, tandis que l'aire V4 élabore une représentation des couleurs et que l'aire V5 code les mouvements survenant dans notre univers visuel. On dénombre ainsi plus de trente aires cérébrales aux propriétés fonctionnelles différentes participant de concert à l'élaboration de nos représentations mentales visuelles (Gazzaniga, 1996) ! De minutieuses études de traçage des voies de communication neuronales entre ces différentes aires visuelles ont compliqué davantage encore ce schéma, en révélant l'existence de multiples interconnexions entre ces différentes aires.

Mus par la recherche d'un ordre sous-jacent à ce désordre apparent, des travaux anatomiques fondateurs conduits par Van Essen, bientôt suivis par des études anatomiques et comportementales remarquables menées par Ungerleider et Mishkin chez le singe, ont démontré que ces nombreuses régions cérébrales sont en réalité organisées suivant deux voies de traitement principales. Ainsi, en sortant de V1, les informations visuelles empruntent pour partie une voie dite « ventrale » qui, partant du cortex occipital, progresse jusqu'au cortex inférieur du lobe temporal, et pour l'autre partie, une voie dite « dorsale » qui partant du cortex occipital progresse jusqu'au cortex pariétal. Ces deux voies sont organisées en parallèle mais sont néanmoins interconnectées en de multiples points clés.

À ce principe d'organisation anatomique correspond un principe d'organisation fonctionnelle. Ainsi, la voie visuelle

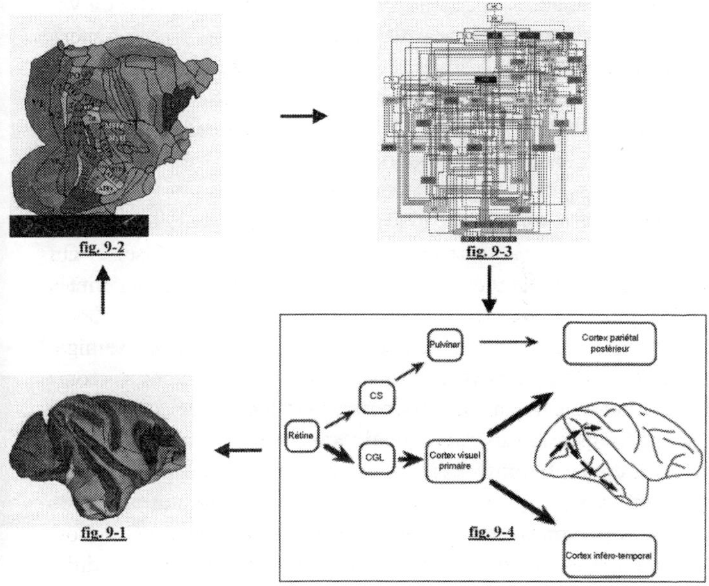

FIGURE 9 – Les deux voies visuelles du macaque et de l'homme.
Le principe général de l'organisation des nombreuses aires corticales visuelles de l'homme a été élucidé dans les années 1990 grâce aux travaux anatomiques lésionnels pionniers de Ungerleider et Mishkin chez le macaque, bientôt suivis par Van Essen et Felleman. Les aires visuelles du macaque (9-1) sont nombreuses (9-2 pour une vision déplissée du cortex de macaque). Le traçage de toutes les connexions anatomiques entre ces régions sont un écheveau de complexité (9-3 pour admirer ce que Weiskrantz a appelé la « raffinerie »). Pourtant cette trentaine de régions sont organisées en deux grandes voies parallèles, chez le macaque et chez l'homme (9-4) : la voie occipito-temporale (ou voie ventrale), et la voie occipito-pariétale (ou voie dorsale).
Adapté de Van Essen et Felleman, 1991, et de Mishkin *et al.*, 1983.

dite « ventrale » est dédiée à l'élaboration de représentations mentales propres à l'identification précise des objets de notre scène visuelle – espace à percevoir –, tandis que la voie visuelle « dorsale » analyse cette scène visuelle en tant que champ d'actions que nous pourrions potentiellement y réaliser. Par exemple, si un objet jaune de forme concave et oblongue aux extrémités noircies perdu dans une corbeille de fruits se trouve posé devant moi, c'est essentiellement ma voie visuelle ventrale qui va me permettre de réaliser la description que je viens de donner de cet objet et de l'identifier comme étant une « banane ». En revanche, si la balle de tennis que nous évoquions plus haut fonce à présent vers moi à vive allure depuis le coin supérieur gauche de mon champ visuel en suivant un mouvement rectiligne accéléré, et que je parviens à la saisir de la main gauche à la vitesse de l'éclair, les computations réalisées par ma voie visuelle ventrale n'y sont pas pour grand-chose. Ce sont les représentations élaborées par ma voie visuelle dorsale qui ont informé mon système moteur sur la position et la trajectoire qu'il fallait imprimer à mon membre supérieur pour réaliser cette prouesse.

Il est désormais classique de surnommer la voie ventrale de voie du « *what* » pour en souligner l'importance dans le processus d'identification consciente de l'objet visuel, et de retenir pour la voie dorsale le qualificatif de voie du « *where* » ou du « *how* », afin d'insister sur son rôle fondamental dans les opérations visuo-motrices.

Chez Mme D. F., c'est la voie ventrale qui est détruite dans les deux hémisphères, ce qui est à l'origine de ses graves déficits à identifier consciemment un objet visuel. Par contre, sa voie dorsale qui est intègre suffit à sous-tendre toute cette « vision pour l'action » qui entre en jeu dans la tâche de la « boîte aux lettres » de Goodale et Milner, mais également dans mille activités de la vie quotidienne.

« *Ich bin ein Berliner* »

Tout semble donc suggérer que le fonctionnement de sa « voie dorsale » échappe assez largement au contenu de la conscience de Mme D. F. Êtes-vous à présent davantage familiarisés avec le mode de raisonnement qui guide la recherche en neuropsychologie clinique ?

Voici un test : une fois le « mystère » de Mme D. F. ainsi explicité, quelle sera la prochaine question qui va préoccuper la communauté des neuroscientifiques de la vision inconsciente ?

Réponse : sommes-nous tous des Mmes D. F. sans le savoir ?

Bien qu'il soit désormais possible d'inactiver transitoirement et de manière réversible l'activité de régions cérébrales d'un sujet sain en les « sidérant » à l'aide d'un stimulateur magnétique transcrânien qui génère un champ magnétique très puissant[1], plusieurs chercheurs ont eu l'idée de répondre à cette question d'une manière autrement plus élégante. Comment ? En portant leur attention à l'une de ces curiosités dont les psychologues et les peintres ont seuls le secret : l'univers des illusions visuelles.

Considérons la fameuse illusion visuelle de Müller-Lyer, d'après le nom de son découvreur. Prenez une feuille de

1. Il s'agit de la technique de stimulation magnétique transcrânienne (TMS pour *Transcranial Magnetic Stimulation*) qui est l'un des nouveaux outils des neurocognitivistes, mais qui peut également rendre des services médicaux à certains patients. Plusieurs études cliniques font en effet état d'un effet thérapeutique dans certaines dépressions sévères – où la TMS pourrait à terme supplanter les séances d'« électochocs » traditionnels –, ainsi que dans certaines douleurs chroniques réfractaires aux antalgiques usuels (Pascual-Leone, Rubio, Pallardo et Catala, 1996).

papier et tracez deux segments de droite parallèles de longueur strictement identique, séparés l'un de l'autre de quelques centimètres. Ajoutez à chaque extrémité de l'un de ces segments des motifs de flèche pointant vers l'extérieur, tandis que vous ajouterez à l'autre segment des motifs fléchés similaires pointant cette fois vers l'intérieur de ce segment. À présent, jetez un coup d'œil sur l'ensemble de votre dessin, vous serez immanquablement frappés de constater spontanément que le segment affublé des flèches pointant vers l'intérieur vous apparaît indiscutablement plus long que l'autre ! Vous savez pourtant parfaitement que les deux segments sont de même longueur (c'est vous-mêmes qui les avez tracés !). Si vous le désirez, vous pouvez mesurer à nouveau ces distances pour le vérifier : rien n'y fait, vous les voyez néanmoins toujours de longueurs différentes ! Cette indépendance complète de l'illusion visuelle à l'égard de notre utilisation d'autres informations – par exemple la connaissance de la taille exacte des deux segments, le souvenir des deux segments tracés avant de leur ajouter les motifs fléchés... – l'a fait qualifier de « processus cognitivement impénétrable » par le psychologue Zénon Pylishin.

À présent, testons la stabilité de cette illusion visuelle à travers différentes tâches expérimentales élémentaires. Si on vous demande, par exemple, non pas de dire si les deux segments vous paraissent être de la même longueur, mais plutôt de reproduire silencieusement la taille apparente de chacun de ces deux segments à l'aide de votre main en écartant votre pouce de votre index d'une distance qui vous semble correspondre à leur longueur respective – tâche dite de pantomime, utilisant la « pince pouce-index » –, vous pourrez constater à nouveau que vous demeurez prisonnier de cette illusion visuelle, c'est-à-dire que votre distance pouce-index pour le segment à « flèches rentrantes » sera significativement plus

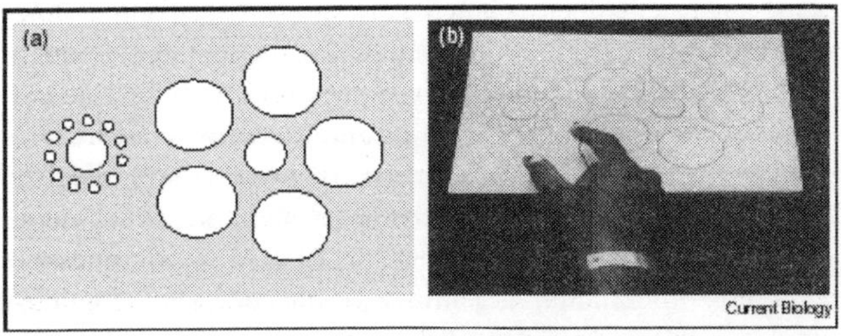

FIGURE 10 – Qui pilote la main des sujets neurologiquement sains ?
Dans l'illusion visuelle de Titchener, un même cercle central nous apparaît consciemment comme de plus grand diamètre lorsqu'il est entouré de cercles de plus petit diamètre (voir le cercle central de gauche en (a)), que lorsqu'il est entouré de cercles de plus grand diamètre (voir le cercle central de droite en (a)). Pourtant, lorsque Aglioti et ses collègues ont demandé aux sujets de saisir le cercle central, l'ouverture de leur main (le paramètre de distance entre le pouce et l'index) était calibrée au diamètre objectif du cercle central et non à son diamètre illusoire. Tout comme chez Mme D. F., notre comportement manifeste des dissociations entre nos percepts conscients et nos performances visuo-motrices inconscientes. Ces traitements visuo-moteurs inconscients trouvent leur origine dans l'activité de certaines régions de la voie visuelle dorsale.
Adapté de Aglioti *et al.*, *Current Biology*, 1995.

grande que celle du segment à « flèches sortantes ». Cette expérience réalisée initialement par Daprati et Gentilucci (1997), a depuis été reproduite et répliquée à de nombreuses reprises. Tout comme Mme D. F. qui ne percevait pas consciemment l'orientation de la boîte aux lettres, vous n'avez pas conscience de la taille réelle du segment : seule la taille illusoire s'impose à votre conscience, et cela malgré tous vos efforts.

Serait-il possible, en poursuivant ce parallèle avec Mme D. F., d'imaginer une situation expérimentale visant, non plus à décrire, mais à effectuer un geste vers ce segment fléché objet ? Le comportement visuo-moteur des sujets ainsi testés échapperait-il à cette illusion, tout comme celui de Mme D. F. lorsqu'on lui demanda non plus de décrire la fente de la boîte aux lettres mais d'y glisser une enveloppe ? Daprati et Gentilucci répondirent à cette question en demandant à leurs sujets, non pas d'estimer la longueur des deux segments, mais d'aller attraper chacun de ces segments à l'aide de leur main. Résultat surprenant, ils constatèrent cette fois que la taille de l'ouverture pouce-index de la main tendue par les sujets pour aller saisir les segments n'était pas sujette à l'illusion de Müller-Lyer ! Lorsque l'on demandait aux sujets d'aller chercher ces segments fléchés, leur comportement moteur était identique pour les deux types de segments de même longueur physique. Ce paramètre moteur dépendait donc essentiellement de la longueur objective de ces segments, et échappait largement à cette puissante illusion visuelle. Ce résultat assez surprenant fut depuis reproduit à de nombreuses reprises dans l'illusion de Müller-Lyer ainsi que dans d'autres variantes d'illusions visuelles[1].

Cette expérimentation permit ainsi de généraliser le phénomène découvert par Goodale et Milner chez une patiente unique, la fameuse Mme D. F., à l'ensemble du genre humain, tout comme l'utilisation de la perception subliminale des visages avait permis de généraliser la découverte du *blindsight*. D'une certaine façon nous sommes tous des Mmes D. F., puisque certaines représentations de la scène visuelle réalisées par des processeurs corticaux de notre voie visuelle dorsale opèrent à notre insu, et sont capables de gui-

1. Cette remarquable dissociation entre l'illusion perceptive et le geste avait été observée par Aglioti et ses collègues en 1995 (Aglioti, DeSouza et Goodale, 1995). Par la suite, le groupe de Franz a émis des doutes sur l'interprétation de ces résultats en suggérant que la difficulté entre les tâches perceptives et motrices n'étaient pas calibrée (Franz, 2001 ; Franz, Gegenfurtner, Bulthoff et Fahle, 2000). Néanmoins, plusieurs travaux récents ont permis de confirmer l'interprétation initiale (consulter Kwok et Braddick, 2003, pour une revue récente).

der notre comportement moteur sans que nous en ayons conscience. Notre vie mentale inconsciente ne se limite donc pas à des niveaux de représentation pauvres et sommaires reposant sur l'activité de régions profondes et anciennes de notre cerveau, mais elle se manifeste également à travers l'activité de régions néocorticales aux capacités représentationnelles autrement plus riches et complexes.

Abort mission

Une étude qui émane du groupe lyonnais d'Yves Rossetti achèvera de nous convaincre de l'existence de cette nouvelle couche de processus cognitifs inconscients en nous révélant l'existence d'un « pilote automatique » inconscient de la main qui siège dans la voie visuelle dorsale (Pisella *et al.*, 2000). La patiente I. G., victime à l'âge de 29 ans d'un accident vasculaire cérébral ischémique, présentait des lésions affectant l'essentiel des deux voies visuelles dorsales et épargnant les cortex visuels primaires ainsi que les voies ventrales. Il s'agissait donc d'une distribution de lésions inverse de celles de Mme D. F. : la voie ventrale était respectée alors que la voie dorsale était endommagée. Cette patiente présentait sur le plan neurologique un syndrome de Balint qui comporte notamment le phénomène opposé à celui observé chez Mme D. F. : alors qu'elle était capable de percevoir et d'identifier consciemment un objet visuel, Mme I. G. était extrêmement gênée pour utiliser ces informations visuelles afin de guider les mouvements de sa main. Bref, alors que sa voie ventrale intacte semblait alimenter le flux de sa conscience perceptive, les lésions massives et bilatérales de sa voie visuelle dorsale handicapaient fortement ses facultés de « vision pour l'action ».

Afin de mieux explorer ce point, Rossetti et ses collègues mirent au point une expérience permettant d'observer les capacités de correction rapide des mouvements guidés par notre vision. Assis face à un écran tactile, le sujet de cette expérience devait, à chaque essai, toucher le plus rapidement possible de son index un disque vert qui apparaissait à gauche ou à droite du centre de l'écran. Bien évidemment, la patiente I. G. présentait d'immenses difficultés dans cette épreuve, par comparaison avec un groupe contrôle constitué de sujets neurologiquement sains. Ces difficultés se traduisaient notamment par un très grand ralentissement des performances motrices. Là où un sujet sain touchait parfois l'écran en moins de 150 millisecondes, il fallait plus de 500 millisecondes (une demi-seconde) à la patiente I. G. dans la plupart des essais afin d'atteindre la même cible avec moins de précision. Grâce à un dispositif assez sophistiqué, à l'occasion de certains essais dès que le sujet initiait son geste vers l'écran, la cible verte « sautait » depuis le côté où elle était apparue vers le côté opposé (exemple : de la droite vers la gauche de l'écran ou *vice versa*). À nouveau, les sujets sains étaient incomparablement plus rapides et plus précis que la patiente dans cette condition expérimentale qui nécessitait de corriger en temps réel un mouvement balistique déjà initié. La véritable ingéniosité de cette expérience consista à utiliser une condition expérimentale supplémentaire dans laquelle, une fois le geste initié, la cible verte changeait non seulement d'endroit, mais également de couleur. Si la cible devenait rouge, la consigne donnée aux sujets était univoque : ils devaient interrompre sur-le-champ leur geste et ne surtout pas toucher la cible : « *Abort mission.* »

D'une manière tout à fait remarquable, la patiente s'avéra ici meilleure que les sujets contrôles qui disposaient pourtant d'un cerveau indemne de toute lésion ! Dans cette condition expérimentale, les sujets sains commirent un nombre important d'erreurs en allant toucher la cible rouge malgré la consigne d'inhibition du mouvement. L'article scientifique dans lequel ils rapportèrent ces résultats mentionne la frustration éprouvée par nombre de sujets contrôles tout à fait conscients de ces erreurs. Ils avaient l'étrange impression que leur main n'était pas guidée consciemment. À l'inverse, la patiente, véritable tortue de La Fontaine, qui devait guider consciemment et lentement chacun de ses gestes, n'avait aucun mal à interrompre son geste dès que la cible devenait rouge. En effet, la différence entre les gestes effectués par Mme I. G. et par les sujets sains n'était pas seulement une différence quantitative ainsi que pouvait le laisser penser la simple comparaison numérique des temps nécessaires pour effectuer ces gestes. Il s'agissait en réalité d'une différence qualitative profonde : là où un « pilote automatique inconscient » pouvait guider les corrections de pointage des sujets normaux, la patiente, qui ne disposait plus de ce « pilote inconscient », était contrainte de guider ses gestes consciemment. L'opposition est ici claire entre un guidage conscient, lent mais contrôlable, et un guidage rapide mais automatique et relativement autonome !

L'ensemble de ces résultats sont actuellement interprétés comme des dissociations entre des traitements visuo-moteurs médiés par la voie dorsale dont les computations ne participent pas à notre conscience phénoménale visuelle, et des traitements visuels sous-tendus par la voie ventrale qui participeraient, eux, à notre perception consciente[1]. La version

1. Un dernier exemple saisissant est fourni par les patients atteints du syndrome de Charles Bonnet. Ce syndrome est défini par la survenue d'hallucinations visuelles chez des patients malvoyants. Dès 1760, le philosophe suisse Charles Bonnet décrivit ce tableau chez son propre grand-père porteur d'une cataracte bilatérale sévère et qui hallucinait des oiseaux et des bâtiments (Damas-Mora, Skelton-Robinson et Jenner, 1982). Récemment Ffytche *et al.* ont montré, en IRM fonctionnelle, que chez de tels patients le contenu des hallucinations est associé à l'hyperactivité des régions cérébrales correspondantes de la voie ventrale (Ffytche *et al.*, 1998).

forte de cette thèse est notamment défendue par Goodale et Milner (Goodale et Milner, 1992). Ce dernier affirme ainsi :

« Nous avons deux systèmes visuels [largement] indépendants. L'un d'entre eux est dédié au guidage rapide et précis de nos mouvements [...], et il siège à l'extérieur du royaume de notre conscience visuelle. Le second semble nous procurer notre phénoménologie perceptive [...] » (Milner, 1998).

Ce qui retient tout particulièrement notre attention, c'est que cette nouvelle incursion dans les neurosciences de la vision inconsciente nous a permis de découvrir que les processus perceptifs inconscients n'étaient pas confinés au « sous-cortex stupide », ainsi que pouvait le suggérer notre première exploration chez les malades *blindsights* et les prosopagnosiques. Les processus inconscients peuvent également emprunter l'activité des régions les plus récentes et les plus complexes du néocortex cérébral. Notre inventaire des phénomènes mentaux inconscients s'enrichit donc d'une nouvelle catégorie de processus qui nous conduit également à remettre en cause les conceptions « victoriennes » de la vie mentale. Contrairement à ce que l'on pouvait penser avec Jackson ou ses élèves, il semble que la distinction entre un « inconscient » réflexe et sous-cortical, et une conscience « corticale » et volontaire soit trop simpliste. Ce que nous enseigne cette seconde catégorie de processus inconscients, c'est précisément qu'ils ne sont pas cantonnés à l'activité des régions phylogénétiquement les plus anciennes et les moins évoluées de notre système nerveux.

Toutefois, ce raffinement récent du substrat cérébral de la conscience visuelle à travers la distinction entre voie dorsale et voie ventrale s'apparente encore à la conception de Jackson puisqu'il repose toujours sur une partition anatomique qui, certes, ne met pas en jeu les mêmes termes (cortex et sous-cortex *versus* voie ventrale et voie dorsale), mais qui demeure toutefois fondée sur la même dichotomie : certains secteurs anatomiques du système visuel alimenteraient notre contenu conscient, tandis que d'autres représenteraient l'information visuelle inconsciemment.

Citoyens sans frontières (cérébrales)

Cette première brèche dans l'édifice « jacksonien » peut-elle être davantage élargie afin de remettre en cause la conception néojacksonienne de David Milner, et de nombreux autres chercheurs, conception qui repose toujours sur une « vision topique » des processus mentaux conscients et non conscients ? Selon ces auteurs, certains secteurs anatomiques du cortex cérébral seraient dévolus au fonctionnement conscient, tandis que d'autres seraient les hôtes de l'inconscient cognitif qui nous habite. Ayant déjà constaté que cette partition, si elle existe, ne respecte pas la première frontière qui lui avait été assignée entre sous-cortex et cortex, il devient légitime de s'interroger sur la pertinence même de toute conception « topique » des composantes consciente et inconsciente de notre psychisme.

En ce qui concerne la conscience visuelle, nous venons de constater que la théorie de Milner postule que les représentations mentales qui naissent de l'activité de la voie ventrale alimentent notre vision consciente. L'esprit de contradiction d'un scientifique bien éduqué devrait aussitôt formuler la question suivante : existe-t-il des situations dans lesquelles une voie visuelle ventrale continue à élaborer de riches représentations visuelles sans que le sujet en ait conscience ?

Un tel cas de figure serait une contradiction implacable à ce modèle qui clame l'existence d'une cloison anatomiquement étanche entre les secteurs de la vie consciente et ceux de notre vie mentale inconsciente. Résolument guidés par la neuropsychologie clinique et ses révélations qui précèdent et guident souvent nos facultés d'imagination, cette question peut se reformuler de la manière suivante : existe-t-il une affection neurologique qui se traduise par une altération de la conscience visuelle tout en respectant le fonctionnement de la voie visuelle ventrale ?

Réponse affirmative.

À la différence des pathologies de *blindsight*, de prosopagnosie ou d'agnosies visuelles que nous avons déjà rencontrées, la maladie neurologique en question ne concerne pas uniquement quelques rares patients, mais touche directement plusieurs dizaines de milliers de nouvelles personnes chaque année en France : il s'agit de l'héminégligence, souvent simplement désignée sous le terme de négligence.

Ne négligez pas la négligence !

Chaque année en France, environ 90 000 patients sont victimes d'un accident vasculaire cérébral. Ces affections, qui peuvent relever de nombreuses causes ou étiologies, peuvent toucher les différents territoires vasculaires cérébraux. Parmi les quatre principales artères qui irriguent le cerveau humain, les artères carotides internes couvrent, de loin, le territoire le plus important. Elles se divisent elles-mêmes en plusieurs branches de plus petit calibre qui constituent un véritable arbre artériel dont on peut visualiser l'arborescence à l'aide d'examens radiologiques. De manière schématique, lorsque l'une des branches de l'artère carotide interne gauche est bouchée par un caillot, le patient présente une aphasie, c'est-à-dire un trouble du langage qui peut prendre de nombreuses formes cliniques. Ceci est aujourd'hui parfaitement connu du grand public.

Si ce caillot migre par contre dans l'hémisphère droit, très précisément au niveau d'une région du lobe pariétal[1], le patient présente un tableau neurologique qui pour être presque aussi fréquent que les aphasies, n'en demeure pas moins incroyablement ignoré : le patient sera « négligent » de la moitié gauche de son environnement, c'est-à-dire qu'il se comportera brutalement « comme si la moitié de l'univers [qui inclut la moitié gauche de son propre corps] avait brutalement cessé d'exister sous quelque forme intelligible que ce soit » (Mesulam, 2000).

L'observation du comportement de tels patients fourmille de descriptions saisissantes : face à un miroir, le patient ne rasera que la partie droite de sa barbe ; à table, il ne mangera que la moitié droite du contenu de son assiette ; si plusieurs personnes l'entourent et que l'une d'entre elles, située à sa gauche, lui parle, le patient répondra à l'une des personnes se trouvant à sa droite... Un siècle d'explorations neurologiques de ce curieux syndrome aux multiples noms nous a offert une analyse rigoureuse qui nous permet d'en saisir l'essentiel en quelques phrases. La négligence ne se limite pas à une modalité sensorielle, mais elle peut affecter l'ensemble de nos sens et toucher notre capacité à agir. Par exemple, un malade négligera aussi bien les informations visuelles, auditives ou tactiles

1. Longtemps admise (Mesulam, 1981), cette topographie lésionnelle a récemment fait l'objet d'une discussion subtile entre les deux régions voisines que sont la partie postérieure du lobe temporal (d'après le groupe de Karnath, 2001) et la partie inférieure du lobe pariétal ou plus précisément certaines voies de connexions pariéto-frontales qui cheminent en son sein (Thiebaut de Schotten *et al.*, 2005).

que certaines odeurs. D'autre part, il n'utilisera plus son bras et sa jambe gauche, même si elles ne sont pas paralysées.

Ce n'est que dans les années 1970 et 1980 que Jean-Denis Degos, Dominique Laplane (Laplane et Degos, 1983) et leurs collègues ont identifié ces comportements de « sous-utilisation motrice » – à ne pas confondre avec des hémiplégies par atteinte des voies motrices primaires[1]. Le malade semble paralysé. En réalité, il ne porte plus du tout son attention sur la moitié gauche de son corps et il ne pense même plus à la mouvoir ! Il existe donc une transformation majeure du schéma corporel qui peut parfois atteindre d'incroyables situations dans lesquelles le patient ne reconnaît plus comme sien son bras ou sa jambe gauche, voire la moitié gauche de son corps ! C'est toujours une situation ahurissante pour un jeune interne en neurologie de faire soi-même cette expérience au caractère déréalisant.

La négligence est donc, par excellence, une maladie de la conscience qui se caractérise par la perte de la conscience de l'existence du « côté gauche[2] » : disparition des stimuli situés à gauche de soi, disparition des intentions motrices qui concernent le bras ou la jambe gauche, disparition de la notion même

1. Un malade peut malheureusement être atteint à la fois d'un syndrome de négligence et d'une authentique hémiplégie gauche, mais par essence la négligence n'est pas un trouble perceptif, ou moteur « primaire ».

2. Quel est l'espace de référence négligé par ces patients ? Une question lancinante concernant la négligence touche au codage de l'espace négligé. Lorsqu'un patient néglige l'« hémi-espace gauche », néglige-t-il ce qui se projette sur son champ rétinien droit, ce qui se trouve à la gauche de l'axe de sa tête, de son corps… ? Karnath et ses collaborateurs ont montré que la négligence visuelle peut être améliorée par la simple rotation du tronc vers les stimuli négligés, en dehors de tout mouvement des yeux (Karnath, Christ et Hartje, 1993). Ce résultat ainsi que d'autres travaux suggèrent ainsi que la négligence visuelle n'est pas strictement rétinotopique (codage rétinien de l'espace) mais correspond plutôt à un espace intégrant des coordonnées rétinotopiques et non rétinotopiques (exemple : position du tronc, de la tête...). On remarquera que ce point distingue à nouveau la négligence de l'hémianopsie et du *blindsight* qui renvoient quant à eux à des espaces strictement rétinotopiques.

d'appartenance corporelle de cette moitié gauche ! L'équipe d'Edouardo Bisiach, à Milan, et celle de Luigi Pizzamiglio, à Rome, découvrirent il y a quelques années que cette « disparition » concernait également les images mentales générées depuis l'intérieur. Dans la désormais célèbre expérience de la place du Dôme de Milan, Bisiach et ses collègues (Bisiach, Luzzatti et Perani, 1979) demandèrent à des patients de s'imaginer sur cette place en ayant le dôme dans leur dos, et de décrire les bâtiments visibles. Les sujets négligèrent les bâtiments situés à leur gauche. Dans la version parisienne de cette épreuve clinique, lorsqu'on demande aux malades de s'imaginer être debout sur la place de la Concorde ayant l'obélisque dans le dos en regardant les Champs-Élysées devant eux, ils négligent l'Assemblée nationale et la Seine… Dans un second temps, les chercheurs italiens soumirent leurs patients à la même épreuve en leur demandant de pivoter mentalement de 180°, c'est-à-dire en se tenant à présent face au dôme. Cette fois, les bâtiments négligés la première fois furent cités, et ceux cités la première fois furent négligés. Dans la version parisienne, on demande au patient de s'imaginer avec l'obélisque dans le dos, face au jardin des Tuileries. La Seine et l'Assemblée nationale ne sont plus négligées car elles se trouvent désormais sur la droite des patients qui se mettent alors à négliger l'hôtel Crillon et la rue Royale. Autrement dit, ce qui est négligé dans cette situation d'imagination mentale dépend étroitement du point de vue utilisé par le patient pour générer son image mentale.

À l'issue de cette brève présentation de la négligence, il est temps de revenir à la question qui a motivé cette nouvelle incursion neurologique : qu'apprenons-nous de la négligence, à propos de la validité des modèles « topiques » de la conscience visuelle ? En fait, la récapitulation de plusieurs indices semés dans le paragraphe ci-dessus va nous permettre de découvrir la valeur scientifique de ce syndrome clinique.

Premièrement, un patient négligent ne voit pas consciemment les objets situés à sa gauche.

Deuxièmement, la lésion cérébrale qui provoque ce tableau clinique a détruit une petite région pariétale qui se trouve à bonne distance du cortex visuel primaire (celui qui est endommagé chez les patients *blindsights*), et de la voie visuelle ventrale (détruite chez les patients agnosiques). Autrement dit, voici effectivement une situation qui affecte la conscience visuelle tout en épargnant le système visuel qui est pourtant supposé la sous-tendre selon le modèle de David Milner !

Afin d'aller plus loin dans la mise en échec de cette conception topique des processus inconscients et conscients, il faudrait parvenir à démontrer que, chez le patient négligent, cette voie visuelle ventrale anatomiquement normale continue effectivement à représenter l'univers visuel qui est « négligé » et consciemment inaccessible.

En 1988, deux psychologues anglais experts de la négligence, John Marshall et Peter Halligan, rapportèrent dans *Nature* un résultat spectaculaire qui suggérait fortement que cette voie visuelle ventrale anatomiquement saine continuait effectivement à représenter inconsciemment la partie gauche de l'univers de ces patients (Marshall et Halligan, 1988). Ils présentèrent à une malade négligente les dessins de deux maisons, l'une au-dessous de l'autre.

Ces deux maisons étaient absolument identiques en tout point, à l'exception d'un détail près : la partie gauche de l'une des deux maisons était dévorée par les flammes ! Du point de vue de la patiente qui négligeait la partie gauche de ces deux dessins, cette différence n'était pas consciemment perceptible. Lorsque Marshall et Halligan lui demandèrent de trouver une différence entre ces deux maisons, elle fut bien incapable

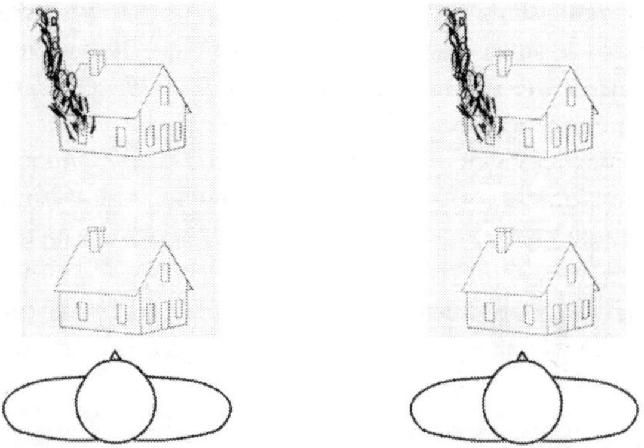

FIGURE 11 – L'analyse inconsciente de la partie gauche de l'univers chez le patient hémi-négligent.
Adapté de Marshall et Halligan, *Nature*, 1988.

de les distinguer l'une de l'autre et elle déclara tout simplement que ces deux maisons étaient identiques en tout point. Pourtant, lorsqu'ils l'incitèrent à choisir la maison qu'elle préférerait habiter, la patiente répondit de manière reproductible en pointant du doigt la maison qui n'était pas en feu ! Si on prend ces résultats au sérieux, ils nous révèlent que des processus perceptifs inconscients ont été capables d'analyser la partie gauche de ces deux maisons et d'interpréter correctement la signification des dessins de flammes ! Voilà, au passage, une illustration de traitements perceptifs inconscients qui semblent au premier regard plus riches que ceux que nous avons découverts chez les patients *blindsights*. Suite à cette publication, de nouvelles illustrations de dissociations entre performance et conscience visuelle dans la négligence apparurent dans la littérature médicale et scientifique. L'ensemble de ces résultats suggère donc que la voie visuelle ventrale de ces patients continue à échafauder des représentations mentales perceptives élaborées à partir d'objets pourtant « négligés » qui échappent à leur conscience. Autrement dit, l'hypothèse « topique » selon laquelle tout ce qui est représenté par la voie ventrale serait conscient est menacée.

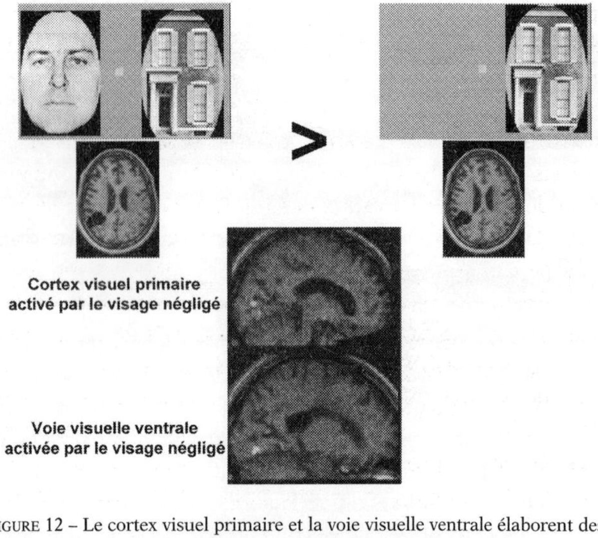

FIGURE 12 – Le cortex visuel primaire et la voie visuelle ventrale élaborent des représentations mentales inconscientes chez le patient hémi-négligent.
Lorsque l'on présente à un patient deux stimuli visuels, l'un à sa gauche (ici le visage) et le second à sa droite (ici la maison), il ne perçoit consciemment que le stimulus de droite : c'est le phénomène d'extinction visuelle. Rees et ses collègues ont enregistré en IRM fonctionnelle l'activité cérébrale d'un patient négligent en situation d'extinction et en situation de stimulus droit isolé. La soustraction des cartes d'activation permet d'isoler les corrélats cérébraux du traitement du visage négligé. Bien que le patient ne perçoive pas consciemment ce stimulus gauche, l'IRM révèle un codage de ce stimulus par plusieurs régions corticales visuelles.
Adapté de Rees *et al.*, *Brain*, 2000.

Sur la base de ces éléments encourageants, l'estocade fut portée aux théories topiques de la conscience par une superbe étude réalisée en IRM fonctionnelle par Geraint Rees et ses collègues londoniens en 2000 (Rees *et al.*, 2000). Ils présentèrent à un patient négligent des images comportant des visages à gauche et des maisons à droite. Le patient ne voyait consciemment que les maisons situées à droite et négligeait les visages situés à gauche. Rees et son équipe présentèrent également au patient les mêmes images mais sans les visages. Du point de vue du patient, il faisait la même expérience consciente que sur les images précédentes : il ne voyait que des maisons. Au-delà de son jugement conscient, le cerveau de ce patient continuait-il à analyser les visages négligés ? La réponse résidait dans la soustraction des cartes d'activation cérébrales évoquées par les images de maison, de celles évoquées les paires d'images (visage + maison). Si le cerveau du patient ne représentait pas les visages, alors cette soustraction devrait être nulle. À l'inverse, s'il continuait à élaborer des représentations visuelles inconscientes des visages négligés, alors cette soustraction devrait en isoler les corrélats cérébraux. Sans la moindre équivoque, les images acquises par Rees révélèrent que ces visages négligés étaient inconsciemment traités par le cerveau du patient précisément par le cortex visuel primaire et par la voie visuelle ventrale ! Ainsi, cette voie visuelle ventrale qui était postulée par Milner et d'autres comme étant le corrélat de notre perception visuelle consciente pouvait s'activer inconsciemment.

CQFD.

Ce résultat important fut ensuite répliqué par plusieurs études d'imagerie cérébrale fonctionnelle chez les patients négligents.

La conscience est u-topique !

Notre équipe a récemment pu généraliser ce résultat chez le sujet sain en étudiant en IRM fonctionnelle et en potentiels évoqués les corrélats cérébraux de la perception inconsciente de mots masqués (Dehaene *et al.*, 2001). Adeptes de la présentation subliminale de mots masqués, nous avons notamment pu montrer qu'une aire cérébrale appartenant à la voie visuelle ventrale de l'hémisphère gauche est significativement activée par des mots masqués inconsciemment perçus. Il s'avère que cette région correspond, au millimètre près, à une région que nous avons précédemment identifiée comme étant la première région cérébrale à représenter les mots sous une forme abstraite qui ne dépend plus de l'endroit où ils sont affichés à l'écran, de la police des caractères ou de la taille des lettres utilisées (Cohen *et al.*, 2000). Nous avons baptisé cette région l'aire de la forme visuelle du mot (*Visual Word Form Area*) afin de souligner le caractère abstrait des représentations qu'elle élabore[1].

Ces résultats introduisent une nuance importante en révélant que, si l'activation de la voie ventrale semble constituer une condition nécessaire à l'identification consciente de certains attributs d'objets visuels, cette activation n'est pas

1. Pour une étude fine de la VWFA consulter *L'Homme thermomètre* de mon ami et collègue Laurent Cohen (2004). Récemment nous avons eu la possibilité de démontrer l'implication causale et spécifique de cette région cérébrale dans la lecture en étudiant un patient épileptique avant et après qu'il eut subi une intervention chirurgicale visant à retirer précisément une portion de la VWFA. Avant l'intervention, il lisait normalement et cette région de son cerveau étudiée en IRM fonctionnelle et en potentiels évoqués intracérébraux s'activait pendant la lecture de mots. Après l'intervention, le patient présenta une alexie pure alors qu'il identifiait tout à fait normalement d'autres catégories d'objets visuels (maisons, outils, visages). L'activité de cette région est donc nécessaire à la lecture normale (Gaillard *et al.*, 2006).

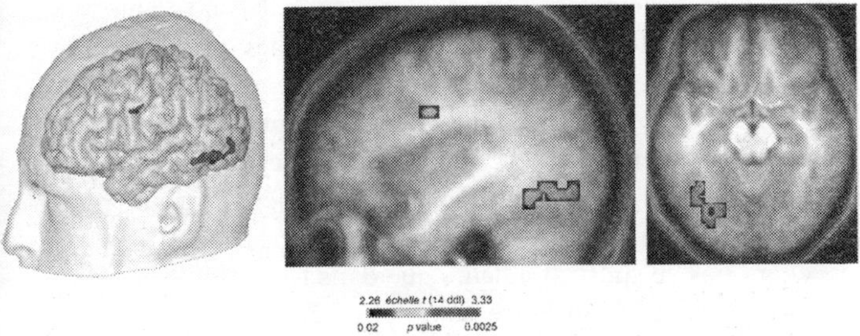

FIGURE 13 – La voie ventrale élabore des représentations mentales inconscientes des mots masqués chez le sujet sain.
Nous avons présenté des mots en utilisant une méthode de présentation visuelle subliminale chez des sujets sains tout en enregistrant les variations d'activité de leur cerveau. La comparaison des cartes d'activation cérébrale obtenues pour ces mots masqués avec celles enregistrées pour des essais sans mots permet d'isoler les corrélats neuraux des traitements inconscients de ces mots masqués. On peut constater sur ces planches des activations inconscientes de la voie visuelle ventrale de l'hémisphère gauche (tâches grisées). La région activée est connue pour jouer un rôle crucial dans la lecture consciente : les patients atteints d'une destruction de cette région présentent une « alexie pure » ou « alexie sans agraphie » qui correspond à un déficit pur de la lecture.
Adapté de Dehaene *et al.*, *Nature Neuroscience*, 2001.

une condition suffisante. Autrement dit, la voie ventrale n'est pas le sanctuaire des représentations visuelles conscientes, puisque démonstration est faite qu'elle peut héberger à la fois des représentations mentales conscientes et des représentations inconscientes ! Il faut donc abandonner de manière définitive l'idée jacksonienne – et ses reformulations contemporaines – d'une compartimentation anatomique stricte entre la conscience et les processus cognitifs inconscients. Il n'existe pas de lieux ou de topiques cérébraux propres à la conscience. La conscience n'a pas de lieu propre : elle est au sens étymologique u-topique ou a-topique.

À l'échelle de nos connaissances actuelles, il semble bien que n'importe quelle portion de nos voies visuelles cérébrales puisse héberger des représentations mentales inconscientes. Ce constat est fondamental quant à la conception contemporaine des processus cognitifs inconscients, mais il nous servira également de point de départ pour notre recherche du substrat cérébral de la conscience. Ne cherchant pas ce substrat ailleurs que dans l'activité de cerveaux qui communiquent entre eux, nous devrons résoudre cette énigme posée par l'absence de lieu propre à la conscience.

Fulgurantes traversées inconscientes

Ce que nous venons de découvrir avec les patients négligents, c'est qu'il ne semble tout simplement pas exister de sanctuaire anatomique de la conscience visuelle. Chacune des régions cérébrales visuelles que nous connaissons aujourd'hui semble pouvoir être le siège de processus perceptifs inconscients.

La formulation de ce principe nous offre une puissante grille de lecture qui permet de revisiter tout un pan de la littérature neurophysiologique. Depuis les années 1970, plusieurs équipes de recherche qui s'attellent à caractériser les mécanismes cérébraux de notre cognition enfoncent avec minutie et rigueur des microélectrodes dans différentes régions du cerveau de singes macaques qui partage de très nombreuses similarités avec le nôtre. Une partie de ces études concerne précisément la perception subliminale. On présente à l'animal, tout comme au sujet humain, des stimuli visuels qui sont flashés durant une période très brève, et qui sont immédiatement suivis de masques visuels. Le singe est-il conscient des stimuli masqués ? Il est bien entendu difficile de répondre à cette question qui renvoie à celle de la conscience animale[1]. Il est néanmoins possible de considérer que, tout comme le sujet humain, le singe ne fait pas l'expérience consciente de ces stimuli masqués. En effet, il existe chez l'homme des différences qualitatives entre l'activité cérébrale contemporaine de la perception inconsciente d'un stimulus masqué, et celle qui accompagne la perception consciente du même stimulus démasqué. Ces différences qualitatives, sur lesquelles nous reviendrons en plus grand détail, sont également présentes chez le singe, ce qui suggère que lui non plus n'est pas conscient des stimuli masqués.

L'avantage d'étudier la perception subliminale du macaque repose sur le fait que l'on peut enregistrer directement l'activité de nombreux neurones de n'importe quelle région cérébrale. Chez l'homme, les méthodes d'imagerie cérébrale fonctionnelle ont une résolution anatomique et surtout temporelle très grossières. On peut parfois enregistrer directement l'activité de neurones uniques chez l'homme, mais cela s'effectue alors dans le cadre d'implantations d'électrodes intracérébrales dans un objectif médical ou chirurgical qui ne permet évidemment pas de les enfoncer n'importe où dans le cerveau !

Chez ces macaques, vingt ans de recherches conduites par quelques équipes ont permis de dresser une véritable cartographie fonctionnelle bien résumée par les travaux de Victor Lamme à Amsterdam. Lorsque l'on présente un stimulus masqué à un singe, les neurones de son cortex visuel primaire commencent à le représenter environ 80 millièmes

1. Nous verrons dans le chapitre premier de la troisième partie, page 309, qu'il est parfois possible de recueillir une forme de rapport, non verbal, du singe qui permet d'en inférer qu'il dispose probablement d'états mentaux conscients rapportables.

de seconde plus tard, puis les neurones de sa voie visuelle ventrale entrent en action vers 120 millisecondes. Autour de 140 millisecondes, ce sont les neurones du lobe frontal impliqués dans l'élaboration de programmes moteurs tels qu'une saccade oculaire qui déchargent activement, puis les neurones d'autres régions frontales et temporales qui traitent ce stimulus. Bref, en moins de 250 millisecondes, soit un quart de seconde, le stimulus a mis en branle l'essentiel sinon toutes les régions du cerveau du macaque (Lamme et Roelfsema, 2000). Au-delà d'une demi-seconde (500 millisecondes), par contre, il ne reste plus aucune trace visible de ces multiples représentations.

On commence à observer chez l'homme l'équivalent strict de ces processus neurophysiologiques subliminaires. Certains travaux que j'ai réalisés avec Stanislas Dehaene, ainsi que ceux du groupe de Martin Eimer, ont ainsi pu montrer que chez l'homme les régions visuelles mais également les régions frontales prémotrices et motrices étaient activées par des stimuli inconsciemment perçus (Dehaene *et al.*, 1998 ; Eimer et Schlaghecken, 1998). Plus récemment, deux études ont révélé que des régions frontales souvent impliquées dans la cognition consciente étaient activables inconsciemment (Williams *et al.*, 2005 ; Killgore et Yurgelun-Todd, 2004). À de multiples reprises, nous avons eu l'occasion d'évoquer l'activation de régions limbiques telles que l'amygdale par des stimuli masqués. D'ici à quelques années, nous devrions donc disposer chez l'homme d'une cartographie similaire à celle décrite par Lamme chez le macaque.

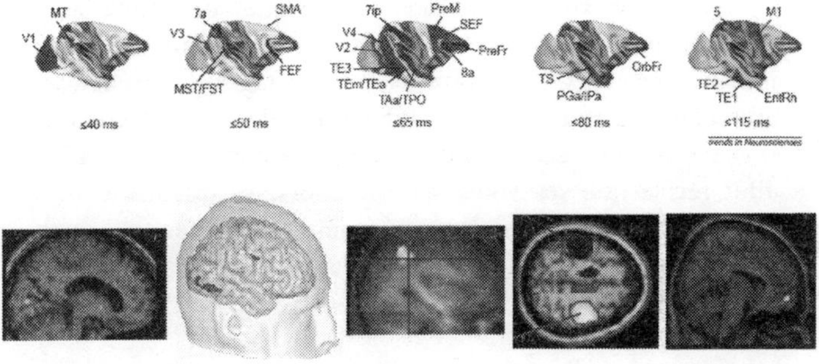

Virtuellement n'importe quelle région du cortex cérébral peut élaborer des représentations mentales inconscientes.

FIGURE 14 – L'inconscient est un citoyen sans frontières du cortex cérébral. *En haut on peut observer la dynamique temporelle d'activation des différentes aires cérébrales du singe par des stimuli visuels masqués. Ces travaux utilisant des techniques électrophysiologiques offrent une résolution temporelle remarquable à l'échelle de la milliseconde. En bas on peut observer certaines activations subliminales ou négligées dans le cerveau humain : de gauche à droite on peut remarquer des activations inconscientes des régions du cortex visuel primaire, puis de la voie visuelle ventrale, mais également du cortex pariétal et même des régions motrices et préfrontales. À chacune de ces activations inconscientes correspondent des représentations mentales inconscientes de niveau perceptif, lexical, sémantique, phonologique, moteur ou émotionnel.*
Adapté de Rees *et al.*, *Brain*, 2000 ; Dehaene *et al.*, *Nature Neuroscience*, 2001 ; Naccache et Dehaene, *Cerebral Cortex*, 2001, Dehaene, Naccache *et al.*, *Nature*, 1998, et Williams *et al.*, *Human Brain Mapping*, 2005.

La fin de l'approche topique

En définitive, qu'avons-nous donc découvert « au-delà du colliculus » ? Cet exercice de déconstruction nous a permis d'abandonner définitivement les deux principes fondateurs, mais inexacts, des théories d'inspiration jacksonienne de l'inconscient.

Tout d'abord, contrairement à ce que l'on avait longtemps pensé, le substrat cérébral des processus mentaux inconscients n'est pas cantonné aux étages inférieurs et archaïques de notre cerveau, mais il étend son territoire aux régions les plus récentes du néocortex. Mme D. F. nous a en effet révélé que ses voies visuelles dorsales intactes continuaient à élaborer de riches représentations qui échappaient à sa conscience. L'exploitation scientifique de fameuses illusions visuelles a permis de généraliser ce résultat à l'homme sain.

Dans un deuxième temps, nous avons pris acte de l'échec retentissant des tentatives de « rafistolage » des théories néojacksoniennes consistant à abandonner l'idée d'un inconscient logé dans notre cerveau archaïque, pour mieux préserver l'autre idée centrale héritée de Jackson, celle d'un cloisonnement étanche entre certains secteurs de notre cerveau qui seraient dévolus à la conscience, et d'autres régions anatomiques qui hébergeraient nos processus cognitifs inconscients.

C'est la solution que nous avons appelée conception « topique » de la conscience et de l'inconscient, selon laquelle Milner par exemple avait proposé que la voie ventrale sous-tendrait nos représentations visuelles conscientes, tandis que la voie dorsale serait le lieu cérébral de certains processus visuels inconscients. Les patients hémi-négligents, ainsi que l'étude des corrélats cérébraux de la perception subliminale des mots chez les sujets sains, nous ont permis de disqualifier la version forte de cette proposition en révélant l'existence de représentations mentales inconscientes au sein même des régions cérébrales de la voie visuelle ventrale. Ainsi, l'idée même d'une partition neuro-anatomique entre le substrat de la conscience d'une part, et celui de l'inconscient d'autre part, s'est envolée.

Cette véritable révolution porte en elle plusieurs conséquences.

D'une part, la mise en évidence d'un « inconscient cortical » laisse envisager une richesse potentielle de représentations mentales inconscientes jusqu'alors insoupçonnée par la majorité des neuroscientifiques.

D'autre part, les conditions d'étroit voisinage anatomique cérébral dans lesquelles vivent nos cogitations conscientes et inconscientes, suggèrent que ces deux espaces de notre vie mentale entretiennent des relations réciproques autrement plus riches que celles que les modèles jacksoniens et néojacksoniens compartimentés ne nous le laissaient supposer jusqu'à présent.

Ces deux pistes alléchantes sauront-elles tenir leurs promesses ?

CHAPITRE 3

Comprendre le sens sans en avoir conscience, mythe ou réalité ?

Un inconscient intelligent ?

À l'issue du chapitre précédent, la chute de la notion de frontière anatomique stricte entre le conscient et l'inconscient nous a ouvert deux nouveaux chemins d'exploration susceptibles d'enrichir notre connaissance de ce pôle caché de la vie mentale. Le premier de ces chemins consiste à rechercher les « nouvelles frontières » psychologiques de cet inconscient cognitif puisque son territoire semble désormais autrement plus vaste que celui de l'inconscient sous-cortical stupide. La seconde piste de recherche vise à enquêter sur les relations réciproques de la conscience et de l'inconscient. Les relations de voisinage cérébral, longtemps insoupçonnées, qui associent ces deux facettes de notre esprit nous invitent en effet à revisiter les rapports qu'elles entretiennent.

Dans ce chapitre, nous allons emprunter le premier de ces deux chemins en nous posant cette question : existe-t-il une limite à la richesse psychologique de nos pensées inconscientes ? Puisque le substrat cérébral de l'inconscient ne s'arrête pas aux étages inférieurs et archaïques de notre cerveau, il devient en effet légitime d'imaginer que certaines de nos représentations mentales inconscientes peuvent atteindre des niveaux de complexité élevés.

En réalité, cette possibilité théorique a stimulé un courant de recherche dynamique. Cette aventure expérimentale s'est très précisément jouée entre 1986 et 2005, et concerne plus spécifiquement les facultés de nos processus mentaux inconscients à se représenter des concepts abstraits.

Le Graal des neurocognitivistes

Si l'on entreprend la recherche de ces « nouvelles frontières » de l'inconscient cognitif, on peut concevoir deux voies de recherche complémentaires.

Un premier programme consiste à dresser l'inventaire de l'ensemble de nos représentations mentales, à décrire très minutieusement leurs substrats cérébraux respectifs, puis à étudier chacune d'entre elles, afin de déterminer si elles peuvent ou non procéder à l'insu du sujet, c'est-à-dire sans que nous en ayons conscience. Il s'agit là d'un vaste programme taxonomique qui constitue un authentique plan pour les neurosciences de la conscience des vingt prochaines années.

En attendant la réalisation complète de ce programme, il est possible de s'intéresser d'emblée au niveau de représentation mentale considéré comme étant le plus abstrait de la vie intellectuelle, et de déterminer s'il peut procéder inconsciemment. La découverte de représentations mentales inconscientes très abstraites permettrait de démontrer de manière radicale l'extrême richesse de notre vie mentale inconsciente, et augurerait *a fortiori* d'un immense territoire dévolu à la cognition inconsciente.

C'est cette dernière piste que nous allons à présent emprunter afin de poursuivre notre exploration en commençant par une devinette : quelle est cette « représentation des représentations » ?

Réponse : elle concerne un objet culturel qui est le fruit de l'interaction de nos cerveaux avec leur environnement. Autrement dit, cet objet a germé brutalement dans l'histoire collective de nos cerveaux humains, alors que ces derniers n'avaient pas eu le temps d'évoluer d'un point de vue génétique. Son apparition, il y a environ cinq mille ans, marque le début de l'histoire humaine par opposition à la préhistoire. On réalisera son caractère hautement abstrait en considérant le lien très arbitraire qui unit sa forme à son sens : le mot écrit, ou pourquoi appelle-t-on un chat « un chat ». Mots écrits dont on peut également réaliser le caractère éminemment complexe en constatant qu'en l'absence d'un apprentissage explicite dans un environnement socialisé notre cerveau ne sait pas identifier, reconnaître ou utiliser à bon escient ces stimuli, ainsi que l'atteste l'illettrisme toujours présent dans nos sociétés occidentales évoluées.

Qu'est-ce qu'un mot ?

Comment notre cerveau se représente-t-il les mots écrits ? Et pour la question qui nous occupe, certaines de ces opérations mentales sont-elles capables d'opérer en l'absence de conscience phénoménale du mot ?

Les neurosciences de la lecture nous enseignent qu'un mot est représentable à de nombreux niveaux de traitements distincts. Un mot inscrit sur une page blanche est tout d'abord représenté par nos aires visuelles sous la forme d'un assemblage de traits noirs excitant certains neurones codant notre espace visuel de manière rétinotopique, c'est-à-dire en reproduisant la cartographie de nos rétines. À un stade plus abstrait, ce codage gagne progressivement des régions plus antérieures de notre voie visuelle occipito-temporale ou voie ventrale, et finit par représenter la chaîne de lettres qui constitue ce mot, de manière invariante quels que soient les autres paramètres visuels qui en l'espèce ne sont pas pertinents. Ce niveau de traitement du mot correspond à la première étape véritablement linguistique de la lecture. C'est à ce niveau qu'un mot est représenté sous une forme visuelle qui fait abstraction de la taille des lettres, de leur casse majuscule (« MOT ») ou minuscule (« mot »), de la police d'écriture utilisée, des couleurs, de la position rétinienne des mots…

Cette étape repose sur l'activité d'une région du cortex inféro-temporal de l'hémisphère gauche que Laurent Cohen, Stanislas Dehaene et moi-même avons baptisée l'aire de la forme visuelle des mots (*visual word form area*), en écho à ces propriétés d'invariance enseignées par la psychologie cognitive.

S'agit-il pour autant du niveau de représentation des mots le plus abstrait ? Certainement pas car, si un objet visuel ne devient véritablement un mot pour notre système visuel qu'à partir du moment où des neurones de l'aire de la forme visuelle des mots entrent en action – c'est-à-dire vers 150 millisecondes après que ce mot nous a été présenté –, l'aventure cérébrale et mentale de ce mot écrit ne fait que commencer sous l'angle des représentations langagières qui lui sont associées.

Une fois représenté sous cette forme visuelle abstraite, le mot est disponible pour tout un ensemble de traitements

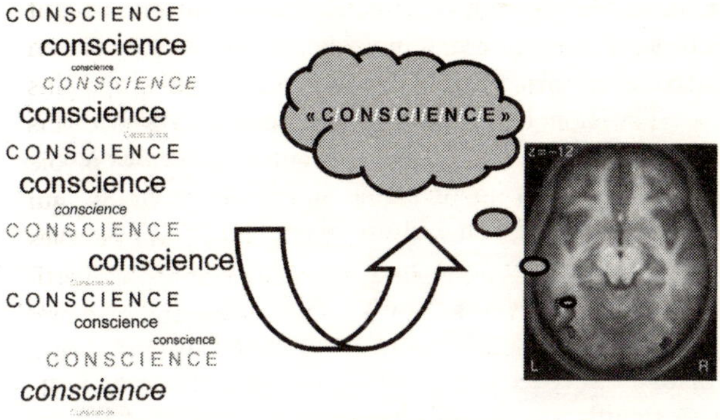

FIGURE 15 – Du codage abstrait de la forme visuelle des mots dans la voie visuelle ventrale.

Plusieurs modèles psychologiques de la lecture postulent l'existence d'une représentation abstraite de la forme visuelle du mot vers laquelle convergeraient toutes les représentations visuelles différentes d'un même mot. Cette représentation abstraite serait le véritable point d'entrée dans les étapes linguistiques de la lecture et serait invariante pour de nombreux paramètres visuels (taille, police, casse, couleur ou position des lettres du mot...). Dans une série d'études combinant des mesures comportementales et neurophysiologiques (IRM fonctionnelle et potentiels évoqués) chez le sujet sain et plusieurs patients neurologiques, nous avons identifié une région de la voie ventrale gauche baptisée la « Visual Word Form Area » (aire de la forme visuelle du mot) qui présente les caractéristiques attendues du corrélat cérébral de cette représentation abstraite du mot.

Adapté de Cohen *et al. Brain*, 2000 ; Dehaene *et al.*, *Nature Neuroscience*, 2001, et Dehaene *et al.*, *Psychological Science*, 2003.

cognitifs : traitements morphologiques qui représentent les mots entre eux selon leurs racines communes ; traitements phonologiques qui représentent les mots selon les codes moteurs pertinents pour les prononcer, traitements lexicaux, catégoriels... La psycholinguistique de la lecture embrasse l'ensemble de ces traitements cognitifs du mot. Au sein de ces différentes classes de représentation des mots, la représentation de leur signification, c'est-à-dire de leur « signifié » pour emprunter une terminologie saussurienne, occupe sans conteste une place très particulière.

Si la phonologie permet d'associer à un graphème, c'est-à-dire à un groupe de lettres particulier (exemple : le groupe de lettres « ch ») un phonème spécifique (exemple : le son « ch » transcrit [S] en écriture phonétique), ces associations appartiennent entièrement à ce que l'on pourrait appeler l'appareil de la lecture. Au-delà de ces étapes de conversion d'un graphème en phonème, comprendre un mot, c'est être capable d'accéder à l'ensemble des connaissances associées à sa signification et qui débordent les limites strictes de la lecture. Ainsi, comprendre le mot « tigre », c'est savoir qu'il s'agit d'une « bête féroce, dont le poil est rayé ou moucheté et qui a la forme d'un chat » (définition du Littré), mais c'est également mobiliser un nombre important de connaissances ou de souvenirs épisodiques personnels qui sont variables avec notre niveau d'expertise selon que nous soyons un dresseur de fauves ou un enfant de 5 ans qui ne connaît du tigre que les céréales Frosties ou les images du dessin animé tiré du *Livre de la jungle*. C'est aussi faire réunir des connaissances visuelles (les rayures), sonores (« le tigre feule », apprenions-nous à l'école primaire), olfactives, littéraires ou cinématographiques. Bref, l'accès au sens qui est associé à une chaîne de symboles visuels qu'est un mot constitue effectivement un phénomène qui dépasse le champ de l'appareil du langage à proprement parler pour mettre en relation des niveaux de représentation unifiés par la sémantique de l'objet visé.

Si l'on envisage le mot sous cet angle, on comprendra sans doute mieux la place unique qu'occupe dans la psychologie moderne la question de l'accès inconscient à la dimension sémantique des mots.

Redescendant des nimbes de l'abstraction, une question se dresse à présent face à nous : comment étudier l'existence de telles représentations mentales inconscientes ? La réponse nécessite un court détour par la psycholinguistique cognitive et ses astuces.

L'amorçage visuel masqué : une sonde de l'architecture cognitive

Comment estimer le destin cérébral et mental d'un mot présenté inconsciemment à un sujet ? Nous avons déjà rencontré ce problème dans le chapitre précédent lorsque nous cherchions par exemple à détecter un traitement inconscient des visages subliminaux. Nous avions alors constaté que deux solutions s'offraient à nous : soit mesurer directement dans le cerveau des activités neurales évoquées par ces stimuli, soit mettre au point des épreuves particulières, les tâches à choix forcé, qui permettent de mesurer l'impact de ces stimuli sur le comportement du sujet, à son insu. C'est ainsi que Poppel avait montré dès 1973 que lorsque l'on présente un point lumineux dans la partie aveugle du champ visuel aveugle de patients *blindsights*, certains d'entre eux sont capables d'orienter leur regard vers ce point lumineux qu'ils ne voient pourtant pas consciemment !

Les psycholinguistes ont mis à profit cette seconde approche pour étudier la perception inconsciente des mots. Le résultat principal de cette recherche porte un nom un peu hermétique de prime abord : l'amorçage visuel masqué. Derrière cette expression se cache pourtant une méthode générale très astucieuse qui occupe une place fondamentale qui justifie que nous nous y intéressions ici. Développé principalement entre les années 1970 et 1990, l'amorçage visuel masqué est né d'une rencontre fructueuse entre la méthode du masquage visuel et celle de l'amorçage.

1971 : naissance de l'amorçage

L'acte de naissance officiel de l'amorçage des mots est daté de 1971, année durant laquelle Meyer et Schvaneveldt publièrent le premier travail expérimental utilisant explicitement cette méthode (Meyer et Schvaneveldt, 1971).

Ces deux chercheurs désiraient savoir si, lorsque nous lisons un mot consciemment, nous accédons de manière automatique et rapide à sa signification. Pour ce faire, ils imaginèrent une expérience dans laquelle on présentait à chaque essai à un sujet une chaîne de lettres qui correspondait parfois à un mot (exemple : « tigre ») et parfois à ce que l'on appelle un « non-mot » (exemple : « erjs »). Le sujet devait répondre le plus rapidement possible à ce stimulus cible en indiquant s'il s'agissait d'un mot ou d'un « non-mot ». On ne commet en général pas ou très peu d'erreurs dans une telle tâche, mais le temps mis pour répondre (environ une demi-seconde) est évidemment variable et reflète la somme brute des processus mentaux mis à contribution. Cette tâche classique de psycholinguistique porte le nom d'« épreuve de décision lexicale ».

L'originalité de Meyer et Schvaneveldt fut d'ajouter un élément de complexité supplémentaire. Dans leur expérience, le stimulus dit « stimulus cible » (en l'occurrence, le mot ou le non-mot) était précédé par un premier mot auquel le sujet ne devait pas faire attention ni répondre. Ce premier stimulus s'appelle le « stimulus amorce ». Ceci leur permit de construire les deux conditions expérimentales suivantes : des essais dans lesquels le mot amorce (exemple : « lion ») et le mot cible (exemple : « tigre ») sont sémantiquement associés, et des essais dans lesquels la signification de ces deux mots n'est pas reliée (exemple : « table » puis « tigre »). Ce dispositif expérimental permit de répondre à la question posée : est-ce que nous analysons le sens d'un mot de manière tout à fait automatique, involontaire et rapide ? Si les sujets répondaient plus rapidement au mot tigre dans cette tâche de décision lexicale lorsque ce mot était précédé d'un mot sémantiquement proche que lorsqu'il était précédé d'un mot non relié, cela signifiait nécessairement que le mot amorce (exemple : « lion ») auquel les sujets ne devaient pas faire attention avait néanmoins été traité jusqu'au niveau d'un accès sémantique.

C'est effectivement le résultat majeur qu'obtinrent Meyer et Schvaneveldt, résultat répliqué depuis de nombreuses fois dans une multitude de variations expérimentales. Le mot amorce était donc analysé au niveau de sa signification par les sujets, et ce traitement sémantique influençait l'analyse du mot cible qui le suivait : ce phénomène correspond à l'amorçage sémantique.

L'amorçage sémantique constitue la première démonstration expérimentale de l'existence de processus cognitifs élaborés non intentionnels. Même lorsque nous ne voulons pas lire le mot « lion » placé sous nos yeux, notre cerveau semble traiter automatiquement ce stimulus et accéder irrépressiblement à son sens. L'une des interprétations proposées à ces effets stipule que le mot amorce (exemple : « lion ») évoque l'activation de ses propres représentations sémantiques, mais également à un degré moindre celles de ses voisins sémantiques (exemple : « tigre »). Cette préactiva-

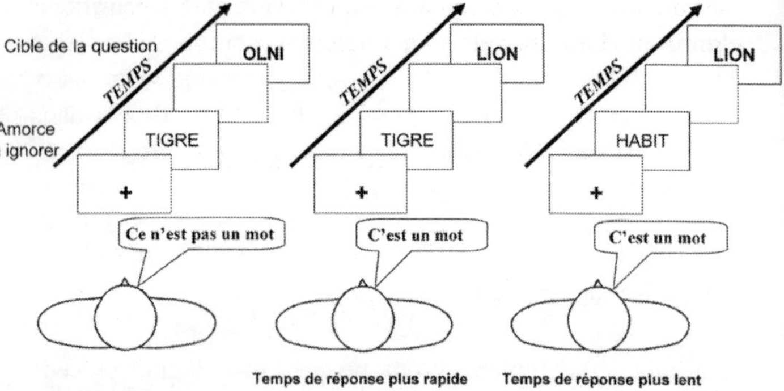

FIGURE 16 – L'amorçage visuel, un outil pour sonder l'architecture fonctionnelle de nos représentations mentales.
Dans une expérience d'amorçage visuel typique, on présente aux sujets à chaque essai la séquence suivante : une croix de fixation centrale, puis un premier mot (l'amorce) auquel ils ne doivent pas répondre, puis enfin la cible qui est soit un mot (ex : « lion »), soit une chaîne de lettres ne constituant pas un vrai mot (ex : « olni »). Les sujets ont pour tâche de répondre le plus rapidement possible si la cible est un mot ou un non-mot (tâche de décision lexicale). Dans une telle expérience les essais cruciaux sont ceux dans lesquels la cible était un vrai mot. Meyer et Schvaneveldt ont fait cette profonde découverte : lorsqu'un mot cible est précédé par un mot amorce avec lequel il partage un lien sémantique (ex : la paire de mots « tigre-lion »), les sujets répondent plus rapidement à la cible que lorsque le même mot est précédé par un mot sans lien sémantique avec la cible (ex : la paire de mots « habit-lion »). Ce résultat démontre donc que notre esprit représente les significations en utilisant une métrique qui tient compte des « distances » sémantiques entre nos concepts. Cette méthode générale d'amorçage permet ainsi de sonder l'architecture de nos représentations mentales les plus variées.
Adapté de Meyer et Schvaneveldt, *J. Exp. Psychol.*, 1971.

tion permettrait ainsi d'accéder plus rapidement au sens du mot cible (exemple : « tigre ») et expliquerait le raccourcissement du temps de réponse. À l'aide d'un tel outil, il devient possible de sonder l'architecture fonctionnelle des représentations sémantiques des mots en mesurant la taille de ces effets d'amorçage pour différentes paires de mots et d'estimer ainsi leur plus ou moins grande proximité sémantique d'un individu à l'autre ou sur une population.

Les avantages de l'amorçage

On peut comparer cette méthode à celle des associations libres notamment développée par Jung et l'école de Zurich dans laquelle on recueille les mots qui viennent immédiatement à l'esprit d'un sujet en réponse à la présentation d'un premier mot. L'amorçage présente plusieurs avantages. Tout d'abord, l'aspect non intentionnel et indirect de la mesure est très élégant, car il semble davantage à l'abri des stratégies du sujet. Cet aspect semble particulièrement vrai lorsque le délai entre l'apparition du mot amorce et celle du mot cible est bref, c'est-à-dire inférieur à une demi-seconde. D'autre part, la tâche principale utilisée (exemple : la tâche de décision lexicale) est extrêmement simple et ne s'accompagne pas de l'effort mental associé au mode de pensée volontaire et conscient.

De surcroît, cette nouvelle méthode élaborée initialement pour étudier la structure sémantique des mots de notre vocabulaire peut être utilisée pour explorer de nombreuses autres formes de représentations mentales, linguistiques ou non. Par exemple, si vous être épris de phonologie, rien ne vous empêche de présenter des paires de mots qui partagent ou pas des phonèmes communs et de comparer les temps de réponse des sujets. En variant ainsi le contenu des paires amorce/cible, il est possible d'explorer les niveaux visuel, orthographique, morphologique, syllabique ou phonologique des mots. D'autres stimuli visuels que des mots (des images, des visages, des formes variées géométriques...) peuvent également être utilisés pour construire des paires amorce/cible et étudier les processus perceptifs visuels en général.

En somme, l'amorçage semble nous ouvrir une petite fenêtre d'observation que l'on peut déplacer pour se pencher sur nos représentations mentales perceptives les plus variées.

Une fois la méthode d'amorçage créée et validée, certains auteurs se sont préoccupés du fait que le stimulus amorce, même brièvement présenté immédiatement avant le stimulus cible, restait néanmoins consciemment perceptible. Autrement dit, lorsque le mot amorce « lion » est présenté, le sujet peut le percevoir consciemment, quand bien même cela est inutile pour la tâche qu'on lui demande de réaliser sur le mot cible « tigre ». Cela signifie que le sujet qui passe une telle expérience remarque nécessairement la présence de ces mots amorces, et qu'il peut se livrer à des stratégies imprévisibles complexes et variables : il peut par exemple décider de faire attention aux premières lettres du premier mot, ou de chercher la répétition de certaines paires de mots amorce/cible, etc. Dans la peau – ou plutôt dans le cerveau – d'un psycholinguiste, cette situation constitue une source potentielle de problèmes d'interprétation ou de mesure des résultats. Serait-il possible de supprimer toute perception consciente du mot amorce afin de prévenir de tels effets qualifiés de stratégiques chez le sujet testé ?

C'est en cherchant à répondre à cette question que l'amorçage masqué est né. Plusieurs auteurs ont ainsi utilisé la méthode de masquage visuel afin de présenter le stimulus amorce dans des conditions subliminales. Dans une expérience d'amorçage visuel masqué, le mot amorce est invisible tandis que le mot cible est consciemment perçu. Le sujet applique donc au mot cible les consignes de la tâche en cours sans se préoccuper des mots amorces dont il ignore même la présence. L'utilisation massive de ce paradigme d'amorçage visuel masqué a été à l'origine de nombreux travaux qui ont mis en évidence des effets renvoyant à des niveaux de représentation aussi variés que la forme visuelle (Cooper, Biederman, et Hummel, 1992), l'orthographe et la phonologie des mots (Ferrand et Grainger, 1992 ; Ferrand, Humphreys et Segui, 1998), ou encore les codes stimulus-réponse (Neumann et Klotz, 1994).

Nous disposons à présent des outils de psychologie expérimentale nécessaires pour rechercher l'existence de traitements sémantiques inconscients des mots.

Sémantique sans conscience ? Une comédie dramatique scientifique en cinq actes

Pouvons-nous traiter la dimension sémantique d'un stimulus que nous ne percevons pas consciemment ? L'exploration contemporaine de cette question à l'aide des paradigmes expérimentaux d'amorçage visuel masqué prend la forme d'une comédie dramatique scientifique en cinq actes. Nous bouderons d'autant moins notre plaisir à raconter cette aventure sous la forme d'une histoire riche de ses propres ressorts narratifs que nous avons eu la chance d'y participer directement.

ACTE I : 1983, PREMIERS ESPOIRS

S'il faut rendre à César ce qui lui appartient, il est non moins important de rendre à Anthony Marcel ce qui lui revient, c'est-à-dire la première tentative moderne de démonstration d'un accès inconscient à la dimension sémantique des mots écrits (Marcel, 1983 ; Marcel, 1983b).

Dans l'introduction de sa publication de 1983, Marcel explique que l'objectif qui a motivé son travail visait à remettre en cause une hypothèse tacite très forte de la psychologie cognitive : l'hypothèse d'identité entre la cognition consciente et la cognition en général. Jusque vers la fin des années 1970, la question de la conscience – et donc également celle de sa contrepartie psychique non consciente ! – avait été largement ignorée par la psychologie cognitive, peut-être en partie afin d'éviter d'aborder trop tôt cette énigme redoutée qui avait obsédé bon nombre des adeptes des deux approches qui dominaient jusqu'alors la psychologie : la psychanalyse et le béhaviorisme. Ce véritable « cadavre dans le placard » laissait donc en suspens le rôle de la conscience sans en nier l'existence, ce qui favorisait l'*a priori* tacite que conscience et cognition étaient probablement assimilables l'une à l'autre.

Autrement dit, Marcel venait revisiter l'édifice victorien d'inspiration jacksonienne qui laissait suggérer que rien de ce qui est cognitif n'est étranger à la conscience. Dans les termes de Marcel, cette cognition est désignée sous l'expression de « processus sensori-moteurs », au sein desquels figurent les processus cognitifs, et la conscience phénoménale du sujet :

« Les représentations qui constituent l'expérience consciente sont supposées être très précisément les mêmes que celles qui proviennent et qui sont utilisées au cours des processus sensoriels et moteurs. »

D'un point de vue épistémologique, le document de 1983 est précieux, car il contient la description à la première personne des indices qui avaient mené Marcel à sa contribution expérimentale majeure. Comme souvent en neurosciences de l'esprit, l'observation des patients cérébro-lésés fournit une source d'intuitions peu commune. Marcel avait lu quelques observations stupéfiantes qui concernaient des patients adultes qui avaient perdu de façon très spécifique la capacité de lire de manière fluide et rapide des textes écrits, tout en demeurant capables d'écrire ou de s'exprimer normalement. Par exemple, lorsqu'on présentait le mot « tigre » à de tels patients alexiques[1], ils n'avaient pas conscience de voir ce mot puisqu'ils étaient incapables d'en rapporter la présence. Ils ne percevaient donc pas consciemment ce stimulus. Pourtant, certaines de leurs performances manifestaient de curieux phénomènes. Parfois, lorsqu'on présentait à un patient alexique le mot « tigre » et qu'on lui demandait dans une épreuve à réponse forcée d'essayer de lire ce mot, par exemple en prononçant le premier mot qui lui venait à l'esprit, il arrivait qu'il réponde le mot « lion ». Autrement dit, bien que n'ayant pas conscience de voir le mot « tigre », ce patient proposait une réponse dont la proximité sémantique avec le mot présenté suggérait l'existence d'un riche traitement inconscient du mot « tigre ».

Marcel avait d'autant mieux saisi la portée de ces erreurs anecdotiques qu'il en avait fait lui-même l'expérience saisissante dans un contexte un peu différent. Dans une expérience de lecture de mots flashés très brièvement dans laquelle des sujets sains dépourvus de lésions cérébrales devaient rapporter tout ce qu'ils voyaient, il avait constaté qu'une proportion faible mais significative des erreurs commises par ces sujets présentait une étonnante proximité sémantique avec le mot véritablement flashé. Marcel raconte ainsi l'exemple de ce sujet qui répondait avoir vu le mot *Queen* (« reine ») alors

---

1. On appelle de tels malades des « alexiques purs », afin de préciser que le déficit de lecture qu'ils présentent n'est pas dû à un problème d'analyse visuelle général, qui affecterait leur capacité à identifier d'autres objets visuels tels que des visages, des animaux ou des outils, ni à une atteinte plus globale des capacités de langage telles qu'on peut en rencontrer chez des patients aphasiques. On sait depuis Déjerine que de tels tableaux sont provoqués par une lésion de la région du cortex cérébral que nous avons récemment proposé d'appeler l'« aire de la forme visuelle du mot » ou *Visual Word Form Area* (Cohen, 2004 ; Cohen *et al.*, 2000).

que le mot présenté était *King* (« roi »). Ces deux mots ne présentent en anglais aucun autre lien que sémantique[1]. Ces réponses rappellent là encore l'exemple précédent des erreurs des patients alexiques et pointent de manière encore plus évidente vers l'existence de phénomènes de traitement inconscient du sens des mots. Les autres indices qui avaient motivé Marcel reposaient sur l'importante littérature consacrée dans les années 1950 à la perception subliminale qui avait rapporté, avec des succès inégaux et une méthodologie souvent sujette à caution, l'existence d'influences inconscientes sur divers aspects du comportement.

À l'issue de cette phase exploratoire, Marcel élabora un plan expérimental afin de remettre en cause de manière radicale et rigoureuse ce présupposé tacite de la psychologie. Dans une première expérience, Marcel essaya d'établir l'existence d'un traitement sémantique inconscient des mots en demandant directement aux sujets testés de répondre à des mots masqués. Conscient des difficultés d'interprétation inhérentes aux situations expérimentales dans lesquelles un sujet doit répondre explicitement à un stimulus visuel masqué, Marcel eut alors l'idée d'utiliser une tâche d'amorçage classique dans laquelle le sujet ne traite explicitement que le stimulus cible et non pas le stimulus masqué dont on peut alors étudier les éventuels effets de manière indirecte.

« L'investigation directe d'une représentation [mentale] inconsciente peut fournir moins d'informations à propos des traitements [en cours] que l'investigation indirecte. C'est-à-dire que demander à un sujet de commenter ou de fonder son jugement sur une représentation inaccessible est [une expérience] phénoménalement bizarre et peut tout à fait

1. En français les mots « roi » et « reine » partagent davantage de similitudes (morphologie et première lettre communes).

induire l'utilisation de stratégies qui déguisent ou éliminent les effets de cette représentation [inconsciente]. Il est de loin préférable de tester la présence d'une information par [l'évaluation de] ses effets sur une tâche primaire. »

C'est ainsi que la première expérience d'amorçage visuel masqué fut conçue ! Marcel mit au point une variante de l'expérience classique dite de Stroop dans laquelle la séquence visuelle suivante était présentée à chaque essai : un mot amorce dénommant une couleur (exemple : le mot « bleu »), un masque visuel rendant le mot amorce imperceptible, puis un carré de couleur en guise de stimulus cible (exemple : un carré rouge). Le sujet devait indiquer le plus rapidement possible la couleur du stimulus cible en appuyant sur l'un des quatre boutons associés à chacune des quatre couleurs qui pouvaient être utilisées comme stimulus cible.

Le résultat principal consista à observer des effets d'amorçage significatifs. C'est-à-dire que lorsque le mot amorce masqué correspondait à la couleur du stimulus cible, par exemple le mot amorce « bleu » suivi d'un carré de couleur bleue, les temps de réponse étaient accélérés d'environ 50 millisecondes[1] par comparaison avec les

1. Anticipant une question que l'on me pose très fréquemment, je tiens à signaler qu'un effet comportemental reproductible de l'ordre de 50 millisecondes est en réalité extrêmement convaincant. Dans une expérience chronométrée comme celle-ci ou comme celles que je présenterai plus loin, le temps de réponse moyen est de l'ordre de 500 millisecondes entre le moment où le stimulus apparaît sur l'écran et l'instant où le sujet va appuyer sur le bouton. Il faut réaliser que les premières aires cérébrales visuelles ne commencent à s'activer qu'environ 80 millisecondes après que le stimulus apparaît à l'écran, et qu'il existe un délai incompressible de l'ordre de 100 à 150 millisecondes entre le moment où une réponse motrice volontaire est décidée et celui où le muscle du doigt du sujet presse le bouton réponse. Autrement dit, sur ce temps de réponse de 500 millisecondes, quasiment la moitié correspond à des étapes de transmission périphériques, et les composantes à proprement parler cognitives n'occupent qu'environ 250 millisecondes. Observer ainsi une modulation de l'ordre de 20 % du « temps cognitif » est considérable. Enfin, l'ordre de grandeur temporel des différents processus cognitifs est de l'ordre de cette échelle de dizaines de millisecondes.

essais dans lesquels le mot amorce « rouge » était suivi d'un carré de couleur bleue. Il s'agissait du premier résultat expérimental rapportant un traitement cognitif de haut niveau, probablement lexical ou sémantique, sur des mots dont la présence n'était pas détectable. Il est notable que cet effet était retrouvé chez chacun des six sujets testés et qu'aucun d'entre eux ne rapporta avoir vu le moindre mot durant tout le temps que durait cette expérience. Dans cette publication extrêmement originale, Marcel rapporta les résultats de trois autres expériences subtiles qui renforçaient de manière convaincante les résultats des deux premières.

À l'issue de cet article remarquable, le concept révolutionnaire de dissociation entre une performance cognitive de haut niveau respectée – ici le traitement sémantique des stimuli amorces –, et une conscience abolie de ces stimuli semblait solidement établi chez le sujet sain.

Dans une prolongation de ce travail, Marcel reproduisit de tels effets d'amorçage sémantique en utilisant un paradigme élaboré par Schvaneveldt pour étudier les mots polysémiques[1]. En 1976, Schvaneveldt et Meyer avaient en effet montré que dans une tâche de décision lexicale[2] consciente les sujets répondaient plus rapidement au mot *money* (« argent ») lorsqu'il était précédé par la paire de mots *save* – *bank* (« épargner – banque »), qu'au mot *river* (« rivière ») lorsqu'il était précédé de la même paire de mots (en anglais le mot *bank* peut signifier « banque » ou « rive »), effet qu'ils qualifièrent d'amorçage sémantique sélectif (Schvaneveldt et Meyer, 1976). Ce résultat suggé-

1. Ce travail qui apparaît comme une prolongation des expériences publiées en 1983 a pourtant été publié trois ans plus tôt (Marcel, 1980) !
2. Voir « 1971 : naissance de l'amorçage » un peu plus haut dans ce chapitre pour un bref rappel de ce qu'est la tâche de décision lexicale.

rait qu'un terme polysémique comme *bank* n'activait dans l'esprit du sujet que ceux de ses attributs sémantiques qui étaient compatibles avec le contexte verbal (ici avec le mot précédent).

Marcel répliqua cette expérience en masquant le mot polysémique. Il put ainsi mettre en évidence un effet d'amorçage sémantique. L'effet observé par Marcel n'était plus sélectif, c'est-à-dire que le mot polysémique amorçait aussi bien un mot compatible avec le contexte verbal courant (*money* dans l'exemple cité), qu'un mot incompatible avec ce contexte (*river* dans l'exemple cité).

Ce dernier point est remarquable parce que l'effet observé en situation masquée était qualitativement différent de celui rapporté en situation de perception consciente, ce qui conforte l'idée que les amorces n'étaient effectivement pas perçues consciemment.

Magnifique effet qui renvoie à l'idée de processus mentaux inconscients non seulement de haut niveau d'abstraction, mais également parfois plus riches que leurs équivalents conscients car non contraints par la stratégie consciente du sujet. Cet effet peut être rapproché de la vision jacksonienne de l'inhibition consciente que nous avons déjà évoquée, appliquée cette fois non plus aux réflexes sensitivo-moteurs, mais aux représentations mentales abstraites qui œuvrent silencieusement mais fermement et qui couvrent le foisonnement des combinaisons inconscientes.

Au terme de ce premier acte, l'existence de traitements sémantiques inconscients des mots semblait avoir été démontrée de manière scientifique.

ACTE II : 1986, ABATTU EN PLEIN VOL

Les travaux de Marcel eurent un impact immédiat très important. Il dépassa assez rapidement le microcosme de la psychologie cognitive expérimentale pour atteindre de nombreux chercheurs en neurosciences et en sciences humaines.

Pour de nombreuses personnes, les résultats de Marcel résonnaient comme la démonstration scientifique brillante et originale d'une « conjecture » – celle de l'existence de traitements sémantiques inconscients – dont ils ne semblaient pas avoir douté un instant de la validité. En ce sens, la publication de 1983 recouvrait une dimension esthétique évidente et annonçait une réconciliation possible si longtemps attendue avec l'autre « inconscient » si riche sur le plan mental postulé par certaines conceptions psychodynamiques, au premier rang desquelles figurait celle de Freud : Marcel venait de démontrer scientifiquement que l'inconscient ne se cantonne pas à des opérations mentales stupides, mais qu'il peut culminer dans les sommets de l'abstraction. Il y avait en cela, toutes proportions gardées, un peu de l'excitation qui a entouré la démonstration par Andrew Wiles du dernier théorème de Fermat en 1994 : avec Freud dans le costume de Fermat, et Marcel dans celui de Wiles, qui travaillent d'ailleurs tous deux à Cambridge. D'autres chercheurs, moins nombreux et qui apparaissaient un peu comme les « grincheux » de circonstance, réclamaient toutefois que les résultats de Marcel fussent préalablement confirmés par d'autres groupes indépendants en vérifiant les nombreuses failles potentielles à tout travail expérimental, avant d'être acceptés et interprétés tels que le suggérait son auteur.

C'est dans cette atmosphère globalement assez euphorique que les premiers nuages ont commencé à poindre au-dessus des précieux résultats de Marcel.

En 1983, le groupe de Purcell découvrit l'existence d'un problème technique important. Contrairement à ce qu'avait affirmé Marcel, les mots amorces masqués avaient pu être consciemment perçus par les sujets de ses expériences (Purcell, Stewart et Stanovich, 1983)[1]. Cet argument technique était de nature à totalement disqualifier l'interprétation des résultats de Marcel : en effet, si les amorces étaient consciemment perçues, alors, les effets d'amorçage qu'il avait mis en évidence ne refléteraient qu'un traitement cognitif conscient, et non pas inconscient, de ces stimuli masqués.

Daniel Holender renforça sérieusement les doutes quant à l'absence de perception consciente des stimuli amorces masqués en remarquant que les effets d'amorçage vraiment significatifs n'étaient observés que dans les conditions de masquage visuel les plus faibles, alors qu'ils étaient absents dans les conditions de masquage fort (Holender, 1986)[2].

Suite à cette période critique marquée par les remarques de Holender et Purcell, les travaux ultérieurs consacrés au phénomène d'amorçage visuel masqué sémantique se caractérisèrent par une plus grande rigueur méthodologique dans l'évaluation de la visibilité consciente des amorces. En particulier, suivant les conseils de Holender, l'utilisation de

1. Il s'agissait d'un artefact d'adaptation à la luminosité. En effet dans ces études, la phase initiale de détermination du seuil de détectabilité des amorces n'utilisait pas de stimulus cible, ce qui signifie que lors de la phase de test (expérience d'amorçage) la luminosité globale était plus importante puisqu'elle incluait la luminosité de la cible, et autorisait donc une discriminabilité visuelle supérieure qui s'accompagnait sans doute d'une certaine perceptibilité consciente des amorces.
2. L'un des paramètres les plus importants pour déterminer le niveau de masquage est le SOA ou *Stimulus Onset Asynchrony*, c'est-à-dire le délai entre l'apparition du stimulus masqué et du masque. Plus le SOA est court, plus le masquage est fort.

mesures dérivées de la théorie de détection du signal fut rapidement adoptée dans la communauté scientifique[1].

Signalons enfin qu'en 1984, Cheesman et Merikle tentèrent de reproduire l'expérience 3 de Marcel (l'expérience de l'effet Stroop) sans retrouver d'effet Stroop significatif lorsque la détection du mot de couleur était au niveau du hasard (Cheesman et Merikle, 1984). Autrement dit, ces auteurs ne réussirent pas à reproduire les résultats de Marcel dans une situation expérimentale dans laquelle les mots amorces n'étaient pas consciemment perçus.

Fin de l'acte II : en l'espace d'à peine trois ans, l'engouement initial qui avait accompagné l'acte de naissance scientifique supposé d'un « inconscient cognitif » digne de ce nom retomba dans un scepticisme généralisé ne laissant en définitive qu'une perplexité et un pessimisme assez importants quant à la façon de progresser.

ACTE III : 1996-1998, LE PHŒNIX RENAÎT DE SES CENDRES...

Suite à ce mouvement critique, une nouvelle vague d'expériences conduites pendant les années 1990 par plusieurs équipes de recherche permirent de clarifier la situation et surtout de raviver l'hypothèse défendue par Marcel.

1. En particulier, le travail critique de Daniel Holender (1986) a permis d'introduire l'utilisation d'une méthodologie objective rigoureuse fondée sur des paramètres comme le d' (lire « d-prime ») qui est l'indice de discriminabilité objective d'un système récepteur dans la théorie de détection du signal. Dans une situation où deux type d'essais (exemple : essais de type 1 et essais de type 2) sont présentés à un sujet, et qu'on l'oblige à répondre à chaque essai sur la base de la catégorisation de ces essais (répondre s'il s'agissait d'un essai de type 1 ou de type 2), on dispose à la fin de l'expérience des performances du sujet. À partir de son taux de réponses correctes (exemple : taux de réponses type 1 correctes) et de son taux de « fausses alarmes » (exemple : taux de réponses type 2 alors qu'il s'agissait d'essais de type 1), on peut calculer, sous certaines hypothèses de normalité de distribution, le paramètre d'. Lorsque le d' est nul, cela traduit une discriminabilité nulle du sujet conscient.

Ce troisième acte prit en compte l'importance des critiques méthodologiques soulevées par certains des protagonistes de l'acte précédent. De ce fait, ces nouvelles études satisfirent au « cahier des charges » réclamé par Holender et d'autres chercheurs. En ce sens, on nota un authentique progrès dans la fiabilité des mesures de la perceptibilité consciente des mots masqués. Cette troisième période fut également marquée par l'apparition – pour la première fois – d'études associant aux habituelles mesures des performances comportementales, des enregistrements de l'activité cérébrale des sujets passant ces expériences de perception subliminale.

À Seattle, le groupe d'Anthony Greenwald avait progressivement élaboré une nouvelle tâche afin de rechercher des effets sémantiques inconscients. Au lieu d'utiliser une tâche de décision lexicale, leur choix s'était orienté vers une épreuve de catégorisation émotionnelle ultrarapide. Comme dans tout paradigme d'amorçage masqué, à chaque essai on présentait au sujet un premier mot qui était masqué – l'amorce –, puis un second mot consciemment perceptible – la cible. Le sujet devait alors catégoriser la signification du mot cible comme étant « agréable » ou « désagréable » (exemple : « douleur » est un mot désagréable, « joie » est un mot agréable).

L'une des originalités de cette tâche consistait à obliger les sujets à répondre extrêmement rapidement, c'est-à-dire en 400 à 600 millisecondes environ selon les sujets, de manière à les pousser à commettre un nombre important d'erreurs. Ceci permit, d'un point de vue technique, de traduire les effets d'amorçage en termes de taux d'erreurs plutôt qu'en termes de rapidité (Greenwald, Klinger et Schuh, 1995). À l'aide d'un tel paradigme, les chercheurs purent vérifier si le mot amorce masqué influençait la réponse des sujets au mot cible. De manière très reproductible, Greenwald et son équipe montrèrent que les mots amorces à valence émotionnelle positive (exemple : « beau ») amorçaient la réponse « agréable » et conduisaient donc à de meilleures réponses lorsque le sujet devait répondre à un mot cible agréable (exemple : « fleur »), par comparaison avec les essais dans lesquels le mot cible était désagréable (exemple : « saleté »). Lorsqu'ils demandèrent ensuite aux mêmes sujets de catégoriser directement le mot amorce masqué, leur performance tomba au niveau du hasard, ce qui permit de considérer que ces sujets n'avaient pas perçu consciemment ces mots amorces masqués[1]. Forts de ces magnifiques résultats rapportés dans deux études publiées en 1996 et 1998 (Draine et Greenwald, 1998 ; Greenwald, 1996), ces auteurs enrichirent également nos connaissances sur la durée de vie de ces processus sémantiques inconscients.

L'étude de 1996 publiée dans la revue *Science* rapporta deux résultats qui soulignaient en effet la brève durée de vie des effets d'amorçage sémantiques masqués.

Premièrement, ces effets disparaissaient dès que le délai temporel entre l'amorce et la cible dépassait 100 millisecondes.

Deuxièmement, il n'existait pas d'effet de l'amorce sur l'essai suivant. Ces deux résultats confortèrent ainsi l'une des propriétés fondamentales des processus cognitifs inconscients que nous avons déjà évoquée : leur évanescence caractéristique. Une représentation mentale inconsciente telle que celles manipulées dans ces expériences de perception subli-

1. Notamment les mesures de d' – évoquées dans la note précédente – permettent d'interpoler la nature des effets d'amorçage (effets présents ou absents) pour une valeur théorique nulle du d'. Ces mesures permettent également de mettre en évidence l'absence de corrélation entre la visibilité des amorces (d') et les effets d'amorçage, ce qui suggère qu'il s'agit bien là d'effets inconscients tout à fait indépendants de la perception consciente des amorces.

minale est vouée à disparaître en quelques centaines de millisecondes.

En parallèle au travail du groupe d'Anthony Greenwald, Stanislas Dehaene et moi-même avions abordé cette même question en empruntant une approche assez différente (Dehaene *et al.*, 1998). Nous choisîmes de restreindre notre recherche de traitements sémantiques inconscients à une catégorie très particulière de mots, les petits nombres entiers naturels.

Pourquoi choisir d'étudier la perception inconsciente des nombres et pas celle d'autres mots ou d'autres objets perceptifs ? Notre perception des petits nombres entiers naturels recèle plusieurs attributs qui la singularise de la perception de tous les autres mots qui constituent notre langage. D'une part, un même nombre peut être lu, compris et prononcé à l'aide de deux systèmes de notation très différents, l'écriture en chiffres arabes (exemple : « 4 ») et l'écriture verbale (exemple : « quatre »). Cette première propriété permet de distinguer assez facilement les effets inconscients qui seraient spécifiquement associés à un traitement de la forme visuelle du nombre – donc à un niveau de représentation dépendant des caractéristiques formelles du stimulus –, des éventuels effets indépendants de ce format visuel d'entrée, qui pourraient quant à eux trouver leur origine dans une représentation abstraite des nombres. D'autre part, les petits nombres fournissent à l'expérimentateur qui les utilise une situation unique pour observer l'une de nos représentations sémantiques, celle de la représentation mentale des quantités numériques. En effet, la quantité associée à chaque nombre est reliée à celle des autres nombres suivant une métrique reproductible et identique pour tous : le nombre 3 est plus petit que le nombre 5 et plus grand que le nombre 2. Nul besoin ici d'estimer dans un premier temps les distances sémantiques qui séparent les autres mots de notre vocabulaire, distances non soumises à une telle métrique ordonnée, et qui sont d'ailleurs parfois variables d'un sujet à l'autre : le mot « banque » est-il plus proche de « billet » que « pièce », « argent » ou « porte-monnaie »... ? Enfin, cette simplicité d'une distribution ordonnée sous la forme d'une ligne mentale des quantités numériques (Dehaene, 1997) s'accompagne également d'une très forte association de chaque nombre avec cet attribut sémantique qui lui est propre. Plusieurs expériences avaient déjà démontré que même lorsque nous percevons un nombre dans le cadre d'une tâche qui nous engage à ne pas prêter attention à cet attribut sémantique, nous accédons et utilisons automatiquement néanmoins la quantité qui est associée à ce nombre (Dehaene et Akhavein, 1995).

Cette très forte association entre les petits entiers et la quantité qu'ils symbolisent nous conduisit à adopter une tâche de comparaison numérique qui utilise explicitement cet attribut sémantique. Nous pensions en effet que pour étudier d'éventuelles représentations sémantiques inconscientes, il valait mieux maximiser nos chances de les détecter en utilisant une tâche vraiment sémantique, plutôt que d'utiliser des tâches non proprement sémantiques telles qu'une tâche de dénomination. C'est ainsi que nous élaborâmes un paradigme expérimental de comparaison numérique qui s'inspirait directement des travaux de Marcel de 1983 sur le traitement sémantique inconscient des mots, qui utilisait la méthode d'amorçage visuel masqué. Les sujets étaient informés qu'à chaque essai, un nombre cible compris entre 1 et 9 (jamais 5) apparaîtrait au centre de l'écran et qu'ils devraient le comparer au nombre référence 5, en appuyant le plus rapidement possible sur l'un des deux boutons réponses (droit ou gauche) à l'aide de l'index[1]. À chaque essai, un nombre amorce masqué était présenté avant le nombre cible. Ce nombre amorce était également compris entre 1 et 9, et il était présenté en chiffre arabe (exemple : « 6 ») ou en notation verbale (« six »). Toutes les combinaisons de nombres amorce/cible étaient utilisées. Les sujets n'étaient pas informés de la présence des nombres amorces masqués. Ils étaient simplement avertis que chaque essai débuterait par un signal visuel neutre présenté au centre de l'écran qui leur indiquerait que le nombre cible était sur le point d'apparaître. À la lumière des discussions rapportées plus haut quant à l'évaluation de la perceptibilité consciente des amorces, nous avions utilisé à travers l'ensemble de nos expériences à la fois des mesures subjectives et objectives qui nous permirent de nous assurer de l'absence de perception consciente des nombres masqués.

Comment détecter dans notre expérience un traitement inconscient de la quantité numérique des nombres amorces masqués ?

Réponse : en comparant les temps de réponse des sujets aux essais congruents pour la réponse dans lesquels le nombre amorce et le nombre cible étaient tous deux inférieurs ou tous deux supérieurs à 5 (par exemple : amorce 6, cible 9), avec les essais incongruents pour la réponse (par exemple : amorce 1, cible 9). Si le nombre amorce n'était pas traité à un niveau sémantique, sa quantité numérique ne devait avoir aucune incidence sur le temps réponse du sujet. Par contre, si un tel traitement sémantique procédait

1. Les instructions étaient inversées pour chacun des sujets : dans une moitié de l'expérience, ils devaient appuyer sur le bouton droit pour les nombres cibles plus grands que 5 et sur le bouton gauche pour les cibles inférieures à 5, et dans une autre moitié de l'expérience, ils devaient suivre les consignes opposées. L'ordre de passation de ces deux jeux d'instructions était équilibré à travers les sujets.

inconsciemment on pouvait s'attendre à le détecter sous la forme d'un effet d'amorçage de ralentissement (essais incongruents) et/ou d'accélération (essais congruents) des temps de réponse.

Les résultats satisfirent nos attentes. Nous découvrîmes un puissant effet d'amorçage de la réponse. Chacun des sujets que nous avions testés à l'occasion de cette expérience montrait un effet d'amorçage dans la bonne direction, c'est-à-dire qu'il répondait plus rapidement pour les essais congruents que pour les essais incongruents[1]. Par exemple, les sujets répondaient plus rapidement que le nombre cible « 4 » était inférieur à 5 lorsqu'il venait d'être précédé par le nombre amorce masqué « 1 », que lorsqu'il venait d'être précédé par le nombre amorce masqué « 9 ».

Afin d'affiner la caractérisation du niveau de représentation inconscient des nombres amorces, nous avions décidé dès le départ d'enregistrer l'activité cérébrale des sujets testés à l'aide de deux techniques complémentaires : la technique dite des potentiels évoqués de surface, et celle de l'imagerie par résonance magnétique fonctionnelle (IRMf). Les potentiels évoqués de surface s'enregistrent en posant sur la tête du sujet un filet d'électrodes positionnées en regard des différentes régions du cortex cérébral situées sous son crâne. Cette technique permet de mesurer les variations d'activité électrique de ces différentes régions corticales à l'échelle de la milliseconde, ce qui est précisément l'échelle temporelle à laquelle se jouent les processus étudiés en neurosciences

1. Cet effet d'amorçage n'était pas affecté par les notations respectives du nombre amorce et du nombre cible (notation en chiffres arabes ou notation verbale). Ces résultats comportementaux démontrent donc que le nombre amorce, bien que non perçu consciemment par les sujets, faisait l'objet d'un traitement cognitif suffisamment élaboré pour donner lieu à un amorçage de congruence de la réponse entre l'amorce et la cible, et ceci indépendamment du format d'entrée visuelle utilisé pour présenter ces deux stimuli.

cognitives. L'imagerie par résonance magnétique fonctionnelle permet, quant à elle, d'estimer les variations d'activité cérébrale de manière indirecte, en mesurant les variations de débit sanguin cérébral.

Il existe en effet un phénomène physiologique connu de longue date : lorsqu'une région cérébrale change de niveau

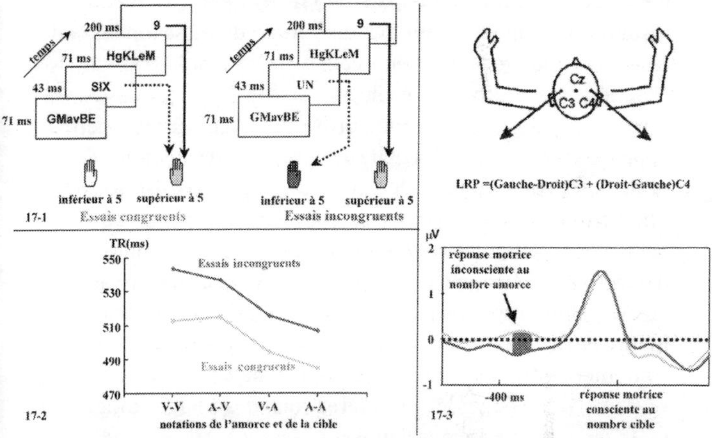

FIGURE 17 – Les nombres inconsciemment perçus amorcent la réponse motrice.

Les sujets devaient comparer le plus rapidement possible un nombre cible au nombre 5 (ex : appuyer à droite si la cible est supérieure à 5). À leur insu, un nombre amorce masqué précédait l'apparition du nombre cible (17-1). L'étude des temps de réponse (17-2) permis de montrer que les nombres amorces étaient inconsciemment représentés puisque les sujets répondaient plus rapidement aux essais congruents qu'aux essais incongruents, et ceci quelle que soit la notation utilisée pour présenter ces nombres (chiffres arabes ou notation verbale). L'enregistrement des potentiels évoqués (17-3) révéla que les nombres amorces étaient inconsciemment traités jusqu'au niveau de la préparation d'une réponse motrice : les sujets activaient à leur insu le réseau moteur associé à la main de réponse correspondant au nombre amorce.

Adapté de Dehaene *et al.*, *Nature*, 1998.

d'activité – soit en augmentant, soit en diminuant ses besoins métaboliques en oxygène et en glucose –, le système cardio-vasculaire adapte en quelques secondes le débit sanguin offert à cette région. L'IRMf mesure précisément le niveau d'oxygénation du sang fourni à chaque région cérébrale. Par comparaison avec les potentiels évoqués de surface, la technique d'IRMf présente un atout et un inconvénient. La limitation principale de l'IRMf tient à sa médiocre résolution temporelle qui est de l'ordre de la seconde, soit 1 000 fois plus grossière que celle offerte par les potentiels évoqués. Par contre, sa résolution spatiale permet de déterminer avec une précision de l'ordre de quelques millimètres cubes les variations d'activité des différentes régions cérébrales. La combinaison de ces deux méthodes est souvent une source d'informations très complémentaires puisqu'elle permet de conjuguer la résolution temporelle exceptionnelle des potentiels évoqués à la résolution spatiale très précise de l'IRMf. Nous espérions que de telles mesures neurophysiologiques pourraient nous aider à mieux pister les voies de traitement cérébral empruntées par le mot masqué en nous révélant, pour l'une des premières fois, des images tangibles de la vie mentale inconsciente.

Afin de préciser le niveau d'impact des nombres masqués, nous avions calculé à partir des potentiels évoqués un index dérivé de l'activité électrique cérébrale qui permet d'identifier l'existence d'une préparation motrice latéralisée. Cet index conservait une valeur nulle tant qu'il n'existe pas de préparation d'une réponse motrice latéralisée. Sans entrer davantage dans le détail du calcul de ce marqueur électrique, il permet d'identifier si un sujet va appuyer avec la main gauche ou la main droite environ 150 millisecondes avant qu'il n'appuie effectivement sur le bouton. Il n'y a là rien de vraiment surprenant car une fois qu'un ordre moteur est adressé aux régions motrices, la transmission de l'influx nerveux depuis le cortex moteur primaire jusqu'à l'extrémité du nerf périphérique puis la dépolarisation des fibres musculaires qui engendre la contraction volontaire nécessitent une durée incompressible de l'ordre de 150 millisecondes[1].

Sans surprise, nous avions pu détecter à l'aide de cet index le moment précis où les sujets enregistrés préparaient une réponse motrice latéralisée (main gauche ou main droite) au nombre cible. De manière autrement plus surprenante, nous observâmes qu'avant cette réponse électrique annonciatrice de la réponse motrice volontaire et consciente du sujet au nombre cible, une première réponse motrice latéralisée était détectable. En réalité, les sujets préparaient inconsciemment une réponse motrice correspondant à la main qu'ils auraient dû utiliser pour répondre au nombre masqué ! C'est-à-dire que le nombre masqué était non seulement perçu de manière inconsciente, mais qu'il était également traité par le cerveau des sujets jusqu'au stade de la préparation d'une action motrice adaptée inconsciente !

Ce résultat était assez important parce qu'en démontrant qu'un nombre masqué était traité inconsciemment jusqu'au stade d'une réponse motrice qui nécessite d'utiliser les instructions arbitraires de la tâche de comparaison numérique on pouvait en déduire que le nombre masqué avait probablement parcouru l'ensemble des étapes situées en amont de cette réponse motrice. N'oublions pas que, parmi ces étapes, figurait celle du traitement sémantique du nombre, afin d'accéder à sa quantité et de lui appliquer la

1. Notons en passant qu'il est aisé d'imaginer sans extravagance vers quelles applications la maîtrise d'une telle technologie pourrait conduire : lequel des deux pilotes ennemis lancera le premier le missile pour détruire son adversaire ? Celui dont l'ordinateur de bord sera muni d'un identificateur de ce potentiel moteur enregistré à l'aide de quelques capteurs savamment placés sous son casque...

consigne de réponse. Autrement dit, nous interprétions ce résultat comme un indice de l'existence d'un authentique traitement sémantique inconscient du nombre amorce.

Afin de parfaire cette démonstration d'un traitement moteur inconscient, nous avons utilisé l'IRMf. Les potentiels évoqués nous avaient permis de démontrer l'existence d'un effet moteur inconscient, mais leur résolution spatiale très médiocre nécessitait que l'on vérifie à l'aide d'une autre technique, anatomiquement plus fiable, que cet effet trouvait bien son origine dans les régions motrices du cortex cérébral. Nous avions donc répliqué l'expérience en l'adaptant à la technique de l'IRMf. Cette réplication nous permit de reproduire nos données comportementales – l'effet d'amorçage inconscient –, et surtout de confirmer que le nombre amorce masqué était effectivement traité jusqu'au niveau des régions motrices primaires corticales.

Considérées dans leur ensemble, ces données confirmèrent l'existence d'authentiques processus cognitifs inconscients de stimuli masqués, en démontrant de surcroît que ces processus ne se limitaient pas à des phénomènes perceptifs, mais qu'ils pouvaient s'étendre à des processus moteurs. Il ne s'agissait donc non pas d'une simple perception inconsciente, mais d'une véritable cognition inconsciente. Plutôt que d'être confinés à des processus perceptifs plus ou moins abstraits, ces stimuli inconsciemment perçus traversaient donc une chaîne de pensée complexe culminant dans la préparation d'un acte moteur pertinent.

C'est ainsi que vers la fin de l'année 1998, la convergence des études très différentes mais néanmoins complémentaires de notre groupe et de celui de Greenwald permit d'aboutir à une quasi-unanimité. Cette longue question des processus sémantiques inconscients semblait avoir enfin sa réponse définitive, à travers la démonstration scientifique reproductible de leur existence. Cet accomplissement trouvait d'ailleurs une forme de reconnaissance officielle importante à travers la publication des travaux du groupe de Greenwald et des nôtres dans les deux plus prestigieuses revues scientifiques : respectivement *Science* et *Nature*. L'état d'esprit dans lequel nous nous trouvions tous transparaît d'ailleurs assez clairement à travers les titres très « positivistes » donnés à nos deux publications : « *Three markers of unconscious semantic activation* » (« Trois marqueurs de l'activation sémantique inconsciente ») pour Greenwald et son équipe, « *Imaging unconscious semantic priming* » (« L'amorçage sémantique inconscient mis en images ») en ce qui nous concernait. Nous n'avions rien à craindre de la vague critique méthodologique de l'« ère Holender » puisque nos méthodes d'évaluation de l'absence de perception consciente des stimuli amorces étaient rigoureuses et solides, et nos résultats étaient extrêmement reproductibles et retrouvés par d'autres collègues dans des laboratoires différents des nôtres. Bref, nous dormions du sommeil des braves à l'issue de ce troisième acte dont nous pensions qu'il clôturait cette aventure scientifique. Et pourtant, nous allions bientôt réaliser que ces deux titres imprimés en caractères gras et réconfortants dans les deux plus importants supports de communication scientifique étaient inexacts !

Acte IV : 2000, menaces intérieures

Il s'avéra qu'à la date de publication de notre article, en 1998, plusieurs études allaient soulever des interprétations alternatives, c'est-à-dire non sémantiques, aux différents résultats que Greenwald et nous-mêmes avions utilisés pour démontrer l'existence d'un accès inconscient à la signification de mots ou de nombres. Ces interprétations non sémantiques s'appuyaient toutes sur la théorie de « spécification motrice directe » développée dès la fin des années 1980 par Neumann (1990) après qu'il eut conduit une série d'expériences utilisant une variante du masquage visuel nommée le masquage par métacontraste.

Selon la théorie de Neumann, dès lors que l'on demande à un sujet d'associer consciemment un stimulus visuel à une réponse motrice de manière totalement arbitraire (exemple : appuyer sur le bouton gauche pour un carré, à droite pour un cercle), un processus automatique associant ce stimulus à cette réponse va être établi très rapidement. Dès que ce processus est opérationnel, il pourra alors procéder inconsciemment. Dans certaines des expériences de Neumann, un seul essai est suffisant pour forger cette chaîne de réponse automatique et pour qu'elle soit à l'œuvre lorsque le stimulus est présenté masqué ! Cette théorie postule donc que toute situation expérimentale qui peut se réduire à un apprentissage simple entre certains stimuli et certaines réponses motrices peut procéder inconsciemment du fait de la mise en œuvre de ces chaînes de traitement stimulus-réponse. C'est ici le point central : si ces chaînes de traitement « stupides » stimulus-réponse existaient effectivement dans nos expériences sur les nombres et dans celles de Greenwald sur les mots, alors toute la démonstration s'écroulerait et la notion même de vie mentale abstraite inconsciente serait anéantie. Autrement dit, il devenait urgent de vérifier si la théorie de Neumann gouvernait nos effets et ceux de Greenwald.

Force était d'admettre que nos résultats publiés en 1998 ne fournissaient en réalité que des éléments indirects pour soutenir l'hypothèse d'un traitement sémantique inconscient. Le fait d'avoir montré qu'un nombre amorce était traité jusqu'au niveau moteur, et ceci indépendamment de son format de présentation visuelle (chiffre arabe ou notation verbale) ne signifiait pas nécessairement que la quantité associée à ce nombre avait été analysée par les sujets. Les stimuli utilisés pendant ces expériences constituaient un jeu de taille relativement limitée : les nombres 1, 4, 6, et 9 en notations verbale ou arabe, soit un set de 8 stimuli au total. La tâche de comparaison à 5 réalisée sur des centaines d'essais aurait pu conduire nos sujets à créer puis utiliser des chaînes associatives de type « stimulus-réponse » leur permettant de déclencher la réponse correcte à chaque stimulus (chaque nombre cible) sans prendre la peine de continuer à réellement effectuer une comparaison à 5. Si tel avait été le cas, il devenait légitime de réinterpréter nos résultats de manière totalement non sémantique : les nombres amorces inconsciemment perçus n'avaient été analysés que sur la base de ces chaînes d'apprentissage qui court-circuitent les processus sémantiques. Sous une telle hypothèse, loin de démontrer l'existence d'un traitement sémantique inconscient, nos résultats pouvaient être expliqués dans le cadre strict des apprentissages visuo-moteurs.

Cette conception se trouva renforcée par plusieurs publications qui relancèrent la polémique sur l'existence de traitements sémantiques inconscients (Abrams et Greenwald, 2000 ; Damian, 2001 ; Eimer et Schlaghecken, 1998). La plus impressionnante fut sans aucun doute celle de Richard Abrams et d'Anthony Greenwald qui demandèrent à nouveau à des sujets d'évaluer la valence affective de mots cibles, consciemment perçus, c'est-à-dire de déterminer si la signification de ces mots était « positive » ou « négative ».

À chaque essai, un mot amorce masqué était présenté avant le mot cible. Cette amorce dont la valence pouvait elle-

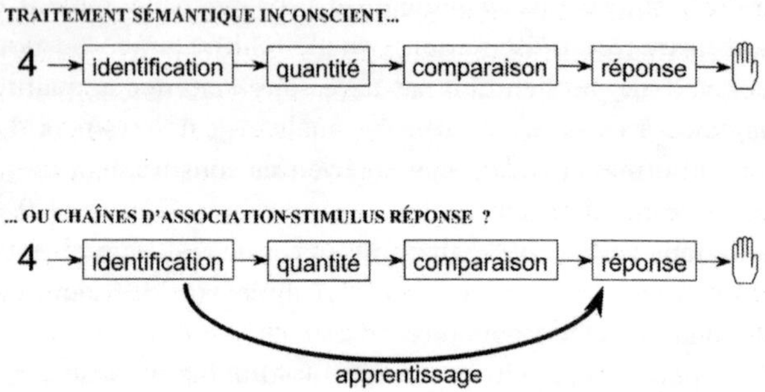

FIGURE 18 – La spécification motrice directe ou le « court-circuit » de la pensée. *Lorsque l'on compare le nombre 4 à 5 pour la première fois, il est nécessaire de parcourir une chaîne de traitements qui partant de la forme visuelle du stimulus, permet d'identifier le nombre, d'en extraire son attribut sémantique de quantité, puis de le comparer à 5 et enfin d'activer un programme moteur en conformité avec les instructions de la tâche (ex : appuyer de la main droite si le nombre est supérieur à 5). Le fait de montrer que le nombre amorce active la réponse motrice qui lui est associée semble donc montrer qu'il a traversé l'ensemble des étapes préalables, dont celle qui implique un traitement sémantique inconscient du nombre. Néanmoins, lorsque l'on a parcouru cette riche chaîne de traitement une première fois, il devient possible de créer une association directe entre une étape perceptive et une réponse motrice : la dixième fois que vous comparez 4 à 5, vous pourriez directement activer votre main droite sans réanalyser en profondeur la signification de 4. Cette spécification motrice directe qui explique la totalité des effets de Greenwald sur les mots, pourrait très bien s'appliquer à nos propres résultats sur les nombres.*

même être congruente ou incongruente avec celle du mot cible qui le suivait avait un impact significatif sur les performances des sujets : les sujets répondaient plus correctement au mot cible consciemment perçu lorsqu'il était précédé par un mot masqué partageant la même valence émotionnelle que lui (par exemple un mot amorce masqué agréable suivi par un mot cible agréable), que lorsque le mot masqué avait une valence opposée au mot cible (par exemple un mot amorce masqué désagréable suivi par un mot cible agréable). Ce résultat que nous avons détaillé à l'acte précédent de cette petite comédie dramatique fut tout d'abord considéré comme une preuve de l'existence d'une catégorisation sémantique des mots amorces (Greenwald, 1996). Ces auteurs répliquèrent ce premier résultat, puis ils démontrèrent que cet effet d'amorçage inconscient ne dépendait que du fait que les mots amorces étaient utilisés également comme mots cibles. Dès lors que des mots qui n'étaient pas inclus dans la liste des mots cibles étaient utilisés comme mots amorces, l'effet d'amorçage disparu ou ne fut observé que si certains fragments de ces mots correspondaient à des fragments des mots cibles.

À titre d'illustration, au terme d'une catégorisation intensive des mots *smut* (« saleté, obscénité ») et *bile* (« bile ») comme étant des mots « négatifs », la présentation du mot *smile* amorçait la réponse « négatif » et non pas la réponse positive comme on aurait dû s'y attendre si les sujets effectuaient une catégorisation sémantique sur ce mot. Ce résultat suggérait que l'effet d'amorçage d'Abrams et Greenwald, loin de refléter un accès inconscient à la sémantique, ne correspondait en réalité qu'à un apprentissage sensori-moteur rapide de réponses à associer à des stimuli cibles, puisque les fragments de ces stimuli suffisaient à déclencher la réponse adéquate. Autrement dit, lorsqu'un mot masqué était présenté à un sujet qui n'en prenait pas conscience, ce stimulus n'était traité qu'au seul titre des associations directes stimulus-réponse élaborées par les sujets à l'occasion de cette tâche, sans jamais accéder à un niveau de traitement sémantique authentique. Ainsi un mot ne présentant aucune similarité physique avec les mots cibles catégorisés consciemment par les sujets ne provoquait aucun effet d'amorçage, tandis que ceux qui partageaient certaines similarités physiques avec ces mots cibles n'étaient capables d'activer que des chaînes de traitement direct stimulus-réponse. Une conclusion similaire fut atteinte par Damian dans son étude publiée en 2001.

Bref, à l'issue de l'acte IV, la réalité objective d'un traitement sémantique inconscient des mots demeurait toujours intangible plus de dix-huit ans après la première publication de Marcel.

CHAPITRE 4

Acte V, happy end !

Après être passés par les faux espoirs de la période pré-Holender fondés sur des erreurs méthodologiques de la mesure de l'absence de perception consciente, après avoir affronté les pièges autrement plus subtils de l'automatisation non sémantique d'associations de type stimulus-réponse, nous ne disposions d'aucune démonstration univoque. Ou, plutôt, les seuls éléments de certitude se résumaient au fait que les effets inconscients du groupe de Greenwald n'étaient pas de nature sémantique.

Afin de clarifier davantage la situation de notre paradigme expérimental utilisant la comparaison de petits nombres entiers naturels, nous nous sommes alors engagés sur la voie de l'évaluation de nos propres résultats à la lumière de l'interprétation non sémantique possible de type « spécification motrice directe ».

Le cas des nombres entiers

L'hypothèse non sémantique stipule que les sujets automatisent progressivement leur tâche de comparaison numérique et deviennent ainsi capables d'associer une réponse motrice « apprise par cœur » à chaque nombre cible (exemple : « appuyer à gauche pour “4” »), sans avoir besoin de procéder à une analyse sémantique de ces stimuli. Or il se trouve que nous disposons d'un marqueur comportemental qui nous indique la manière dont les sujets utilisent – ou n'utilisent pas – pendant une expérience de comparaison numérique, la représentation sémantique de ces nombres (la quantité qui leur est associée). Ce marqueur se nomme l'« effet de distance » et ses propriétés ont été très finement analysées depuis le travail princeps de Moyer et Landauer (Moyer et Landauer, 1967). Son principe est le suivant : plus deux nombres sont quantitativement proches, plus les temps de réponse nécessaires pour les comparer l'un à l'autre s'allongent, et plus les taux d'erreurs sont élevés. Cet effet reflète ainsi directement l'utilisation des représentations sémantiques des nombres présentés au sujet. Appliqué à notre paradigme, cet effet de distance se traduit par des temps de réponse significativement plus longs pour les cibles proches de 5 (4 et 6) que pour celles qui en sont le plus éloignées (1 et 9). Signalons que cet effet de distance est tellement robuste qu'il était retrouvé significatif chez chacun des sujets que nous avons testés.

Suivre l'hypothèse selon laquelle le chiffre n'est pas analysé sémantiquement pour répondre correctement conduit à une prédiction très précise quant à cet effet de distance du nombre cible au nombre référence 5. Car, si les sujets automatisent leurs réponses et finissent par ne plus étudier la quantité du nombre cible, mais répondent sur la base d'une réponse « apprise par cœur », on s'attend très clairement à observer une diminution de cet effet de distance au cours du temps que durait notre expérience. Cet effet devrait être puissant en début de bloc expérimental, puis progressivement s'amoindrir, voire disparaître complètement. Afin de tester cette prédiction cruciale, nous avons divisé les temps de réponse de chaque sujet en blocs successifs de 32 essais, puis nous avons analysé l'impact du temps et donc de l'apprentissage sur leurs performances. Les résultats furent très clairs : les temps de réponse présentaient une accélération progressive globale au cours de l'expérience – probablement en rapport avec un apprentissage moteur procédural non spécifique –, mais l'effet de distance quant à lui n'interagissait pas avec ce facteur temporel. C'est-à-dire que du premier au dernier bloc, cet effet de distance était observé avec la même significativité, contrairement à ce que prédisait l'hypothèse non sémantique. Autrement dit, tout semblait montrer que nos sujets ne court-circuitaient pas l'analyse sémantique des nombres cibles au fil de leur pratique intensive de l'épreuve de comparaison à 5.

Poursuivant cette enquête rétrospective de la nature exacte du comportement manifesté par nos sujets, nous avons directement abordé l'effet d'amorçage inconscient de la réponse que nous avons décrit plus haut. Ici également, l'hypothèse d'un traitement non sémantique du nombre amorce inconsciemment perçu mène à une prédiction assez univoque. Selon cette hypothèse, ce n'est qu'une fois que les sujets ont créé des chaînes « stimulus-réponse » sur les nombre cibles consciemment perçus qu'ils deviennent capables de traiter selon les même chaînes associatives les nombres amorces. On prédirait donc que l'effet d'amorçage inconscient de la réponse devrait augmenter au cours du temps que durait l'expérience, reflétant ainsi la mise en place de cet apprentissage progressif visuo-moteur. Nous avons en conséquence étudié la dynamique temporelle de cet effet d'amorçage en divisant à nouveau les temps de réponse de chaque sujet en blocs successifs de 32 essais. Cette analyse nous a révélé que l'effet d'amorçage inconscient n'interagissait pas avec le temps, c'est-à-dire que cet effet était comparable du premier au dernier bloc que durait cette expérience. En particulier, nous avons constaté que cet effet était déjà présent et significatif dès le premier bloc de 32 essais.

Ces deux premières relectures des données précédemment recueillies nous ont ainsi conforté dans notre interprétation sémantique, en mettant en évidence, d'une part, que les sujets traitaient bien sémantiquement les nombres cibles durant toute l'expérience et, d'autre part, qu'ils présentaient un effet d'amorçage inconscient de la réponse dès les premiers essais. Ces deux résultats ne sont pas facilement explicables par une hypothèse de traitement non sémantique des nombres amorces qui conduit plutôt, ainsi que nous l'avons expliqué, à des prédictions très éloignées de ce que nous avons pu observer.

L'épreuve de la généralisation

L'une des épreuves décisives pour déterminer la nature sémantique ou non sémantique de nos effets d'amorçage inconscients réside dans le test de la généralisation.

Selon la théorie de Neumann, la condition *sine qua non* à la mise en place d'une chaîne de traitement stimulus-réponse directe est la rencontre consciente avec le stimulus. Autrement dit, dès qu'un sujet perçoit consciemment un stimulus (par exemple, le nombre 4), qu'il lui applique les instructions de la tâche en cours (par exemple, appuyer à gauche si le nombre est inférieur à 5), et qu'il lui associe une réponse motrice (par exemple, appuyer main gauche), alors une chaîne directe associant ce stimulus à cette réponse a pu être créée. Cette chaîne directe qui ne dépend pas d'un traitement sémantique du stimulus peut fonctionner inconsciemment, et pourrait expliquer l'intégralité des données de la littérature utilisant les mêmes stimuli en tant que cibles consciemment perçues et en tant qu'amorces subliminales.

Le test de la généralisation consiste à utiliser certains stimuli amorces qui n'ont jamais été perçus consciemment comme stimuli cibles par les sujets pendant l'expérience. Pour de tels stimuli, aucune chaîne directe stimulus-réponse n'a pu être créée puisque le sujet n'a pas appris à y répondre consciemment. Si néanmoins on observe un effet d'amorçage pour ces stimuli, cela démontre de manière univoque qu'ils ont été analysés inconsciemment jusqu'à un niveau de traitement sémantique, nécessaire pour catégoriser le mot ou le nombre selon les consignes des instructions (exemple : tâches de comparaison numérique ou de catégorisation émotionnelle). En revanche, s'il n'existe pas de généralisation des effets d'amorçage à de tels stimuli, alors cela revient à disqualifier la notion même de traitement sémantique inconscient. Nous avons vu comment Greenwald a échoué à passer ce test, ce qui a clairement démontré que les effets qu'il avait découverts pour les mots n'étaient absolument pas de nature sémantique.

Cet argument fondamental nous a logiquement conduits à tester l'efficacité de nombres amorces non utilisés comme nombres cibles (Naccache et Dehaene, 2001). Rappelons que nous n'utilisions jusqu'à présent que les nombres 1, 4, 6 et 9 en deux notations différentes. Nous avons donc modifié légèrement ce paradigme en utilisant chez un groupe de nouveaux sujets les nombres (1, 4, 6, 9) comme cibles, et les nombres (1, 2, 3, 4, 6, 7, 8, 9) comme amorces, ceci afin de pouvoir comparer dans le même groupe de sujets l'impact de stimuli masqués faisant partie de l'ensemble des stimuli consciemment perçus (1, 4, 6, 9) à celui de stimuli jamais vus comme cibles (2, 3, 7, 8). Suivant l'interprétation non sémantique, qui postule que seules des associations stimulus-réponse apprises par les sujets à l'occasion du traitement conscient des cibles peuvent être activées par les nombres amorces, aucun effet d'amorçage ne devrait être observé pour des amorces non incluses dans l'ensemble des cibles traitées par les sujets. À l'inverse, l'hypothèse d'un traitement sémantique authentique des amorces conduit à une prédiction opposée, c'est-à-dire à l'existence d'un effet d'amorçage pour de telles amorces.

Les résultats ont été à la hauteur de nos attentes. Nous avons observé un effet d'amorçage de la réponse en accord parfait avec nos travaux précédents (Koechlin, Naccache, Block et Dehaene, 1999 ; Naccache, 1998). Les sujets répondaient 16 millisecondes plus rapidement aux essais congruents qu'aux essais incongruents. Résultat crucial, cet effet de congruence inconsciente était présent dans ces paires d'essais contenant un nombre amorce jamais vu consciemment durant toute l'expérience. Il est intéressant de noter que l'effet d'amorçage obtenu avec les amorces (1, 4, 6, 9) était identique à celui observé pour les amorces (2, 3, 7, 8), ce qui suggère que l'hypothèse non sémantique ne contribue pas de manière significative à ces données (ce que nous ne supposions pas nécessairement *a priori*[1]).

Des analyses supplémentaires ont confirmé l'existence d'un effet significatif d'amorçage de la réponse tant pour les essais avec « ancien jeu d'amorces » que pour les essais avec « nouveau jeu d'amorces ». Ces résultats renforcent considérablement l'hypothèse d'un accès inconscient à un attribut sémantique des nombres, celui de leur quantité numérique.

Un indice supplémentaire en faveur d'un traitement sémantique des nombres amorces masqués issus du « nouveau jeu d'amorces » (2, 3, 7, 8) est apparu suite à l'examen de l'effet de relation entre la cible et l'amorce (Koechlin *et al.*, 1999). Lors d'un travail préliminaire, nous avions montré que, même lorsqu'on se focalisait uniquement sur les essais congruents, les temps de réponse étaient d'autant plus rapides que la distance entre l'amorce et la cible était petite. Par exemple, la réponse à la cible « 1 » était systématiquement plus rapide lorsque l'amorce variait de « 4 », « 3 », « 2 » et enfin « 1 ». Nous avons pu répliquer cet effet de relation numérique, puis montrer qu'il n'interagissait pas avec le changement de notation. Résultat crucial, une analyse restreinte aux essais congruents avec « nouveau jeu d'amorces » a révélé un effet significatif dans la direction prédite. Les sujets étaient plus rapides pour répondre aux

1. Notre interprétation d'un traitement sémantique inconscient n'excluait pas par nature la possibilité d'un effet combiné associant un traitement sémantique authentique à un traitement non sémantique décrit par la théorie de spécification motrice directe de Neumann. Autrement dit, le résultat princeps fut ici d'observer une généralisation de l'effet d'amorçage inconscient de la réponse à des amorces non utilisées comme cibles. L'hypothèse d'un traitement sémantique n'interdisait pas d'observer un effet d'amorçage plus fort pour les essais contenant les amorces (1, 4, 6, 9) que pour les essais avec amorce (2, 3, 7, 8). Néanmoins, nous n'observâmes pas d'interaction significative entre ces deux types de nombres amorces dans chacune des deux expériences que nous réalisâmes.

essais congruents dont les amorces n'étaient séparées de la cible que d'une unité de distance numérique que pour les essais congruents dont les amorces étaient distantes de la cible de 2 unités numériques. À nouveau, cet effet était indépendant du facteur de changement de notation ainsi que de la notation de la cible. Cet effet de relation sémantique entre le nombre amorce et le nombre cible ne peut donc pas être expliqué en termes d'effets d'apprentissages associatifs sensori-moteurs non sémantiques postulés par l'hypothèse de spécification motrice directe de Neumann.

Enfin, les analyses d'apprentissage décrites plus haut ont permis de répliquer nos résultats, c'est-à-dire de montrer la stabilité temporelle de l'effet de distance de la cible et de l'effet d'amorçage masqué de la réponse. Chacun de ces deux effets était significatif dès le premier bloc de 32 essais, ce qui va à nouveau contre une interprétation fondée sur l'hypothèse de spécification motrice directe qui repose quant à elle sur un phénomène d'automatisation progressive qui s'accentue au fil du temps que dure l'expérience.

Depuis la réalisation de ce travail, deux autres groupes ont produit des données très similaires aux nôtres dans des paradigmes assez voisins utilisant des stimuli numériques masqués (Reynvoet, Gevers et Caessens, 2005), à un ou deux chiffres dans des tâches de dénomination (Reynvoet, Brysbaert et Fias, 2002), de comparaison numérique (Greenwald, Abrams, Naccache et Dehaene, 2003), ou de jugement de parité (Fabre et Lemaire, *in press* ; Reynvoet, Caessens et Brysbaert, 2002 ; Reynvoet *et al.*, 2005).

Dessine-moi une représentation sémantique inconsciente !

Nous avons précédemment établi que l'une des limites importantes de notre travail de 1998 résidait dans le fait que nous n'avions réussi à identifier qu'un seul corrélat neural moteur et non directement sémantique des traitements inconscients des stimuli amorces masqués. Cette limitation ne permettait pas de trancher entre une interprétation sémantique ou une interprétation non sémantique. Toutes deux pouvaient conduire aux résultats observés dans le cortex moteur.

À la lumière de cette constatation, nous avons donc cherché, dans un deuxième temps, à identifier un corrélat neural directement associé à l'étape de traitement sémantique du nombre amorce, si une telle étape existe effectivement. Convaincus de son existence, notamment en raison des résultats comportementaux que nous venons d'exposer, nous avons pris la décision de nous replonger dans le vaste ensemble de données de 1998, en cherchant une manière d'interroger à nouveaux frais ces données qui nous avaient déjà livré l'existence de traitements inconscients moteurs.

La solution nous est venue de l'utilisation d'un phénomène neurophysiologique découvert dans les années 1990 par le groupe de Robert Desimone sur la côte est des États-Unis (1996). Ces chercheurs étudiaient certaines propriétés des neurones situés dans le cortex visuel inféro-temporal du macaque qui correspond au secteur le plus antérieur de la voie visuelle occipito-temporale ventrale qui joue un rôle déterminant dans l'identification des objets de la scène visuelle. Ce faisant, ils firent à cette occasion une remarquable découverte : si l'on présente un objet visuel à un macaque et que cet objet évoque une réponse spécifique de certains neurones de cette région, lorsqu'on répète la présentation visuelle du même objet, on observe une diminution de la réponse de ces mêmes neurones. Autrement dit, la répétition de la stimulation visuelle provoque une suppression relative de cette réponse spécifique, d'où le nom du phénomène : *repetition suppression* (RS).

Desimone, Miller et leurs collègues poursuivirent en montrant comment cette découverte pouvait être utilisée pour se rapprocher de l'un des objectifs majeurs des neuroscientifiques/hackers : « casser le code neural », ou connaître le code utilisé par les différentes aires cérébrales pour générer ces représentations mentales si variées qui emplissent nos esprits. Le principe découvert par ces chercheurs pour forcer les neurones à révéler leur code est relativement simple : « Laisse-moi voir ce qui provoque chez toi une RS, et je saurai ce qui a valeur de répétition pour toi. » Par exemple, si l'on évoque une RS chez un neurone en répétant le même objet visuel mais en modifiant l'un des paramètres de présentation (exemple : un grand cube, puis le même cube mais de taille plus petite), cela signifie que ce neurone est « aveugle » au paramètre visuel modifié entre les deux essais. Autrement dit, le niveau de codage de ce neurone peut être qualifié d'invariant pour le paramètre considéré (ici la taille physique de l'objet). Inversement, si la modification de ce paramètre de taille entre les deux essais suffit à supprimer la RS, cela signifie que pour ce neurone les deux objets sont différents. Cette méthode dont nous avons proposé une version particulièrement adaptée aux neurosciences cognitives humaines pourrait ainsi permettre de caractériser le niveau de codage utilisé par les neurones[1].

« *HIPS* » *ou la bosse des maths relookée*

Nous avons cherché à utiliser ce phénomène de RS pour réinterroger nos données issues de l'expérience de 1998, afin d'identifier les régions cérébrales directement impliquées dans l'étape de traitement sémantique (quantité numérique) des nombres amorces inconsciemment perçus.

En effet, nos données contenaient bien des essais (un quart précisément) dans lesquels le nombre amorce et le nombre cible étaient répétés (exemple : amorce 6/cible 6), ce qui pouvait nous laisser espérer découvrir un corrélat cérébral de cette répétition. S'il existe bien des neurones cérébraux codant pour la quantité numérique des nombres amorces inconsciemment perçus, et si ce sont les mêmes neurones qui représentent la même quantité lorsque le nombre cible est consciemment perçu, alors on pourrait légitimement s'attendre à observer un effet de RS. Où pourrions-nous nous attendre à observer de tels effets de RS ? Autrement dit, avons-nous des prédictions précises sur les aires

1. Kalanit Grill-Spector est l'une des premières à avoir explicité et appliqué cette méthode en imagerie cérébrale fonctionnelle sous le terme de *fMRI adaptation* (Grill-Spector *et al.*, 1999 ; Grill-Spector et Malach, 2001). Cet outil en particulier permet de dépasser les limites de résolution spatiale actuelles de l'IRM pour atteindre une hyperrésolution. En parallèle, j'ai proposé avec Stanislas Dehaene un développement de cette méthode combinant le phénomène de *Repetition Suppression* à celui de l'amorçage masqué. Cette méthode appelée *Priming Method* (« méthode d'amorçage ») offre l'avantage d'être certain que les diminutions d'activité cérébrale observées sont bien dues à un phénomène de *Repetition Suppression* et non à des effets stratégiques ou attentionnels qui contaminent un certain nombre d'études (Naccache et Dehaene, 2001b).

cérébrales impliquées dans le codage de cet attribut sémantique qu'est la quantité numérique ?

Ayant la chance de travailler auprès de Stanislas Dehaene et de Laurent Cohen, auteurs d'un fameux modèle du traitement des nombres dénommé le « modèle du triple code » (Dehaene, 1997 ; Dehaene et Cohen, 1995), ma prédiction ne fut pas difficile à formuler. Les nombreuses études traitant du siège anatomique des lésions cérébrales susceptibles de provoquer une acalculie chez des patients neurologiques pointent vers une région très particulière que l'on appelle le sillon intrapariétal droit et gauche. Les données plus récentes d'imagerie cérébrale fonctionnelle chez le sujet sain confirment cette topographie en révélant qu'il s'agit de régions qui sont spécifiquement sollicitées lorsque nous manipulons mentalement des quantités numériques. J'ai donc fait l'hypothèse que si le nombre amorce était analysé du point de vue de la quantité qu'il symbolise, cette analyse devait avoir lieu au niveau du cortex situé dans le sillon intrapariétal droit et dans le sillon intrapariétal gauche, qui sont les deux régions dont de très nombreux indices démontrent l'implication dans la représentation mentale des quantités numériques. Cette nouvelle « bosse des maths » tient précisément dans un repli d'un sillon identifiable du lobe pariétal, la portion horizontale du sillon intrapariétal ou HIPS en anglais pour *Horizontal Intra-Parietal Sulcus* (Dehaene, Molko, Cohen et Wilson, 2004) !

Ma prédiction s'appuyait sur un premier élément de nature à nous rassurer : l'analyse des temps de réponse des sujets de l'étude de 1998 contenait déjà un effet comportemental de répétition. C'est-à-dire que les sujets répondaient plus rapidement aux essais dans lesquels la quantité de l'amorce et de la cible étaient identiques (par exemple : amorce = 6/cible = 6) que pour les essais non répetés mais néanmoins congruents (exemple : amorce = 9/cible = 6) pour la réponse motrice. Ténue mais très précieuse différence de 12 millisecondes qui démontrait l'existence d'un effet de répétition !

Cette nouvelle analyse des données d'IRM fonctionnelle a pleinement confirmé notre prédiction. Lorsque nous avons recherché dans l'ensemble du cerveau de nos sujets s'il existait bien des régions dont l'activité était moins importante pour les essais répétés que pour les essais non répétés, nous avons eu la joie de découvrir qu'il s'agissait très exactement du HIPS droit et gauche ! Cela signifiait tout uniment que les nombres amorces non consciemment perçus étaient bel et bien « passés par là », c'est-à-dire que leur quantité numérique avait été extraite et représentée dans cette région cérébrale spécialisée (Naccache et Dehaene, 2001b). Au passage, ce résultat nous enseignait également qu'une représentation mentale – ici la quantité numérique – pouvait utiliser les mêmes neurones tout en étant consciemment accessible dans un cas (le nombre cible) et non consciemment accessible dans un autre cas (le nombre amorce). Nous reviendrons bien sûr en temps voulu sur ce résultat. Enfin, nous avons pu montrer que cette RS était similaire pour les essais répétés avec utilisation de la même notation (exemple : amorce = « 4 »/cible = « 4 ») pour présenter l'amorce et la cible (répétition physique des stimuli), que pour les essais répétés dans lesquels l'amorce et la cible étaient présentées à l'aide de notations différentes (exemple : amorce = « QUATRE »/cible = « 4 »). Autrement dit, cela confirmait bien que ces neurones ne représentaient pas les nombres sous un format visuel – auquel cas « QUATRE » et « 4 » sont des objets différents et ils n'auraient pas évoqué de RS –, mais bien sous un format abstrait dans lequel seule la quantité qui est la même pour « QUATRE » et « 4 » est représentée.

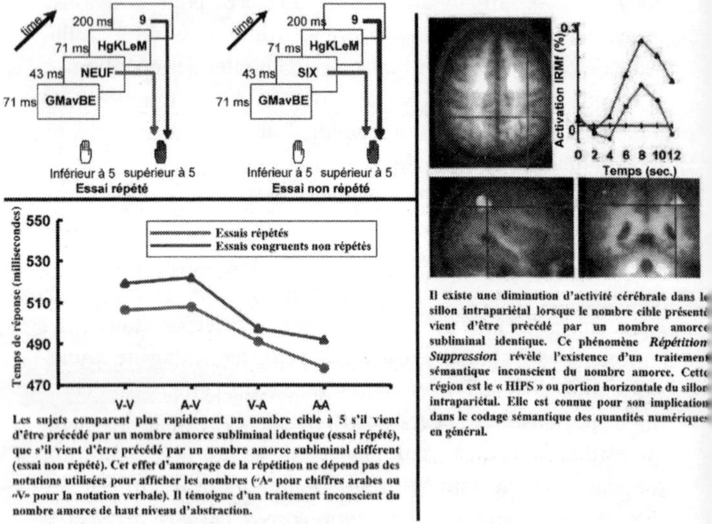

Les sujets comparent plus rapidement un nombre cible à 5 s'il vient d'être précédé par un nombre amorce subliminal identique (essai répété), que s'il vient d'être précédé par un nombre amorce subliminal différent (essai non répété). Cet effet d'amorçage de la répétition ne dépend pas des notations utilisées pour afficher les nombres («A» pour chiffres arabes ou «V» pour la notation verbale). Il témoigne d'un traitement inconscient du nombre amorce de haut niveau d'abstraction.

Il existe une diminution d'activité cérébrale dans le sillon intrapariétal lorsque le nombre cible présenté vient d'être précédé par un nombre amorce subliminal identique. Ce phénomène ***Répétition Suppression*** révèle l'existence d'un traitement sémantique inconscient du nombre amorce. Cette région est le « HIPS » ou portion horizontale du sillon intrapariétal. Elle est connue pour son implication dans le codage sémantique des quantités numériques en général.

FIGURE 19 – Mise en évidence d'un codage inconscient de la quantité numérique dans le cortex pariétal humain.
Adapté de Naccache et Dehaene, *Cerebral Cortex*, 2001.

Finalement, une analyse similaire des données de potentiels évoqués nous a permis de déterminer que cet effet de RS survenait environ 300 millisecondes après la présentation du nombre cible, c'est-à-dire dans la fenêtre temporelle dont on sait par ailleurs qu'elle correspond bien aux étapes de traitement sémantique conscient des nombres.

Nous disposions enfin d'une « image » – et de solides arguments comportementaux – en faveur de l'existence de processus authentiquement sémantiques, et authentiquement inconscients ! Depuis notre étude, plusieurs travaux expérimentaux ont permis de répliquer cette découverte en IRMf (dont Viard *et al.*, 2005).

Le cas des mots

Cette « microdémonstration » qui ne concerne qu'un seul et unique attribut sémantique – celui de la quantité numérique –, dans une classe de mots restreinte – celle des nombres entiers naturels – a-t-elle valeur d'exception ou illustre-t-elle une règle bien plus générale ? Doit-on considérer ce résultat comme une invitation à persévérer dans la recherche d'autres variétés de processus sémantiques inconscients ? Ou n'est-ce au contraire qu'un lot de consolation qui marquerait clairement les limites indépassables des capacités d'abstraction de nos cogitations cachées ?

Telles sont en substance les questions qui occupaient (presque) sans relâche notre activité consciente vers le début de l'année 2001. Le caractère quasi obsessionnel du chercheur confronté à une telle situation l'amène en effet à ressasser sans fin les différents arguments en présence. Quelles sont les raisons objectives qui militent en faveur de l'existence de traitements sémantiques inconscients très variés ? À l'inverse, pourquoi pourrait-on légitimement penser que le cas des nombres n'est qu'une exception isolée à partir de laquelle aucune généralisation ne peut être tirée ?

Cette authentique « tempête sous un crâne », qui est peut-être à l'origine des crises de migraines de nombreux chercheurs, agit souvent comme une source lumineuse qui offre un nouvel éclairage à d'anciennes données de la littérature scientifique qui apparaissent ainsi sous un jour différent.

Un nombre n'est qu'un nombre

Parmi les nombreuses raisons qui permettaient de douter de la valeur générale de notre découverte limitée à la quantité numérique associée à des nombres entiers, quelques-unes retiendront tout particulièrement notre attention.

Tout d'abord, l'échec retentissant de l'équipe de Greenwald laissait planer de sérieux doutes quant à notre capacité à traiter inconsciemment le sens des mots. Ils n'avaient jamais pu retrouver d'effets d'amorçage dans les multiples variantes de sa tâche de catégorisation émotionnelle à choix forcé et à réponse rapide imposée. En juin 2000, Tony Greenwald vint nous rendre visite à Orsay, afin de discuter avec Stanislas Dehaene et moi-même de ces questions. Bien évidemment, le fait que nous n'utilisions pas les mêmes procédures de masquage que lui, ni la même technique de réponse rapide forcée, pouvait toujours laisser la porte ouverte à des explications techniques de nos différences de résultats. Afin de s'affranchir totalement de ces éventuelles explications, nous nous mîmes d'accord pour effectuer une nouvelle série d'expériences que Greenwald se proposa de conduire dans son laboratoire à Seattle. Il allait utiliser sa propre méthode de choix forcé rapide et sa propre technique de masquage afin de comparer très directement les effets d'amorçage de la quantité numérique et ceux de la valence émotionnelle des mots. Le résultat fut sans appel : son collègue Richard Abrams et lui ne retrouvèrent toujours pas la moindre trace d'un effet d'amorçage sémantique inconscient des mots, mais ils purent sans difficultés répliquer nos effets d'amorçage numérique dans de multiples variantes (Greenwald *et al.*,

2003). Cette étude parachevait de suggérer qu'il existait bien une différence qualitative entre le traitement des nombres et celui des mots en général. Pour de nombreux collègues, le résultat obtenu sur les nombres n'avait donc de valeur que purement locale.

Cette position théorique s'appuyait également sur une constellation d'indices neurologiques et scientifiques qui plaident de concert en faveur d'un statut très particulier du traitement de la quantité numérique, ce fameux « sens des nombres », qui se distingue en de multiples points de nos autres représentations sémantiques. Il existe par exemple un surprenant syndrome neurodégénératif, heureusement assez rare, qui provoque un tableau clinique de démence chez des adultes âgés de 50 à 70 ans. Contrairement à la maladie d'Alzheimer qui s'annonce par des troubles de la mémoire des faits récents puis par des difficultés d'orientation dans le temps et l'espace, les patients qui souffrent du syndrome en question conservent pendant de nombreuses années des capacités mnésiques et d'orientation quasi parfaites. Que leur arrive-t-il donc de si étonnant ? Ces patients perdent progressivement le « sens des choses ».

Si on présente par exemple un téléphone à un patient atteint de cette affection dénommée la démence sémantique, il ne sait plus à quoi cela sert ni comment cela s'appelle (Hodges, Patterson, Oxbury et Funnell, 1992). Ce trouble ne se limite pas à une difficulté à reconnaître les objets visuellement, tel qu'on peut l'observer dans les nombreuses variantes d'agnosie visuelle, car ces patients éprouvent les mêmes difficultés quelle que soit la modalité sensorielle utilisée. Ainsi, si le patient entend le téléphone sonner ou qu'il le touche de ses mains en le manipulant, cela ne l'aide pas davantage à comprendre la signification de cet objet. L'essence de cette maladie ne repose pas non plus sur une difficulté restreinte à la compréhension ou à la production du langage telle qu'on peut l'observer dans les différentes formes d'aphasie. Le naufrage cognitif de ces patients ne touche durant les premières années de la maladie que les représentations sémantiques en général, verbales ou non. La communication avec ces patients devient très difficile, car la signification des concepts les plus familiers se désintègre progressivement mais sûrement, alors que la conscience de soi et donc la souffrance ressentie demeurent longtemps intactes. Bouleversante maladie qui donne corps – en négatif – à cette notion pourtant si abstraite de « sémantique », en la supprimant très sélectivement du reste de la cognition. Qu'une maladie neurologique épouse ainsi les limites d'une catégorie abstraite pure *a priori* de la pensée ne cesse personnellement de me stupéfier.

Il y a pourtant une difficulté. Cette suppression des connaissances sémantiques qui s'infiltre dans toutes les catégories de la pensée des patients atteints de démence sémantique en épargne au moins une : la connaissance des quantités numériques. Si vous demandez à un patient atteint de démence sémantique si une girafe est plus grande ou plus petite qu'une souris, il pourra fréquemment se tromper et manifester une grande perplexité alors qu'il continuera pendant de nombreuses années à savoir que 6 est plus grand que 4 et plus petit que 9 (Cappelletti, Butterworth et Kopelman, 2001). Autrement dit, la démence sémantique semble stigmatiser les quantités numériques comme une catégorie mentale vraiment différente des autres représentations sémantiques qui nous habitent (Lemer, Dehaene, Spelke et Cohen, 2003). Pourquoi la quantité numérique se distingue-t-elle du reste de nos connaissances ? Probablement parce que le substrat cérébral de la majorité de nos connaissances sémantiques repose sur l'activité de plusieurs régions des lobes temporaux, régions qui sont ciblées par les lésions cérébrales observées dans le cerveau des patients atteints de démence sémantique. Les quantités numériques sont quant à elles codées par des réseaux de neurones qui siègent dans un autre lobe du cerveau – le lobe pariétal – qui est épargné. Il est ainsi possible, à l'inverse de ce que l'on observe dans la démence sémantique, de perdre la capacité de comprendre le sens des quantités numériques et (presque) rien d'autre dès lors qu'une lésion cérébrale affecte ces régions du lobe pariétal[1].

Depuis quelques années, nous savons également que ce véritable « processeur numérique sémantique » qui siège dans nos lobes pariétaux représente les quantités numériques sous la forme d'une ligne mentale numérique spatialement orientée de gauche à droite : les petits nombres seraient situés vers la gauche de cette ligne mentale, et les grands vers la droite. L'enregistrement de neurones de cette région pariétale chez le macaque en état de veille par deux équipes indépendantes a permis de retrouver un parallélisme impressionnant entre les propriétés psychologiques de nos connaissances numériques et l'activité de ces dits neurones.

Ainsi, il y a plus d'un siècle, le grand physiologiste Ernst Weber a formulé une loi éponyme très générale qui caractérise notre perception : la précision de nos représentations mentales varie avec le logarithme de la grandeur qui est perçue. Appliquée à la représentation des quantités, cette loi postule que nos images mentales numériques sont d'autant plus précises que la quantité numérique est petite. Stanislas Dehaene fut l'un des premiers à explorer subtilement les conséquences de cette loi. Il a ainsi pu montrer que, lorsque

1. C'est précisément ce que l'on observe dans le syndrome de Gerstman (1940), ou dans les variantes dorsales des atrophies corticales postérieures (Tang-Wai *et al.*, 2004).

nous comparons deux nombres l'un à l'autre, la précision de nos représentations – telle qu'on peut l'estimer en mesurant les taux d'erreurs et les temps de réponse nécessaires aux sujets testés pour répondre – obéit de manière étonnante à cette loi de Weber : comparer 2 à 3 est bien plus simple que comparer 97 à 98. Nous commettons moins d'erreurs et surtout nous répondons plus rapidement.

Prise au pied de la lettre, la loi de Weber nous prédit même que cette variation de difficulté qui reflète l'imprécision progressive de nos représentations peut être modélisée mathématiquement de la manière suivante : pour une différence absolue donnée entre deux quantités numériques à comparer l'une à l'autre (D = n1 – n2), notre précision varie avec le rapport D/n1. On appelle cette fraction la « fraction de Weber ». Stanislas Dehaene a pu estimer cette fraction de Weber à travers l'analyse minutieuse des temps de réponse nécessaires à la comparaison de deux quantités numériques. Avec Jean-Pierre Changeux, il a postulé en 1993 l'existence de neurones organisés en réseaux dont les propriétés de réponse permettraient de rendre compte de cette fameuse fraction. En 2004, Andreas Nieder et Earl Miller (2004) ont découvert des neurones du lobe pariétal de macaques dont la réponse obéit précisément à cette loi psychologique. En accord presque parfait avec le modèle prédit par Stanislas Dehaene et Jean-Piere Changeux dix ans plus tôt, les propriétés neuronales du substrat de notre ligne mentale numérique ont ainsi donné force à la notion de processeur sémantique numérique lové au sein des circonvolutions du lobe pariétal des primates humains et non humains (Dehaene et Changeux, 1993).

L'ensemble de ces données – dont nous n'avons décrit ici que les plus éclairantes – démontre qu'à bien des égards le sens des nombres, c'est-à-dire la représentation de leur quantité, se distingue de toutes les autres connaissances sémantiques que nous manipulons. Le sens des nombres semble notamment reposer sur l'activité d'une région cérébrale appartenant au lobe pariétal et non au lobe temporal qui semble, quant à lui, jouer un rôle fondamental dans notre capacité à représenter le sens de toutes ces autres choses qui ne sont pas des quantités numériques. Le substrat cérébral de cette faculté numérique semble déjà présent[1] chez certains primates non humains, chez le bébé humain, et n'est pas touché par les mêmes maladies que celles qui affectent notre compréhension du « sens des choses ».

À la lumière de ces arguments, on comprend pourquoi ce qui concerne notre capacité mentale à représenter les quantités ne prévaut pas nécessairement pour nos autres connaissances sémantiques. Le fait d'avoir pu démontrer – à l'aide de nos expériences de perception subliminale – l'existence d'une représentation inconsciente de la quantité numérique ne présage donc en rien de notre capacité générale à comprendre inconsciemment le « sens des choses ».

Un nombre est déjà un mot

Un nombre ne pourrait ainsi n'être qu'un nombre. Toutefois, un nombre écrit sur une feuille de papier ou sur un écran d'ordinateur est déjà un mot. En effet, nous savons que

1. La question de la comparaison précise entre les capacités de représentation numérique des primates non humains qui ne disposent pas de nos facultés de langage est à de multiples égards passionnante. La similarité des profils de réponse de certains neurones du lobe pariétal témoigne certainement d'une forte ressemblance entre le codage des quantités numériques chez l'homme et chez le macaque, mais cette similarité ne permet pas de poser le principe d'une identité complète entre ces deux types de codage. Les travaux à venir des « neuro-numérologues » devront explorer cette question.

les régions cérébrales impliquées dans la lecture des nombres écrits en toutes lettres (par exemple lire « quatre ») ou en chiffres arabes (par exemple lire « 4 ») sont les mêmes que celles qui sous-tendent les étapes visuelles de la lecture des autres mots de notre vocabulaire. Il est ainsi difficile d'imaginer que le destin cérébral des nombres écrits puisse être totalement étranger à celui de tous les autres mots que nous lisons.

Serait-il en conséquence possible que ces processus sémantiques inconscients que nous avions réussi à découvrir pour les nombres puissent également concerner tous les autres mots de notre vocabulaire ?

Envisager une telle hypothèse nécessite au préalable de comprendre l'échec de Greenwald à mettre en évidence des effets d'amorçage sémantique inconscients avec les mots. Il est en réalité possible d'envisager deux explications non mutuellement exclusives aux échecs répétés de Greenwald. Tout d'abord, il est légitime d'imaginer que la force des effets d'amorçage, c'est-à-dire la stabilité de l'influence d'une représentation sémantique sur ses voisines, dépende avant tout de la reproductibilité des distances sémantiques entre mots voisins.

Par exemple, pour que l'on retrouve chez plusieurs sujets une influence du mot « cigare » sur le mot « allumette », il semble nécessaire que le sens de chacun de ces deux mots occupe une position assez stable à travers les individus au sein de leurs représentations sémantiques respectives. L'existence de variabilités importantes dans ce que l'on pourrait appeler cette « métrique de la sémantique » pourrait participer à une dilution des effets d'amorçage et ainsi à une absence de résultat bien net dans des expériences telles que celles conduites par Greenwald ou par d'autres. En ce qui concerne les nombres entiers naturels, on constate que ce problème n'existe pas. Pour chacun d'entre nous, les positions sémantiques relatives des nombres 1, 2, 3, 4, etc., sont exactement les mêmes : 1 est de deux unités plus petit que 3, qui est lui-même plus grand que 2. Autrement dit, la métrique de nos représentations sémantiques numériques est incomparablement plus stable et reproductible d'un sujet à l'autre que celle du sens des mots. Cette différence pourrait expliquer la puissance statistique des effets d'amorçage numérique et la faiblesse des effets d'amorçage utilisant d'autres mots. Bref, cette première considération qui prend en compte l'extrême homogénéité de nos images mentales numériques suggère que notre quête d'une riche vie mentale inconsciente n'est pas totalement dépourvue de fondement.

La seconde explication qui pourrait rendre compte de l'échec de Greenwald à mettre en évidence un accès inconscient au sens des mots tient à une considération d'ordre méthodologique. Greenwald imposait aux sujets de ses expériences de catégoriser très rapidement les mots cibles consciemment perçus. Ainsi, lorsque le mot « saleté » était affiché, les sujets devaient le catégoriser comme mot désagréable en moins d'une demi-seconde. Quand bien même cela pourrait vous sembler évident de répondre à une telle question, les processus mentaux qui sont sollicités pour fournir une réponse correcte ne surviennent pas de manière immédiate ou instantanée. Si l'on vous obligeait à répondre aussi rapidement, vous seriez les premiers étonnés à prendre conscience du nombre important de vos erreurs. Greenwald avait mis au point cette technique de fenêtre temporelle de réponse ultrarapide afin de mesurer l'influence du mot amorce sur le traitement du mot cible en fonction du nombre d'erreurs commises. Heureusement pour ses sujets, les mêmes mots apparaissaient à de multiples reprises tout au long de l'expérience. Lorsqu'on demande à un sujet de répondre aussi rapidement à des mots qui réapparaissent plusieurs fois, on risque en réalité d'orienter sa stratégie vers des niveaux de traitement davantage visuels que sémantiques. C'est-à-dire qu'une fois qu'un mot aura été compris une première fois (exemple : le mot cible « saleté »), le sujet mémorisera son apparence visuelle (exemple : ce mot commence par les lettres « sa » et comporte un « é »), et n'utilisera par la suite que ces indices visuels qui sont traités par notre système visuel bien avant l'identification du mot et de sa signification. Une telle stratégie permet à un sujet de répondre très rapidement sans réellement exécuter la tâche qu'on lui demande de réaliser, à savoir accéder au sens du mot avant de le catégoriser.

L'acte IV de cette comédie dramatique scientifique nous a révélé comment une telle orientation de la stratégie des sujets avait suffi à engendrer l'illusion d'un véritable traitement inconscient du sens des mots amorces masqués, alors qu'en réalité les sujets ne faisaient qu'associer des formes visuelles à des réponses apprises par cœur au cours même de l'expérience (exemple : appuyer sur le bouton gauche pour un mot qui comporte « sa » et un « é »). Pourquoi donc ne pas penser que l'utilisation d'une consigne de réponse ultrarapide serait à l'origine même de l'échec de Greenwald ? Pourquoi ne pas penser que, en laissant plus de temps aux sujets pour répondre, ils pourraient adopter une stratégie vraiment sémantique qui renforcerait la richesse des traitements cognitifs des mots masqués ?

Les confidences de l'amygdale

C'est avec cette controverse scientifique en tête que je suis revenu dans le pôle des maladies du système nerveux de l'hôpital de la Pitié-Salpêtrière en 2002, après avoir passé trois ans au laboratoire d'Orsay.

Curieux et impatient de poursuivre ma thématique de recherche sur les processus mentaux inconscients dans un contexte plus proche de la neurologie clinique, j'ai rapidement pris contact avec une équipe de neurologues spécialisés dans la prise en charge des patients souffrant d'une maladie épileptique sévère. Cette équipe dirigée par Michel Baulac constitue souvent l'un des derniers recours pour certains malades dont les crises d'épilepsie sont devenues de plus en plus fréquentes et réfractaires aux traitements médicamenteux prescrits par nous autres, les neurologues « avertis » mais non spécialistes de cette branche de la neurologie. Ce qui m'intéressait tout particulièrement chez ces confrères, eu égard à notre recherche sur la richesse des processus mentaux inconscients, c'était l'un des outils qu'ils avaient développés afin de soigner les patients atteints de certaines des plus difficiles formes d'épilepsies réfractaires. Certains malades épileptiques sont en effet victimes d'une forme de la maladie que l'on appelle épilepsie focale, ou partielle. C'est-à-dire que chacune des crises qu'ils présentent débute chaque fois dans la même région de leur cerveau, puis s'étend ensuite de proche en proche avec la précision et la stéréotypie d'une horlogerie suisse pour embraser parfois l'activité de l'ensemble du cortex cérébral des deux hémisphères, ce qui se traduit alors pour le malade par une crise qualifiée de généralisée, bien connue du grand public : le patient présente des secousses des quatre membres accompagnées d'une révulsion oculaire et parfois d'une morsure de la langue, il perd connaissance et finit par se réveiller plusieurs minutes plus tard dans un état de grande désorientation temporelle et spatiale sans conserver le moindre souvenir conscient de l'épisode. Les malades qui souffrent d'une épilepsie focale ou partielle peuvent parfois se voir proposer un traitement neurochirurgical exceptionnel : l'ablation de la petite région de cortex cérébral qui est le point de départ de la majorité sinon de l'ensemble des manifestations épileptiques.

Afin d'identifier très précisément ce foyer épileptogène, source des malheurs neurologiques de ces patients, de multiples investigations sont nécessaires. Dans les formes les plus complexes de maladie épileptique focale, on propose parfois aux malades d'implanter transitoirement plusieurs dizaines d'électrodes au sein des régions cérébrales suspectes d'héberger le foyer épileptogène activement recherché. Cette implantation est assez impressionnante car le malade se retrouve dans sa chambre d'hôpital avec un ensemble de câbles électriques isolés qui sortent de son cerveau et qui sont branchés sur une plate-forme informatisée qui enregistre vingt-quatre heures sur vingt-quatre l'activité électrique recueillie par les électrodes intracérébrales.

Quand on diminue progressivement les traitements médicamenteux, les patients se mettent à faire de plus en plus de crises d'épilepsie, ce qui permet alors aux épileptologues – les neurologues spécialisés dans le diagnostic et la prise en charge des malades épileptiques – d'identifier le foyer déclencheur. Lorsqu'un ou plusieurs foyers candidats sont ainsi identifiés, il est possible de vérifier leur rôle causal dans les crises des malades à l'aide de stimulations sélectives. Autrement dit, après avoir utilisé ces électrodes pour enregistrer de manière extrêmement précise l'activité électrique intracérébrale, les médecins sont amenés à utiliser ces mêmes électrodes pour envoyer des différences de potentiel électrique sur une paire d'électrodes. Ainsi, en vérifiant que lorsqu'on stimule électriquement un foyer candidat on provoque bel et bien une crise d'épilepsie similaire en tous points à celles qui handicapent le malade dans sa vie quotidienne, alors la démonstration de l'implication causale de ce foyer cortical dans l'épilepsie du patient est achevée, et une solution neurochirurgicale peut être envisagée.

Il s'agit là d'une procédure experte multidisciplinaire complexe qui réunit neurologues, neuropsychologues, physiologistes, anatomistes, radiologues et neurochirurgiens. Sur le site de la Salpêtrière, dix à quinze patients sont implantés chaque année. Ce qui avait attiré mon attention tout particulièrement, c'était la longue période de dix à quinze jours durant laquelle ces malades étaient implantés et demeuraient dans leur chambre avec une autonomie de 7 mètres de fil électrique. Pourrions-nous leur proposer de participer à des expériences de perception subliminale durant lesquelles le signal cérébral mesuré serait sans commune comparaison avec ce que l'on peut faire avec une IRM fonctionnelle, des potentiels évoqués de surface ou de simples mesures comportementales ? C'est ainsi qu'avec l'aide précieuse de mes collègues Raphaël Gaillard, Laurent Cohen et Stanislas Dehaene, nous avons élaboré une série d'expériences particulièrement adaptées à cette situation clinique très particulière[1].

1. Est-il nécessaire de signaler qu'une telle démarche est encadrée en France par la loi Huriet sur la recherche biomédicale qui impose de consulter préalablement à sa réalisation un comité d'éthique local (CCPPRB). Au-delà de ces aspects éthiques et juridiques essentiels, nous avons remarqué que l'immense majorité des patients qui se sont vu proposer de participer à nos expériences a non seulement accepté de s'y livrer, mais que chacun d'entre eux a également fait preuve d'une motivation et d'une conscience scientifique extrêmement émouvantes. Plutôt que de se replier sur leurs déboires neurologiques sérieux, ces femmes et ces hommes nous ont démontré une ouverture, une curiosité et une lucidité de la valeur scientifique de leur situation médicale.

Eurêka !

Nous cherchions à détecter le moindre signe de traitement sémantique inconscient des mots non numériques. Il ne nous avait pas échappé que la plupart des patients souffrent d'une épilepsie dont le ou les foyers épileptogènes sont situés sur la face interne du lobe temporal, au sein des structures amygdalo-hippocampiques. La possibilité d'enregistrer très localement l'activité électrique des noyaux amygdaliens nous a aussitôt donné l'idée suivante qui nécessite une brève exposition en deux temps.

Premier temps : l'amygdale joue un rôle pivot dans le processus général d'attribution des valences émotionnelles. Lorsque nous colorons les objets mentaux de notre univers de leur caractère émotionnel, nous utilisons des processus qui engagent l'activité de nos amygdales cérébrales. Parfois, nous l'avons déjà constaté, ce processus d'attribution peut reposer sur des paramètres assez « stupides » ou pauvres en termes représentationnels, comme la portion visible du blanc des yeux dans l'attribution d'un attribut de menace ou de peur à un visage humain. L'anatomie nous a enseigné par où circulait l'information visuelle sous-corticale depuis les rétines jusqu'au colliculus supérieur puis à l'amygdale. L'amygdale peut donc sous-tendre un processus d'attribution émotionnelle assez bête mais robuste au regard de l'évolution naturelle.

Néanmoins, l'amygdale est également capable de sous-tendre des processus autrement plus complexes sur le plan cognitif. En 1999, Isenberg et son groupe en ont fourni une exemplaire démonstration en révélant que l'activité de l'amygdale, mesurée en caméra à positons (TEP, pour tomographie par émission de positons), était modulée par la valence émotionnelle non pas de visages, d'araignées, de sons ou d'odeurs désagréables, mais sur la simple présentation de mots écrits consciemment perçus (Isenberg *et al.*, 1999). Autrement dit, l'attribution d'une valence émotionnelle à des mots écrits qui nécessite préalablement un décodage du sens des mots repose également sur le même système amygdalien. Il s'agit d'un résultat très important, car il exclut totalement l'hypothèse selon laquelle l'amygdale ne serait qu'un système vestigial, actif uniquement pour des attributions émotionnelles simples, rapides et peu intéressantes d'un point de vue cognitif. L'anatomie et la neurologie fournissent ici aussi un socle de données qui renforcent celles d'Isenberg.

D'un point de vue neuro-anatomique, certains des noyaux de l'amygdale entretiennent des relations synaptiques avec de nombreuses régions du néocortex qui sont impliquées dans de multiples traitements cognitifs de haut niveau. D'un point de vue clinique, nous avons déjà eu l'occasion d'évoquer les grandes difficultés que connaissent les malades porteurs de lésions des deux amygdales pour interpréter la valeur émotionnelle des stimuli de leur environnement familier.

Deuxième temps, nous avons déjà vu dans le premier chapitre de cet essai qu'il était possible de provoquer une réponse de l'amygdale à des stimuli visuels masqués dont on ne peut faire l'expérience consciente. Les visages de peur ou de menace utilisés par Paul Whalen et par le groupe londonien de Ray Dolan nous ont convaincus qu'ici aussi l'amygdale était capable de participer à ce processus de catégorisation émotionnelle, de manière inconsciente.

C'est là que nous sommes intervenus avec cette idée simple qui combine les deux résultats précédents : serait-il possible de démontrer que l'amygdale peut également jouer cette fonction sur présentation de mots masqués ? Si tel était le cas, ceci permettrait de montrer que l'analyse du mot masqué non consciemment perçu a été suffisamment riche pour atteindre un niveau de traitement de la signification qui permet d'extraire au passage ses attributs émotionnels et de solliciter la réponse de l'amygdale. Si par exemple il était possible de montrer que la présentation subliminale du mot « VIOL » ou du mot « SANG » module l'activité de l'amygdale, alors cela indiquerait que ces mots ont bel et bien été inconsciemment représentés jusqu'au niveau de leur signification. Autrement dit, notre idée était d'utiliser la réponse de l'amygdale comme un témoin de quelque chose qui se serait produit plus tôt, à savoir un traitement sémantique du mot.

Un an et demi plus tard...

Nous avons donc enregistré l'activité électrique de l'amygdale chez trois patients épileptiques porteurs d'électrodes implantées dans cette région du cerveau à des fins médicales. Nous avons présenté à chacun de ces patients des mots neutres (exemple : « colline ») ou négatifs (exemple : « terreur ») sur le plan émotionnel (Naccache *et al.*, 2005). Certains de ces mots étaient présentés de manière subliminale tandis que d'autres mots étaient consciemment visibles. Les listes de mots masqués et de mots visibles étaient distinctes afin de ne pas tomber dans le piège fatal à Greenwald de « réponse émotionnelle directe » court-circuitant un traitement sémantique. Nous demandions aux patients de catégoriser à chaque essai le mot présenté, que ce mot ait été perçu consciemment ou pas. Il s'agit d'une tâche difficile car on sollicite le patient à effectuer un authentique travail de catégorisation émotionnelle riche du mot présenté.

Premier résultat intéressant : chez chacun de nos patients, le temps moyen nécessaire pour répondre correctement aux mots consciemment visibles était supérieur à une seconde ! Nous étions donc loin de la fenêtre temporelle de Greenwald qui exigeait une réponse autour de 500 millisecondes en moyenne. Afin de vérifier si ce résultat reflétait un ralentissement propre aux patients, nous avons réalisé la même expérience sur douze sujets sains qui, bien que plus rapides, répondaient en plus de 800 millisecondes.

Second résultat, chez chacun de ces trois patients, plusieurs électrodes situées dans ou au contact de l'amygdale ont enregistré une réponse intense et prolongée de l'amygdale aux mots visibles. Autrement dit, nous avons pu enregistrer l'équivalent électrique probable de ce qu'Isenberg avait détecté avec une caméra à positons.

Troisième résultat : ces électrodes nous ont permis de montrer que l'amygdale répondait également à la valence émotionnelle des mots masqués dont les sujets n'avaient pu prendre conscience ! En accord avec notre prédiction initiale, nous avons montré qu'un authentique décodage inconscient du sens de ces mots jamais vus consciemment durant l'expérience avait bel et bien eu lieu. La latence tardive de cette réponse autour de 800 millisecondes après la présentation du mot confortait cette interprétation en suggérant que la réponse de l'amygdale survenait bien après un riche traitement cognitif nécessitant un temps de traitement du mot autrement plus long que pour des visages ou d'autres stimuli visuels conditionnés.

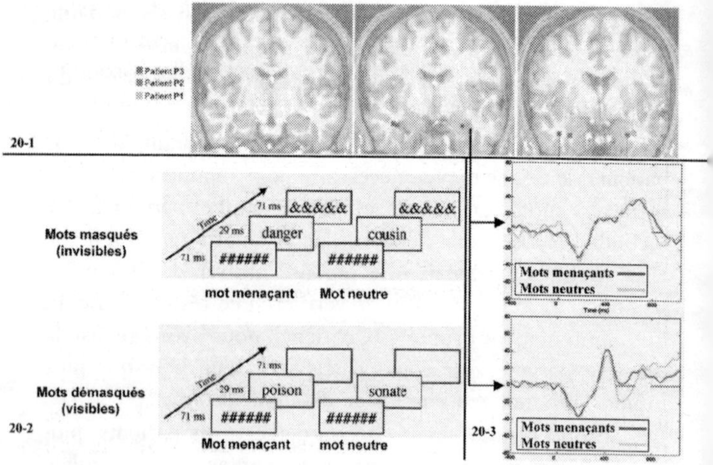

FIGURE 20 – Les confidences de l'amygdale.
Cette expérience a été réalisée chez trois patients épileptiques (P1, P2, P3) porteurs d'électrodes intracérébrales enregistrant en continu l'activité électrique de la région amygdalienne (voir en 20-1 les carrés colorés sur les clichés de coupes coronales d'IRM cérébrale). À chaque essai, un mot était présenté de manière consciemment perceptible (mots démasqués en 20-2), ou de manière subliminale (mots masqués en 20-2). La moitié des mots étaient associée à la peur ou la menace (ex : DANGER, POISON), les autres mots étant neutres ou gais (COUSIN, SONATE). On peut voir en 20-3 un enregistrement type de la réponse d'une amygdale aux mots visibles (courbes du bas) et aux mots inconsciemment perçus (courbes du haut). Si l'amygdale est bien modulée par la valence émotionnelle des mots démasqués, nous avons pu découvrir l'existence d'une réponse de l'amygdale aux mots inconsciemment perçus. Les mots masqués ont donc été inconsciemment représentés jusqu'au niveau de leur signification, étape préalable à l'extraction de leur valence émotionnelle.
Adapté de Naccache *et al.*, *Proceedings of The National Academy of Sciences*, 2005.

Quelle est la valeur de ces résultats ? Ils ne concernent que trois humains, épileptiques de surcroît, ingérant de nombreux médicaments antiépileptiques. Signalons toutefois que chez chacun des trois malades, les amygdales enregistrées n'appartenaient pas au foyer épileptogène, ce qui suggère tout de même qu'elles fonctionnaient comme celles d'un sujet indemne de toute épilepsie. Mais surtout, l'interprétation de ces données ne vise nullement à généraliser à l'ensemble de l'humanité les résultats de nos enregistrements intracérébraux. Le seul et unique point auquel cette étude apporte une réponse réellement décisive était d'ordre logique. À la question : « Est-il possible qu'un mot écrit soit représenté inconsciemment par un esprit humain jusqu'au niveau de sa signification ? », nous pouvons répondre par l'affirmative. Ce que nous avons pu observer démontre que de telles situations existent. Autrement dit, il est désormais possible de satisfaire à l'objectif qui nous a guidés tout au long de ce chapitre : des traitements inconscients de très haut niveau d'abstraction qui culminent dans la représentation du sens de ces stimuli si complexes que sont les mots existent !

Ces derniers résultats obtenus avec la méthode de présentation subliminale, qui nous a permis d'être certains qu'aucune perception consciente des mots masqués n'était possible, donnent également plus de valeur à d'autres études récentes que nous ne détaillerons pas ici, qui convergent toutes vers le même résultat fondamental : la mise en évidence d'authentiques processus sémantiques inconscients[1].

---

1. Récemment, d'autres travaux utilisant des stimuli visuels masqués ont également rapporté des indices comportementaux (Dell'Acqua et Grainger, 1999), et neurophysiologiques en IRM (Devlin, Jamison, Matthews et Gonnerman, 2004) ainsi qu'en potentiels évoqués de surface (Kiefer, 2002). En 1996, Luck et ses collaborateurs ont utilisé un paradigme qualifié d'*attentional blink* (« clignement attentionnel ») dans lequel les sujets effectuent une tâche principale sur le stimulus cible C1, et doivent détecter la présence éventuelle d'un autre stimulus (C2) parfois présent dans la séquence visuelle rapide qui constitue un essai (Luck, Vogel et Shapiro, 1996). Dès 1992, Raymond et ses collègues (1992) avaient découvert que, dans de telles conditions, il existe une fenêtre temporelle qui sur-

Du mythe à la réalité

Nous avions ouvert ce chapitre en nous interrogeant sur la possibilité de « comprendre le sens d'un mot sans en avoir conscience ». Mythe ou réalité ? Vingt ans après l'apparition, en 1986, des premiers résultats expérimentaux en faveur de l'existence d'un « inconscient intelligent », la réponse à cette question est aujourd'hui sans équivoque : les représentations inconscientes abstraites existent, nous les avons rencontrées et les avons mises en images.

---

vient quelques centaines de millisecondes après la présentation de C1, au cours de laquelle la performance de détection explicite de C1 chute considérablement. Luck et son groupe utilisèrent ce paradigme en enregistrant l'électroencéphalogramme des sujets, pour étudier les processus sémantiques verbaux inconscients en présentant au début de chaque essai un mot ayant valeur de contexte sémantique. Lorsque C1 était un mot sémantiquement très lointain du mot initial, Luck enregistra une N400 classique qui est le corrélat ERP de cette violation de contexte sémantique (Kutas et Hillyard, 1980). Résultat important, cette N400 était enregistrée à l'identique dans les essais dans lesquels les sujets ne détectaient pas consciemment la présence de C1. La dernière étude que nous mentionnerons est également extérieure au domaine strict de l'amorçage visuel masqué, puisqu'elle concerne l'étude de patients porteurs d'une lésion cérébrale à l'origine d'un syndrome de négligence visuelle unilatérale gauche dans lequel certaines informations visuelles présentées dans cet espace gauche échappent totalement au contenu conscient des patients, en particulier si elles sont présentées en situation d'extinction, c'est-à-dire en compétition avec d'autres informations présentées simultanément à droite. En 1993, McGlinchey-Berroth et ses collègues (1993) démontrèrent l'existence d'effets d'amorçage sémantique dans un paradigme utilisant des amorces verbales présentées par hémichamp en situation d'extinction par un masque controlatéral, et des cibles fovéales consciemment perçues, dans une tâche de décision lexicale. Résultat intéressant, l'effet principal d'amorçage sémantique observé n'interagissait pas du tout avec le facteur d'hémichamp de présentation, c'est-à-dire que la même quantité d'amorçage était mesurée pour les essais contenant des amorces consciemment perçues que pour les essais à amorces négligées. Nous avons reproduit le même type de données avec Jérôme Sackur dans un travail non encore publié qui utilisait notre tâche favorite de comparaison numérique à 5 (manuscrit en préparation).

Un objet mental aussi élaboré que la signification d'un mot écrit, objet culturel symbolique dont la maîtrise nécessite un long apprentissage, peut être pensé inconsciemment. Cette découverte remarquable repousse à nouveau les limites de la richesse psychologique de nos processus mentaux inconscients. À vrai dire, parvenus à la fin de ce quatrième chapitre, nous n'avons toujours pas identifié un type de représentation mentale qui serait le propre de nos pensées conscientes.

CHAPITRE 5

Un inconscient sous influence ?

De la proximité anatomique à la proximité relationnelle

Lorsque nous avons découvert l'existence d'une vie mentale non consciente hébergée, au-delà du colliculus, par les régions les plus évoluées du cortex cérébral, nous avons entrevu deux voies possibles vers un approfondissement de nos connaissances de l'inconscient. La première de ces deux voies est celle que nous venons d'emprunter dans les deux chapitres précédents. Elle consistait à partir à la recherche de processus mentaux inconscients de grande abstraction, et force est de constater que le périple n'a pas déçu nos espérances.

Il est temps désormais de s'engager sur la seconde piste qui s'offrait à nous. En partant du constat que les substrats cérébraux respectifs de nos pensées conscientes et inconscientes semblent se chevaucher, nous sommes tentés d'en déduire que cette proximité anatomique recouvre une proximité relationnelle : plutôt que de penser la conscience et l'inconscient cognitif comme deux espaces psychologiquement et anatomiquement étanches l'un à l'autre, leur intrication anatomique nous conduit à postuler l'existence de relations réciproques autrement plus riches que celles qui étaient envisagées par les modèles jacksoniens compartimentés. Avant de mettre à l'épreuve cette hypothèse, il nous sera utile de nous pencher sur les origines de l'*a priori* tenace qui a conduit des générations de neurologues et de chercheurs à considérer les processus inconscients comme nécessairement tenus à l'écart de notre vie consciente.

Souvenons-nous ! L'évolution des idées que nous avons suivie au cours des chapitres précédents est de nature à faire naître en nous une sensation de vertige. Où va-t-elle s'arrêter ? Une remise en cause si rapide de tant de « certitudes » amène en effet à s'interroger sur l'origine de ces prétendues certitudes. L'enjeu de cette question ne se résume pas à un goût immodéré pour l'épistémologie des neurosciences, mais il relève davantage de nos préoccupations pour le futur immédiat. *Quo vadis ?* Si tant de choses ont ainsi changé en quelques années, comment savoir si ce que l'on considère actuellement comme sérieusement établi ne sera pas bientôt remisé sur une obscure galerie dans un musée poussiéreux d'histoire des sciences ? Plus sérieusement, comment déterminer si le cadre conceptuel que nous utilisons désormais pour penser en termes scientifiques la conscience et l'« inconscient » ne reste pas contaminé par d'autres *a priori* non vérifiés ?

Les tribulations de l'« inconscient » chez les neuroscientifiques ressemblent ainsi à certaines comptines enfantines chantées en chœur dans les écoles maternelles :

Lundi, j'ai rencontré dans le colliculus un inconscient stupide,
Mardi, je l'ai vu traverser la voie dorsale comme un train rapide,
Mercredi, je croyais qu'il ne passerait jamais par la voie ventrale,

Jeudi, je n'ai cessé de le rencontrer dans toutes les régions cérébrales,
Vendredi, j'ai saisi qu'il en comprenait autant que nous,
Samedi, je me suis demandé si je me trompais encore beaucoup.

Et dimanche ? Allons-nous faire table rase de *nouveaux a priori* ? Bref, vous et moi ne pouvons plus faire l'économie d'une analyse de l'origine de ces préjugés que nous avons démasqués avec plaisir et même jubilation. Mais leur nombre dépasse ce que nous serions prêts à considérer comme le simple fruit du hasard. D'ou viennent ces *a priori* en cascade ? Si nous débusquions leur origine, sans doute serions-nous à même d'en extirper les derniers, qui avancent encore masqués dans les failles de nos théories. Si vous ne le faites pas pour vous, faites-le pour l'avenir de nos rejetons !

L'origine « réflexe » de nos a priori

Les scientifiques sont comme tout le monde. Si le fait de voir leur nom inscrit en toutes lettres dans la prestigieuse revue *Nature* ne provoque en général pas chez eux la même excitation que de le voir en gros caractères dans *Voici* ou *Gala* – ce qui, concédons-le, survient plus rarement encore ! –, les scientifiques sont victimes des effets de mode comme chacun d'entre nous.

En science, un effet de mode revient à réduire la complexité d'un vaste champ de connaissances à quelques stéréotypes essentiels qui vont servir de repères communs pour guider la production scientifique. Si la tendance de l'été s'annonce aux couleurs vives et aux jupes fendues sur les plages des côtes françaises, celle des laboratoires de recherche d'une même discipline peut très bien tourner autour de deux ou trois idées « dans le vent ». Bref, nous n'utilisons souvent qu'un faible nombre de stéréotypes pour élaborer une pensée scientifique. Ceux de ces stéréotypes qui sauront s'imposer auront les faveurs de la majorité des chercheurs concernés, et au bout de quelques années un courant de pensée aura pu se construire sur quelques fondations éparses.

Ce mécanisme de psychosociologie scientifique comporte ses propres forces et faiblesses. Le fait de pouvoir s'accorder à travers les différents laboratoires de recherche du globe sur quelques idées maîtresses permet de focaliser les forces de productivité et de découverte sur des questions communes. La faiblesse de ce système réside dans l'appauvrissement inévitable qui accompagne la réduction de la complexité d'une question à quelques stéréotypes. Les mêmes erreurs conceptuelles peuvent ainsi être reproduites d'une génération à l'autre, ornées de termes savants différents. Inversement, les mêmes découvertes peuvent être annoncées à répétition à plusieurs décennies de distance, avec toujours le même élan de naïveté sincère. *Never ending story* ou l'histoire sans fin ! C'est en général l'un des « symptômes » propres aux très grands chercheurs scientifiques que de savoir retrouver et gérer cette complexité contre vents et marées, en traversant sans dommages les modes scientifiques successives. Mais voilà, les très grands scientifiques ne sont pas comme tout le monde !

Je pense qu'en ce qui concerne la vision scientifique de l'inconscient, il est possible d'identifier un tel effet de mode dominant qui s'enracine dans l'héritage de la seconde moitié du XIXe siècle européen et qui persiste à influencer de manière implicite nombre de nos représentations, médicales, scientifiques ou populaires[1].

1. Le développement détaillé de cette lecture de l'évolution des idées mériterait qu'une étude lui soit consacrée. Je vais ici me contenter d'en dresser les grandes lignes.

Tout me semble avoir commencé avec la découverte d'un phénomène stupéfiant qui est depuis entré dans la conscience populaire : le réflexe. Souvenez-vous : enfant, vous êtes assis sur le bord d'un lit d'examen, un médecin tient son marteau à réflexes, et il tape d'un coup sec sur l'un des vos petits genoux, plus précisément sur l'un des vos tendons rotuliens. Que s'est-il passé ? Votre jambe s'est étendue en avant à la vitesse de l'éclair, puis elle est retombée seule, et bientôt son mouvement s'est amorti en quelques secondes avant de s'immobiliser à nouveau.

Pourquoi ?

Une stimulation a été appliquée sur un point de votre organisme, et ce dernier vient d'y apporter sa réponse avec fracas. Vous avez été le témoin impuissant et passif d'un phénomène qui repose manifestement sur l'activité de votre corps, et qui échappe pourtant à tout contrôle volontaire. Vous avez pris conscience qu'existent en vous des processus dont vous ne devinez la présence qu'à travers certaines de leurs conséquences sur votre comportement, mais dont l'origine et la nature profonde ne vous sont pas consciemment accessibles. Quelque chose est tapi là, « à l'intérieur ». Un peu comme un être invisible enfermé dans une pièce dont vous ne pouvez déduire la présence qu'en tapant un peu partout au hasard en espérant que certains de vos coups le conduiront à bouger et ainsi à déplacer le pied d'une chaise ou celui d'une table.

Vous comprenez également que si vous constatez sa présence en observant ses réactions, il n'en continue pas moins d'exister et d'effectuer ce que bon lui semble à votre insu, lorsque vous ne le stimulez pas. Bref, vous avez fait l'une de vos premières rencontres avec l'inconscient nerveux ! À vrai dire, je ne sais si vos souvenirs d'enfance sont suffisamment clairs, mais cette découverte du réflexe peut en tout cas être considérée comme le premier rendez-vous de la neurologie et des neurosciences avec l'inconscient. Tout comme la première expérience amoureuse d'un individu, ce premier rendez-vous avec les réflexes marque durablement, je crois, notre manière de concevoir scientifiquement tout ce qui semble s'apparenter d'une manière ou d'une autre au fonctionnement inconscient. Cette première rencontre des scientifiques avec l'inconscient a donné lieu à la réalisation d'une multitude d'études médicales, physiologiques et anatomiques chez l'homme et de nombreuses autres espèces animales. Ce corpus constitue en réalité le premier modèle neuroscientifique d'un phénomène inconscient.

Le dernier bastion

Que nous reste-t-il aujourd'hui de cet héritage conceptuel légué par la neurophysiologie européenne de la seconde moitié du XIXe siècle ?

C'est précisément lorsqu'on s'interroge sur l'héritage intellectuel d'une période scientifique dont on ne consulte guère plus les œuvres qu'opère le phénomène que nous venons de mentionner de réduction extrême d'une pensée complexe et contradictoire à quelques stéréotypes figés.

Ce que nous avons conservé de ce premier modèle scientifique de l'inconscient, ce sont les trois idées centrales suivantes.

Première idée, les réflexes peuvent être très simples mais également incroyablement complexes. L'architecture de ce que l'on appelle l'« arc réflexe » repose sur une fibre nerveuse sensorielle (fibre afférente) qui reçoit le message extérieur, et sur une fibre nerveuse effectrice (fibre efférente) qui véhicule la réponse de l'organisme. Cet « arc réflexe » unitaire peut être rendu plus complexe en ajoutant un nombre plus ou moins important de neurones – qualifiés d'intermédiaires ou d'interneurones – entre le neurone sensoriel afférent et le neurone effecteur efférent. Des réflexes très complexes ont ainsi pu être identifiés et encore aujourd'hui, on voit de temps à autre apparaître dans la littérature scientifique la description de nouvelles voies réflexes chez l'animal et chez l'homme (Kumada, Dampney et Reis, 1977 ; Schaller, 2004). Ce premier héritage nous permet en réalité d'imaginer que l'on pourra chercher une explication « réflexe » à des processus mentaux inconscients complexes. Autrement dit, cette première idée nous offre un cadre conceptuel capable de loger de nombreux processus inconscients.

La seconde idée dominante issue de la fin du XIXe siècle européen tient à ce que nous avons appelé la vision « victorienne » de l'inconscient, héritage qui culmine dans certaines déformations de la pensée de Spencer et de Hughlings Jackson. Le système nerveux est conçu comme un axe vertical hiérarchique. À chaque étage de cette tour siégerait l'œuvre d'une époque différente de l'évolution naturelle des systèmes nerveux. Selon cette vision progressiste, plus on avance dans le temps de l'évolution phylogénique, c'est-à-dire plus on s'élève dans la tour nerveuse, plus on atteint des niveaux évolués qui culminent avec le néocortex, dernier fruit de cet héritage biologique. À cette conception verticale s'associe l'idée que les facultés les plus sophistiquées, celles dont nous sommes les seuls dépositaires sous une forme aussi évoluée à travers le règne animal, reposent sur l'activité nerveuse des étages les plus hauts situés[1]. Bref, avec ce

1. Pour une brève description des principes de dissolution et de la conception ontogénique et phylogénique de la maladie nerveuse selon Jackson, se reporter au paragraphe « Suprématie de le neurologie victorienne » du chapitre 2 de la première partie, page 55.

stéréotype jacksonien figé, nous recevons l'idée implicite que la conscience dépend de l'activité du néocortex, et que tout ce qui n'est pas conscient est géré par d'autres lieux cérébraux situés plus bas.

La troisième idée maîtresse léguée par le XIXe siècle correspond au caractère involontaire du réflexe. Le réflexe échappe quoi qu'il fasse au contrôle volontaire conscient du sujet[1]. On voit d'ailleurs poindre derrière cette troisième idée l'image populaire des processus inconscients conçus comme tout-puissants sur le pauvre sujet conscient, dépassé par ses « mauvais génies ». C'est ainsi qu'une journaliste, qui m'interviewait à propos de l'accès inconscient au sens des mots, a pu me demander avec le plus grand sérieux si « le cerveau d'un Américain qui n'a jamais reçu d'enseignement du japonais peut lire et comprendre des mots écrits en kanji ou en kana japonais » ! Contrôlables ou non, ces processus inconscients ne sont ni omniscients, ni des phénomènes parapsychologiques. Cette dernière partie de notre héritage stéréotypé a en réalité introduit très profondément en nous l'inférence suivante : tout ce qui s'apparente ou qui peut procéder du modèle général du fonctionnement réflexe présente ce caractère d'automaticité, c'est-à-dire d'échappement complet aux efforts conscients du sujet.

Voilà, en somme, les grandes lignes de cet « inconscient collectif de l'inconscient », qui contient les stéréotypes reçus en droite ligne du XIXe siècle et qui ont longtemps façonné nos conceptions scientifiques. Nous avons à présent les moyens d'apprécier certaines des conséquences de cette conception *a priori* de l'inconscient. L'idée d'une vie réflexe éminemment complexe (1re idée) a servi d'hameçon psychologique : dès que

1. Il existe sur ce plan précis une riche littérature souvent contradictoire sur les contrôles descendants de ces voies nerveuses réflexes.

nous rencontrions un phénomène mental inconscient, nous l'avions habillé avec les vêtements déjà apprêtés du réflexe. Ainsi revêtu, le phénomène en question se voyait automatiquement attribuer les deux autres propriétés des phénomènes réflexes : le caractère psychologiquement « stupide » et neurologiquement « inférieur » des réflexes d'une part (2e idée), et le caractère automatique incontrôlable d'autre part (3e idée).

Nous avons vu comment le fait de considérer *a priori* les phénomènes inconscients comme nécessairement stupides et inférieurs nous a ralenti tant dans la découverte de la richesse mentale qu'ils peuvent en réalité atteindre, que dans le fait qu'ils ne sont pas confinés dans l'activité de certaines régions cérébrales. Il n'est pas inutile de rappeler ici encore le rôle fondamental des malades neurologiques qui portaient en eux les démonstrations caricaturales de nos erreurs. Nous sommes désormais sortis de cette première erreur logique, et nous pouvons sans difficultés envisager l'existence de riches représentations mentales inconscientes susceptibles d'éclore un peu partout dans les circonvolutions de notre cerveau.

Soit.

N'oublions pas la motivation première de ce détour épistémologique : identifier la source de nos *a priori* et, le cas échéant, débusquer ceux d'entre eux dont nous n'aurions pas encore soupçonné l'existence au sein des idées préconçues qui ont servi de socle à nos théories contemporaines. Il ne vous aura justement pas échappé que nous n'avons pas encore creusé les conséquences de l'idée d'un inconscient pensé comme nécessairement involontaire et hors du contrôle conscient (3e idée). Cette idée pourrait-elle contenir en germe d'ultimes erreurs de conception de l'inconscient cognitif non encore identifiées ?

Voyons cela de près.

L'inconscient est-il nécessairement incontrôlable ?

Le contrôle volontaire de la pensée constitue l'une des grandes propriétés du fonctionnement conscient, nous aurons l'occasion d'y revenir plus directement dans la prochaine partie de cet essai. Lorsque nous sommes conscients d'une représentation mentale, nous sommes libres de la manipuler mentalement et de l'utiliser pour un nombre quasi illimité de nouvelles combinaisons mentales.

Par exemple, lorsque j'ai conscience du mot « vélo », je peux en dessiner un mentalement, ou décider de me souvenir des épisodes de ma vie qui ont quelque chose à voir avec les vélos ou les bicyclettes. Je peux également compter le nombre de lettres du mot « vélo », l'épeler à l'envers, le traduire dans une autre langue, aller chercher le mien, ou courir en acheter un... Bref, être conscient d'une représentation mentale offre une incroyable combinatoire de possibles. En ce sens, la représentation mentale consciente peut faire l'objet d'« influences » conscientes très riches, influences qui sont interprétées par le sujet comme son « libre arbitre » ou sa « volonté ». Cette forme de bon vouloir conscient correspond à ce que l'on appelle en psychologie le contrôle mental. Nous avons ainsi la faculté de contrôler ce dont nous avons conscience.

Au contraire, le réflexe illustre, nous l'avons vu, la manifestation incontrôlable d'un processus nerveux inconscient. D'où le syllogisme suivant :

Si une représentation mentale dont nous sommes conscients est contrôlable, et s'il existe des processus inconscients qui sont incontrôlables,

alors tout ce qui est inconscient est incontrôlable.

Ainsi formulée, cette grossière erreur logique devrait faire sourire tout collégien astucieux. Pourtant, vous allez bientôt le constater, cette erreur s'est infiltrée dans les cerveaux des neuroscientifiques les plus créatifs ! Pour être tout à fait honnête, ce n'est pas l'ensemble du syllogisme qui a été ainsi avalisé par les neurosciences cognitives, mais son résultat final, figé, déconnecté de ses prémisses. Ainsi, l'erreur était quasiment invisible.

Les conséquences de cette erreur sur la conception scientifique *a priori* de l'inconscient cognitif sont majeures. Penser que tout ce qui procède inconsciemment dans notre mental n'est pas contrôlable revient de fait à considérer que l'ensemble de cette composante psychique est figée, rigide, incapable d'être modifiée ou complexifiée par notre action consciente. Bref, aux yeux du XIXe siècle européen finissant, l'inconscient existe bel et bien, mais il utilise des mécanismes nerveux inférieurs, il est intellectuellement pauvre, c'est un « sauvage non éduqué », soustrait des bienfaits véhiculés par la civilisation qui est, elle, l'œuvre propre de la conscience. Dans le meilleur des cas, c'est-à-dire en l'absence de maladie neurologique, cette activité est confinée dans certains secteurs anatomiques, et au prix d'une mise au pas autoritaire par les structures mentales supérieures, l'état de civilisation est sauf et les barbares ne menacent plus Rome. Si par malheur les contingences de la maladie venaient accabler les structures nerveuses supérieures, on assisterait alors à une dissolution progressive du fonctionnement nerveux qui se traduirait notamment par une prise de pouvoir brutale et irrépressible par ces processus inconscients.

Véritable sommet du positivisme scientifique, il est toujours très frappant de constater les homologies fortes qui prévalent entre cette théorisation du mental d'une part, et la conception dominante du fonctionnement social au sein des démocraties européennes colonisatrices dans laquelle baignaient les cerveaux de ces chercheurs !

L'idée d'absence de contrôle conscient sur l'inconscient corrobore également la notion d'une forte étanchéité entre ces deux sphères du mental : « On ne fraye pas avec l'inconscient », on ne discute pas avec lui, puisque de toute façon il est au-delà du contrôle. Nulle communication n'est possible avec lui. Les voyageurs de troisième classe entassés dans les entrailles du paquebot n'ont rien à faire avec le gentleman de première qui se promène sur le pont. Cette analogie entre le discours scientifique et l'idéologie sociale dominante partagée par la haute société victorienne ou celle de l'empire des Habsbourg n'est pas uniquement une métaphore didactique, mais s'impose spontanément à la lecture des œuvres de ces penseurs européens[1]. Lorsque j'enseigne la conception jacksonienne du coma à des étudiants de médecine qui préparent le concours de l'internat, cette analogie scientifico-sociale est presque systématiquement verbalisée par l'auditoire sans que j'aie besoin de la suggérer explicitement.

C'est bien sûr au sein d'un tel paysage psychologique et scientifique qu'il nous faudra nous replacer afin d'imaginer la puissance du séisme provoqué par la pensée de Sigmund Freud et sa vision révolutionnaire de l'inconscient mental : un inconscient riche, intelligent, doué d'intentions complexes,

1. Marcel Gauchet (1992) cite par exemple un passage du grand psychologue français Théodule Ribot qui utilise l'expression de « conscience coloniale ». Ces parallèles psychosociologiques sont assez abondants dans la littérature scientifique de cette période.

un inconscient dynamique, n'ayant de cesse de badiner avec notre conscience et à féconder en filigrane l'essence profonde de nos créations et de notre civilisation. Je pense que le choc de cette conception « iconoclaste », qui s'est d'ailleurs rapidement et ostensiblement clivée du reste des neurosciences de l'époque au début du XXe siècle, a donné lieu de manière réactionnaire à un puissant besoin de renforcement dans le contraire qui a eu pour conséquence de figer et de caricaturer davantage l'héritage de Jackson et de ses contemporains durant presque un demi-siècle de béhaviorisme. C'est là je crois l'une des raisons pour lesquelles il nous a fallu patienter jusque vers les années 1970, pour oser reprendre avec les neurosciences de la cognition, un questionnement scientifique sur la conscience et l'inconscient.

Contrôler l'inconscient !

C'est au sortir de ces périodes successives de l'histoire des idées scientifiques que la psychologie cognitive est apparue. Certains de ses pères fondateurs, parmi lesquels figurent Michael Posner et Richard Shiffrin, ont très tôt formulé une théorie générale très influente vers les années 1960 et 1970 : la théorie des processus automatiques et contrôlés (Posner et Snyder, 1975 ; Schneider et Shiffrin, 1977).

Selon cette théorie, toute opération mentale peut être catégorisée comme étant soit automatique, soit contrôlée. Sans reprendre ici exhaustivement toutes les subtilités de cette classification, nous retiendrons qu'un processus automatique peut procéder inconsciemment, et qu'il échappe aux processus de contrôle mental. Un exemple de processus automatique ?

Si je vous présente les mots colorés suivants « vert rouge rouge vert vert rouge », dont certains seraient écrits à l'encre verte et d'autres à l'encre rouge, et que je vous demande de dénommer le plus rapidement possible la couleur de l'encre utilisée pour les écrire, nous savons depuis 1935 que les mots dans lesquels l'information pertinente – la couleur de l'encre – est en conflit avec l'information non pertinente – le mot de couleur – demandent davantage de temps pour y répondre. Nous commettons plus d'erreurs pour ces essais incongruents (exemple : rouge écrit à l'encre verte), que pour les essais congruents (exemple : rouge écrit à l'encre rouge). Cette tâche dite « épreuve de Stroop », du nom de son inventeur, fait aujourd'hui partie des bilans neuropsychologiques standard à visée diagnostique (Stroop, 1935).

Qu'illustre-t-elle ?

Qu'il existe dans votre esprit des processus automatiques qui échappent à votre contrôle : même si vous essayez de n'analyser que la couleur de l'encre utilisée pour écrire le mot « vert », vous ne pouvez empêcher le mot écrit « vert » d'accéder à votre conscience ! Ceci n'est pas trivial : souvenez-vous des immenses efforts consentis dans votre enfance afin d'apprendre à lire. On peut d'ailleurs être analphabète, ou perdre l'usage de la lecture suite à certaines maladies neurologiques. Bref, la lecture d'un mot n'est pas un processus qui va de soi. Et pourtant, une fois que vous êtes parvenus à lire de manière fluide et rapide, ces processus se sont automatisés, ne vous coûtant plus d'effort volontaire, si bien qu'ils procèdent aujourd'hui de manière automatique.

Essayez à nouveau : « vert » écrit à l'encre rouge, vous avez su répondre « encre rouge », mais vous avez également pris conscience du mot « vert ». À l'image du réflexe rotulien dont nous parlions précédemment, l'effet Stroop semble manifester l'existence de réflexes cognitifs qui ont nécessité un apprentissage scolaire socialisé et explicite. L'épreuve de Stroop nous démontre donc bien qu'il existe des processus mentaux sophistiqués automatiques, mais elle nous permet également de mesurer comment le sujet contrôle consciemment ses réponses. Elle reflète cette sorte de monologue conscient qui survient à chacun des essais de cette expérience : « vert » écrit à l'encre rouge.

— « J'ai lu le mot vert, mais ce n'est pas ce que l'on me demande, on me demande la couleur de l'encre qui en fait est rouge pour ce mot, il faut donc que je réponde rouge, et pas vert, attention, je prépare ma réponse : “rouge”, oui c'est bien ce que je voulais dire, je ne me suis pas trompé. »

Dans cette épreuve on comprend bien comment le contrôle conscient permet de répondre correctement sans pour autant être capable d'entraver le processus automatique de lecture. Si le processus de lecture était contrôlable, le sujet pourrait décider à un essai donné de ne pas l'effectuer, c'est-à-dire de l'inhiber. Mais tel n'est pas le cas. Le sujet ne peut empêcher ce processus de lecture automatique d'offrir le résultat de son travail (le mot lu) au contenu de la conscience, mais il peut par contre décider de ne pas en tenir compte pour répondre, au prix d'efforts mentaux qui se traduisent par une fatigue mentale et par de plus longs temps de traitement.

Ces processus automatiques comptent parmi leurs critères la possibilité de survenir inconsciemment, alors que tout processus contrôlé exige d'être conscient. Cette propriété fondamentale de la nécessité d'être conscient d'une information afin de pouvoir la contrôler est lumineusement illustrée par une expérience réalisée en 1995 par Phil Merikle et ses collègues (1995). Ces chercheurs présentèrent à des sujets une variante de l'épreuve de Stroop. Plutôt que de présenter un mot de couleur coloré contenant lui-même l'information pertinente (la couleur de l'encre), et l'information parasite (le mot écrit), Merikle décida d'afficher deux stimuli successifs à chaque essai. Tout d'abord le mot « rouge » ou « vert » apparaissait en blanc sur fond d'écran noir, puis immédiatement après un petit rectangle de couleur verte ou rouge était flashé au centre de l'écran. Point important, les probabilités de survenue du mot rouge et du mot vert étaient égales (50 %) et indépendantes de la couleur du rectangle qui allait ensuite apparaître. Autrement dit, le mot ne prédisait absolument pas la couleur du rectangle. Les sujets devaient dénommer la couleur du petit rectangle sans tenir compte du mot de couleur qui le précédait.

Dans un premier temps, Merikle reproduisit l'effet Stroop : ses sujets répondaient plus rapidement aux essais congruents, dans lesquels le mot et la couleur du rectangle correspondaient à la même réponse, qu'aux essais incongruents. Dans un deuxième temps, Merikle introduisit un biais dans ses essais, sans en informer ses sujets. Désormais, 80 % des essais étaient incongruents. C'est-à-dire que lorsque le mot « rouge » apparaissait, on pouvait désormais prédire que le rectangle aurait la couleur verte dans 80 % des essais. Les mots devenaient donc d'excellents prédicteurs de la bonne réponse à apporter. Il suffisait pour les sujets d'adopter la nouvelle stratégie de réponse suivante : se préparer à répondre la couleur opposée au mot lu !

J'imagine que la lecture de ce passage puisse paraître un peu compliquée, pourtant si vous passiez vous-mêmes cette expérience, tout comme les sujets de Merikle, vous adopteriez spontanément et rapidement une telle stratégie de réponse. Vous pourriez la décrire très naturellement. Le résultat de cette subtile manipulation des stratégies de contrôle de l'information fut en effet sans appel. Dans cette variante, Merikle avait tout simplement réussi à inverser le vieil effet

Stroop de 1935 : à présent, les sujets répondaient plus rapidement aux essais incongruents qu'aux essais congruents ! Consciemment, les sujets avaient constaté les régularités qui existaient entre le mot et le rectangle, et ils avaient donc adopté une stratégie nouvelle.

Comment pouvons-nous affirmer que c'est effectivement la prise de conscience des sujets qui autorisa la naissance de ce nouveau mode de contrôle ? Grâce à la troisième et dernière condition expérimentale utilisée par Phil Merikle. Il présenta les mêmes essais que dans la condition que nous venons de décrire, à une différence près : le mot était présenté de manière subliminale. Quel résultat Merikle observa-t-il dans cette ultime condition ? Les sujets redevenaient victimes du bon et vieil effet Stroop : ils répondaient plus lentement pour les essais incongruents que pour les essais congruents. Le mot masqué était donc traité inconsciemment, mais il ne pouvait pas servir à élaborer une stratégie de réponse consciente. Autrement dit, l'adoption d'une stratégie de réponse nouvelle semble préalablement requérir que le sujet soit conscient des informations nécessaires à la mise en place de cette stratégie. Cette expérience illustre parfaitement ce que l'on entend lorsque l'on affirme avec Posner, Shiffrin, Fodor et d'autres que les processus contrôlés sont nécessairement conscients.

Dissection du contrôle

Pourtant, une dernière erreur était toujours présente dans cette belle théorie du contrôle mental et de l'automaticité.

Toujours guidés par un lot d'inférences héritées de la théorie du réflexe, la communauté scientifique a longtemps

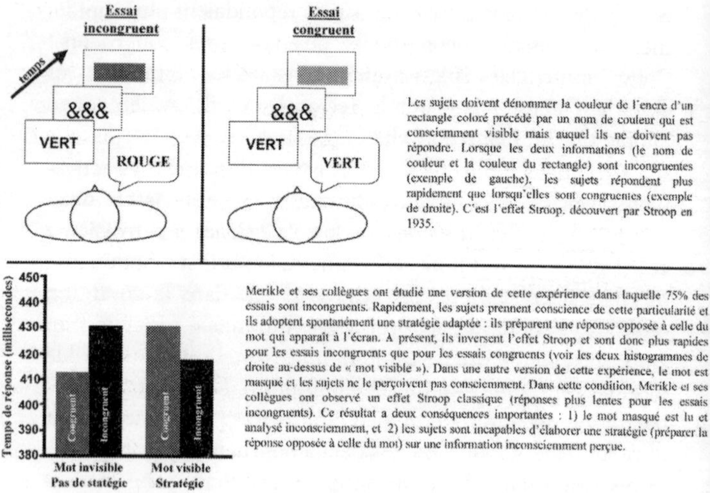

FIGURE 21 – L'effet Stroop revisité par Merikle.
Adapté de Merikle *et al.*, *Consciousness and Cognition*, 1995.

pensé le contrôle mental comme un processus unitaire : soit un processus est contrôlé, soit il est automatique et il échappe *ipso facto* à toute influence consciente.

Si nous reprenons l'exemple de Merikle, la seule conclusion que l'on puisse effectivement en tirer est que pour faire naître spontanément une stratégie mentale nouvelle il faut nécessairement être conscient des informations sur lesquelles cette stratégie pourra être élaborée : si et seulement si les mots et les rectangles sont consciemment perçus, alors le sujet pourra avoir conscience de la relation qui les unit, et il pourra alors décider volontairement d'utiliser une nouvelle stratégie de contrôle (par exemple, répondre la réponse opposée au mot présenté). Autrement dit, ce qui constitue la source du contrôle doit absolument être conscient.

En revanche, Merikle et son expérience ne nous informent en rien sur les effets du contrôle : si une représentation mentale doit être consciente afin de servir de source à l'élaboration d'un contrôle mental volontaire, pourquoi une représentation mentale inconsciente ne pourrait-elle pas subir les effets du contrôle sans en être la source[1] ? Cette dissection du contrôle mental entre la source du contrôle d'une part, et les effets du contrôle d'autre part serait de nature, si elle était confirmée par l'expérimentation, à réinterpréter totalement la théorie de l'automaticité mentale en faisant la découverte d'une nouvelle catégorie de processus inconscients : celle des processus qui tout en demeurant inconscients seraient néanmoins sensibles aux effets du contrôle conscient. Nous avons récemment fait Stanislas Dehaene et moi-même cette proposition théorique qui conduit à une révision générale de cette théorie de l'automaticité.

Si les scientifiques se montrent en général sensibles à l'esthétique d'une proposition théorique séduisante, la science n'est quant à elle satisfaite que par la force de l'évidence : pouvons-nous produire des données expérimentales qui donneraient corps à notre idée d'une sensibilité des processus inconscients aux influences conscientes ?

---

1. Appliquée à l'expérience de Merikle, cette question se traduirait de la façon suivante : qu'arriverait-il si l'on présentait un essai comportant un mot masqué à un sujet qui serait en train d'appliquer la nouvelle stratégie de réponse ? Saurait-il lui appliquer la nouvelle procédure ? Cette expérience n'a jamais été conduite à ma connaissance.

Faire attention à l'invisible

Le contrôle mental englobe l'ensemble des processus distincts qui nous permettent de façonner de manière dynamique et souple les voies de traitement de l'information adaptées aux objectifs que nous nous fixons dans la vie quotidienne, ou que nous acceptons de nous fixer lorsque nous participons à des expériences de psychologie cognitive.

Nous avons constaté que les grandes théories actuelles sur le fonctionnement mental postulent que les processus mentaux inconscients échappent à ce mode de contrôle et qu'ils sont purement automatiques. Nous avons proposé de raffiner ces théories du contrôle en proposant que certains processus inconscients pourraient se montrer sensibles aux effets du contrôle. Afin de vérifier notre hypothèse, il suffirait de découvrir que certaines opérations cognitives inconscientes sont sensibles à l'un des mécanismes du contrôle mental.

L'une des catégories de processus de contrôle appartient à ce que l'on appelle les « phénomènes attentionnels ». Nous avons en effet la faculté d'amplifier, ou à l'inverse de réduire, de manière globale ou sélective, certaines de nos représentations mentales. Virtuellement, tous les niveaux de représentation mentale sont susceptibles d'être l'objet de ces phénomènes attentionnels. Depuis les travaux pionniers de Michael Posner, il est désormais classique de distinguer plusieurs formes d'attentions telles que l'attention d'alerte qui se rapproche d'un regain de vigilance, l'attention spatiale qui permet d'amplifier les informations situées dans une région précise de l'espace, ou encore l'attention exécutive – à l'œuvre dans l'épreuve de Stroop – qui offre la capacité de sélectionner une réponse comportementale parmi plusieurs qui sont déjà préactivées (Posner, 1990). Dans le cadre de la théorie de l'automaticité et du contrôle, les représentations mentales inconscientes échappent à ces mécanismes.

Est-ce effectivement le cas ?

Là !

Vous penserez probablement que la coïncidence est incroyable. Pourtant le premier patient neurologique chez lequel notre hypothèse a pu être testée ne vous est pas inconnu : il s'agit de G. Y. avec lequel nous ouvrions cette exploration de l'inconscient cognitif !

Bob Kentridge et Larry Weiskrantz convoquèrent à nouveau ce fameux patient présentant un phénomène de *blindsight* afin de rechercher si les processus de discrimination visuelle inconscients dont nous avons déjà fait la description pouvaient être sensibles à un phénomène d'attention spatiale consciente. La manière de poser cette question sur le plan expérimental était très simple et univoque (Kentridge, Heywood et Weiskrantz, 1999).

G. Y. fut stimulé dans son scotome aveugle avec des petites barres dont il devait discriminer l'orientation géométrique. Comme à l'accoutumée, ses réponses dans cette épreuve à choix forcé furent excellentes, bien qu'il ne vît pas consciemment ces stimuli et qu'il fût persuadé de répondre au hasard. La nouveauté du paradigme expérimental tenait à l'introduction d'un indice attentionnel. À chaque essai, une petite flèche qui était présentée dans le champ visuel sain de G. Y. pointait vers l'endroit du champ visuel aveugle dans lequel serait projetée la prochaine barre.

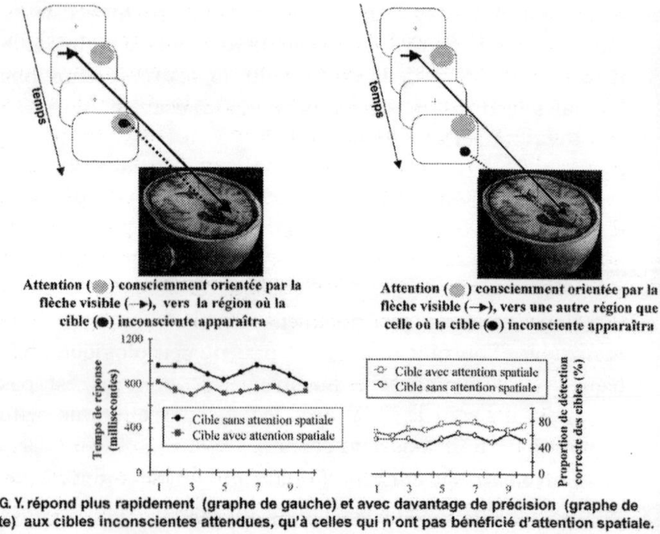

FIGURE 22 – Les effets insoupçonnés de l'attention spatiale sur ce que l'on ne voit pas !
Adapté de Kentridge et Weiskrantz, *Proceedings of The Royal Society of London*, 1999.

Afin de pouvoir mesurer si cette information allait moduler la performance de G. Y., quelques-uns de ces essais comportaient une petite flèche incorrecte qui pointait vers une position du champ aveugle qui n'était pas celle où allait apparaître la barre. Lorsqu'on se livre à ces petites manipulations chez un sujet sain, on peut, depuis les travaux visionnaires de Posner, mesurer l'impact de l'attention sur notre perception visuelle : notre performance dans une telle tâche de discrimination visuelle consciente est très nettement supérieure lorsque l'indice attentionnel nous a aidé à focaliser notre attention visuelle sur la région dans laquelle le stimulus allait apparaître. En comparant nos réponses aux essais dans lesquels l'attention était correctement orientée (flèche qui pointe dans la bonne direction), à celles des essais dans lesquels l'attention était mal orientée (flèche qui pointe dans la mauvaise direction), on constate que nos temps de réponse sont bien plus rapides et nos taux d'erreurs moindres lorsque nous avons pu déployer notre attention spatiale correctement. Mais voilà, un sujet sain soumis à cette tâche perçoit consciemment à la fois l'indice fléché qui va lui permettre d'orienter son attention spatiale et la petite barre qui va faire l'objet de ce phénomène d'amplification attentionnelle.

Qu'en serait-il chez G. Y. ?

Pour les tenants de l'orthodoxie de la théorie de l'automaticité et du contrôle, étant donné que la barre n'était pas perçue consciemment par G. Y., la représentation mentale de cette barre devrait échapper aux processus de contrôle, et elle ne devrait donc pas être affectée par cette manipulation de l'attention. Ainsi, la performance du patient devrait être la même selon qu'on a orienté son attention spatiale à la position correcte ou non. D'après notre hypothèse, en revanche, la petite flèche correspond à la source de l'attention et l'amplification de la représentation mentale de la barre correspond à l'effet de l'attention. La source de l'attention étant consciemment perçue, une amplification attentionnelle reste possible et nous prédisons donc que la représentation inconsciente de la barre pourrait être modulée par l'orientation volontaire de l'attention spatiale du sujet.

La réponse fut très nette : les réponses du patient G. Y. furent nettement plus rapides lorsqu'on lui présentait la barre à l'endroit où il avait orienté son attention, par comparaison avec les essais au cours desquels elle avait été orientée au mauvais endroit de son scotome. Pourtant, dans l'ensemble de ces essais, G. Y. ne perçut jamais consciemment la moindre de ces barres. Autrement dit, certaines des représentations mentales inconscientes de ce patient étaient sensibles à l'orientation consciente de son attention spatiale.

CQFD, et adieu donc à l'automaticité mentale dans sa version forte et classique !

Ce que nous révèle ce travail, c'est que lorsqu'on oriente consciemment son attention vers une région de l'espace, on amplifie bien entendu les représentations conscientes des objets qui s'y trouvent, mais également certaines de leurs représentations inconscientes. Ce résultat important obtenu chez un patient *blindsight* a été récemment reproduit chez le même patient (Kentridge, Heywood et Weiskrantz, 2004), et généralisé chez le sujet sain grâce à l'utilisation d'un paradigme d'amorçage visuel masqué (Lachter, Forster et Ruthruff, 2004).

Maintenant !

En parallèle au travail de Kentridge avec le patient G. Y., nous avions commencé à aborder la question de la sensibilité de l'inconscient cognitif aux influences conscientes, en nous intéressant au phénomène de l'attention temporelle.

Plusieurs travaux ont en effet permis de mettre en évidence notre capacité à orienter notre attention à un instant précis dans le temps. Anna Nobre et son équipe ont par exemple montré que lorsque nous sommes entraînés à répondre à un stimulus visuel, nos performances dépendent de notre faculté à orienter notre attention sur la fenêtre temporelle au cours de laquelle ce stimulus nous sera présenté

(Miniussi, Wilding, Coull et Nobre, 1999). Ainsi, si l'on entraîne des sujets avec un contexte expérimental dans lequel le stimulus apparaît une seconde exactement après un premier signal visuel qui a valeur d'indice, ils vont apprendre à focaliser leur attention temporelle sur cet instant bien précis, ce qui se traduira par des temps de réponse plus courts. Lorsqu'on surprend les sujets de cette expérience en faisant apparaître le stimulus une demi-seconde – et non pas une seconde – après l'indice, on observe alors une augmentation importante des temps de réponse. Ce ralentissement des performances reflète directement le fait que l'attention temporelle des sujets était focalisée sur un autre moment, plus tardif. Le traitement d'un stimulus temporellement inattendu nécessite donc davantage de temps.

Ces différents travaux nous ont également appris que notre faculté à orienter notre attention dans le temps manifeste un phénomène de dégradation graduelle : nous orientons d'autant mieux notre attention vers un instant précis que celui-ci est temporellement proche de nous. Il nous est plus aisé de nous préparer à faire attention à un événement s'il survient dans une demi-seconde, que s'il survient dans une ou deux secondes.

Appliquée à ce phénomène de l'attention temporelle, notre hypothèse était la suivante : l'information qui va permettre aux sujets de décider d'orienter leur attention à tel instant dans le temps doit être consciente, comme dans tout processus contrôlé. Par contre, les conséquences de cette orientation volontaire de l'attention temporelle devraient bénéficier à des représentations mentales inconscientes.

Afin de tester cette hypothèse, j'ai élaboré un paradigme expérimental dans lequel on apprend à des sujets volontaires à faire attention à l'un ou l'autre de deux moments bien précis dans le temps (Naccache, Blandin et Dehaene, 2002). Le mot

« tôt » annonçait un stimulus cible qui allait apparaître 884 millisecondes plus tard, tandis que le mot « tard » prédisait l'apparition du stimulus cible au bout de 2 020 millisecondes. Dans tous les essais, le stimulus cible était un nombre qu'ils devaient comparer le plus rapidement possible au chiffre 5 en appuyant sur des boutons réponses (exemple : appuyer à gauche si le nombre est inférieur à 5). En réalité, un premier nombre amorce masqué était présenté à l'insu de ces sujets, immédiatement avant le nombre cible. Ce nombre amorce qui n'était pas consciemment perçu était toutefois inconsciemment représenté ainsi que le révélaient nos habituels effets d'amorçage : lorsque le nombre amorce et le nombre cible étaient situés du même côté de 5, les temps de réponse étaient plus rapides que lorsqu'ils votaient pour des réponses opposées. L'originalité de cette expérience consistait à perturber en de rares occasions les sujets en leur mentant délibérément : alors qu'un indice venait d'annoncer que le nombre cible apparaîtrait tard (dans 2 020 millisecondes), ce dernier surgissait tôt (dans 884 millisecondes).

Qu'allait-il se passer ?

Grâce aux travaux de Nobre, nous savions que cette « désorientation » temporelle allait se traduire par un ralentissement du traitement conscient du nombre cible. Ce fut effectivement le cas, ce qui vint confirmer que notre petit stratagème avait réussi à manipuler l'attention temporelle des sujets.

La question cruciale toutefois s'adressait au sort du nombre amorce inconsciemment perçu : quelles seraient les conséquences de la désorientation temporelle sur ces représentations inconscientes ? Si on se réfère à la théorie traditionnelle de l'automaticité, la prédiction est extrêmement claire : un processus inconscient est automatique, donc il échappe à ce type de phénomènes de contrôle et il ne devrait pas être affecté par cette manipulation. Autrement dit, l'effet d'amorçage inconscient devrait être identique à celui observé en condition de bonne focalisation de l'attention temporelle. À l'inverse, selon notre hypothèse d'une possible sensibilité de certains processus inconscients aux phénomènes de contrôle conscients, nous envisagions que cet effet d'amorçage puisse être amoindri.

À notre plus grande surprise, l'effet d'amorçage masqué ne fut pas seulement amoindri, il disparut totalement ! Deux autres expériences similaires nous ont apporté les mêmes résultats. Nous avions ainsi la démonstration que ces processus mentaux inconscients se montraient extrêmement sensibles aux influences de l'attention temporelle consciente. Depuis ce travail, plusieurs collègues ont observé des effets similaires dans des paradigmes voisins[1].

Quand le top-down *s'en mêle*

Ces premières démonstrations de l'extrême sensibilité d'une couche de processus cognitifs inconscients aux influences attentionnelles conscientes ont provoqué une véritable

1. Dans un remarquable travail d'amorçage visuel masqué et démasqué, Kunde a par exemple montré que lorsqu'on est conscient d'un conflit, on augmente notre niveau de contrôle. Cette augmentation du contrôle a des effets nets sur le traitement des stimuli amorces inconscients des essais suivants. Par contre, cette variation stratégique du contrôle cognitif n'est pas observée lorsque la source du conflit provient des amorces inconscientes (Kunde, 2003).

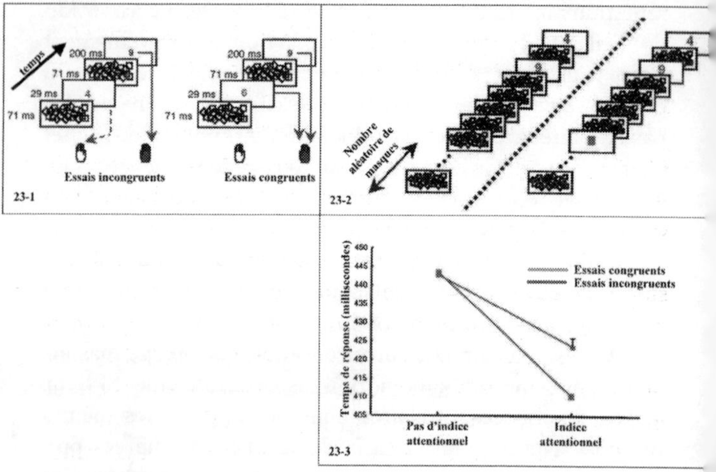

FIGURE 23 – Les effets insoupçonnés de l'attention temporelle sur ce que l'on ne voit pas !
Lorsque l'on compare à 5 un nombre cible précédé d'un nombre amorce masqué, les temps de réponse sont plus rapides pour les essais congruents que pour les essais incongruents (23-1) : ces effets d'amorçage masqués démontrent l'existence de traitements inconscients des nombres amorces. Dans l'immense majorité de ces expériences, le sujet peut focaliser son attention temporelle sur le bref moment ou la paire amorce-cible lui est présentée car tous les essais partagent la même structure temporelle. Il est possible de manipuler cette attention temporelle en apprenant au sujet qu'un carré vert annonce avec précision l'instant d'apparition du nombre cible (23-2). Rarement, on présente la paire amorce-cible de manière inopinée sans la faire précéder par le carré vert. On observe alors que les sujets répondent plus lentement à la cible lorsqu'il n'y avait pas d'indice attentionnel (carré vert). Surtout, l'effet d'amorçage qui est présent en situation de focalisation attentionnelle disparaît totalement en situation d'inattention. Contrairement aux théories dominantes, certaines de nos représentations mentales inconscientes sont donc dépendantes de facteurs conscients tels que, ici, la focalisation consciente de l'attention temporelle.
Adapté de Naccache *et al.*, *Psychological Science*, 2002.

effervescence. Si le sujet décide de faire attention à tel moment ou à tel endroit de l'espace, nous savons désormais qu'il influence à son insu de nombreux processus cognitifs inconscients perceptifs qui sont associés à ce moment ou à cette position spatiale. Contrairement aux idées reçues, un processus inconscient n'est donc pas nécessairement automatique, rigide et soustrait aux influences conscientes ! De nouvelles études ont depuis permis de mettre en évidence de nouvelles manifestations de la dépendance de l'inconscient cognitif à la posture consciente du sujet.

Quelles sont les différentes manières qui sont à la disposition d'un sujet afin d'exercer délibérément son influence sur ses propres processus cognitifs inconscients ? Reformulée dans un langage de neurosciences cognitives, cette question se traduit ainsi : quelle est la sensibilité des processus inconscients aux effets *top-down* ?

On distingue, en effet, d'une part les mécanismes *bottom-up* qui vont de la périphérie vers la conscience du sujet, et, d'autre part, les mécanismes *top-down* originaires de cette conscience et qui *descendent* vers l'ensemble des autres processus mentaux. Par exemple, dans le domaine de la perception visuelle, lorsqu'un feu rouge s'allume alors que vous conduisez votre voiture dans une rue déserte, votre prise de conscience de ce stimulus va essentiellement dépendre d'une montée *bottom-up* de l'information depuis vos rétines jusqu'à votre contenu conscient. Inversement, lorsque vous cherchez activement la direction d'Alençon parmi une myriade de panneaux indicateurs vers lesquels votre véhicule fonce à la vitesse de 130 km/heure, il faudra compter sur vos ressources *top-down* pour identifier rapidement, sélectionner et amplifier l'information pertinente afin d'en prendre conscience.

L'inconscient cognitif est-il donc sensible à l'ensemble des processus *top-down* ?

Lors de la visite de Tony Greenwald dans notre laboratoire au cours de l'été 2000, visite que nous avons déjà eu l'occasion d'évoquer, nous avons imaginé une manière d'aborder cette question sur le plan expérimental. Nous étions à cette époque en pleine remise en cause de la notion de traitement sémantique inconscient. Stanislas Dehaene et moi-même venions de mettre en évidence l'existence d'un accès inconscient au sens des nombres, tandis que Greenwald ne trouvait aucun signe en faveur d'un traitement inconscient des autres mots. Cette différence de résultats dépendait-elle de problèmes techniques liés au fait que nous n'utilisions pas les mêmes procédures de masquage ni les mêmes instructions ? Ou bien reflétaient-elles une différence profonde entre les représentations mentales des nombres entiers et celles des mots ?

Il fallait en avoir le cœur net.

Greenwald se proposa d'étudier si nos effets d'amorçage inconscient des nombres résisteraient à l'utilisation de sa propre procédure expérimentale. Nos discussions évoluèrent vers une expérience plus ambitieuse, dont les résultats allaient dépasser nos attentes les plus audacieuses (Greenwald *et al.*, 2003). Tout d'abord, et ce fut pour nous une excellente nouvelle, Tony Greenwald et son collègue Richard Abrams parvinrent sans difficultés à reproduire nos effets de traitement sémantique inconscients en utilisant les petits nombres entiers à un chiffre que nous avions utilisés. Puis, ils utilisèrent le même paradigme d'amorçage numérique masqué en utilisant des nombres cibles à deux chiffres.

À chaque essai, un nombre cible à deux chiffres écrit en chiffres arabes apparaissait à l'écran (exemple : 34), et le sujet devait le comparer le plus rapidement possible à 55 à l'aide de boutons réponses. Immédiatement avant l'apparition de ce nombre cible, un nombre amorce masqué à deux chiffres était également flashé. Ce nombre amorce n'était pas consciemment perçu par les sujets, mais un bel effet d'amorçage révéla qu'il était néanmoins représenté par les sujets de ces expériences à un niveau très abstrait. En effet, lorsque la quantité de ce nombre amorce était située du même côté, par rapport à 55, que celle du nombre cible (exemple : tous les deux inférieurs à 55), alors la réponse au nombre cible était bien meilleure que lorsque les deux nombres votaient pour des réponses différentes. Autrement dit, ce que nous avions observé pour les nombre à un chiffre était généralisable aux nombres à deux chiffres. Greenwald répliquait donc nos résultats dans une procédure différente, et les généralisait à des stimuli plus complexes.

Ces expériences comportaient en fait deux conditions expérimentales supplémentaires. Dans certains blocs d'essais, tous les nombres cibles appartenaient à la dizaine de cinquante : « 51, 52, 53, 54, 56, 57, 58, 59. » Lorsque vous devez comparer le plus rapidement possible de tels nombres à 55, vous adoptez en réalité assez rapidement une nouvelle stratégie : vous décidez de ne plus faire attention qu'au chiffre des unités et de le comparer à 5. Ainsi, vous économisez vos ressources mentales et vous répondez plus rapidement. C'est d'ailleurs une nouvelle illustration de ce que nous avions vu avec l'expérience de Merikle : l'invention d'une nouvelle stratégie de réponse nécessite absolument que nous ayons conscience des informations nécessaires à sa mise en œuvre. Lorsqu'ils réalisèrent cette variante expérimentale, Greenwald et Abrams observèrent un résultat que nous prédisions sans trop y croire nous-mêmes : les sujets appliquaient cette même stratégie complexe aux nombres amorces masqués inconsciemment perçus ! Autrement dit, seul le chiffre des unités du nombre amorce était traité par les sujets, et ce chiffre amorçait une réponse à la tâche de comparaison à 5 que les sujets avaient décidé d'appliquer consciemment aux nombres cibles.

Il s'agit d'un résultat étonnant parce que les sujets transformèrent complètement la tâche que l'expérimentateur leur avait demandé de réaliser : ils finirent par appliquer cette nouvelle tâche aux stimuli masqués. Ils commencèrent à comparer des nombres à 55, puis réalisèrent qu'il suffisait de s'intéresser aux unités. Ils utilisèrent alors un mécanisme d'attention spatiale qui leur permit de filtrer les informations du stimulus et de ne retenir que le chiffre des unités, et enfin ils décidèrent spontanément de le comparer à 5 afin d'aboutir au bon résultat. Cette chaîne complexe de traitement de l'information que les sujets se configurèrent consciemment sans instructions extérieures, ils furent ensuite capables de l'appliquer à leur insu aux nombres amorces inconsciemment perçus. Il s'agit là à mon sens de la plus belle expérience qui nous permette de saisir la richesse de

	Exemple de nombres cibles vus consciemment	Stratégie adoptée spontanément par les sujets pour comparer les nombres cibles à 55	Analyse inconsciente des nombres amorces subliminaux
Expérience 1	49 , 61 , 14 , 69	Comparer le nombre à 2 chiffres à 55	Le nombre à 2 chiffres est analysé (ex : '23' amorce la réponse « inférieur à 55 »)
Expérience 2	51 , 59 , 56 , 54	Se contenter de comparer le chiffre des unités à 5	Seul le chiffre des unités est analysé (ex : '48' amorce la réponse « supérieur à 55 »)
Expérience 3	15 , 95 , 65 , 45	Se contenter de comparer le chiffre des dizaines à 5	Seul le chiffre des dizaines est analysé (ex : '48' amorce la réponse « inférieur à 55 »)

FIGURE 24 – Quand la stratégie consciente influence les traitements inconscients. Adapté de Greenwald *et al.*, *J. Exp. Psychol. Learn. Mem. Cogn.*, 2003.

ces influences conscientes sur les traitements inconscients. Afin de bien saisir la portée de ces résultats, il suffit de réaliser que certains nombres amorces conduisaient à des représentations inconscientes totalement contradictoires selon la posture consciente du sujet. Par exemple, si le nombre « 48 » préactivait la réponse « inférieur à 55 » dans la première partie de l'expérience, il préactivait la réponse « supérieur à 55 » dans la seconde partie dans laquelle le sujet ne traitait que le chiffre des unités ! Ce qui semblait se passer, c'est que lorsque le sujet configurait consciemment un circuit de traitement de l'information, ce circuit pouvait ensuite être traversé totalement par des informations inconscientes. Les représentations inconscientes des nombres amorces pouvaient ainsi être extrêmement distinctes selon la posture consciente que le sujet avait adoptée au moment où ce nombre amorce était analysé.

Une fois encore, il faut savoir prendre la mesure de la signification de ces résultats expérimentaux en prenant un recul suffisant. Afin de faire la démonstration rigoureuse de l'existence de telles influences conscientes insoupçonnées sur nos processus mentaux inconscients, il est absolument nécessaire d'utiliser le cadre un peu artificiel et très contrôlé de l'expérimentation : on parvient à induire la même stratégie de traitement chez tous les sujets, puis on peut mesurer ses conséquences en observant des différences de traitement de nombreux stimuli tests qui sont délivrés au sujet et auxquels il répond. La répétition, la reproductibilité et l'analyse de données moyennées sur des dizaines, voire des centaines d'essais sont indispensables. Soit. Mais une fois cette démonstration faite, elle nous permet de penser de manière totalement nouvelle les relations entre notre activité consciente et les nombreux processus cognitifs inconscients qui nous habitent. De manière plus générale, en dehors de ces situations expérimentales, en l'absence même de stimuli extérieurs, notre posture consciente détermine très probablement le « destin » psychique et cérébral de nombreux processus cognitifs inconscients.

Nous disposons aujourd'hui d'un nombre sans cesse croissant d'expériences qui confirment ce rôle souvent déterminant des effets *top-down* conscients sur de nombreuses représentations mentales inconscientes[1].

La conscience influence l'inconscient

Nous sommes désormais en mesure de répondre par l'affirmative à la question qui intitule ce chapitre : l'« inconscient » cognitif est effectivement sous influence. Et nous venons d'en identifier l'agent : il n'est autre que notre activité mentale consciente !

À chaque instant, notre posture psychologique consciente façonne et modifie certains des nombreux processus mentaux inconscients qui nous habitent, et tout cela opère à notre insu ! Cet inconscient ne réside donc pas dans un espace éthéré de notre vie psychique à l'abri de notre conscience, bien au contraire. La proximité anatomique des substrats cérébraux de nos pensées conscientes et inconscientes recouvre donc effectivement une proximité fonctionnelle.

Ce nouvel acquis, très récent, des neurosciences de la cognition met en lumière un phénomène jusqu'alors méconnu.

---

1. On peut consulter à ce sujet les travaux suivants qui traitent notamment des mises en place conscientes de codes moteurs qui peuvent être utilisés inconsciemment ou de stratégies de contrôle conscientes qui affectent certains traitements inconscients (Eimer et Schlaghecken, 1998 ; Jaskowski, Skalska et Verleger, 2003 ; Kunde, Kiesel et Hoffmann, 2003 ; Neumann et Klotz, 1994).

Là où les idées reçues sur l'« inconscient » insistent souvent sur les influences que ce dernier exercerait sur notre vie consciente, nous découvrons aujourd'hui le phénomène inverse : certains de nos processus inconscients subissent les effets de nos postures psychologiques conscientes.

En réalité, ce nouveau résultat est une source supplémentaire d'enrichissement pour ces processus mentaux inconscients. Cette faculté à être modifié par le cours de l'activité consciente du sujet offre des propriétés de plasticité et de souplesse que n'envisageaient pas nos conceptions automatiques de la vie psychique inconsciente. Loin d'être nécessairement « stupides », rigides et figés, certains de nos processus mentaux inconscients peuvent être « intelligents », souples et aptes au changement.

Enfin, il ne vous aura sans doute pas échappé que nous venons également d'identifier – et cela pour la première fois depuis le début de notre exploration – une limite aux processus mentaux inconscients qui nous habitent. En effet, les expériences de Merikle nous ont appris que nos processus mentaux inconscients sont incapables d'induire l'adoption d'une nouvelle stratégie, cette faculté ne semblant reposer que sur des représentations mentales conscientes.

CHAPITRE 6

Portrait de l'inconscient cognitif contemporain

Une révolution conceptuelle fulgurante

Nous voilà arrivés au terme de cette exploration scientifique contemporaine de l'inconscient cognitif.

Une trentaine d'années à peine ont suffi à façonner une nouvelle conception de ce continent caché de notre vie mentale. Si l'existence de l'inconscient et de certaines de ses propriétés avaient été pressenties ou formulées il y a déjà plus d'un siècle, les démonstrations tangibles de son existence, ainsi que la signification précise de certains de ses attributs sont le fruit des neurosciences cognitives modernes.

Ce mouvement de recherche est d'ailleurs loin d'être achevé. De surcroît, il va sans dire que de nouveaux résultats importants dont nous n'avons pas encore connaissance seront formulés d'ici à quelques années. Il est néanmoins possible de dresser d'ores et déjà un portrait assez fin de ce que l'on entend aujourd'hui en neurosciences par « processus mental inconscient ». Ce portrait synthétique nous servira de souvenir condensé du voyage que nous venons d'accomplir, et il nous sera également utile afin de répondre à la question brûlante qui occupe nécessairement le centre de toute réflexion occidentale contemporaine sur l'inconscient : Freud avait-il raison ?

Grand amateur du *sfumato*, grâce auquel Léonard de Vinci a pu peindre le portrait de Mona Lisa en y introduisant à la fois des contours précis mais également cette dose d'incertitude savoureuse qui nous ouvre les portes de l'interprétation visuelle, je vous propose de brosser le portrait de cet inconscient contemporain à l'aide des trois propriétés nettes et précises que nous avons rencontrées, et de trois questions qui introduiront une impression de flou capable de nous offrir matière à réfléchir.

Trois traits de l'inconscient

Lors de notre périple expérimental et neurologique, nous avons isolé trois traits caractéristiques de l'inconscient.

Ces propriétés, dont plusieurs aspects peuvent sembler évidents à certains, ne sont plus des suppositions hypothétiques plus ou moins conformes à l'opinion que chacun d'entre nous s'est forgée sur son inconscient. Elles ont désormais valeur de données scientifiques incontestables, et c'est à ce titre que nous les résumons à présent.

RICHESSE ET DIVERSITÉ DES CONTENUS MENTAUX INCONSCIENTS

La première de ces propriétés est la grande variété des processus inconscients que nous avons rencontrés.

Le point remarquable ici est de constater que ces représentations inconscientes ne se cantonnent pas à un seul type de domaine psychologique comme les émotions par exemple. Elles sont susceptibles de correspondre à n'importe quel contenu mental dont nous faisons également l'expérience consciemment : nous avons rencontré des représentations inconscientes de visages, de mots, de nombres, de gestes plus ou moins complexes, d'émotions, d'images mentales, de lieux...

En recherchant une éventuelle limite à la richesse de ces contenus mentaux inconscients, nous avons fait la surprenante découverte que les représentations de nos concepts les plus abstraits sont susceptibles d'opérer de manière inconsciente. La signification de ces chaînes de symboles arbitraires que sont nos mots, joyaux de la culture humaine, peut être appréhendée inconsciemment.

Contrairement aux préjugés reçus en héritage du premier rendez-vous moderne des neurosciences et de l'inconscient cérébral à travers le paradigme du réflexe, l'inconscient n'est donc pas nécessairement stupide, et il ne peut être différencié de nos pensées conscientes sous l'angle de la richesse du contenu mental qui est représenté.

Multiplicité des substrats cérébraux de l'inconscient

En écho à cette richesse de l'inconscient cognitif, les neurosciences contemporaines ont mis au jour la multiplicité des lieux cérébraux qui en sont le théâtre.

Depuis les archaïques circuits cérébraux sous-corticaux « colliculaires » ou amygdaliens jusqu'aux réseaux corticaux les plus évolués et les plus récents sur le plan phylogénétique, nous avons observé que tous les recoins de notre cerveau sont capables de produire diverses formes d'activités mentales inconscientes. Il existe donc bel et bien différentes formes de traitements inconscients considérés sous l'angle de leur implémentation cérébrale.

Ces différentes formes d'inconscients n'ont pas grand-chose en commun, et il est probable qu'ils échappent à notre contenu conscient pour des raisons tout à fait distinctes les unes des autres.

Relations réciproques de la conscience et de l'inconscient

Nous avons également découvert le principe de la proximité anatomique qui gouverne les relations qu'entretiennent entre eux les substrats cérébraux de nos processus mentaux conscients et inconscients.

Ce principe nous a permis de nous affranchir de ce que nous avons appelé les visions « topiques » de la conscience, visions déclinées depuis Jackson jusqu'à Milner et qui postulent l'existence d'une relative étanchéité entre des secteurs du système nerveux dont l'activité sous-tendrait exclusivement notre pensée consciente et d'autres secteurs abandonnés aux cogitations inconscientes.

Il existe probablement des secteurs anatomiques qui ne participent jamais à notre contenu conscient, mais le résultat fondamental tient dans le fait qu'il n'existe aucune région cérébrale dont l'activité serait exclusivement et nécessairement réservée aux pensées conscientes. La grande proximité, voire l'identité, des circuits cérébraux impliqués dans le codage nerveux de certaines représentations conscientes et inconscientes est probablement l'explication de l'absence de différences notables entre la richesse de leurs contenus respectifs.

Lorsque nous élaborons inconsciemment une représentation sémantique de la quantité numérique d'un nombre, ou une représentation visuelle abstraite d'un mot, nous utilisons les mêmes réseaux cérébraux que ceux qui sont à l'œuvre lorsque nous percevons consciemment ce nombre ou ce mot. L'une des conséquences les plus importantes de cette proximité cérébrale concerne la nature des relations qu'entretiennent notre vie mentale consciente et nos processus inconscients.

Jusqu'à il y a seulement dix ans, la conception théorique dominante était de considérer que les processus inconscients étaient nécessairement incontrôlables, indépendants de toute influence consciente et qu'ils évoluaient dans une sorte d'éther mental soustrait à toute force consciente. On concédait bien sûr que ces processus inconscients pouvaient influencer nos processus conscients, mais inversement ils étaient conçus comme une horde sauvage et incontrôlable. Dix années et quelques expériences plus tard, ce dernier bastion de l'héritage de la théorie réflexe a volé en éclats. Il existe bien entendu au sein du bestiaire hétérogène de ces processus inconscients certains exemplaires qui répondent au critère de l'automaticité psychologique traditionnelle, mais ce que nous avons découvert, c'est qu'il existe une couche de processus inconscients qui est extrêmement sensible à ce que nous avons appelé la posture consciente du sujet, c'est-à-dire ce à quoi il pense, ce qu'il attend, la stratégie qu'il se donne à un instant donné…

Quelques illustrations neurologiques et psychologiques nous ont ainsi révélé comment un sujet ne cesse de façonner à son insu la nature de ses propres représentations mentales inconscientes selon son « bon vouloir » conscient. Bref, un inconscient souple et sensible aux modifications dynamiques de la conscience du sujet. Bien que cette troisième propriété ait essentiellement fait jusqu'à présent l'objet d'études de psychologie expérimentale, il n'est pas risqué de prédire que cette couche de processus inconscients sensible aux influences conscientes contient les processus les plus abstraits qui reposent sur l'activité du néocortex. Ainsi, une autre des conséquences du principe de « voisinage cérébral » tient dans l'existence de riches échanges entre les processus conscients et les processus inconscients. On peut se risquer à envisager que certains savoirs extrême-orientaux, ou certaines pratiques de méditation, de yoga ou de concentration intense reposeraient sur cette propriété : savoir que l'on possède la capacité de modifier une partie de ce qui nous échappe, sans pour autant jamais connaître cette partie.

La conception de l'inconscient qui s'offre à nous est donc celle d'une multiplicité de processus mentaux inconscients qui coexistent et qui se distinguent les uns des autres tant par leur corrélat cérébral que par leur complexité représentationnelle. Ces différentes formes de processus mentaux inconscients ne semblent rien partager d'autre que le critère négatif que nous utilisons pour les regrouper ensemble : ils sont inconscients, c'est-à-dire qu'ils ne sont pas rapportables par le sujet qui les héberge. En ce sens, il est incorrect d'utiliser le singulier pour les qualifier sous le terme générique d'« inconscient », alors qu'ils sont dans les faits une population bigarrée et multiforme d'êtres indépendants. Par commodité, nous continuerons cependant à les réunir sous ce vocable piège d'inconscient cognitif au singulier.

Trois questions sur l'inconscient

Pourquoi préférer le *sfumato* de Léonard de Vinci à la fascinante beauté de certains portraits glacés à la texture quasi photographique tels que la *Vierge à l'enfant* de Jean Fouquet qui représente la voluptueuse Agnès Sorel ? Autrement dit, pourquoi couvrir de questions ces trois propriétés pourtant bien nettes de l'inconscient cognitif ? Tout simplement parce que nous ne disposons pas encore de la matière suffisante pour donner corps à une vision globale du psychisme humain.

Plutôt que de satisfaire notre désir de connaissance, ces trois propriétés nous offrent un nouveau regard sur l'inconscient, et nous permettent ainsi de l'interroger de manière originale.

Quelles sont les limites de l'inconscient cognitif ?

Les révélations apportées par les neurosciences de la cognition ont bouleversé notre conception des processus mentaux inconscients. Nous avons observé comment les nombreux *a priori* sur les prétendues limites de la vie mentale inconsciente ont été invalidés l'un après l'autre. Ni stupides, ni rigides, ni confinés aux étages inférieurs de notre cerveau, les processus inconscients ont contredit toutes les doctes mais incorrectes assertions des XIXe et XXe siècles.

Se pose alors inévitablement la question des limites de cette vie mentale inconsciente. Existe-t-il des représentations ou des processus mentaux qui seraient le propre du fonctionnement conscient ? Qu'est-ce qui échappe à la sphère inconsciente de notre pensée ? Autrement dit, quelles sont, si elles existent, les propriétés exclusives de la pensée consciente ? Ou encore, si un processus inconscient peut égaler en richesse représentationnelle son équivalent conscient, quelle différence existe-t-il entre l'une et l'autre, au-delà du rapport subjectif conscient du sujet ? À quoi cela sert-il d'être conscient d'une représentation mentale ?

Ces questions ont valeur d'indices de notre ignorance résiduelle de ce qu'on entend exactement sous le terme générique d'« inconscient cognitif ». Tant que nous ne saurons y répondre, sa nature exacte nous échappera et il nous sera impossible de cerner ses limites et de réfléchir, par exemple, aux relations qu'il entretient avec l'inconscient freudien.

Ces questions ne doivent pas nous décourager ; d'autant moins que nous disposons déjà de premiers éléments de réponse. La belle expérience de Merikle et les derniers exploits de Greenwald nous ont appris que nous ne pouvons modifier ce que l'on appelle le contrôle exécutif que sur la base de représentations mentales conscientes. Une représentation mentale inconsciente ne semble pas capable de constituer la source d'une stratégie mentale explicite. Voici donc une première limite de cet inconscient cognitif.

En existe-t-il d'autres ?

POURQUOI N'EN SOMMES-NOUS PAS CONSCIENTS ?

La deuxième question qui masque le paysage de cet inconscient cognitif a trait à ce qui fonde tout regard scientifique : la recherche d'une causalité intelligible aux phénomènes naturels.

Au-delà de la description naturaliste et objective de l'univers, la capacité à expliquer à travers des lois générales l'enchaînement des causes et de leurs effets constitue le but ultime des sciences. L'élaboration d'un modèle causal déterministe de l'univers résume l'objectif asymptotique des chercheurs de tous les pays et de toutes les disciplines. L'investigation scientifique de l'esprit humain n'échappe pas à la règle, même si ce que l'on entend par causalité en neurosciences de l'esprit se rapproche davantage d'un « réductionnisme mou » que des principes de causalité qui gouvernent les oscillations mécaniques du pendule non amorti que nous avons étudiées au lycée.

Considérée sous cet angle, la lecture de la première partie du présent essai ne peut manquer de conduire à la question suivante : pourquoi ne sommes-nous pas conscients de ces différentes représentations mentales inconscientes ?

Nous avons vu que certaines de ces représentations empruntent les mêmes réseaux cérébraux que des représentations conscientes, ce qui renforce le poids de cette question. En vertu de la première propriété énoncée, celle de la multiplicité des formes de processus inconscients, il est probable qu'il existe une réponse distincte pour chacune de ces formes de représentations inconscientes. Certaines d'entre elles sont-elles potentiellement conscientes ? À la diversité qualitative de ces processus inconscients peut-on faire correspondre une diversité similaire des mécanismes d'échec de la prise de conscience ?

Il s'agit de questions importantes pour tenter de comprendre le fonctionnement mental de manière globale et pour mieux comprendre les enjeux qui gouvernent la prise de conscience.

Freud avait-il raison ?

Enfin, la question des questions, celle qui donne à penser à tout neurologue qui se consacre à l'étude de la conscience et de son complémentaire logique, est celle des relations de l'inconscient psychanalytique et de l'inconscient cognitif.

Le retentissement culturel et social de la pensée de Freud justifierait en soi la prise en compte de cette question. Mais d'autres motivations personnelles et plus profondes m'animent. Freud était neurologue et il maîtrisait les sciences du système nerveux de son époque : il ne fait pas l'ombre d'un doute qu'il aurait aujourd'hui prêté une oreille attentive aux efforts des neurosciences. Je ne parle pas seulement du jeune Freud, de l'auteur de l'*Esquisse pour une psychologie scientifique,* de celui d'un *Essai sur les aphasies*, ou de l'élève de Meynert. Je pense également au Freud qui a déjà pris ses distances de manière irrévocable avec la neurologie et avec l'approche scientifique traditionnelle. Je pense au Freud de *Malaise dans la civilisation,* au Freud de *L'homme Moïse et le monothéisme,* au Freud d'*Un souvenir d'enfance de Léonard de Vinci* et à l'auteur du *Trouble de mémoire à l'Acropole*.

Quels liens pouvons-nous établir entre notre conception neuroscientifique contemporaine de l'inconscient et celle(s) qu'il nous en a proposée(s) près d'un siècle plus tôt ? Je ne suis pas analyste ni analysant. Je ne suis pas un expert des œuvres de Freud. Mais je suis un lecteur attentif de certaines de ses œuvres depuis de nombreuses années. La psychanalyse ne se résume pas à Freud, et j'ignore presque tout des autres courants analytiques qui se revendiquent par une filiation plus ou moins directe, ou par une antifiliation de même valeur absolue, de la pensée de Freud. Je dois toutefois reconnaître que sa pensée m'intéresse au plus haut point, du fait de l'itinéraire intellectuel qui a été le sien : il constitue une énigme pour tout neurologue. Comment comprendre l'évolution de la pensée de cet indiscutable génie des neurosciences qui l'a conduit depuis l'étude minutieuse du ganglion stomatogastrique du homard à celle des fantasmes infantiles des hystériques puis à de nombreuses formulations théoriques toujours argumentées par de riches interprétations cliniques ?

Pour tout neurologue travaillant quotidiennement à la Salpêtrière où Freud a visité Charcot, un sphinx est posé au cœur de l'hôpital qui chaque matin vous renvoie ces questions : pourquoi a-t-il choisi cette voie ? Qu'a-t-il pu comprendre d'essentiel qui permette d'établir un lien direct entre ses premières motivations, son cadre conceptuel qui, sous bien des aspects, reste proche du nôtre, et ses premières théories de la « psychologie des profondeurs[1] » ? Bref, comment en est-il arrivé là ?

Il arrive qu'on se pose ce type de questions pour des « génies à problèmes ». Un génie à problèmes, c'est par exemple le joueur d'échecs Bobby Fischer ou le mathématicien Alexandre Grothendieck. Un être qui produit une œuvre ou une pensée exceptionnelle, puis qui semble entrer en rupture totale avec ce qu'il a été, rupture qui prend souvent la forme d'un processus existentiel complexe nuancé de mysticisme, de parapsychologie ou d'une pathologie psychiatrique délirante.

Le problème avec Freud, c'est qu'il n'appartenait pas à cette catégorie. Freud était un homme posé et équilibré, un homme continûment préoccupé par les mêmes questions qui transparaissent tout au long de sa vie et de son œuvre,

1. Premier nom donné par Freud à la psychanalyse.

avec d'ailleurs un souci constant de noter chacune de ses contributions afin de pouvoir en attester la paternité de manière indiscutable. Si Freud a évolué vers ce qui est couramment décrit comme une rupture entre les neurosciences et la psychanalyse, cette rupture ne remplit pas chez lui une fonction existentielle qui en relativiserait la signification. Cette rupture semble être le fruit d'un parcours intellectuel cohérent, ce qui nous encourage à en rechercher l'origine conceptuelle. Cette rupture s'est effectuée dans le calme et la continuité de sa réflexion, sans processus psychiatrique ni crise mystique manifeste. Sa pensée s'est en effet lentement clivée à partir de ses propres observations minutieuses et réfléchies. Ce processus continu l'a conduit à rompre avec la neurologie, ainsi qu'avec la forme traditionnelle du discours scientifique. Freud a changé de point de vue une fois pour toutes. Il partait pourtant de notre éducation de neurologue et était guidé par la même question, celle de la clé du psychisme humain. Pourquoi a-t-il choisi cette voie ?

Cette question ainsi entendue est à l'origine de mon désir d'écrire cet essai.

Le dernier détour...

Une prise en compte rapide du portrait que les neurosciences cognitives nous ont brossé de l'inconscient semble augurer d'un réchauffement diplomatique possible entre scientifiques et psychanalystes freudiens.

Là où les neuroscientifiques éduqués à la théorie du réflexe ne voyaient, pour la plupart d'entre eux, dans l'inconscient nerveux qu'une structure inférieure, stupide et automatique, nous découvrons aujourd'hui un riche univers empli de processus très différents capables d'atteindre les mêmes sommets d'abstraction que nos pensées conscientes. Là ou les béhavioristes étaient aveugles à la conscience, et donc à l'inconscient tout autant, nous reconnaissons aujourd'hui la validité fondamentale du clivage qualitatif entre des représentations conscientes et des cogitations inconscientes. Enfin les riches interactions qui unissent ces deux pôles de notre psychisme peuvent sous bien des aspects sembler raviver la riche conception psychodynamique de Freud.

Inversement, une connaissance, même non experte, des théories freudiennes ne peut manquer de lever ici où là des obstacles en puissance : le contenu exclusivement affectif, infantile de surcroît, de l'inconscient théorisé à travers les différentes périodes de Freud détonne avec la vision extrêmement large de l'inconscient cognitif. Le poids alloué aux fantasmes infantiles et aux complexes originaires postulés, à l'image du complexe d'Œdipe, semble immédiatement conduire à un inévitable dialogue de sourds entre nous et lui.

Y aurait-il matière à isoler une sous-partie de notre inconscient cognitif qui pourrait correspondre à celui décrit par Freud ?

La lecture des trois propriétés et des trois questions que nous venons d'énoncer nous conduit sans hésitation à un dernier détour avant de nous aventurer en territoire freudien. Cette dernière étape, qui ne cesse en réalité de nous interroger depuis les premières pages, est bien entendu celle qui nous fait défaut afin de cerner dans toute son étendue l'inconscient cognitif. Nous ne pourrons disposer d'une vision globale de cet inconscient contemporain qu'en posant notre regard sur ce qu'il n'est pas, c'est-à-dire sur la conscience, et plus exactement sur la manière dont la conscience est conçue par les neurosciences de la cognition. Munis des descriptions globales de ces deux sphères de notre vie mentale, nous serons alors disposés à interroger Freud et son énigme.

Deuxième partie

NEUROSCIENCES DE LA CONSCIENCE

CHAPITRE PREMIER

Le propre de la conscience

À la recherche des limites de l'inconscient

Au commencement de notre exploration de l'inconscient cognitif, la question qui nous préoccupait était la suivante : existe-t-il une vie mentale inconsciente observable par nos méthodes scientifiques actuelles ?

La découverte progressive de la richesse psychologique et du substrat cérébral varié de ces phénomènes inconscients nous a non seulement permis de répondre par l'affirmative à cette question, mais elle nous a bientôt conduits à la déplacer. Plutôt que de nous interroger sur la possibilité de son existence, nous sommes à présent amenés à nous questionner sur les limites de cette prolifique vie mentale inconsciente.

De telles limites existent-elles ?

Si n'importe quelle région cérébrale est capable de sous-tendre des processus cognitifs inconscients, et si ces pensées inconscientes semblent de surcroît pouvoir représenter les objets mentaux les plus abstraits que nous connaissions, il devient urgent de déterminer ce dont ces processus inconscients sont incapables. Cela revient à identifier quel est le propre de la conscience, s'il existe !

Déterminer le propre de la conscience, ce sur quoi elle détient une exclusivité totale au sein de notre vie mentale, nous permettrait en effet de cerner, en négatif, l'étendue exacte de notre inconscient cognitif. Signalons que cette question est également fondamentale pour notre compréhension biologique de ce que recouvre le concept de conscience.

Si nous restons incapables de parler de la conscience autrement qu'en des termes purement subjectifs qui se résument essentiellement à la notion de « rapport conscient », alors ce concept demeurera certes l'objet de la philosophie et de la littérature, mais il continuera d'échapper à la psychologie et aux neurosciences. Déterminer ce qu'est le propre de la conscience constitue donc une question d'intérêt multiple. Les réponses que nous y apporterons seront évidemment pertinentes pour notre compréhension de l'inconscient, mais elles le seront également quant à la possibilité de fonder un discours scientifique de la conscience.

Afin de délimiter les contours de l'inconscient nerveux, je vous propose donc à présent de faire une incursion dans les neurosciences de la conscience, en commençant par enquêter sur ces « OCNI », Opérations Conscientes Non (encore) Identifiées à ce stade de notre aventure, et dont l'existence, si elle était confirmée, apporterait des éléments de réponse qui nous font pour l'instant cruellement défaut.

La « rapportabilité » consciente

Le critère que nous avons retenu afin de définir ce que nous entendons par « être conscient de quelque chose » est celui de la « rapportabilité » consciente. Suivant ce critère, être conscient d'une représentation mentale signifie être capable de rapporter, à soi ou à d'autres personnes, à l'aide du langage ou de manière non verbale, le contenu de cette représentation : « Je vois le mot *conscience* écrit en italique sur cette page. »

Ce critère a valeur pour nous de marqueur propre de la conscience : tout ce dont nous avons conscience est rapportable[1] et tout ce que nous rapportons est conscient[2]. Ce critère est également celui que nous retenons de manière opératoire afin de catégoriser une représentation mentale comme consciente ou inconsciente : par exemple, lorsqu'un mot est présenté de manière subliminale à un sujet qui affirme n'avoir vu aucun mot, on considère ce mot comme n'ayant pas été consciemment perçu. Dès lors, les éventuelles représentations mentales de ce mot peuvent être considérées comme inconscientes.

1. Rapportable ou rapporté ? Il s'agit là d'une question importante. Une représentation consciente est-elle nécessairement rapportée ou simplement rapportable ? Nous avons rencontré certains processus mentaux inconscients qui sont potentiellement accessibles à la conscience, mais qui demeurent pourtant non accédés. Il devient ainsi important de dépasser une distinction entre ce qui est rapportable d'une part, et ce qui est rapporté d'autre part, car certains processus rapportables ne seront pas rapportés et ne gagneront donc pas la conscience. Nous reviendrons bientôt sur cette nuance subtile.

2. L'une des situations les plus informatives à cet égard est celle des hallucinations, des illusions ou des erreurs perceptives au cours desquelles le sujet rapporte une représentation perceptive qui ne reflète pas un objet du monde réel (un « noumène », comme dirait Kant), mais qui existe bel et bien au sein de sa conscience. L'hallucination est donc le cas limite d'une représentation consciente sans objet. On peut ainsi prendre conscience de quelque chose qui n'existe que dans l'activité spontanée de notre cerveau, sans support immédiat dans la réalité extérieure.

Soit.

Mais, au-delà de ce critère de « rapportabilité », pouvons-nous identifier ce qui accompagne de fait cette prise de conscience ? Quel est le destin psychologique d'une représentation mentale à laquelle le sujet a accès de façon consciente et qu'il peut rapporter à l'expérimentateur qui se tient à ses côtés ?

Nous allons découvrir à présent que nos représentations conscientes, celles que nous rapportons, se distinguent de nos représentations mentales inconscientes par trois propriétés importantes.

Le temps (enfin) maîtrisé !

Dans un laboratoire de psychologie expérimentale, un homme est assis à une table face à un écran d'ordinateur. Cet individu n'est pas un patient neurologique. Il pourrait s'agir de n'importe lequel d'entre nous. Sur l'écran noir qu'il regarde apparaît soudainement un tableau constitué de douze lettres ordonnées en trois rangées de quatre. Une fraction de seconde plus tard, ce tableau de lettres a déjà disparu, et l'écran est redevenu noir. Si on vous demandait de décrire votre impression subjective dans une telle situation, vous affirmeriez sans sourciller que vous avez vu un tableau flasher très brièvement sur cet écran, et que ce tableau vous semblait contenir des lettres. Vous pourriez d'ailleurs en citer quelques-unes sans effort : « Un "A" en haut à droite, un "X" sur la deuxième ligne… » Mais si on vous interrogeait sur ce qu'il y avait exactement dans chacune des cases, vous réaliseriez que vous n'êtes tout simplement pas capable de rapporter l'ensemble des lettres du tableau. Si vous n'avez pas pris conscience de la position et du contenu de chacune des cases, de quoi précisément aviez-vous pris conscience face à cet éphémère tableau de lettres ?

C'est la question que se posa, dès 1960, George Sperling, un psychologue entré, depuis, dans l'histoire des théories de la perception. Ce chercheur mit au point une méthode ingénieuse afin de sonder notre état perceptif face à de tels tableaux très brièvement présentés (Sperling, 1960).

Dans un premier temps, Sperling demanda à des sujets de réciter l'ensemble des lettres qu'ils avaient perçues. En moyenne, cinq lettres sur les douze initialement affichées furent rapportées par les sujets testés : moins de la moitié du nombre total. Ce premier résultat nous renseigne sur le nombre maximal d'objets que nous pouvons percevoir consciemment d'un simple coup d'œil. Les lettres qui n'étaient pas rapportées par les sujets n'étaient tout simplement pas perçues consciemment. Sperling se demanda alors quel avait été le destin psychologique des autres lettres, celles que les sujets n'avaient pas pu rapporter consciemment. Ces lettres non rapportées avaient-elles été représentées inconsciemment dans l'esprit des sujets ou n'avaient-elles pas été représentées du tout ?

Pour répondre à cette question, Sperling conçut une subtile variante de sa première expérience. Il présenta de nouveaux tableaux de lettres à ses sujets. Mais, cette fois, plutôt que de recueillir le contenu de leur conscience perceptive, il les soumit à des « interrogations surprises ». Immédiatement après la disparition du tableau, Sperling faisait retentir un son dont le timbre était aigu, intermédiaire ou grave. Selon le son joué, les sujets devaient réciter les lettres qu'ils avaient perçues dans la rangée supérieure, moyenne ou inférieure.

Fort des résultats de sa première expérience, Sperling pouvait se livrer au petit calcul suivant :

Premièrement, les sujets rapportaient spontanément moins de la moitié des 12 lettres du tableau.

Deuxièmement, leurs réponses étaient également distribuées à travers les trois rangées de lettres.

Troisièmement, le son ne pouvait être anticipé à l'avance par les sujets.

On s'attendait donc logiquement à ce que le nombre de lettres rapportées pendant l'« interrogation surprise » déclenchée par le son fût lui-même inférieur à la moitié du nombre de lettres d'une rangée, c'est-à-dire inférieur à deux.

Contre toute attente, les sujets s'avérèrent pourtant capables de répondre presque parfaitement à chacune des questions associées aux sons. Que le son joué eût été aigu, intermédiaire, ou grave, les sujets rapportaient en souriant toutes les lettres de la rangée ! Impossible pourtant de tricher, d'utiliser des antisèches ou d'être « tuyauté » à l'avance sur les rangées qui seront interrogées !

Ce résultat aux allures de paradoxe psychologique nous révèle en réalité une propriété fondamentale de notre fonctionnement mental.

Évanescence de l'inconscient

Lorsque le tableau très brièvement présenté vient de disparaître, notre esprit conserve encore des représentations inconscientes de chacune des lettres préalablement apparues. En effet, les résultats de deux expériences peuvent se résumer ainsi : nous ne pouvons prendre conscience que d'un nombre limité (environ cinq) des douze lettres du tableau. Mais nous avons la capacité de choisir lesquelles d'entre ces lettres seront les heureuses élues ! Ce choix concerne des stimuli qui ne sont plus sous nos yeux, puisque l'écran qui nous fait face est uniformément noir. Cette sélection porte donc nécessairement sur des représentations mentales inconscientes des lettres. Une fois disparu, l'ensemble du tableau est donc inconsciemment codé dans notre esprit. Comment expliquer alors la limitation de notre capacité de prise de conscience si les lettres du tableau sont pourtant disponibles sous une forme inconsciente ? Une seule conclusion logique s'impose : ces représentations mentales inconscientes sont évanescentes. Le temps que nous prenions conscience de l'une, puis d'une autre et ainsi de suite jusqu'à la cinquième, les représentations inconscientes des autres lettres ont tout simplement disparu !

Afin de confirmer qu'il s'agissait effectivement d'une évanescence des représentations mentales inconscientes du tableau, Sperling fit varier le délai qui séparait la disparition du tableau du retentissement du son. Une fois que le tableau avait disparu, Sperling laissait s'écouler un certain temps

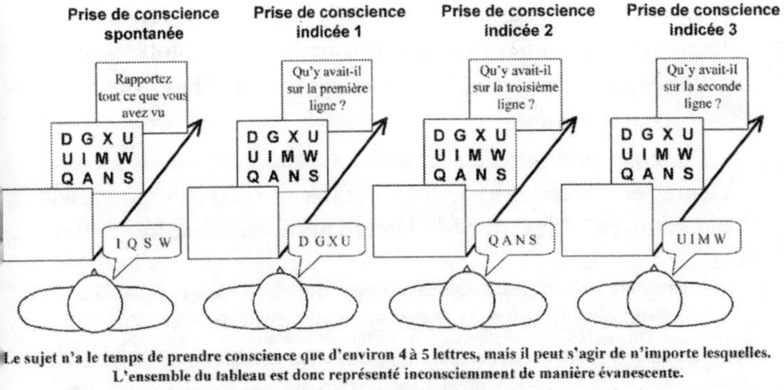

Le sujet n'a le temps de prendre conscience que d'environ 4 à 5 lettres, mais il peut s'agir de n'importe lesquelles. L'ensemble du tableau est donc représenté inconsciemment de manière évanescente.

FIGURE 25 – La découverte de la mémoire iconique par Sperling. Adapté des expériences de Sperling, *Psychological Monographs*, 1960.

avant de spécifier laquelle des trois rangées de lettres devait être rapportée. Les sujets ne pouvaient donc pas deviner quelles lettres devaient être rapportées avant que Sperling ne le leur indiquât à l'aide du son. Dans cette variante expérimentale, Sperling observa que plus le temps s'écoulait, plus la performance des sujets diminuait : plus ce délai augmentait, moins les sujets parvenaient à rapporter le nombre total de lettres contenues dans la rangée interrogée. Dès que ce délai dépassait une demi-seconde, les sujets ne pouvaient rapporter qu'une à deux lettres par rangée.

Selon le petit calcul que nous avons effectué plus haut, cela signifie que, dans cette situation, les sujets avaient pris conscience spontanément de cinq lettres réparties un peu partout dans le tableau sans pouvoir utiliser le son pour orienter leur attention de manière efficace. Autrement dit, il suffit d'une demi-seconde à peine après la disparition du tableau pour que les représentations mentales inconscientes des lettres non encore rapportées aient complètement disparu de notre esprit. De nombreuses réplications et variantes de ces expériences ont permis de modéliser mathématiquement cette dégradation temporelle du rapport conscient sous la forme d'une décroissance exponentielle (Lu, Neuse, Madigan et Dosher, 2005).

Résumons-nous.

Dans l'expérience de Sperling, les représentations inconscientes de chacune des lettres du tableau nous sont potentiellement accessibles immédiatement après sa disparition[1]. Cer-

1. Ces travaux visionnaires de Sperling furent réalisés à une époque où la conscience était encore bannie du vocabulaire des publications de psychologie expérimentale. On parlait essentiellement de systèmes de mémoire, et Sperling proposa de regrouper ces mémoires perceptives évanescentes sous le vocable générique de « mémoire iconique ». L'interprétation de ces travaux sous l'angle de la conscience et de l'inconscient cognitif est bien plus récente. Cette mémoire iconique, qui procède en réalité inconsciemment, est à distinguer de la mémoire de travail qui correspond quant à elle au contenu conscient du sujet.

taines seront consciemment appréhendées et rapportées par le sujet, tandis que les autres verront leur qualité décroître très rapidement pour disparaître en quelques secondes.

En paraphrasant Jacques Lacan, dont le goût pour les mathématiques et la géométrie était bien connu, on peut donc proclamer grâce à George Sperling que l'inconscient est structuré, sinon comme un langage, du moins comme une exponentielle décroissante !

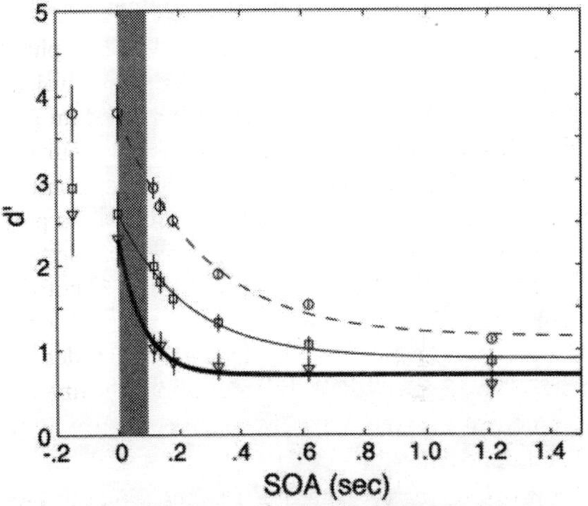

L'inconscient est structuré, sinon comme un langage, du moins comme une exponentielle décroissante !

FIGURE 26 – L'inconscient est structuré, sinon comme un langage, du moins comme une exponentielle décroissante !
La réplication des expériences de Sperling sur la mémoire iconique a permis à plusieurs équipes de montrer que la durée de vie des images mentales inconscientes des lettres non encore consciemment perçues mais déjà représentées suivait une loi de décroissance exponentielle.
Adapté de Lu *et al.*, *Proceedings of the National Academy of Sciences*, 2005.

À l'inverse, nous pouvons remarquer que les lettres qui auront été consciemment rapportées pourront être conservées en mémoire active de manière illimitée pendant plusieurs heures, voire jours, au bon vouloir du sujet ! Cela non plus n'est pas trivial : lorsque nous sommes conscients d'une information, sa représentation mentale est affranchie des contingences temporelles, et son destin ne suit plus les lois inexorables de la décroissance exponentielle ! À très long terme, la mémorisation en mémoire dite épisodique, c'est-à-dire l'élaboration des souvenirs de certaines de nos expériences conscientes, est une faculté qui est bien évidemment réservée à nos seules représentations mentales conscientes. On ne se souvient jamais de quelque chose dont on n'a pas fait préalablement l'expérience consciente !

Le merveilleux résultat expérimental de Sperling ne concerne évidemment pas seulement les tableaux de lettres, mais l'ensemble des processus perceptifs inconscients, visuels ou en provenance d'autres modalités sensorielles, et de manière plus générale ce résultat semble gouverner toutes les formes de représentations cognitives inconscientes connues, qu'elles soient perceptives ou non.

Trois exemples

Trois exemples suffiront à illustrer la valeur générale du résultat de Sperling, en revisitant certains des phénomènes inconscients avec lesquels nous nous sommes déjà familiarisés.

ÉVANESCENCE DE LA PERCEPTION SUBLIMINALE

Souvenez-vous de Tony Greenwald, et de ses multiples apparitions dans nos précédents chapitres. Rendons-lui une dernière visite, auprès de ses lumineuses expériences de perception subliminale de mots et de ses effets d'amorçage masqué. Lorsqu'un mot est inconsciemment perçu, il peut exercer une influence sur le traitement conscient d'un mot « cible » qui apparaît immédiatement après lui. Greenwald a mis au point une méthode simple qui permet d'évaluer la durée de vie des représentations mentales inconscientes du mot masqué. Il a mesuré la force des effets d'amorçage inconscients en fonction de l'intervalle temporel qui sépare la présentation du mot masqué de celle du mot visible (Greenwald, 1996). Si l'amorçage s'avère net et puissant pour de courts intervalles inférieurs à 100 millisecondes, il disparaît complètement dès que le délai qui sépare l'apparition du mot masqué et celle du mot cible dépasse un dixième de seconde. Autrement dit, la durée de vie estimée des représentations inconscientes des mots masqués présente le même caractère éphémère, déjà identifié par Sperling avec les tableaux de lettres flashées. À l'inverse, certaines représentations mentales du mot cible consciemment perçu sont encore actives lorsque le sujet traite le mot cible suivant, c'est-à-dire plusieurs secondes plus tard.

ÉVANESCENCE DE L'INCONSCIENT DE LA VOIE DORSALE

Gentilucci prolongea récemment cette réflexion sur le caractère éphémère de l'inconscient cognitif en sondant la durée de vie des représentations inconscientes qui reposent sur l'activité de notre voie visuelle dorsale.

Lorsque nous contemplons les segments fléchés de Muller-Lyer, notre perception consciente est victime d'une illusion à laquelle échappent certaines de nos représentations visuo-motrices inconscientes. Si nous devons décrire la longueur du segment fléché, notre rapport conscient manifeste l'illusion de longueur. Au contraire, si nous tendons notre main afin de saisir ce segment, la taille de notre pince pouce-index est immédiatement adaptée à la longueur réelle de cet objet. Afin de sonder la durée de vie de ces représentations visuo-motrices inconscientes, Gentilucci présenta brièvement sur un écran d'ordinateur des segments de Muller-Lyer (Gentilucci, Chieffi, Deprati, Saetti et Toni, 1996). Après la disparition du segment de l'écran, il demanda aux sujets de mimer avec leur pince pouce-index la longueur du segment perçu à différents moments. Ils devaient mimer la taille du segment soit immédiatement, soit cinq secondes après sa disparition de l'écran. Cet objet visuel ayant disparu, les sujets devaient utiliser les représentations mentales qu'ils en avaient élaborées afin d'effectuer cette tâche de mémoire. Fait remarquable, pour des intervalles temporels courts, la pince pouce-index reproduisait la taille réelle du segment qui venait de disparaître, c'est-à-dire que la performance des sujets était guidée par la représentation inconsciente fruit des computations de la voie visuelle dorsale. Par contre, lorsque la question était posée aux sujets cinq secondes après la disparition du segment, leur pince pouce-index reproduisait la taille illusoire du segment de Muller-Lyer. Dans cette condition expérimentale, les sujets ne pouvaient plus utiliser que la représentation mentale consciente de cet objet, fruit des calculs de la voie visuelle ventrale, alors que la représentation inconsciente réalisée dans la voie visuelle dorsale n'était plus disponible.

Ainsi la loi qui régit l'espérance de vie des processus cognitifs inconscients étudiés par Sperling et Greenwald s'avère tout aussi valide pour décrire celle des pensées inconscientes de la voie visuelle dorsale.

Évanescence du conditionnement inconscient

En réalité, cette loi s'applique à l'ensemble des représentations mentales non conscientes, quels que soient leur contenu et leur richesse représentationnelle. Larry Squire et ses collègues ont d'ailleurs récemment montré comment elle s'appliquait à l'une des formes les plus anciennement connues d'inconscient, celle qui sous-tend le conditionnement pavlovien. La recherche sur le conditionnement animal est un vaste univers scientifique, riche de milliers d'expériences réalisées depuis le début du XXe siècle. Plutôt que d'en restituer toutes les nuances, il me suffira d'en rappeler certains principes élémentaires afin d'exposer ensuite en quoi le conditionnement peut nous renseigner sur la durée de vie de certaines de nos représentations mentales inconscientes.

Si un son strident intense venait à retentir à vos oreilles, votre corps aurait immédiatement une réaction émotionnelle désagréable. Si vous étiez couverts de capteurs physiologiques divers, cette réaction pourrait être objectivée et mesurée à travers les variations du diamètre de vos pupilles, de votre fréquence cardiaque, de votre pression artérielle, ou encore d'une augmentation brève et soudaine de votre transpiration cutanée. Bref, votre organisme ferait l'expérience d'un séisme déclenché par votre cerveau en réponse à ce son désagréable. Si ce son retentissait à nouveau cinq minutes plus tard, on observerait la même réaction générale. Une troisième tentative se solderait par une réaction identique.

Cette découverte fondatrice de la psychologie pavlovienne du conditionnement s'apparente à la théorie générale du réflexe. En langage pavlovien, le son intense et nécessairement désagréable porte le nom de « stimulus inconditionnel ». C'est une expression équivoque qu'il faut comprendre de la manière suivante : il s'agit d'un stimulus capable de déclencher par lui-même cette réaction émotionnelle chez le sujet qui le perçoit, sans conditions supplémentaires. Le génie de Pavlov fut de découvrir l'un des mécanismes généraux d'apprentissage à l'œuvre dans un très grand nombre de systèmes nerveux.

Considérons à présent un autre stimulus, disons un carré lumineux vert, qui n'est pas initialement capable de déclencher une telle réaction émotionnelle : lorsque la lumière verte s'allume, les capteurs ne détectent aucune réaction émotionnelle. Si un expérimentateur malicieux venait à systématiquement associer la survenue de la lumière verte au retentissement du son strident, elle serait bientôt capable de déclencher par elle-même la réaction émotionnelle observée initialement en réponse au son strident. Après quelques essais au cours desquels la lumière verte et le stimulus inconditionnel seraient présentés de pair, la présentation de la seule lumière verte suffirait à provoquer la réaction émotionnelle initialement observée en réponse au stimulus inconditionnel. On qualifie la lumière verte de « stimulus conditionné », afin de souligner le mécanisme de transfert des propriétés de réactions comportementales du stimulus inconditionnel au « stimulus conditionné », en vertu du processus d'apprentissage par conditionnement.

Dans une telle expérience de conditionnement, nous sommes conscients à la fois de la lumière verte et du son strident qui l'accompagne. Cette conscience des stimuli perçus est-elle nécessaire à cette forme d'apprentissage qu'est le conditionnement élémentaire ?

Damasio et ses collègues se sont posé cette question, il y a déjà dix ans. Ils lui ont apporté une superbe réponse. Une riche littérature scientifique consacrée aux animaux avait déjà identifié l'amygdale cérébrale comme l'une des structures anatomiques indispensables à l'apprentissage par conditionnement. Sans amygdales fonctionnelles, un animal n'acquiert point ce conditionnement. Damasio et ses collaborateurs ont étudié un patient humain porteur de lésions affectant spécifiquement les deux amygdales cérébrales (Bechara *et al.*, 1995). Ce patient s'est avéré incapable d'acquérir par conditionnement la réponse à la lumière verte. Pourtant, ce sujet avait facilement pris conscience du lien créé par l'expérience entre le son strident et la lumière verte. Autrement dit, la prise de conscience de la relation entre le stimulus inconditionnel et le stimulus conditionné ne suffit pas à déclencher le conditionnement. Il s'agit d'une nouvelle situation de dissociation entre la prise de conscience d'une part, et cette forme d'apprentissage que constitue le conditionnement pavlovien d'autre part.

Ne s'arrêtant pas en si bon chemin, Damasio a conduit la même expérience avec un autre patient victime quant à lui d'une lésion touchant les deux hippocampes, mais dont les amygdales se portaient à merveille. Nous savons depuis les travaux cliniques visionnaires de Korsakoff[1] poursuivis par les études anatomiques de Papez, que l'hippocampe

1. En 1889, Sergueï Korsakoff, neurologue et psychiatre russe, publie dans la *Revue philosophique* (Korsakoff, 1889) un mémoire intitulé « Étude médico-psychologique sur une forme des maladies de la mémoire ». Dans ce travail sémiologique minutieux passé depuis à la postérité sous le nom de « syndrome de Korsakoff », il décrit une affection tout à fait singulière dans laquelle des malades, souvent en proie à un alcoolisme chronique dévorant, perdent en quelques jours, et souvent malheureusement de manière définitive, la mémoire. Plus précisément,

joue un rôle clé dans la mémorisation consciente des événements de notre existence. Une lésion des deux hippocampes provoque immanquablement un tableau qualifié d'« amnésie antérograde », qui se traduit par la disparition de notre faculté à élaborer de nouveaux souvenirs épisodiques. Un patient amnésique n'est donc plus capable de mémoriser ce qui vient de lui arriver d'un instant à l'autre. Soumis à la tâche de conditionnement que nous venons de décrire, il ne saura pas mémoriser chacun des événements vécus, et sera bien incapable de se souvenir que la lumière verte a été associée à un son strident. Il s'agit là d'une situation exceptionnelle : un tel patient qui ne peut consciemment évoquer le lien entre la lumière verte et le son strident saura-t-il être conditionné ?

Les capteurs posés sur son corps par Damasio et ses collègues furent univoques : certes, ce patient n'avait aucune conscience du lien entre la lumière verte et le son strident, mais son corps manifesta l'apprentissage par conditionnement. Après quelques essais d'apprentissage au cours desquels le stimulus conditionné était présenté de pair avec le stimulus inconditionnel, les chercheurs ont présenté à ce patient le stimulus conditionné seul. Alors que ce patient ne conservait aucun souvenir de la période d'apprentissage, et qu'il était donc incapable de prendre conscience du lien établi entre les deux stimuli, la présentation du seul stimulus conditionné a révélé l'existence d'un conditionnement univoque et puissant. La conscience du

---

ces patients perdent la capacité à créer de nouveaux souvenirs – amnésie dite antérograde – tandis que leur capacité à évoquer des souvenirs plus anciens est davantage respectée. Ce tableau clinique est tout à fait stupéfiant parce que de tels patients conservent par ailleurs une intelligence générale et des capacités intellectuelles tout à fait normales.

lien entre le stimulus inconditionnel et le stimulus conditionné n'est donc pas nécessaire pour que le conditionnement opère. Le patient aux amygdales lésées nous avait déjà enseigné qu'il n'était pas suffisant d'être conscient du lien entre les deux stimuli afin d'acquérir le conditionnement. Désormais, nous savons donc que la conscience de ce lien n'est ni suffisante ni nécessaire à l'acquisition d'un conditionnement. Autrement dit, le conditionnement est indépendant de la conscience !

Cette merveilleuse démonstration obéit à la logique de ce qu'on appelle en psychologie expérimentale le « principe de la double dissociation[1] ». Elle n'est en réalité pas si étonnante, puisqu'on sait que des organismes animaux aussi rudimentaires que l'aplysie, petit mollusque disposant d'à peine 10 000 neurones, peuvent apprendre par conditionnement alors même que leur système nerveux n'est pas suffisamment complexe pour sous-tendre une expérience consciente. Bref, le conditionnement simple, dit encore *delay conditioning* ou conditionnement par délai, opère en toute indépendance de notre fonctionnement conscient. En ce sens, et malgré notre merveilleuse capacité à prendre conscience de certains de nos contenus mentaux, nous sommes tous des chiens de Pavlov, qui salivons au simple son de la cloche, préalablement conditionné par la présentation d'une pièce de viande savoureuse.

Cet apprentissage par simple transfert des propriétés d'un état provoqué par un stimulus X à celui provoqué par un stimulus Y, avait déjà été pressenti, me semble-t-il, par Spinoza qui le formulait ainsi dans la section de l'*Éthique* consacrée à la nature des « sentiments » (Spinoza, 1677) :

1. Voir à ce propos le paragraphe de Laurent Cohen, dans *L'Homme thermomètre*, chez Odile Jacob (Cohen, 2004), page 54.

« Proposition XIV : Si l'esprit a été affecté par deux sentiments en même temps, lorsque, dans la suite, il sera affecté par l'un d'eux, il sera aussi affecté par l'autre.

Proposition XV : N'importe quelle chose peut être, par accident, cause de joie, de tristesse ou de désir.

Démonstration :

Supposons l'esprit affecté en même temps par deux sentiments, dont l'un n'augmente ni ne diminue sa puissance d'agir, et dont l'autre l'augmente ou la diminue. D'après la proposition précédente, il est évident que, plus tard, lorsque l'esprit sera affecté par l'un grâce à sa cause véritable – qui (selon l'hypothèse) par elle-même n'augmente ni ne diminue sa puissance de penser –, aussitôt il le sera aussi par l'autre qui augmente ou diminue sa puissance de penser, c'est-à-dire qu'il sera affecté de joie ou de tristesse ; et par conséquent c'est non pas par elle-même, mais par accident, que ladite chose sera cause de joie ou de tristesse. Et de même on peut facilement montrer que cette chose-là peut, par accident, être cause de désir.

CQFD. »

Si l'on ne se contente pas de laisser la Nature agir « par accident », mais que l'on provoque le destin par un protocole de conditionnement, on réalise alors à quel point l'intuition de Spinoza était profonde et pertinente plus de deux siècles avant Pavlov !

L'apprentissage par conditionnement ne se résume cependant pas à cette forme élémentaire qui utilise la présentation simultanée des deux stimuli afin de transférer les propriétés de l'un à l'autre. Une variante très subtile du conditionnement consiste à introduire un très bref intervalle de temps entre la fin du stimulus conditionné et le début du stimulus inconditionnel.

Par exemple, si après la disparition de la lumière verte, une demi-seconde s'écoule avant que ne retentisse le son strident inconditionnel, vous ne remarqueriez sans doute pas immédiatement cette différence par comparaison avec une situation dans laquelle le son commencerait à retentir alors que la lumière verte serait encore allumée. Pourtant cette infime différence de présentation suffit à basculer dans un phénomène de conditionnement très distinct du conditionnement simple. Dans de telles conditions expérimentales utilisant un intervalle libre entre les deux stimuli, l'être humain peut encore apprendre par conditionnement, bien que de manière souvent plus inconsistante que dans le conditionnement simple. Plusieurs travaux ont montré ce point.

Larry Squire et ses collègues eurent l'intuition que cette forme d'apprentissage qui nécessite que le sujet conserve une trace active du premier stimulus, d'où son nom de *trace conditioning*, reposait sur un mécanisme qualitativement différent de l'apprentissage élémentaire que nous venons d'exposer à travers les travaux du groupe de Damasio. Ils testèrent des sujets neurologiquement sains et des sujets amnésiques à travers ces deux formes de conditionnement, le conditionnement simple ou à délai et le conditionnement par trace, en recueillant également le rapport conscient de chaque sujet pour chacune de ces deux formes de conditionnement[1]. Plus précisément, Squire demandait aux sujets en fin d'expérience s'ils avaient pris conscience du lien qui existait entre le stimulus condi-

1. Plutôt que d'utiliser un stimulus inconditionnel sonore, Squire et ses collaborateurs ont utilisé le conditionnement du réflexe de clignement de la paupière en réponse à un bref jet d'air propulsé sur la cornée. Cette variation de paradigme expérimental ne modifie en rien l'interprétation plus générale sur les relations entre le conditionnement et la conscience.

tionné et le stimulus inconditionnel (Clark et Squire, 1998). Sans surprise, le conditionnement simple fut acquis par chacun des participants malades ou sujets sains, qu'ils aient ou non pris conscience du lien établi entre les deux stimuli. Par contre, parmi les sujets sains, seuls ceux qui avaient pris conscience de ce lien acquirent le conditionnement par trace ! Aucun des malades amnésiques, incapables d'établir ce lien, n'acquit ce conditionnement par trace.

Cela signifie que, chez les sujets qui n'avaient pas pris conscience du lien entre les deux stimuli, l'intervalle d'une demi-seconde avait suffi à effacer toute trace du premier stimulus avant que le second ne commençât à être perçu. Cette évanescence de la représentation du premier stimulus interdisait ainsi tout apprentissage puisque rien de ce qui concernait le premier stimulus ne pouvait être mis en relation avec le traitement et les propriétés du second. Tout comme dans les expériences de Sperling, dans celles de Greenwald ou de Gentilucci, la forme d'inconscient qui sous-tend l'apprentissage par *trace conditioning* ne résiste pas aux contingences temporelles : une demi-seconde suffit pour annihiler toute forme d'apprentissage inconscient par conditionnement. Par contre, dès lors que les informations du premier stimulus sont consciemment représentées, elles échappent alors à l'écoulement du temps, à l'évanescence exponentielle inverse qui gouverne notre vie mentale inconsciente, et elles peuvent être utilisées afin de sous-tendre une nouvelle forme de conditionnement qui dépend cette fois très étroitement de la conscience. Cette propriété du conditionnement par trace est suffisamment univoque pour faire de ce dernier un test de la conscience animale : tout animal chez lequel le conditionnement par trace opère pourrait ainsi être dépositaire d'une forme de conscience plus ou moins éloignée de la nôtre[1].

Ainsi, la résistance à l'oubli passif qui est associé au simple écoulement du temps, constitue une véritable propriété de nos représentations mentales conscientes, dont sont dépourvues nos représentations mentales inconscientes. Notre inconscient rencontre donc bien une première limite dans ce que l'on pourrait appeler son inéluctable évanescence.

L'art de l'invention

Lorsqu'une représentation mentale gagne notre conscience, elle échappe à la disparition immédiate qui est le lot de nos cogitations inconscientes. Cet « élixir de jouvence », dont nos pensées conscientes ont le monopole, est accompagné d'autres privilèges qui sont de nature à faire pâlir de jalousie notre inconscient cognitif.

Aussitôt qu'une pensée est consciente, elle peut être utilisée afin de guider de manière originale et créative le cours de notre existence et la marche des actions que nous déciderons de réaliser. Cette capacité de rupture avec le « train-train » de nos processus mentaux habituels s'enracine néces-

1. C'est à la lumière de cette réflexion qu'un groupe de chercheurs californiens auquel appartient Christoph Koch testa récemment ces formes de conditionnement chez la souris. Après avoir observé la présence d'un *trace conditioning* opérant chez la souris, ils montrèrent que cette forme de traitement attentionnel était corrélée à l'activité du cortex cingulaire antérieur mesurée par l'expression du gène c-fos. Les lésions du cortex cingulaire antétieur provoquaient d'ailleurs la disparition de cette faculté étroitement associée à la conscience chez l'homme (Han *et al.*, 2003). Dans la même perspective, on pourra consulter un récent article de synthèse de Jean-Pierre Changeux qui met en lumière les perspectives de cette approche (Changeux, article sous presse).

sairement sur des représentations mentales conscientes. La psychologie cognitive nous offre de multiples illustrations de cette précieuse propriété d'innovation consciente. Nous avons même déjà eu l'occasion de rencontrer l'une de ces situations à travers les belles expériences de Merikle relatives à la naissance des stratégies face à une situation de conflit.

Rappelons-nous que Merikle avait demandé à des sujets de dénommer le plus rapidement possible la couleur rouge ou verte d'un petit rectangle qui apparaissait sur un écran d'ordinateur. Ce rectangle était précédé par un mot écrit en lettres blanches : « rouge » ou « vert » auquel ils ne devaient pas répondre. Ce mot ne prédisait en rien la couleur du rectangle qui allait le suivre, ce qui devait convaincre les sujets de ne pas l'utiliser pour préparer leur réponse. Ne pouvant toutefois s'empêcher de lire ce mot, les sujets répondaient plus rapidement aux rectangles précédés par un mot correspondant à la même couleur. Par exemple, ils répondaient plus rapidement au rectangle vert lorsqu'il était précédé du mot « vert » que lorsqu'il était précédé du mot « rouge ». Cette influence du mot sur la réponse était présente même lorsqu'il était présenté de manière subliminale à l'insu des sujets.

Dans deux variantes décisives de cette expérience, Merikle rendit les mots informatifs, sans en avertir les participants. Dans la nouvelle variante de l'expérience, les mots prédisaient la couleur du rectangle qui les suivait. Lorsque le mot « rouge » était présenté, le rectangle était vert dans l'immense majorité des essais. Et *vice versa* pour le mot vert et la couleur rouge. Dans l'une de ces deux variantes, les mots n'étaient pas présentés de manière subliminale. Ils étaient donc consciemment perçus par les sujets de son expérience.

Grâce à ce changement dans son protocole d'expérience, Merikle se donna les moyens d'observer la naissance d'un comportement innovant chez tous ses sujets : assez rapidement, les participants avaient spontanément inventé une stratégie leur permettant de répondre plus rapidement et avec moins d'effort qu'au début de l'expérience. Ils se mirent à préparer la réponse opposée à celle véhiculée par le mot : lorsque le mot « vert » était présenté, ils se préparaient à répondre « rouge » au rectangle qui n'était pas encore apparu. Cette stratégie novatrice était particulièrement adaptée et contre-intuitive, puisqu'elle nécessitait d'inhiber la réponse automatiquement associée au mot, au profit de la réponse opposée. Fait remarquable, dans la seconde variante de son expérience, Merikle présenta les mêmes essais mais en supprimant toute perception consciente du mot à l'aide d'une technique de masquage. Aucun de ses sujets ne put générer cette nouvelle stratégie de réponse pourtant très efficace, et les mots continuaient à amorcer la réponse correspondant à leur couleur, quand bien même cette réponse était incorrecte dans l'immense majorité des essais. Autrement dit, seuls les mots consciemment perçus étaient susceptibles d'être utilisés par les sujets afin d'inventer une nouvelle stratégie de réponse.

Si on se souvient de l'extrême richesse des processus cognitifs inconscients que nous avons eu l'occasion de découvrir dans la première partie de cet essai, on réalisera le caractère non évident de cette limite élémentaire posée aux capacités de notre vie mentale inconsciente. Les processus inconscients qui entretiennent des relations interactives permanentes avec notre vie consciente – et qui sont capables de représenter les objets les plus abstraits de notre vie mentale – s'avèrent tout simplement impuissants à engendrer des formes de pensée inventives et originales. Cette seconde limitation de la vie mentale inconsciente est en partie liée à la limitation précédente qui concerne son inéluctable évanescence. Afin d'inventer une nouvelle stratégie ou un nouveau comportement face à une situation donnée, il est nécessaire de conserver activement en mémoire un certain nombre d'informations successives. Pour reprendre l'exemple de Merikle, le sujet doit dans un premier temps réaliser le caractère prédictif du mot. Pour cela, il est nécessaire que, d'un essai à l'autre, il conserve une trace mnésique des mots et des rectangles apparus. C'est lorsqu'il aura pris conscience du fait que le mot annonce l'apparition d'un rectangle de couleur opposée qu'il pourra ensuite inventer une nouvelle stratégie.

Les représentations mentales conscientes semblent ainsi les seules à pouvoir provoquer un changement de stratégie dans notre comportement. Sans multiplier les exemples, on peut affirmer que cette capacité à sortir de nos habitudes mentales, à rompre avec les automatismes de la pensée et à inventer de nouvelles règles mentales repose nécessairement sur notre conscience[1].

Conscience et apprentissage

Lorsque nous désirons acquérir de nouvelles connaissances, c'est encore notre conscience qui est sollicitée de manière primordiale.

Ainsi, nos premières leçons de conduite automobile mettent en branle ce fonctionnement stratégique propre à la

1. Le psychologue Larry Jacoby a bien montré que lorsque nous sommes conscients d'une information, nous pouvons décider de l'utiliser ou pas pour guider nos réponses et notre comportement alors que lorsque nous n'en sommes pas conscients nous pouvons toujours l'utiliser mais nous devenons incapables de l'exclure de notre esprit. La mesure fine des « taux d'inclusion et d'exclusion » permet ainsi de faire la part des composantes respectivement consciente et inconsciente de notre comportement (Jacoby, 1991 ; Wisser, Merikle et DiLollo, 2005).

conscience : apprendre à conduire, c'est assimiler de nouvelles significations à des symboles visuels arbitraires qui devront être progressivement associés à des comportements moteurs spécifiques. Apprendre à conduire, c'est également procéder à l'apprentissage de gestes et de procédures visuomotrices – comme le créneau ou la marche arrière surveillée dans un rétroviseur – jusqu'alors inconnus pour nous. C'est aussi élargir ainsi la gamme de notre registre gestuel. Apprendre à conduire, c'est enfin surveiller scrupuleusement le bon déroulement de ces nouvelles procédures, détecter d'éventuelles erreurs et les corriger immédiatement. L'acquisition de chacune de ces composantes de la conduite automobile nécessite l'élaboration d'autant de nouvelles représentations mentales. Initialement, la réalisation de chacune de ces procédures requiert de notre part une grande concentration, un effort mental soutenu et un engagement conscient total.

L'un des aspects les plus surprenants de ces processus d'apprentissage réside dans la transition progressive qui transforme ces nouvelles représentations mentales acquises au prix d'efforts conscients soutenus en procédures réalisables de manière assez largement automatique. Alors que vos premiers passages en voiture place de l'Étoile à Paris vers 18 heures se faisaient dans un silence religieux et tendu, radio éteinte et voisins silencieux, vous pouvez à présent circuler presque sans efforts sur ce lieu réservé aux experts, tout en discutant d'un sujet métaphysique profond grâce à l'oreillette de votre téléphone portable.

Une illustration plus saisissante encore du rôle de la conscience dans l'apprentissage concerne l'activité à laquelle vous êtes précisément en train de vous livrer : la lecture. Faisons un test, essayez de regarder sans la lire la phrase suivante : « La lecture est automatique chez un lecteur expert. »

Aussi banal que cela puisse vous paraître au premier regard, vous ne pouvez vous empêcher de lire ces mots et de comprendre le sens de cette petite phrase. Pourtant, lorsque vous aviez 5 ans et qu'on vous conduisait quotidiennement à l'école primaire, vous passiez un nombre d'heures inimaginables à patiemment assimiler les règles de la lecture, à entraîner votre système visuel et à vous représenter de manière explicite les règles de la prononciation des chaînes de lettres : « B et A : BA... » À cette époque de votre existence, si vous en aviez assez de cet apprentissage laborieux qui nécessitait un effort soutenu de votre part, vous étiez capables de surseoir à exercer vos talents de lecteurs en herbe. À 5 ans, vous auriez pu, si on vous l'avait proposé, regarder sans la lire notre petite phrase : « La lecture est automatique chez un lecteur expert. » Vous n'avez plus 5 ans, mais vous pouvez encore faire l'expérience de situations en tous points similaires.

Si on vous présente un échiquier sur lequel une partie bien entamée devrait immanquablement donner lieu à une position d'échec et mat en trois coups, mais que vous ne connaissez des échecs que les règles de déplacement des pièces, vous serez comme le petit lecteur en herbe de 5 ans : vous regarderez l'échiquier sans être capable de lire automatiquement et sans effort la position d'échec et mat qui y est contenue. De manière similaire, regarder une partition musicale pour un débutant requiert autant d'efforts conscients pour la déchiffrer que ceux réclamés aux apprentis lecteurs que vous étiez confrontés aux premières phrases de *Daniel et Valérie*. Là aussi pourtant, une fois l'expertise de la lecture musicale assimilée, un simple coup d'œil vous suffira.

Bref, tous ces processus d'apprentissage manifestent l'existence d'une première étape nécessairement consciente, qui permet la création de nouvelles représentations mentales, des lettres, des syllabes, des mots, des notes musicales, des accords, des mouvements sur un échiquier... Puis, une fois ces apprentissages assimilés, ces nouvelles représentations mentales pourront participer à notre riche vie mentale inconsciente. Nous ne pouvons apprendre de nouvelles représentations mentales inconsciemment. Au risque de vous décevoir une nouvelle fois, les nombreuses publicités vantant le pouvoir de l'apprentissage inconscient pendant votre sommeil profond par l'écoute passive de leçons enregistrées sont tout simplement mensongères. Une fois consciemment apprises, par contre, ces représentations pourront parfois participer à notre vie mentale inconsciente. Nous retrouvons là le thème déjà évoqué des relations étroites, mais non symétriques, qui prévalent entre les pôles conscient et inconscient de notre psychisme.

Cet « art de l'invention » propre à nos représentations mentales conscientes nous permet d'apprendre ou d'inventer de nouvelles relations, initialement arbitraires pour notre système nerveux, entre des stimuli et des actions. Lire un mot, réagir à un panneau annonçant un virage à gauche, jouer un accord en do mineur, ou décider de ne répondre « ni oui ni non » aux questions posées, tous ces exemples illustrent cette création de sens inhérente au développement humain.

Le génie créateur : conscient ou inconscient ?

Si ce que nous avons appelé le fonctionnement stratégique de l'apprentissage intellectuel nécessite d'être conscient des informations concernées afin de forger de nouvelles représentations mentales, cette contrainte ne devrait-elle pas naturellement s'appliquer à nos facultés de création scientifique ou artistique ? Produire une œuvre de l'esprit ne revient-il pas à créer de nouvelles représentations mentales, jusqu'alors inconnues à la fois du cerveau qui les héberge mais également de l'ensemble des autres cerveaux humains considérés collectivement à travers l'histoire de l'humanité ?

Il existe pourtant un « cliché » populaire selon lequel les grands processus artistiques ainsi que les découvertes scientifiques profondes reposeraient sur notre « inconscient ». Ce « cliché » du génie créateur, qu'il soit musicien (Mozart), mathématicien (Galois), physicien (Einstein), peintre (Vinci) ou poète (Baudelaire), véhicule l'image d'une inspiration soudaine, involontaire et prétendument dépourvue de tout effort mental à l'origine du processus de création. Cette imagerie d'Épinal du génie créateur se nourrit également d'une comparaison souvent caricaturale : les contemporains de ces génies déconcertants de facilité concentreraient au prix d'immenses efforts mentaux leur attention de manière soutenue et laborieuse – stratégique, dirait-on ! – sans pouvoir pourtant rivaliser le moins du monde avec eux. L'irruption soudaine à la conscience de l'artiste ou du scientifique génial d'une idée nouvelle, inattendue, en rupture avec le cours de ses pensées conscientes, semble la marquer du sceau de l'inconscient. La nature éminemment évanescente de cette représentation mentale surgie d'on ne sait où, apparaît dans l'urgence pour le créateur de la griffonner compulsivement sur un bout de papier : l'idée géniale semble ainsi ressembler aux lettres des tableaux de Sperling ! Si l'on n'en prend pas conscience immédiatement, elle risque de replonger dans les profondeurs de l'inconnu. Cette insoutenable légèreté de la création semble parachever l'identification de la création intellectuelle avec les composantes inconscientes de notre psychisme.

Si cette conception s'avérait exacte, sa confrontation au principe que nous avons énoncé selon lequel la conscience est nécessaire à la création intellectuelle conduirait à deux possibilités. Soit il faudrait tenir les créateurs en tout genre pour des individus extra-humains dont le fonctionnement mental ne serait pas régi selon les mêmes lois. Soit il nous faudrait revoir notre copie et réfuter ce principe que la psychologie cognitive a péniblement et consciemment explicité !

En réalité, si le génie de la découverte scientifique et de la création artistique demeure profondément mystérieux à nos yeux de neuroscientifiques, nous disposons néanmoins de matériaux de grande valeur qui guideront les efforts à venir, et qui permettent d'ores et déjà de corriger ce cliché populaire mais inexact, en lui apportant le minimum de complexité nécessaire.

Imaginez que ce matin, en écoutant le flash d'information de 8 heures, vous appreniez la nouvelle suivante : « Un physicien parisien vient de formuler une nouvelle théorie de la gravitation qui unifie pour la première fois la relativité générale et la théorie quantique. » Au-delà de l'intérêt personnel plus ou moins important que vous accordez à la physique, cette information ne vous surprendra pas outre mesure. Si, par contre, la voix du journaliste annonçait sur le même ton : « Un charcutier bordelais vient de formuler une nouvelle théorie de la gravitation qui unifie pour la première fois la relativité générale et la théorie quantique », vous ne pourriez retenir un étonnement : il n'est pas courant qu'un charcutier se distingue par ses talents de physicien ! Plus sérieusement, il existe une observation d'une grande banalité apparente mais, comme souvent en science, d'une profonde pertinence, que l'on peut ainsi énoncer : une création artistique ou une découverte scientifique est l'œuvre d'un individu qui consacre l'essentiel de son activité mentale consciente au domaine qu'il va révolutionner. La liste des prix Nobel de physique ne contient que des physiciens, celle des médaillés Fields que des mathématiciens…

Ce principe a été souligné dès 1926 par Graham Wallas qui est l'auteur d'un ouvrage novateur sur la découverte scientifique intitulé *The Art of Thought* (Wallas, 1926). Utilisant des manuscrits autobiographiques du grand mathématicien français Henri Poincaré, probablement l'un des esprits les plus féconds de la première moitié du XXe siècle, Wallas a proposé un modèle descriptif de la découverte scientifique. Jacques Hadamard, qui fut un autre éminent mathématicien français, a lui aussi décrit le cours de ce processus en des termes assez proches dans son livre *Essai sur la psychologie de l'invention dans le domaine mathématique* (Hadamard, 1945 ; Hadamard, 1975). Ce que nous enseignent Wallas et Hadamard à propos du processus mental qui conduit à la découverte mathématique géniale, c'est qu'il obéit à un enchaînement précis de quatre périodes de travail intellectuel. La première de ces périodes, qualifiée de « période de préparation », est le socle fondateur de la découverte. Elle consiste à penser consciemment durant de longues heures à la nature du problème qui est posé, à en expliciter l'ensemble des termes de manière extrêmement approfondie en faisant appel à l'ensemble des connaissances déjà connues. Cette période peut être très longue et génère une intense sensation d'effort mental. Bref, la période de préparation correspond à la mise en place consciente du problème et à la formulation des pistes à explorer afin de guider la découverte à venir éventuelle.

À cette première étape du processus succède la période d'incubation, durant laquelle le mathématicien « abandonne » sa pensée consciente à d'autres préoccupations, et laisse pendant plusieurs jours son esprit vagabonder à d'autres choses qu'à la solution de son problème. Ce qui semble donc pertinent durant cette seconde phase de la découverte, c'est l'activité mentale inconsciente telle que nous l'avons déjà décrite : multiple, riche, évanescente, sensible aux influences conscientes. C'est précisément lors de cette période qu'une idée absolument nouvelle va être générée inconsciemment. Aussitôt créée, cette idée va accéder à la conscience du chercheur pour constituer la plus brutale et la plus courte des quatre phases, celle de l'« illumination ». Cette période de l'illumination correspond donc à la prise de conscience du fruit de la période d'incubation. Consciemment représentée dans l'esprit du mathématicien, cette pépite brute et jusqu'alors inconnue va faire l'objet d'un long travail conscient de vérification, d'affinage, à travers la quatrième et dernière période qui est celle de la « finition ». Cette description en quatre périodes semble fidèle au cheminement mental qui a conduit à de multiples découvertes mathématiques.

Elle nous permet de comprendre l'origine du raccourci qui sous-tend cette conception populaire selon laquelle les grands processus artistiques ainsi que les découvertes scientifiques majeures reposeraient sur l'activité de notre « inconscient ». Comme tout raccourci qui se respecte, celui-ci n'est pas totalement inexact, mais il pèche par omission. L'idée géniale est bien le fruit de notre activité mentale inconsciente. Mais cette activité mentale inconsciente serait impuissante à produire cette idée en l'absence des trois autres périodes de travail conscient, et notamment en l'absence de la période de préparation qui la précède. D'où les déboires de notre charcutier bordelais !

Un bon conseil, si vous désirez sérieusement révolutionner un jour un domaine artistique ou intellectuel quel qu'il soit, commencez par l'investir consciemment de manière soutenue. Cette prééminence du travail conscient sur l'incubation inconsciente s'offre d'ailleurs à l'introspection des premiers intéressés, les mathématiciens créateurs qui affirment avec l'un de leurs plus illustres représentants, Poincaré : « À propos des conditions de ce travail inconscient : celui-ci sera impossible ou, à tout le moins, stérile sauf dans le cas où il sera précédé et suivi par un travail conscient. » L'idée géniale naît de notre inconscient si et seulement si celui-ci est éduqué et contrôlé, au sens cognitif, par notre effort conscient. Nous avons raconté dans la partie précédente de cet essai la découverte des profondes influences qu'exerce notre pensée consciente sur les processus inconscients abstraits. Il me semble que les périodes que décrivent Wallas et Hadamard reflètent un autre aspect de cette découverte.

Initialement, le chercheur met en place une stratégie consciente, ici particulièrement complexe et alimentée par de riches connaissances. Cette période de préparation permet probablement de « façonner » et d'« orienter » nos processus inconscients dans certaines directions qu'ils ne sauraient suivre en l'absence de ces influences conscientes. Rappelons à nouveau que la plupart de ces représentations inconscientes dérivent d'apprentissages conscients préalables. Une fois correctement réalisée, cette période de préparation donne ainsi le relais à nos processus inconscients dont l'extrême diversité permanente les désigne comme les candidats naturels à cette période d'incubation. L'incubation sans effort correspondrait à une phase durant laquelle un nombre important de « solutions » potentielles évanescentes seraient inconsciemment représentées. Dès que l'une d'entre elles épouserait les contours de la solution consciemment attendue, elle ferait aussitôt irruption dans la conscience du chercheur et illuminerait son esprit ! Ensuite, la mise en forme de cette solution consciemment représentée serait réalisée à travers le travail conscient qui finaliserait les détails et vérifications nécessaires. On comprend ainsi comment, sans le travail conscient, l'idée même d'une découverte inconsciente devient absurde. Il est par contre indéniable que ces processus illustrent magistralement la richesse des relations charnelles qui unissent ces deux pôles de notre vie mentale dont la distinction ne doit pas faire oublier la complémentarité.

Le rôle prépondérant de la conscience dans les processus de création ne se limite pas à la découverte d'une nouvelle théorie de la gravitation ou à la résolution d'une conjecture géométrique particulièrement retorse, mais il concerne de la même manière l'ensemble des processus créatifs qui caractérisent l'activité intellectuelle humaine dans ses multiples dimensions artistiques[1], techniques, pédagogiques ou sociales. Bref, seul un être conscient a pu inventer la roue et l'écriture cunéiforme, écrire les six volumes de *À la recherche du temps perdu*, ou composer *Le Clavier bien tempéré* !

En utilisant les termes posés par Spinoza, nous pourrions résumer ce second principe en affirmant qu'il nous faut être conscient de ce à quoi nous pensons afin de l'utiliser pour « augmenter notre capacité à agir », et donc à se rapprocher du bonheur ! Bref, rien moins que la naissance et le développement d'une civilisation semblent nécessiter l'existence d'une vie consciente ! Le concept de civilisation

1. On peut lire à ce propos les réflexions d'un compositeur contemporain russe, Edison Denisov, qui livre les nombreuses analogies et les quelques différences qui unissent la création mathématique, telle qu'elle fut décrite par Wallas et Hadamard, et la création musicale. Un extrait traduit par Bernard Desgraupes est disponible en ligne sur le site de l'Ircam : http ://catalogue.ircam.fr/HOTES/SNM/ITPR23EDEN.html.

est d'ailleurs un autre critère permettant de diagnostiquer l'existence d'une activité mentale consciente chez les individus qui l'ont créée.

Si je veux, quand je veux !
Intention et spontanéité

Nous disposons d'ores et déjà de deux propriétés exclusives de la conscience. Tout d'abord, une pensée consciente est affranchie des contingences temporelles qui soumettent à un implacable processus d'évanescence nos représentations mentales inconscientes. Ce résultat est fondamental car il constitue une limitation majeure et définitive à la nature des influences inconscientes qui pourraient agir à notre insu de manière explicite et durable sur notre vie consciente. D'autre part, seul le mode de traitement conscient est associé aux capacités de contrôle stratégique et d'innovation mentale qui sous-tendent l'invention et l'élaboration de nouvelles formes de représentations mentales.

Il existe une troisième propriété de la conscience que nous n'avons pas encore explicitée, mais qui réside pourtant au sein des différents exemples de processus mentaux inconscients que nous avons eu l'occasion de rencontrer. Adepte de la maïeutique socratique, je vous propose d'accoucher vous-mêmes de cette dernière propriété de la conscience, qui repose pour l'instant implicitement entre les lignes de la première partie de ce livre, en aiguillant votre raisonnement par autant de questions-réponses qui auront valeur d'indices.

Qu'y a-t-il de commun à l'ensemble des processus inconscients à l'œuvre chez les patients *blindsights*, négligents, agnosiques, ou chez les sujets neurologiquement sains ? Réponse : ces processus sont tous inconscients, et par définition leur existence demeure ainsi cachée à leurs hôtes.

Comment avons-nous alors pu dévoiler leur existence au grand jour ? Réponse : en révélant les effets de ces processus inconscients sur les performances conscientes de tous ces sujets. Par exemple, lorsque Gelder et Weiskrantz ont demandé au patient *blindsight* G.Y. de catégoriser la valence émotionnelle d'un visage qu'il ne voyait pourtant pas consciemment, ils ont pu démontrer que la performance du patient était quasi parfaite alors même qu'il était persuadé de répondre au hasard.

Quel est donc le point commun à l'ensemble des tâches effectuées afin de rendre manifestes ces différents processus mentaux inconscients ? Réponse : l'ensemble de ces tâches sont ce que nous avons appelé des tâches « à choix forcé ». Autrement dit, nous avons été chaque fois contraints de forcer le sujet à effectuer un comportement volontaire dont nous subodorions qu'il pourrait être affecté d'une manière ou d'une autre par ses bouillonnantes cogitations inconscientes.

Que se serait-il passé si nous n'avions rien demandé au sujet ? Qu'aurait fait Mme D. F. si Milner et Goodale ne lui avaient pas demandé de poster la carte postale dans leur curieuse boîte aux lettres ? Comment auraient agi les patients *blindsights*, face aux lumières invisibles qui apparaissaient au sein de leur scotome, sans les instructions de saccade forcée de Poppel, Held et Frost ? Comment se seraient comportés les participants de nos expériences d'amorçage visuel masqué avec ces nombres subliminaux qu'ils ne voyaient pas consciemment, si nous ne leur avions imposé de réaliser une tâche de comparaison numérique ? Que serait-il advenu des perceptions inconscientes des visages effrayés chez ce patient héminégligent, si Vuilleumier ne lui avait pas demandé de catégoriser ces stimuli qu'il ne voyait pourtant pas ? Bref, quels comportements volontaires et intentionnels auraient été initiés par ces différentes représentations mentales inconscientes ?

Aucun.

C'est précisément ce contraste qui est saisissant. D'une part, le cerveau de chacun de ces patients fourmille de représentations mentales inconscientes capables d'influencer de manière visible et mesurable leurs performances conscientes. Mais, d'autre part, aucune d'entre elles n'est susceptible de déclencher un comportement intentionnel. L'ensemble des processus mentaux inconscients étudiés par les neurosciences cognitives partagent ainsi cette troisième propriété fondamentale : ils ne peuvent tout simplement pas donner lieu à des comportements spontanés et volontaires.

L'apanage de la conscience

Au terme de ce chapitre nous avons atteint l'objectif que nous nous étions fixés. Nous disposons à présent d'un jeu de propriétés qui sont le lot exclusif de nos pensées conscientes.

Ces propriétés fixent ainsi les limites, que nous recherchions, du territoire psychologique de l'inconscient cognitif. Une représentation mentale inconsciente, aussi riche soit-elle, est nécessairement évanescente, elle ne peut se maintenir activement de façon durable. Une représentation mentale inconsciente ne peut induire chez un sujet un changement de stratégie original ou une modification de son contrôle et de son inhibition cognitive. Enfin, une représentation mentale inconsciente est incapable de donner naissance à un comportement intentionnel ou volontaire.

CHAPITRE 2

Esquisse pour une psychologie scientifique de la conscience

De l'observation à la compréhension

Notre détour par les neurosciences de la conscience nous a déjà permis de poser certaines limites psychologiques importantes à son *alter ego* qu'est notre vie mentale inconsciente. En faisant la découverte que seules nos représentations mentales conscientes possèdent certaines propriétés, nous commençons à mieux cerner *a contrario* les contours du territoire psychique de l'inconscient. Pouvons-nous améliorer davantage cette cartographie de l'inconscient ? Nous ne disposons pour l'instant que d'informations purement descriptives : nous sommes renseignés sur ce qui est possible et sur ce qui n'est pas possible pour nos représentations inconscientes. Mais ces informations sont dépourvues de la moindre dimension explicative. Nous sommes par exemple incapables d'énoncer la chaîne de causalité qui gouverne la prise de conscience : pourquoi tel processus mental est conscient et tel autre ne l'est-il pas ? Pourquoi les stimuli subliminaux échappent-ils à notre conscience perceptive ? Pourquoi M. G. Y, Mme D. F. ou les patients négligents n'arrivent-ils pas à percevoir consciemment certains objets alors que leurs cerveaux continuent à en élaborer de multiples représentations mentales inconscientes ?

La recherche d'un modèle explicatif est d'autant plus importante que nous avons déjà établi qu'il n'y a pas de compartimentation anatomique étanche entre les régions de notre cerveau qui représentent l'information consciemment et celles qui sous-tendent nos cogitations inconscientes. Il n'existe pas, rappelons-le, de centre anatomique cérébral de la conscience. Pourquoi ne sommes-nous donc pas conscients de ces représentations mentales qui sont pourtant sous-tendues par l'activité de virtuellement n'importe laquelle des régions de notre cerveau ?

Après avoir fait voler en éclats la conception archaïque victorienne des relations entre l'esprit et le cerveau, nous devons répondre de manière biologique à cette nouvelle énigme : si notre conscience n'est pas sous-tendue par l'activité d'une région cérébrale bien spécifiée, comment expliquer que l'on soit conscient, à un moment bien précis, d'une représentation mentale sous-tendue par l'activité neuronale de telle région, et pas de telle autre représentation ? Est-ce qu'à la grande diversité – psychologique et cérébrale – des formes de représentations mentales inconscientes, répondrait une diversité similaire des mécanismes en vertu desquels ces représentations ne sont pas conscientes ? Répondre à ces questions reviendrait à disposer d'une sorte de typologie des inconscients, qui nous permettrait d'y voir plus clair dans ce bouillonnant chaos.

S'interroger sur la causalité des phénomènes impose au scientifique de construire un modèle du réel. Ce modèle sera d'autant plus pertinent qu'il réussira à rendre compte de manière économe et réaliste d'un nombre important de données empiriques déjà rapportées dans la littérature du domaine scientifique considéré. Ce modèle sera plus riche encore s'il conduit à formuler certaines prédictions pertinentes qui seront testables par de futures expériences. Un modèle fécond permet ainsi de faire progresser la recherche dans un champ scientifique en engendrant un mouvement dialectique entre la théorie et l'expérimentation. La théorie stimule l'inventivité expérimentale qui, en retour, peut l'améliorer en lui apportant chaque fois le verdict de la réalité.

Dans le domaine des neurosciences de la conscience, les dix dernières années ont vu apparaître plusieurs modèles dont les prémisses et les prédictions retiennent l'intérêt de la communauté scientifique concernée (Crick et Koch, 1990 ; Dehaene, Kerszberg et Changeux, 1998 ; Dehaene et Naccache, 2001 ; Tononi et Edelman, 1998). L'un de ces modèles est celui de l'« espace de travail global conscient » (*Conscious Global Workspace*). Il a été formulé par Stanislas Dehaene, Jean-Pierre Changeux, Michel Kerszberg et moi-même dans deux articles publiés en 1998 et en 2001. Il continue depuis à faire l'objet de développements au sein de nos laboratoires (Dehaene *et al.*, 2006), et dans le petit univers des neurosciences de la conscience.

Ce modèle offre une esquisse de solution théorique à la question des fondements psychologiques et biologiques de la conscience et permet de rendre compte d'un grand nombre de données expérimentales en provenance de disciplines aussi variées que l'anatomie, la neuropsychologie clinique, la physiologie cérébrale, la psychologie expérimentale et l'imagerie cérébrale fonctionnelle. Une brève visite rendue au modèle de l'espace de travail global nous permettra de puiser les informations nécessaires à une meilleure compréhension de l'essence propre à chacun des types de processus cognitifs inconscients déjà rencontrés.

Fortune et infortunes de Gall

En préambule à l'exposition des idées maîtresses de ce modèle théorique, il n'est pas inutile de se pencher brièvement sur la réponse dominante apportée par les neurosciences à l'épineuse question du substrat cérébral d'une faculté mentale. La conscience est une de ces facultés, et à ce titre elle partage cette conception moderne, fruit d'une histoire ancienne et mouvementée. Cette conception contemporaine s'enracine dans une théorie dont la naïveté ne méritait probablement pas le galvaudage, parfois calomnieux, dont elle fut pourtant victime en son temps. Je veux parler de la phrénologie élaborée par Franz Gall dès la fin du XVIIIe siècle. Si ce nom vous semble inconnu, vous connaissez à coup sûr sa « découverte » enracinée dans notre conscience collective : Gall n'est autre que l'inventeur de la bosse des maths !

Gall était un distingué neuro-anatomiste viennois émigré à Paris. Il développa d'ingénieuses méthodes d'études anatomiques fines de cerveaux humains morts. Pressentant qu'il ne fallait pas s'arrêter en si bon chemin pour comprendre la physiologie de la pensée, il saisit l'immense intérêt qu'il y aurait à étudier, le jour venu, l'anatomie cérébrale non pas de cadavres inertes, mais celle de sujets humains toujours vivants dont on pourrait évaluer l'ensemble des facultés mentales et comportementales. Malheureusement pour Gall, les scanners aux rayons X et l'IRM n'étaient pas

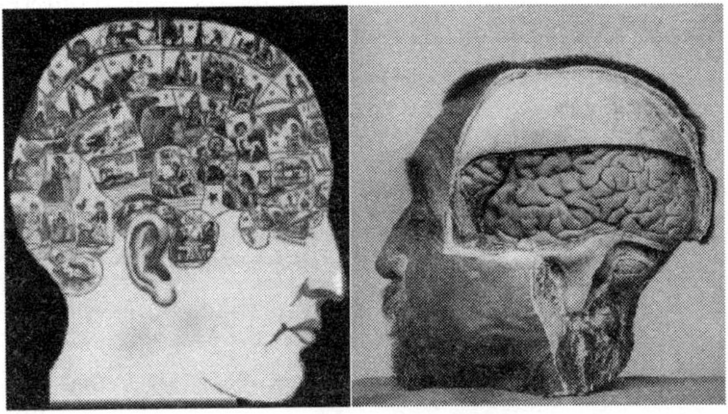

FIGURE 27 – Splendeurs et misères de la phrénologie.
Franz Gall était un anatomiste talentueux dont le nom demeure associé à la phrénologie, cette « science des bosses » et autres aspérités du crâne dont la simple inspection offrirait un accès direct aux développements supposés de telle ou telle région de l'écorce cérébrale. Sur ce dessin célèbre (à gauche) sont ainsi représentées les bosses qui correspondent à telle ou telle faculté mentale, trait de caractère ou tendance comportementale. De la bosse des maths à celle du crime ! Au-delà de son caractère totalement erroné et des usages malheureux qu'elle a suscités, la phrénologie de Gall comportait toutefois les germes d'un concept profond et correct, celui de la spécialisation cérébrale : chaque région du cortex cérébral ne contribue pas à former les mêmes représentations mentales que ses voisines. Les deux erreurs majeures de la phrénologie de Gall sont : 1) l'hypothèse qu'une fonction mentale ne reposerait que sur l'activité d'une petite région cérébrale, 2) l'hypothèse que les modifications morphologiques du crâne refléteraient fidèlement les variations de volume du cortex cérébral sous-jacent (à droite la photographie de la tête d'un condamné à mort argentin décapité en 1890, dont on peut observer le cortex temporal gauche, les enveloppes méningées et le crâne sous le scalp).

encore disponibles ! Devait-il pour autant abandonner son grand œuvre ?

Observateur subtil des corps, Gall fit une folle hypothèse : les aspérités de nos crânes, bosses et crevasses, ne pourraient-elles pas directement refléter le développement plus ou moins important des régions du cortex cérébral sous-jacentes ? C'est ainsi que naquit la théorie de la bosse des maths, la plus illustre d'une collection de plusieurs dizaines de « bosses » censées décrire le niveau de développement de telle ou telle faculté ! Cette « image de la bosse » a connu un succès phénoménal, attesté aujourd'hui encore par les expressions de notre vocabulaire ordinaire et par ces cartes que nous avons tous contemplées en souriant, sur lesquelles apparaissent les « territoires » crâniens de toutes ces facultés et traits de caractère qui vont du mensonge à la générosité en passant par les mathématiques, la violence ou le langage.

Le verdict du temps fut cristallin et – disons-le sans ambages – sa théorie des bosses ne constitue plus aujourd'hui qu'une plaisanterie dont le caractère grotesque sert parfois encore à justifier un discours réactionnaire farouchement opposé à tout regard scientifique sur la vie mentale : les neurosciences de l'esprit ne pourraient nous servir que des théories « bosselées » ou « néobosselées » !

En réalité, si Gall avait fait erreur en adhérant à la déraisonnable hypothèse de pouvoir lire à travers les bosses du crâne la taille des circonvolutions corticales sous-jacentes, et ce faisant d'en inférer le développement de telle ou telle faculté intellectuelle, il ne faut pas pour autant mépriser l'hypothèse fondamentale qui guidait son projet. Gall ne proposait rien moins qu'une théorie « localisationniste » de la pensée. Avant et par-delà les bosses, Gall pensait que l'organe de notre vie mentale était effectivement le cerveau, et que ce cerveau n'était pas une substance isotrope du point de vue de la fonction mentale considérée. C'est-à-dire que selon Gall, chaque région du cerveau sous-tend telle ou telle fonction mentale par opposition avec des théories holistes selon lesquelles chacune de nos facultés repose sur l'activité de la totalité de notre cerveau. Cette vision localisationniste audacieuse demeure l'un des principes clés de notre conception actuelle des relations entre le cerveau et l'esprit. Surtout, cet aspect de la pensée de Gall est loin d'être trivial, simpliste ou délirant. Affirmer de telles idées à la lumière de son talent reconnu de neuro-anatomiste constitue un acte intellectuel méritoire et visionnaire, plusieurs siècles avant l'apparition des méthodes d'imagerie cérébrale fonctionnelle. Mais voilà, le bruissement de la postérité n'a pas retenu cette construction théorique révolutionnaire, et seules les bosses du pauvre Gall ont cheminé jusqu'à notre XXIe siècle balbutiant.

La phrénologie est morte, vive la néophrénologie !

On peut mesurer le caractère génial de cette théorie qui localise les fonctions supérieures de l'homme dans les replis des différentes circonvolutions du cortex en rappelant que la discussion autour de l'existence même d'une spécialisation cérébrale a nourri des polémiques virulentes jusqu'à des heures avancées du XXe siècle !

Flourens, par exemple, avait incarné dès le XIXe siècle ce courant holiste qui ne voyait pas de place pour le concept de spécialisation cérébrale. En réalisant des ablations de différentes régions du cerveau de pigeons, il parvint à la conclusion que « les sentiments, la volonté et la perception ne forment qu'une seule faculté fondamentalement unitaire résidant dans un organe unique » (Flourens, 1824).

Le courant de pensée holiste s'est ainsi déployé à travers les œuvres de plusieurs grands neurologues et neuroscientifiques. L'idée d'une spécialisation cérébrale de certaines fonctions du langage dans différentes régions de l'hémisphère gauche illustre parfaitement cette opposition acharnée entre localisationnistes et holistes. Lorsque Dax, Bouillaud mais surtout Paul Broca puis Carl Wernicke ont baptisé diverses régions corticales d'« aire du langage articulé » ou d'« aire de la compréhension du langage », la réaction de Pierre Marie ne s'est pas fait attendre longtemps. Une analyse anatomique nouvelle des lésions cérébrales provoquant telle ou telle forme d'aphasie l'a bientôt conduit à mettre en évidence que ces lésions ne sont jamais circonscrites à une seule de ces régions. Par la suite, de brillants neurologues comme Kurt Goldstein verront dans le localisationnisme cérébral une vision obtuse du courant dominant. Ses examens cliniques minutieux des militaires allemands dont le cerveau avait été endommagé par des balles de fusil ou des éclats d'obus durant la Première Guerre mondiale le conduisirent à penser qu'une lésion cérébrale suscite des perturbations dont la compréhension nécessite de les attribuer à une réaction de l'ensemble de l'organisme, et non pas à la manifestation de telle ou telle région endommagée considérée isolément (Goldstein, 1983).

Malgré ces différentes réactions conceptuelles souvent profondément pertinentes, il n'en demeure pas moins que l'idée fondamentale de Gall domine toujours la théorie contemporaine des fonctions cérébrales : le cortex cérébral et le cerveau considéré dans sa totalité ne sont pas isotropes du point de vue de la fonction mentale considérée. Gall se trompait bien entendu sur presque tout le reste, mais cette intuition première s'est avérée parfaitement correcte et fonde aujourd'hui encore ce que l'on pourrait appeler le courant néophrénologique.

Si Gall apparaissait soudainement à un congrès contemporain de neurosciences de la cognition, il éprouverait tout de même une certaine perplexité face à l'évolution de nos concepts. Nul n'envisage plus désormais qu'une fonction mentale s'enracine dans un bout de cortex parfaitement délimité. Une fonction mentale complexe nous semble plutôt résulter de la combinaison de plusieurs opérations cognitives dissociables qui reposent, pour chacune d'entre elles, sur l'activité d'un réseau d'aires cérébrales interconnectées les unes aux autres. Une aire donnée peut ainsi participer à différents réseaux fonctionnels et donc à différentes opérations cognitives et à diverses fonctions mentales. À un niveau ultime, des populations de neurones représentent certains objets mentaux de manière spécifique. À tout moment, tous les neurones d'un cerveau vivant sont fonctionnels, mais l'activité de codage nerveux que chacun d'entre eux réalise répond à une organisation anatomique précise.

Nous savons par exemple que des neurones du cortex intrapariétal représentent la quantité numérique, tandis que d'autres situés dans le cortex occipital primaire codent l'orientation spatiale des objets que nous voyons, d'autres encore leurs couleurs, leurs mouvements ou leurs formes. D'autres populations de neurones du gyrus parahippocampique nous offrent des cartes de navigation mentale dans l'espace, un véritable système GPS intégré avant l'heure. D'autres encore, logées dans les replis de notre gyrus cingulaire antérieur, représentent en temps réel la quantité de conflit qui existe dans nos aires motrices. Cette liste « néo-gallienne » pourrait être déclinée sur plusieurs dizaines de pages. Elle n'est bien sûr pas exhaustive et le niveau d'intrication fonctionnelle entre les populations de neurones anatomiquement voisines reste à déterminer.

L'objet de notre recherche, le substrat cérébral de la conscience, n'échappe évidemment pas à cette conception néophrénologique. S'il ne fait pas le moindre doute qu'il n'existe pas de « centre cérébral unique » de la conscience, il serait toutefois absurde d'imaginer que chacune des régions de notre cerveau jouerait un rôle identique dans l'émergence de ce phénomène mental. Le modèle théorique de l'espace de travail global conscient élaboré par Stanislas Dehaene, Jean-Pierre Changeux, moi-même et d'autres collègues s'accorde avec cette conception localisationniste moderne.

Le modèle de l'espace de travail global conscient

L'idée centrale de notre modèle postule l'existence de deux compartiments anatomiques et fonctionnels distincts au sein de l'architecture de notre cerveau.

D'une part, une multitude de « petits » circuits cérébraux très spécialisés ne cessent d'élaborer à tout moment autant de représentations mentales inconscientes, en parallèle les uns avec les autres. D'autre part, il existerait un réseau neuronal absolument différent de tous ces autres circuits, dont le contenu correspondrait à chaque instant à la représentation mentale dont nous faisons l'expérience consciente. Nous appelons ce réseau neuronal unique en son genre l'« espace de travail global conscient ». Il s'agit donc bien là d'un modèle biologique de la conscience.

Quelles sont donc ces propriétés fonctionnelles singulières qui n'offriraient rien moins qu'un contenu mental conscient à un système nerveux vivant ?

Contrairement aux nombreux « petits » réseaux distribués un peu partout dans notre cerveau, celui de l'espace de travail global se caractériserait avant tout par sa taille autrement plus grande. Ce réseau serait à l'échelle du cerveau lui-même. Le gigantisme anatomique de ce réseau serait ainsi à l'origine d'une première propriété importante : les neurones qui composent ce réseau infiltreraient un grand nombre de régions cérébrales, et donc un grand nombre de ces autres petits réseaux très spécialisés que nous avons décrits. Ce gigantisme et cette infiltration permettent déjà de comprendre que nous avons sous les yeux un réseau central qui serait connecté à de multiples processeurs cérébraux spécialisés, et qui pourrait donc communiquer avec chacun d'entre eux. Un tel réseau permettrait donc de manipuler virtuellement n'importe quelle forme d'informations, et il offrirait ainsi le potentiel d'inventivité mentale qui caractérise notre mode de pensée conscient.

Une seconde propriété importante du modèle théorique de l'espace de travail global conscient concerne la communication entre les neurones qui constituent ce réseau global. Imaginez des invités à une soirée dans un salon. Considérons ce groupe d'individus comme représentant notre réseau global. Lorsqu'ils commencent à discuter les uns avec les autres, on peut imaginer différentes configurations.

Soit plusieurs discussions parallèles vont bon train, plus ou moins indépendamment les unes des autres. Un microphone posé au milieu du salon enregistrerait ces différentes conversations, et plusieurs voix seraient audibles en même temps.

Soit une seule discussion occupe l'ensemble des invités qui en bon usage des règles de bienséance savent se respecter et ne jamais s'exprimer en même temps. Le micro enregistrerait alors une conversation unique, et une seule voix à chaque instant. Afin de décrire ces différentes configurations, on peut faire appel à la notion de « lien » entre deux invités. On dira que l'individu A est lié à l'individu B, si A parle à B et que ce dernier l'écoute. Plus le nombre de liens réciproques entre les invités est important, plus leur activité, c'est-à-dire ici leur discussion, évoluera nécessairement vers une discussion unifiée et non cacophonique à grande échelle. Si l'on imagine que tous les invités sont ainsi « reliés » les uns aux autres, lorsque l'un d'entre eux s'exprimera, les autres l'écouteront en silence et il n'existera pas de discussions parallèles.

Les invités de cette métaphore représentent les différents neurones de notre réseau global. Les liens entre ces invités ne sont autres que les synapses qui relient de manière unidirectionnelle un neurone à son voisin. Le modèle de l'espace de travail global postule que les neurones de ce gigantesque réseau seraient massivement interconnectés entre eux. Autrement dit, en reprenant notre métaphore, à chaque instant une seule voix prévaudrait au sein de cette conversation cohérente à grande échelle. La conséquence majeure de cette propriété d'interconnexion massive est la suivante : à chaque instant l'espace de travail global ne serait occupé que par une seule représentation mentale, tout comme le flux sériel de notre conscience qui ne conçoit qu'une pensée à la fois.

Le mécanisme de la prise de conscience

La dernière propriété importante de notre modèle théorique, la plus technique et complexe, concerne l'entrée d'une information extérieure au sein de l'espace de travail global conscient. Comment les informations représentées de manière inconsciente dans les multiples petits réseaux cérébraux pourraient-elles faire irruption dans cet espace de travail global, et accéder ainsi à notre conscience ? Notre modèle postule l'existence d'un mécanisme original d'« amplification attentionnelle descendante » qui sous-tendrait la prise de conscience que nous allons à présent expliciter.

Nous venons de voir qu'en vertu de l'architecture interne de l'espace de travail global, une seule représentation mentale occupe son contenu à chaque instant. D'autre part, l'architecture externe de cet espace de travail global nous a appris qu'il était en communication permanente avec une multitude de processeurs cérébraux inconscients. Autrement dit, il faut concevoir qu'à chaque instant mille représentations inconscientes sont aux portes de votre espace de travail global, mais que dans le meilleur des cas une seule d'entre elles raflera la mise et verra les portes s'ouvrir !

Sperling avait bien montré que, à chaque instant, je ne peux prendre conscience que d'une seule des lettres affichées sur l'écran. Cette course pour la conscience, véritable tempête sous notre crâne, qui se joue sans interruption lorsque vous n'êtes pas en sommeil profond ou dans le coma, n'est cependant pas totalement arbitraire. Lorsqu'une représentation mentale s'impose parmi ses concurrentes inconnues, ce n'est pas là le simple fruit du hasard. Sinon, notre vie mentale ne serait qu'une succession de contenus incohérents et chaotiques, peut-être comme dans certains « états modifiés » de la conscience décrits chez des sujets à l'occasion d'un trip psychédélique pharmacologique sous LSD, mescaline ou autre substance hallucinogène.

Le mécanisme proposé par le modèle de l'espace de travail global pour expliquer la prise de conscience d'une représentation mentale fait appel à une forme de dialogue entre les processeurs périphériques et le réseau central qui sont reliés entre eux par des connexions bidirectionnelles qui leur permettent donc à la fois de s'envoyer et de recevoir des messages. À chaque moment, les processeurs communiquent le fruit de leur activité, c'est-à-dire la représentation mentale inconsciente qu'ils ont élaborée, aux neurones du réseau central avec lesquels ils sont connectés. Ces neurones de l'espace de travail peuvent alors faire évoluer cette « discussion » de plusieurs manières.

Soit l'espace global est occupé par une représentation mentale durablement maintenue et l'échange s'arrête là. Les neurones de l'espace central ne tiennent aucun compte du message envoyé par le processeur périphérique en question, au mépris des recommandations les plus élémentaires du guide de politesse neuronale. L'illustration quotidienne de cet état mental correspondrait à ces situations familières au cours desquelles nous sommes – consciemment – absorbés par la lecture d'un roman palpitant, ou préoccupés par un problème important, et que nous n'entendons tout simplement pas – consciemment – les paroles qui émanent d'un poste de télévision allumé.

Soit la sollicitation du processeur périphérique intervient à un moment propice, c'est-à-dire lors d'une phase de transition possible entre le contenu actuel de l'espace de travail global et son contenu à venir. Les neurones du réseau central peuvent alors répondre à ceux du processeur périphérique et entamer avec eux une discussion dynamique.

Il faut imaginer que ce que nous décrivons à un point de communication entre le réseau central et un processeur périphérique se déroule simultanément en de très nombreux points d'articulation entre ce réseau central et la multitude des processeurs périphériques. La durée de ces discussions parallèles inconscientes est brève, de l'ordre de quelques dizaines de millième de seconde. Elle se caractérise par certaines traversées fulgurantes de bribes de ces discussions à travers tout le réseau global qui est massivement interconnecté. Brutalement, l'une de ces discussions inconscientes, c'est-à-dire l'une des représentations, va retenir l'attention d'une partie suffisamment importante des neurones de ce réseau. Les facteurs qui expliquent pourquoi une des représentations inconscientes attire et retient l'attention d'une partie importante du réseau central sont multiples. La familiarité d'une information pour l'espace de travail conscient serait l'un d'entre eux.

Une des plus fameuses illustrations du rôle de la familiarité dans l'orientation de l'attention consciente est le *cocktail effect* ou « effet cocktail » dont chacun d'entre nous a déjà fait l'expérience : lorsque nous discutons avec un individu dans un contexte de brouhaha important où de multiples discussions parallèles et bruyantes coexistent, il nous arrive de prendre brutalement conscience de l'une d'entre elles dès lors que notre prénom est prononcé. Cet effet témoigne bien d'un premier niveau de représentation inconsciente de notre prénom, probablement en parallèle avec d'innombrables autres représentations inconscientes originaires de ces multiples discussions parallèles. La familiarité de notre prénom pour notre espace de travail conscient serait ainsi à l'origine d'un avantage attentionnel, et ainsi d'un biais en faveur de la prise de conscience de cette représentation plutôt que d'une autre.

Un second facteur important dans l'attraction automatique de notre attention repose sur la pertinence de la représentation en question. Si une information possède une valeur émotionnelle, si elle signalise un danger ou si elle est en relation avec des représentations mentales qui nous ont personnellement marqué, alors cette représentation parviendra plus facilement à notre conscience que ses concurrentes.

Un tel effet a récemment été mis en évidence pour la prise de conscience des mots porteurs d'une valence émotionnelle négative associée à la peur ou à la menace (Anderson et Phelps, 2001 ; Gaillard *et al.*, 2006b).

Il est extrêmement probable également que les « attentes » de notre espace de travail conscient orientent ce mécanisme de prise de conscience vers certains contenus plutôt que d'autres, ce qui favorise la cohérence du flux de notre contenu conscient.

Dans ce processus qui est comparable à un scrutin majoritaire, dès qu'un seuil critique est atteint, cette discussion fait l'objet d'échanges de plus en plus soutenus avec le réseau central, au détriment des autres discussions qui sont rapidement interrompues. L'élue est alors amplifiée depuis l'intérieur du réseau et elle embrase alors l'ensemble de l'espace de travail global.

Ainsi naîtrait une idée consciente. Ainsi procéderait l'enchaînement de nos contenus conscients.

Le flux de notre conscience ne serait donc pas à envisager comme un changement continu permanent mais plutôt comme une succession d'états stables. Le contenu de notre espace de travail conscient serait constamment mis à jour plusieurs fois par seconde.

De nombreuses données de la psychologie expérimentale et de la neurophysiologie humaine sont en faveur de cet aspect « quantique » de nos états conscients (Donchin et Coles, 1988 ; Raymond *et al.*, 1992 ; VanRullen et Koch, 2003 ; VanRullen, Reddy, et Koch, 2005). L'ordre de grandeur temporel de cette dynamique de la conscience avoisinerait les quelques dixièmes de seconde.

Cinq remarques sur le mécanisme d'amplification attentionnelle descendante

Ce schéma volontairement réducteur et caricatural permet toutefois de donner une image assez fidèle de ce mécanisme, image qu'il faut à présent rendre plus complexe afin de se rapprocher d'un schéma plus réaliste.

Lorsque nous résumons le contenu d'un percept conscient à celui d'un processeur périphérique, il est évidemment plus vraisemblable de se représenter un ensemble de contenus perceptifs distincts qui sont reliés entre eux et qui peuvent donner lieu à une représentation mentale consciente unifiée qui les combine. Ainsi, lorsque je vois un arbre vert au tronc noueux, chacun des attributs perceptifs dont les couleurs (marron du tronc, vert du feuillage, ombres sombres), les formes (celles des feuilles et celle des troncs et des branches), les mouvements complexes et les odeurs sont représentés dans des populations neuronales distinctes. Si je prends conscience de l'arbre, c'est tout ou partie de ces multiples représentations inconscientes renvoyant au même objet qui feront l'objet de cette amplification descendante, au détriment de celles qui représentent le corbeau perché sur l'une des branches, que je n'ai pas encore vu consciemment.

Nous avons également décrit ce réseau global comme une collection de neurones massivement interconnectés entre eux. Les plus périphériques seraient en relation avec les nombreux processeurs cérébraux spécialisés. Il ne faut toutefois pas entendre là que ces neurones du réseau central seraient uniformément comparables les uns aux autres. Ce modèle conçoit que ces neurones seraient eux-mêmes organisés en sous-systèmes dotés de spécialisations fonctionnelles distinctes. Certains sous-systèmes, situés aux interfaces avec les processeurs périphériques, seraient responsables d'assurer un lien avec eux. D'autres, situés notamment dans le lobe frontal et le cortex cingulaire antérieur, seraient impliqués plus directement dans le processus de sélection des représentations. D'autres encore, situés dans le lobe pariétal, joueraient un rôle fondamental dans le maintien des représentations sélectionnées et dans la capacité à faire circuler le « projecteur de l'attention » (*attentional spotlight*) d'un processeur à l'autre.

Nous avons utilisé la perception afin d'illustrer ce mécanisme de prise de conscience, mais il faut bien sûr généraliser ce mécanisme à l'ensemble des autres contenus mentaux dont nous faisons l'expérience consciemment. Parmi nos processeurs cérébraux, certains, situés dans le cortex hippocampique, sont directement concernés par le stockage et l'accès aux anciennes représentations conscientes, c'est-à-dire à la capacité de réactiver des souvenirs de notre mémoire épisodique. D'autres, comme l'amygdale cérébrale, sont des épicentres de la coloration émotionnelle de nos pensées conscientes et inconscientes. D'autres encore sont spécialisés dans divers aspects du langage, du schéma corporel ou de la représentation du sens des concepts. Pour chacun de ces processeurs ou de ces groupes de processeurs combinés entre eux, ce jeu de la prise de conscience opère selon le même mécanisme général dans le cadre du modèle de l'espace de travail global.

Le rôle fondamental des processus attentionnels descendants originaires du réseau global ne se limite pas à amplifier une représentation inconsciente parmi d'autres. Il permet, de manière plus générale, de coordonner l'activité de plusieurs processeurs anatomiquement connectés entre eux, initialement sous la supervision du réseau central. Autrement dit, ce mécanisme attentionnel peut non seulement amplifier une représentation, mais il peut également faire circuler une représentation d'un processeur à un autre, afin de donner naissance à de nouvelles représentations mentales. Ce mécanisme fondamental est à l'origine de l'apprentissage et sous-tend les processus d'automatisation progressive.

Enfin, ce qui gouverne l'activité de ce réseau n'est autre que l'activité de ce réseau. Il s'agit d'un exemple parmi tant d'autres des propriétés émergentes d'auto-organisation du vivant, déjà mises en évidence dans d'autres systèmes biologiques, à des échelles moléculaires ou cellulaires (Atlan, 1972).

Autrement dit, ce modèle n'implique pas l'existence d'un pilote conscient caché au cœur de ce réseau, qui prendrait la décision d'amplifier telle représentation mentale plutôt qu'une autre ! Qui en nous prendrait sinon conscience de l'activité de ce « pilote » ? Un autre pilote, qui lui-même serait observé par un superpilote... Jusqu'où ? Jusqu'à une régression à l'infini qui signerait ni plus ni moins l'adhésion à une vision dualiste résiduelle, plus complexe que celle de Descartes, des relations corps-esprit. Selon notre modèle, notre contenu conscient ne serait ni plus ni moins que l'activité neuronale cohérente à grande échelle de ce réseau global.

Anatomies de la conscience : un espace à géométrie variable

Le modèle neuroscientifique de la conscience que propose la théorie de l'espace de travail global permet de répondre à la question qui nous taraude depuis plusieurs chapitres : quel est le substrat cérébral de la vie mentale consciente ? Si on prend au sérieux les postulats de notre modèle théorique, la solution qu'il propose à cette vielle énigme est on ne peut plus claire : le contenu de notre conscience est identifiable à chaque instant à l'activité neuronale cohérente et temporellement stabilisée de l'espace de travail global. Chaque mot doit ici être entendu de manière précise. Ce ne sont pas les activités de tel ou tel neurone ou groupe de neurones, ni les fulgurantes activations fugaces de cet espace de travail global qui correspondraient à notre état mental conscient. Répétons-le : le contenu de notre conscience serait l'activité neuronale cohérente et temporellement stabilisée de cet espace de travail global. Cette conception du substrat cérébral de la conscience contient donc à la fois une affirmation d'ordre anatomique, mais elle introduit également une contrainte liée à l'état de fonctionnement précis du système qui est décrit.

D'un point de vue anatomique, il suffirait d'observer où se distribuent ces fameux neurones constitutifs de l'espace de travail global afin de délimiter les contours de ce substrat cérébral de la conscience. La question du « lieu » en anatomie peut être déclinée à différents niveaux de grossissement. Le modèle de l'espace de travail global conscient postule, arguments à la clé, que certaines régions cérébrales seraient plus riches en neurones appartenant au réseau global que d'autres. Ainsi le cortex préfrontal, le cortex cingulaire antérieur, mais également certaines régions des cortex pariétal et temporal et des noyaux thalamiques seraient particulièrement denses en éléments constitutifs de l'espace de travail global. À une échelle anatomique plus fine, le modèle fait quelques prédictions relatives à la position de ces neurones dans la cytoarchitectonie en six couches du cortex cérébral. Au niveau moléculaire, certaines prédictions relatives à la nature des neurotransmetteurs utilisés par les synapses de ces neurones ont été formulées.

D'une phrénologie grossière et macroscopique associée à l'œuvre de Gall, on aboutit ainsi à une vision qui conserve

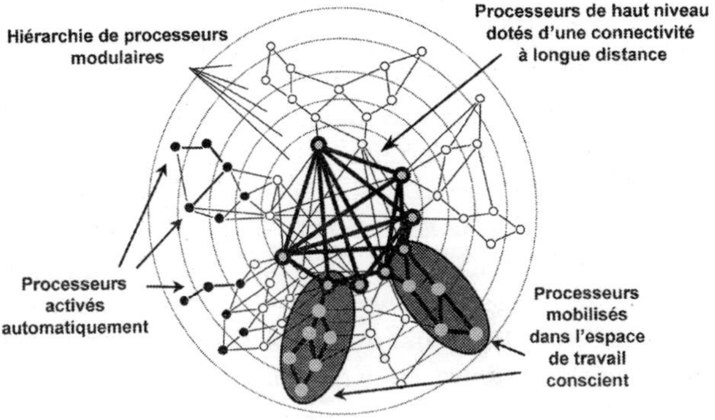

FIGURE 28 – Représentation schématique du modèle de l'espace de travail global conscient.
À tout moment, de nombreux processeurs cérébraux élaborent des représentations mentales variées qui sont codées par l'activité électrique de populations de neurones. Un ensemble de processeurs se distingue des autres en vertu de son architecture fonctionnelle (en gras) : ses processeurs sont massivement interconnectés entre eux (propriété de contenu unique sériel), et ils communiquent avec de très nombreux autres processeurs distincts (propriété de richesse d'accès). Ce dont nous faisons l'expérience consciente serait précisément l'activité de ce réseau global à longue distance que nous appelons l'espace de travail global conscient ou « Global Workspace ». Les processeurs connectés à ce GW contribuent parfois au contenu de l'activité du GW grâce au mécanisme d'amplification attentionnelle descendante (aires grisées). Par contraste, de nombreux processeurs continuent à traiter en parallèle de l'information de manière modulaire et non consciente pour le sujet (cercles noirs).
D'après Dehaene, Kerszberg et Changeux, *PNAS*, 1998 et Mesulam, *Brain*, 1998.

l'idée d'une spécialisation cérébrale, mais qui la conjugue avec la notion de réseau anatomiquement distribué dans plusieurs régions distinctes. Plutôt que de diviser le cerveau en « zones conscientes » et « zones inconscientes », un bout de cortex donné présenterait donc une densité plus ou moins grande en constituants de cet « espace neuronal conscient ».

D'un point de vue fonctionnel, l'hypothèse d'« état cohérent » introduit la notion d'un espace à géométrie variable au cours du temps. Pour reprendre l'exemple de la perception, lorsque nous sommes conscients de telle représentation codée dans certains processeurs spécialisés, les contours anatomiques de notre espace de travail conscient seraient différents que lorsque nous sommes conscients de telle autre représentation codée dans l'activité d'un autre ensemble de processeurs. Notre espace cérébral conscient serait ainsi constitué d'un noyau central permanent associé de manière transitoire et dynamique à diverses régions périphériques.

Pertinence du modèle de l'espace de travail global conscient

Le modèle de l'espace de travail global permet de donner un éclairage biologique à deux aspects fondamentaux du concept de conscience, et il offre une relecture originale de nombreux travaux d'imagerie cérébrale fonctionnelle.

D'une part, la notion de conscience vise à la fois un état intransitif – « je suis conscient » –, et un état transitif – « je suis conscient de quelque chose » – qui implique un contenu. Sous l'angle de notre modèle théorique, ces deux facettes de la conscience renvoient à des aspects différents de cet espace de travail global. « Être conscient » nécessite de disposer d'un espace de travail anatomiquement et fonctionnellement normal, alors que l'intentionnalité (au sens phénoménologique) de la conscience renvoie au mécanisme de prise de conscience d'un objet mental représenté initialement dans un processeur périphérique.

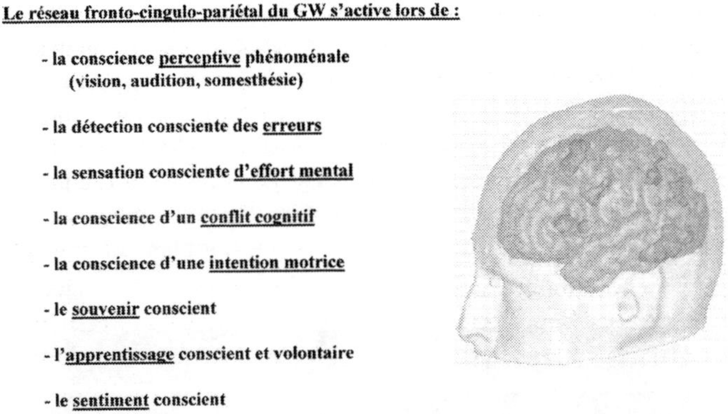

FIGURE 29 – Le réseau fronto-cingulo-pariétal du GW s'active à l'occasion de la prise de conscience de multiples processus cognitifs.
Le cliché présenté provient d'un travail de Dehaene, Naccache *et al.*, *Nature Neuroscience*, 2001.

D'autre part, cette conception permet également d'énoncer une classification originale des maladies de la conscience, en distinguant précisément les « maladies de l'état conscient », des « maladies du contenu conscient ». Un individu peut être inconscient de manière intransitive pour des raisons anatomiques, c'est-à-dire parce que des lésions cérébrales ont endommagé une portion importante des régions denses en neurones appartenant à l'espace de travail global.

Être éveillé mais inconscient

L'illustration neurologique la plus saisissante de cette situation tragique est ce que l'on appelle le « mutisme akinétique » et les syndromes végétatifs. Suite à des lésions massives des deux lobes frontaux et des cortex cingulaires antérieurs, épicentres anatomiques majeurs de l'espace de travail global, les patients sombrent dans un état clinique stupéfiant : ils sont éveillés, comme en témoignent leurs yeux ouverts parfois animés de rares saccades réflexes et leur tonus musculaire qui correspond à celui de l'état de veille. Et, de même, ils s'endorment, ce qui témoigne bien de l'existence chez eux de cycles où veille et sommeil alternent.

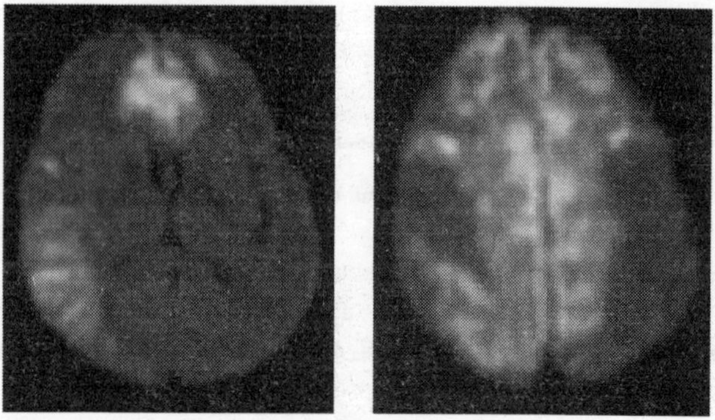

FIGURE 30 – Les lésions neurologiques étendues du réseau fronto-cingulo-pariétal du GW provoquent une atteinte majeure de la conscience.
Ces deux clichés proviennent d'une patiente de 38 ans victime d'accidents vasculaires cérébraux étendus (zones d'hypersignal en blanc sur les clichés d'IRM) qui endommagent l'essentiel des structures cingulo-fronto-pariétales. Le tableau clinique présenté par cette patiente s'appelle le mutisme akinétique et correspond à une dissociation difficile à imaginer : la patiente n'est pas dans le coma puisqu'elle présente des cycles de vigilance qui alternent veille et sommeil. Pourtant, même lors des périodes d'éveil, elle ne manifeste aucun signe de vie mentale consciente. Elle n'a aucun comportement spontané volontaire, et n'interagit pas avec l'environnement de manière adaptée. Autrement dit, on peut être vigilant sans pour autant être conscient. Envisagés sous cet angle, ces états cliniques sont à rapprocher des syndromes végétatifs persistants qui manifestent la même dissociation entre vie consciente et vigilance.
Adapté de Naccache *et al.*, *Cognitive Brain Research*, 2004.

En dépit de leur état de vigilance conservé, ces patients ne sont plus conscients. Ils sont vigilants, mais aucune des propriétés habituellement associées au fonctionnement conscient n'est observable chez eux. Ces malades sont incapables d'effectuer des mouvements volontaires, de prononcer le moindre mot. Ils ne sont pas non plus en mesure de manifester un comportement intentionnel, de faire preuve d'une communication intelligente ou de conserver des informations en mémoire de manière active. Ces malades semblent avoir perdu toute notion de vie mentale consciente, bien que n'étant pas dans un état clinique de coma.

Le mutisme akinétique ne doit pas être confondu avec cet autre syndrome neurologique effroyable, dénommé le *locked-in syndrom* (ou « syndrome de verrouillage interne ») qui consiste en une paralysie complète des quatre membres et de la parole chez des malades par ailleurs parfaitement conscients de ce qui leur arrive[1].

Un malade peut également être inconscient du fait d'une anomalie de fonctionnement d'un espace de travail global parfaitement intègre sur le plan anatomique. C'est par exemple le cas dans des situations aussi distinctes que les périodes de sommeil profond, l'anesthésie générale ou certains états de coma. Ces différentes causes pointent vers le même effet, une absence de fonctionnement normal de l'espace de travail global.

Ces différentes affections de l'état de conscience au sens intransitif que nous avons rappelé sont expliquées par le

1. On pourra lire les saisissants témoignages autobiographiques de deux patients *locked-in* : *Le Scaphandre et le papillon* (Bauby, 1998) et *Putain de silence*, coécrit par le couple Vigand (Vigand et Vigand, 1997), ainsi que l'ouvrage éclairant de Philippe Van Eckhout, orthophoniste exceptionnel, que j'ai la chance de connaître, écrit en collaboration avec Mona Ozouf, *Le Langage blessé. Reparler après un accident cérébral* (Van Eckout, 2001).

modèle comme autant de situations différentes dans lesquelles la conversation globale cohérente à longue échelle est interrompue. En reprenant notre métaphore, les invités du salon ne sont plus engagés dans ces échanges harmonieux et coordonnés. Le modèle de l'espace de travail global conscient prédit ainsi que malgré cette absence de conversation cohérente à grande échelle, de nombreux processus cognitifs peuvent encore être à l'œuvre dans l'activité des processeurs périphériques encore anatomiquement et fonctionnellement indemnes. Cette prédiction est vérifiée par plusieurs études récentes qui retrouvent de tels fonctionnements perceptifs inconscients chez certains de ces patients (Laureys, Owen et Schiff, 2004).

En dehors des affections de l'« être conscient », le modèle fait une place aux diverses pannes de la prise de conscience chez un sujet conscient. Nous proposerons cette description lorsque nous dévoilerons la typologie des inconscients conceptualisée à la lumière du modèle de l'espace de travail global.

Relecture de nombreuses études d'imagerie cérébrale fonctionnelle

À la lumière de ce modèle théorique, on peut éclairer de nombreux résultats déjà connus des neurosciences de la cognition. Il est par exemple intéressant de remarquer que plusieurs milliers d'articles d'imagerie cérébrale fonctionnelle avaient déjà mis en images les épicentres anatomiques de l'espace de travail global sans véritablement le savoir. Typiquement, une expérience d'imagerie cérébrale fonctionnelle consiste à identifier les corrélats cérébraux d'une opération mentale donnée en comparant les cartes d'activation cérébrale enregistrées à deux moments différents qui se distinguent spécifiquement par la présence, l'absence ou la modulation de cette opération mentale.

Par exemple, si votre sujet de prédilection est le calcul mental, vous pouvez isoler les régions cérébrales qui représentent la quantité d'un nombre en comparant les activations d'un cerveau qui lit sur un écran deux nombres qu'il doit soustraire l'un à l'autre, à celles du même cerveau occupé à simplement lire un nombre sans effectuer le moindre calcul.

La plupart de ces études d'imagerie cérébrale fonctionnelle isolent ainsi les régions corrélées à telle ou telle activité mentale. Ce qui est frappant, c'est que lorsque l'on considère à présent les expériences d'imagerie au cours desquelles les sujets effectuaient un effort mental conscient, on retrouve la présence d'un même réseau d'activations cérébrales d'une étude à l'autre. Que la tâche étudiée ait été la soustraction, l'invention d'une nouvelle stratégie, la résolution d'un problème, l'apprentissage d'une procédure inhabituelle ou encore le maintien en mémoire d'une information nouvelle, on retrouve l'activation du noyau central de cet espace de travail à géométrie variable. Évidemment, ces études n'avaient pas été conçues pour étudier la conscience, mais lorsqu'on se penche rétrospectivement sur cette immense littérature en étant guidés par la question des bases cérébrales de la conscience, ces données résonnent d'une manière tout à fait différente et leur grande similitude peut alors être interprétée.

CHAPITRE 3

Taxonomie des inconscients

Les quatre formes de processus inconscients

À présent que nous disposons d'un modèle théorique du fonctionnement conscient, nous pouvons apporter une réponse à la question qui avait justifié ce détour par les neurosciences de la conscience : pourquoi une information codée dans le système nerveux peut-elle ne pas accéder à notre conscience ? À la lumière du modèle de l'espace de travail global, il est possible de distinguer quatre grandes catégories de processus nerveux qui échappent à notre conscience. Chacune d'entre elles constitue ainsi une couche différente de cet « inconscient » dont nous avons déjà souligné ce qu'il y avait de profondément fallacieux à faire usage du singulier pour le dénommer. Les « ingrédients nécessaires » à une prise de conscience réussie sont explicitement désignés par notre modèle de l'espace de travail global.

Afin d'accéder à la conscience du sujet, une information :

1) doit être explicitement représentée sous la forme d'un codage nerveux actif dans une assemblée de neurones ;

2) doit être codée par un processeur nerveux anatomiquement connecté aux neurones qui composent l'espace de travail global ;

3) doit être codée au-delà d'un niveau minimal d'intensité et, au-delà d'une durée minimale, ces deux seuils (intensité et durée) doivent être atteints afin d'autoriser le mécanisme d'amplification attentionnelle descendante que nous avons décrit dans le chapitre précédent ;

4) doit être codée alors que le réseau de l'espace de travail global conscient est disponible pour amplifier cette information, c'est-à-dire que le réseau global ne doit pas être occupé à ce moment-là par une autre tâche qui accaparerait ses ressources.

On pourrait d'ailleurs chantonner ces « ingrédients » nécessaires à la prise de conscience en prenant la voix de Catherine Deneuve dans *Peau d'Âne* interprétant la « recette du cake d'amour » :

Préparez votre
Préparez votre représentation
Dans un processeur
Dans un processeur connecté
Et sans plus de discours
Embrasez votre
Embrasez votre workspace

L'« *inconscient de structure* »

Un premier échec à la prise de conscience d'une information codée dans notre système a trait à la nature même de cette information.

Dans le cadre de notre modèle, les seuls objets mentaux manipulés par l'espace de travail global sont des représentations codées par l'activité électrique de populations de neurones. Il existe bien entendu une masse incommensurable d'informations contenues dans la structure même du système nerveux, qui ne prend pas la forme de telles représentations neuronales. Par principe, cette première couche d'informations est à jamais inaccessible à notre conscience : nous n'avons pas conscience de nos neurones, de leurs synapses, de l'architecture des circuits neuronaux...

Loin d'être anecdotique, cet « inconscient de structure » explique de nombreux phénomènes[1]. Il est par exemple classique dans la psychologie de l'audition d'affirmer que lorsque nous identifions la source spatiale d'un son nous sommes conscients du résultat final, c'est-à-dire de la région de l'espace d'où il provient, mais que nous n'avons aucune introspection quant aux opérations réalisées par notre système nerveux pour parvenir à cette conclusion.

Des études réalisées chez la chouette et d'autres animaux, dont l'homme, avaient permis de suspecter l'implication dans ce mécanisme mystérieux du complexe olivaire, une petite structure nerveuse située dans le tronc cérébral

1. Il existe en particulier un effet dénommé *Mere exposure effect*, découvert par le psychologue Zajonc, qui se traduit dans certaines situations expérimentales par un jugement de préférence pour des stimuli perçus inconsciemment parfois plusieurs jours auparavant. L'interprétation de cet effet repose sur l'idée que l'architecture fonctionnelle de notre cerveau (pondérations synaptiques...) a été durablement affectée par ce stimulus. Dès lors, lorsque nous percevons consciemment ce même stimulus plusieurs jours plus tard, nous prenons conscience d'une facilitation perceptive par comparaison avec la perception de nouveaux stimuli jamais encore perçus. Cette « facilitation perceptive » servirait à orienter notre préférence vers ce stimulus plutôt que vers un nouveau stimulus. Cet effet à long terme tout comme certains effets à long terme de perception subliminale reposerait ainsi sur cet « inconscient de structure » et non pas sur des informations explicitement représentées (Bar et Biederman, 1999 ; Monahan, Murphy et Zajonc, 2000).

qui présente la particularité d'être le premier centre nerveux vers lequel convergent des informations auditives en provenance des deux oreilles. Sur la base de ces données anatomiques, un chercheur du nom de Jeffres avait proposé dès 1948 un modèle qui faisait l'hypothèse que le système nerveux devait exploiter la différence de temps qu'un même son met pour parvenir à chacune de nos deux oreilles (délai interaural de l'ordre de quelques millionièmes de seconde) afin d'identifier sa source spatiale (Campbell et King, 2004). Jeffres avait ainsi imaginé l'existence de neurones « détecteurs de coïncidences » qui seraient activés en même temps par les informations en provenance des deux oreilles grâce à des longueurs de fibres nerveuses qui compenseraient ces délais interauraux

Plus d'un demi-siècle plus tard, en 1990, Konishi et Carr démontrèrent de manière spectaculaire que de tels neurones existaient dans le complexe olivaire de la chouette et du chat (Carr et Konishi, 1990). De nombreux arguments suggèrent fortement que ce mécanisme de localisation sonore est également présent dans nos olives d'*homo sapiens sapiens*. Ce système de localisation des sons n'utilise pas des codes nerveux correspondant à l'activité de population de neurones, mais il repose implicitement sur la structure anatomique du circuit auditif. De fait, le modèle de l'espace de travail global affirme que de telles informations qui ne reposent pas sur un codage neuronal explicite ne peuvent jamais être accessibles à notre conscience. Seul le résultat final qui prend la forme d'une activité des neurones détecteurs de coïncidence pourrait le cas échéant correspondre à une représentation explicite du résultat, et être consciemment accessible.

Nous pourrions multiplier les exemples des innombrables codages structuraux nécessairement inconscients. Lors des apprentissages, les synapses et l'architecture fine de notre système nerveux se modifient. Ces phénomènes qui se produisent lorsque nous apprenons une langue, lorsque nous apprenons à jouer d'un instrument de musique ou lorsque nous pratiquons une activité régulière participent à notre expertise mais sont à jamais inaccessibles à notre introspection consciente.

Cette première couche d'inconscient nerveux correspond donc à ces innombrables informations qui sont codées dans la structure du système nerveux, mais qui ne sont pas représentées explicitement dans l'activité électrique des neurones.

De la représentation

En dehors de cet « inconscient de structure », les autres formes d'informations inconscientes présentes dans notre cerveau sont explicitement représentées dans l'activité électrique de populations de neurones. Il devient donc légitime de parler ici d'authentiques représentations inconscientes. Répétons-le sous une autre forme, l'un des mérites de ce modèle est de donner enfin une assise neurobiologique au vieux concept de représentation : seules des représentations sont manipulées par notre esprit, et ces représentations seraient nécessairement codées dans les décharges électriques de réseaux de neurones cérébraux.

Ancrer ainsi le concept de représentation dans celui de codage neuronal cérébral permet de s'interroger sur la distinction entre une représentation mentale et une représentation non mentale. Si, d'évidence, toutes les représentations dont nous faisons l'expérience consciemment reçoivent de fait une accréditation immédiate au statut de représentation mentale, la question est plus délicate en ce qui concerne les informations représentées de manière inconsciente dans l'activité de nos réseaux de neurones. Sans doute déciderait-on d'étendre le qualificatif de représentation mentale à celles dont nous pouvons parfois faire l'expérience consciente (par exemple : les lettres de Sperling non rapportées), ainsi qu'à celles qui ont trait à des concepts mentaux ou cognitivo-affectifs au sens large (le sens d'un mot, la quantité d'un nombre, l'émotion d'un visage).

Là où la question du caractère mental ou non d'une représentation devient plus ardue, c'est lorsque l'information représentée concerne des informations de « bas niveau », telles que des attributs perceptifs ou moteurs périphériques : orientation spatiale d'une barre, forme primitive d'un geste, etc.

De nombreuses représentations neuronales concernent enfin des paramètres dont nous ne faisons jamais l'expérience consciente et qui semblent éloignés des catégories du mental, tels que le niveau de pression artérielle et la fréquence cardiaque, ou même des paramètres physico-chimiques du milieu intérieur comme l'acidité sanguine (le pH) ou la pression partielle en oxygène dans le sang artériel. Pourquoi ces représentations ne mériteraient-elles pas l'adjectif qualificatif « mental » ? Parce qu'elles ne représentent pas des concepts de la pensée et parce que nous n'en n'avons jamais conscience ?

Selon le modèle de l'espace de travail global, on peut pourtant imaginer que si une « neuroprothèse » permettait de mettre en relation le réseau de neurones responsable de la représentation concernée sur le réseau global, alors nous pourrions prendre conscience du contenu de cette représentation. Elle pourrait ainsi mériter l'adjectif « mental » tant convoité ! Prendre conscience de son pH artériel, comme il peut nous arriver de prendre parfois conscience du fait que nous respirons. Autrement dit, l'ancrage neurobiologique du concept de représentation permet de redéfinir ce qu'est une représentation mentale de manière moins arbitraire et plus souple, que lorsque la philosophie ou la psychologie définissaient une représentation mentale du seul point de vue de l'introspection consciente.

L'inconscient représenté mais non connecté à l'espace de travail global

Les trois autres formes d'inconscient sont donc de nature représentationnelle. Ils correspondent à différentes représentations nerveuses inconscientes dont la plupart, nous allons le voir, sont indéniablement mentales !

La lecture d'une taxonomie quelle qu'elle soit provoque souvent, chez moi en tout cas, un sentiment ambivalent teinté de confiance et de scepticisme : pourquoi trois et pas cinq types de processus ? Derrière le côté immédiatement réconfortant du ton professoral qui découpe avec conviction le monde en catégories savamment ordonnées – et semble ainsi nous le rendre plus familier et moins inamical –, on peut difficilement étouffer une réaction de défiance qui débusque ce qu'il y a d'éminemment arbitraire dans ce regard taxonomique qui ne peut nullement révoquer la nature étrangère et insaisissable de l'univers. Rassurez-vous néanmoins, la taxonomie que nous propose le modèle de l'espace de travail global conscient n'est absolument pas arbitraire, et sa formulation ne fait appel qu'aux idées fondatrices que nous avons déjà exposées.

L'absence d'arbitraire de notre réflexion apparaîtra plus clairement en reprenant le fil de notre cheminement à travers l'exposition des différentes formes d'inconscient : pourquoi une représentation explicitement codée par des populations de neurones peut-elle ne pas accéder à l'espace de travail global ?

La première réponse qui vient (consciemment) à l'esprit est d'ordre anatomique : seuls les processeurs connectés à l'espace de travail global par des connexions bidirectionnelles peuvent subir le mécanisme d'amplification attentionnelle qui, selon notre modèle, est indispensable à la prise de conscience. Voici donc la seconde catégorie d'inconscient nerveux, celle des représentations neuronales non connectées à l'espace de travail global. En avons-nous déjà rencontré ? Les représentations sous-tendues par l'activité du fameux colliculus supérieur constituent une illustration de cette seconde catégorie d'« inconscient représenté mais non connecté ». Les patients *blindsights*, mais également les sujets normaux percevant inconsciemment des visages émotionnels manifestent ainsi dans leur comportement les effets de cet inconscient colliculaire. En dehors du colliculus, de nombreuses autres structures nerveuses représentent explicitement des informations dont nous ne prendrons jamais conscience du fait de l'absence de connexions avec l'espace de travail global.

L'inconscient représenté et connecté, mais non amplifié

Les deux dernières catégories d'inconscient nerveux décrites par le modèle de l'espace de travail global visent les représentations mentales sous-tendues par l'activité de processeurs cérébraux qui sont anatomiquement connectés au réseau global, mais qui échappent néanmoins à l'amplification attentionnelle indispensable à la prise de conscience. Il s'agit donc d'un inconscient représenté et connecté, mais non amplifié.

L'inconscient représenté et connecté, mais non amplifiable

L'exemple le plus emblématique de cette catégorie correspond à de nombreuses représentations mentales inconscientes qui sont à l'œuvre dans la perception subliminale. Si certaines d'entre elles se limitent à la catégorie d'« inconscient représenté mais non connecté », comme les visages analysés par le colliculus supérieur, nous avons également observé que lorsqu'on nous présente un mot ou un nombre masqué, notre cerveau élabore de riches représentations mentales inconscientes de ces objets complexes, à travers l'activité de processeurs cérébraux situés dans le cortex cérébral et qui sont anatomiquement connectés à l'espace de travail global.

Souvenez-vous par exemple de l'aire de la forme visuelle des mots située dans le gyrus fusiforme gauche qui était activée par ces mots subliminaux. Nous avions observé que les représentations mentales élaborées par cette région étaient bien spécifiques du mot présenté. Plus encore, lorsque nous voyons consciemment un mot non masqué, cette même région semble construire une représentation en tous points similaire à celle qu'elle élabore pour le mot masqué, à cette différence près qu'elle fait l'objet d'une amplification attentionnelle descendante, et qu'elle accède ainsi à l'espace de travail global. Un malade neurologique dont cette région est détruite devient d'ailleurs alexique, c'est-à-dire qu'il a perdu la capacité de lire normalement le moindre des mots de sa langue.

Il en va de même pour la petite région du cortex pariétal impliquée dans le codage de la quantité numérique, dont nous avions réussi à démontrer l'activation inconsciente en réponse à la présentation de nombres masqués. Lorsque nous avions fait la connaissance de Mme D. F. et que nous avions exploré certaines illusions visuelles visuo-motrices, comme l'illusion de Muller-Lyer, nous avions là encore fait la connaissance de représentations inconscientes codées dans l'activité de notre voie visuelle dorsale dont nous ne pouvions faire l'expérience consciente.

Bref, il existe effectivement une riche catégorie de processus cognitifs inconscients, souvent de haut niveau d'abstraction, dont nous ne faisons jamais l'expérience consciente et qui sont sous-tendus par l'activité de processus cérébraux anatomiquement connectés à l'espace de travail global.

Au-delà de leur variété de contenus, ces différentes représentations mentales inconscientes partagent un point commun : malgré un support anatomique adéquat, le mécanisme de la prise de conscience est incapable d'opérer normalement. Pourquoi ce mécanisme échoue-t-il systématiquement dans ces différentes situations ?

Selon notre modèle, le mécanisme neuronal de la prise de conscience, c'est-à-dire le processus d'amplification attentionnelle descendante, nécessite un temps minimal afin d'enclencher ces cycles de traitement récurrent entre le processeur concerné et le réseau global. Si la représentation mentale inconsciente ne survit pas à ce temps minimal nécessaire, alors le mécanisme avorte même s'il est enclenché avec le plus grand effort possible. C'est pourquoi plus de dix ans après avoir commencé à concevoir, faire subir et subir moi-même des expériences de perception subliminale, je reste absolument incapable de prendre conscience de mots présentés dans des conditions de masquage fort. Dans ces conditions, il semble bien que les représentations inconscientes puissent faire l'objet de manipulations attentionnelles, mais que la prise de conscience échoue systématiquement du fait d'une évanescence trop rapide. Cette évanescence très rapide est probablement secondaire à la fois à la forte dégradation visuelle du stimulus délivré, et à l'effet du masque qui se substitue au stimulus initial.

De manière métaphorique, tout semble se passer de la manière suivante : un stimulus est présenté sur un écran, il est alors représenté inconsciemment par différents processeurs cérébraux. Au bout d'un certain temps de traitement cérébral, cette représentation inconsciente sollicite les neurones de l'espace de travail global connectés à ce processeur. S'ensuit alors la mise en branle du mécanisme d'amplification attentionnelle. Un dialogue récurrent est ainsi établi entre le processeur et le réseau global. Entretemps, le masque est apparu sur l'écran, et il est bientôt traité par les mêmes processeurs que ceux qui hébergeaient il y a un instant encore le stimulus initial. Lorsque le « projecteur » de l'attention vient alors éclairer le contenu du processeur, ultime étape avant son irruption dans la conscience du sujet, ce n'est plus la représentation du stimulus initial qui est présente. Celle du masque lui a pris son fauteuil et rafle la mise : le sujet prendra conscience du masque et non du stimulus initial ! Cette injuste concurrence est le secret bien gardé de la perception subliminale.

Sans faire appel à cette absence de *fair-play* cérébral, certains processeurs de la voie dorsale manifestent le même phénomène d'extrême évanescence des représentations inconscientes, qui meurent trop jeunes pour être sauvées de leur inéluctable destin. Ainsi, lorsque nous voyons une flèche de Muller-Lyer, lorsque nous sommes Mme D. F. ou, plus prosaïquement, lorsque nous réalisons, comme les sujets sains d'Yves Rossetti, certaines corrections visuo-motrices dont nous n'avons pas pris conscience avant qu'elles ne s'achèvent, chaque fois notre voie dorsale élabore des représentations cognitives inconscientes extrêmement brèves qui échappent au mécanisme unique de la prise de conscience. Peut-être que cette rapidité a une origine évolutive à travers la sélection naturelle, du fait d'avantages de survie qu'elle procure.

En effet, si notre système nerveux sait interagir de manière inconsciente et soudaine avec un projectile éventuellement hostile en déclenchant une réponse motrice qui court-circuite le lent cérémonial indispensable à la perception consciente, alors il possède probablement un avantage non négligeable par comparaison avec des sujets qui doivent réaliser consciemment le moindre de leurs gestes. Souvenez-vous là encore de Mme D. F. qui devait penser avec une intense sensation d'effort mental conscient au moindre de ses gestes afin de l'effectuer.

En résumé, cette troisième catégorie d'inconscient contient des curiosités de laboratoire (la perception subliminale), mais également des processus inconscients à l'œuvre dans notre vie quotidienne (certaines représentations visuo-motrices). L'extrême évanescence de ces diverses représentations mentales inconscientes interdit tout espoir de prise de conscience.

L'inconscient qui aurait pu être conscient

La quatrième et dernière catégorie de processus cognitifs inconscients proposée par le modèle de l'espace de travail global contient les représentations mentales qui auraient pu être l'objet d'une amplification attentionnelle descendante conduisant à une prise de conscience, mais qui ne l'ont pas été.

Contrairement aux stimuli masqués qui échappent systématiquement à notre conscience, il existe de très nombreuses représentations mentales inconscientes dont nous n'aurions pu prédire à l'avance le destin psychologique. Dans les expériences de Sperling, par exemple, nous avons observé que lorsque le tableau de lettres nous est présenté, nous ne sommes capables de prendre conscience que d'environ cinq d'entre elles, mais que l'identité de chacune de ces « heureuses élues » n'est pas prédéterminée. Autrement dit, tant que nous n'avons pas pris conscience de ces cinq lettres, chacune des douze lettres inconsciemment représentées peut légitimement prétendre au titre de candidate à la prise de conscience[1]. Cette quatrième et dernière catégorie d'inconscient permet de cerner spécifiquement un ensemble de processus inconscients dont le propre n'est pas d'être dégradés, affaiblis, atténués ou estompés, mais qui échap-

1. La limite qui sépare ces représentations de celles qui appartiennent à la catégorie précédente est une limite floue. Ainsi, lorsqu'on s'amuse à diminuer la force du masquage visuel dans une expérience de perception subliminale, on peut déterminer individuellement une condition dite « au seuil » dans laquelle certains mots seront consciemment perçus tandis que d'autres ne le seront pas. De la même manière, les patients souffrant du syndrome de négligence peuvent parfois manifester ces fluctuations de la prise de conscience perceptive.

pent à la conscience du seul fait d'une « défaillance » de la dernière étape, celle de l'amplification attentionnelle. Il s'agit de représentations inconscientes qui sont en tous points identiques à celles qui finiront pas embraser le champ de notre conscience. D'une certaine façon, elles sont donc fonctionnellement les plus proches de leurs cousines conscientes. Cette quatrième et dernière catégorie est bien celle de l'inconscient cognitif qui se situe au voisinage immédiat de la conscience.

Les temps de l'inconscient

La taxonomie que nous venons d'exposer permet également de repenser la question de la temporalité de ces différentes formes d'inconscient.

Nous avons déjà constaté que seules les représentations mentales conscientes ont le privilège de s'affranchir de l'évanescence qui est le propre de nos cogitations inconscientes. Il nous est à présent possible d'approfondir cette idée en réalisant que la notion de « trace inconsciente » embrasse deux phénomènes distincts que notre modèle permet de distinguer.

Premièrement, il y a la structure du système nerveux, celle des ses réseaux de neurones, de ses synapses, de sa connectivité anatomique et de ses composants moléculaires. Cette structure contient, avons-nous dit, d'innombrables informations implicitement codées mais qui ne sont pas représentées, c'est-à-dire qui ne correspondent pas à des configurations d'activité électrique neuronale. Cette structure peut subir, et subit de fait, des modifications permanentes qui impriment ainsi de nouvelles informations implicites. Les apprentissages ou les expériences émotionnelles traumatiques sont des exemples de telles circonstances dans lesquelles notre cerveau est durablement affecté dans sa structure par les informations de toutes sortes. En ce sens, cette forme d'inconscient ne montre pas l'évanescence des représentations mentales inconscientes, et il parvient à conserver certaines informations durablement. Ces informations ne sont cependant pas représentées par nos réseaux neuronaux et elles ne participent pas explicitement à notre vie mentale[1]. D'une certaine façon, cet inconscient affranchi du temps n'est que celui du réflexe aveugle stéréotypé et non différencié qui est ancré dans la structure anatomique d'une voie nerveuse. Cette échappée hors de la contingence temporelle n'est pas celle d'une pensée ou d'une représentation singularisée et comparable à nulle autre.

Deuxièmement, les trois autres catégories d'inconscient mental n'échappent pas, quant à elles, au phénomène d'évanescence. C'est-à-dire que si l'on considère une représentation mentale donnée, elle disparaîtra en l'espace de quelques dixièmes de seconde. En résumé donc, la résistance à l'évanescence est bien le propre de nos représentations mentales conscientes, mais l'« inconscient nerveux de structure » peut, quant à lui, être durablement affecté de manière implicite.

L'inconscient représenté, connecté au GW, amplifiable, mais non amplifié (quatrième catégorie)

L'inconscient représenté, connecté au GW mais non amplifiable (troisième catégorie)

L'inconscient représenté mais non connecté au GW (deuxième catégorie)

L'inconscient de structure (première catégorie)

FIGURE 31 – Les quatre types d'inconscients postulés par le modèle de l'espace de travail global conscient (ou GW pour « Global Workspace »).

1. Consulter la note 1, page 293, sur l'effet Zajonc.

Hiérarchie des quatre types d'inconscients

Cette taxonomie en quatre catégories, fruit de notre modèle théorique, respecte un ordre croissant de proximité anatomique et fonctionnelle avec notre contenu mental conscient.

Nous avons déjà constaté que l'une des propriétés les plus inattendues de certaines représentations mentales inconscientes était leur sensibilité aux effets émanant de notre pensée consciente, à travers les mécanismes généraux du contrôle mental. Bien que nous ne disposions pas encore de tous les éléments de réponse, il semble que cette propriété de sensibilité aux influences conscientes suive un même gradient : plus les représentations mentales inconscientes se rapprochent de la quatrième catégorie, plus leur sensibilité aux influences conscientes croît.

Il n'est d'ailleurs pas inutile de rappeler que sous l'effet de ces influences, certaines représentations inconscientes de la quatrième catégorie finissent par devenir conscientes ! Cette taxonomie est le fruit de notre esquisse pour une théorie de la conscience. Elle sera probablement confortée dans certaines de ses affirmations par des expériences à venir, et contredite ou complexifiée par d'autres résultats empiriques. Elle offre toutefois dès à présent un schéma conceptuel capable de faire une place à chacun des nombreux processus mentaux inconscients que nous connaissons aujourd'hui, en expliquant les profondes différences qui les distinguent les uns des autres.

Troisième partie

FREUD, CHRISTOPHE COLOMB DU MENTAL

CHAPITRE PREMIER

L'inconscient selon Freud

Prélude : dans l'antichambre de Freud

Nous sommes maintenant prêts à aborder la question centrale de ce livre : Freud avait-il raison ? Sa définition de l'inconscient se superpose-t-elle aisément à celle qui est formulée aujourd'hui par les neurosciences ? Ces deux descriptions de la vie mentale sont-elles ou non compatibles ? Nous allons répondre à ces questions en procédant à une exégèse des textes de Freud sur l'inconscient à la lumière des connaissances exposées au cours des deux premières parties de cet essai. Ainsi, chacune des propriétés de l'inconscient freudien sera examinée sous l'angle de ses similitudes et de ses différences avec notre conception neuroscientifique. La grille de lecture que nous utiliserons à cet effet comprend les quatre types de processus nerveux inconscients distingués par le modèle théorique de l'espace de travail global conscient, ainsi que les caractéristiques respectives de la conscience et de l'inconscient étudiées par les neurosciences que nous avons exposées dans les chapitres précédents. Cet exercice d'exégèse est avant tout une lecture de Freud, et je ne bouderai pas mon plaisir à citer aussi souvent que nécessaire les écrits si intelligents et lumineux du père de la psychanalyse.

Seulement, un dernier obstacle se dresse devant nous. Notre position d'individus qui réfléchissons, discourons et essayons de rendre explicites les propriétés de notre propre vie mentale, correspond sans nul doute à une posture consciente. L'idée même d'« explorer » la nature de notre vie mentale inconsciente, qui est cachée à notre regard immédiat, confirme que le point de vue à partir duquel s'élabore notre réflexion appartient bel et bien à notre sphère mentale consciente. Lorsque nous dressons ces constructions théoriques de l'inconscient, nous restons en réalité en permanence tranquillement installés dans le confort moelleux de notre conscience, et ces « explorations » ne sont que des raisonnements virtuels, des inférences logiques que nous prenons plaisir à conduire. Si nous parvenons à penser consciemment ce que peut être l'inconscient, nous ne pouvons par définition jamais en faire directement l'expérience consciente.

Ce qui est vrai pour nous l'était également pour Freud lorsqu'il pensait démonter pièce après pièce l'appareil psychique à partir de ses réflexions conscientes tournées vers le cours de sa propre vie mentale, vers celles de ses nombreux patients ou de ses contemporains[1]. Dès 1897-1902, Freud écrivait (Freud, 1973) que « toute théorie psychologique doit, non seulement obéir aux exigences des sciences natu-

1. Je suis ici redevable à Alain Delrieu pour son précieux index thématique qui permet de rechercher de manière raisonnée et rapide les occurrences de certains concepts dans l'œuvre de Freud (Delrieu, 2001). Par mesure de clarté pour le lecteur, la plupart des références aux œuvres de Freud suivent celles annotées par Delrieu.

relles, mais [...] doit nous expliquer tout ce que [...] nous apprend notre "conscient" ». Il a rappelé cette constatation triviale mais fondamentale, à plusieurs périodes de son œuvre. Les minutes de la Société psychanalytique de Vienne contiennent ainsi cette citation : « Nous ne sommes jamais en état de reconnaître un processus inconscient en tant que tel, mais nous pouvons seulement le percevoir [sa représentation] dans la conscience » (Freud, 1979). Plus tard dans *Le Moi et le Ça*, Freud réaffirmera cette position, tout comme il le fera à de nombreuses autres reprises : « Tout notre savoir est toujours lié à la conscience » (Freud, 1991).

On ne peut que s'accorder avec lui sur le point suivant : lorsque nous discourons sur ce que peut être l'« inconscient », nous le faisons nécessairement en utilisant ce « mètre étalon » qu'est notre conscience, espace clos de nos réflexions théoriques. Bref, les « inconscients » des diverses théories du mental ne se définissent qu'à l'aune de notre propre définition de la conscience. Il devient donc urgent de s'assurer que lorsque nous parlons de l'inconscient, nous utilisons Freud et un « mètre étalon » commun et non pas des systèmes de mesure incompatibles. Si d'aventure nos définitions de la conscience différaient l'une de l'autre, il serait inutile de prolonger la confrontation de nos « inconscients » théoriques respectifs. Le projet même de ce livre se réduirait ainsi à un malentendu, une confusion résultant d'une polysémie, sur nos points de départ respectifs : là où Freud attribuerait à la conscience une définition contradictoire de la nôtre, il n'y aurait aucune pertinence à comparer son inconscient à celui des neurosciences contemporaines.

Ce problème prend toute son ampleur dès lors que l'on réalise qu'il n'existe peut-être pas de terme plus polysémique que celui de « conscience ». Chaque penseur, chaque philosophe et chaque courant de pensée élabore sa propre définition de la conscience, souvent riche de mille nuances. Les défenseurs de la thèse de l'« inéluctable dialogue de sourds » entre psychanalyse et neurosciences seraient ainsi confortés avant même que la partie n'ait commencé.

Fort heureusement, nous disposons dans l'œuvre même de Freud d'une définition de ce qu'il entend par conscience, et donc en miroir, de ce qu'il délimite comme étant le contenu de l'inconscient. Contre toute attente, la pensée de Freud s'identifie parfaitement à notre propre définition, simple et opératoire de la conscience. Il affirme dans *Note sur l'inconscient en psychanalyse* : « Appelons maintenant "consciente" la représentation qui est présente à notre conscience et dont nous nous avisons, et posons que c'est là la seule signification du terme "conscient". Quant aux représentations latentes, si nous avons quelque raison de supposer qu'elles existent dans l'esprit – comme c'était le cas avec la mémoire –, elles seront désignées par le terme "inconscient" » (Freud, 1991). « La représentation qui est présente à notre conscience », celle « dont nous nous avisons » sont des définitions identiques à celle de la « rapportabilité consciente » que nous utilisons pour notre part : une représentation mentale consciente est une représentation qui se présente à notre esprit et que nous pouvons rapporter[1]. Pour nous comme pour Freud, tout ce qui échappe à cette « rapportabilité » relève de l'inconscient.

L'identité de nos points de départ respectifs, c'est-à-dire de ce que nous sommes prêts à reconnaître comme ne faisant pas partie de l'inconscient, nous permet ainsi de lever le dernier obstacle à la confrontation de notre conception à celle formulée par Freud.

1. On peut se référer au paragraphe consacré à la « rapportabilité » dans la deuxième partie, chapitre premier, page 227, de cet essai.

Portrait-robot de l'inconscient freudien

Au cours du demi-siècle qui s'étend de 1884, année de ses premières publications sur l'usage de la cocaïne, jusqu'en 1938 et ses dernières correspondances rédigées depuis Londres, Freud n'a cessé de réviser et de parfaire ses nombreuses constructions théoriques. Le concept d'inconscient, qui est au cœur de son œuvre, n'échappe bien entendu pas à ces multiples remaniements. Freud nous a ainsi livré plusieurs versions de l'inconscient, versions dont il faut conserver la chronologie afin de saisir l'évolution progressive de ses idées et ne pas plonger dans une profonde confusion. Quelques repères généraux sont ainsi indispensables afin de naviguer sans encombres dans le contenu de ce concept au fil des écrits de Freud.

Une brève histoire des inconscients freudiens

Le point de départ de la conception psychanalytique de l'inconscient chez Freud fut d'ordre descriptif. Tout ce qui est à l'œuvre dans mon esprit, mais qui échappe à ma conscience au moment présent où je m'exprime constitue mon inconscient. D'une certaine façon, Freud considérait alors que l'objectif ultime du travail analytique consistait à aider le sujet analysé (l'analysant) à prendre conscience des représentations mentales inconscientes, souvent à fort contenu émotionnel, qui jouent un rôle important dans son comportement et sa personnalité.

Fort de ce premier inconscient purement descriptif, Freud éprouva rapidement le besoin de faire évoluer sa théorie en introduisant une distinction au sein même de ce qui répondait à cette première définition très générale du cadre de l'inconscient. Parmi les processus mentaux inconscients, Freud opposa ceux qui peuvent parvenir à notre contenu conscient mais qui n'y résident pas en permanence (le préconscient), de ceux qui en sont activement éloignés par un mécanisme inconscient de refoulement, et qui correspondent à un espace psychique distinct de la conscience. Seuls ces derniers furent conservés dans cette seconde définition de l'inconscient qui vit le jour dans l'énoncé, dès 1912, de la première conception topique de Freud.

Il s'agissait là d'un bouleversement théorique important car il énonçait pour la première fois l'idée de trois systèmes psychiques différents qui entretiennent des relations dynamiques et complexes. D'une part, un double système conscient-préconscient (Cs-Pcs), et d'autre part le système inconscient (Ics) à proprement parler qui est, par nature, radicalement distinct des deux autres. Signalons en passant que Freud s'était posé explicitement la question de la signification neuroscientifique de ces trois systèmes : serait-il possible de traduire ces lieux de l'esprit en autant de lieux anatomiques cérébraux ? Il fit évoluer ses réponses à cette question, précieuses pour nous, d'une manière très cohérente au cours de son œuvre. Nous ferons en temps voulu un usage de l'évolution de ses idées à ce sujet.

L'introduction d'une dimension topique dans l'appareil psychique porta également à conséquence quant à l'objectif du travail analytique. Il ne pouvait plus s'agir désormais de rendre conscient ou préconscient le territoire inconscient puisque ce dernier n'est pas considéré comme une qualité des représentations, mais plutôt comme un état fondamental particulier qui diffère de celui qui est propre à la conscience. Le travail analytique s'orientait alors vers l'étude de la circulation de certaines représentations mentales d'un lieu psychique vers un autre, et surtout vers un travail de la conscience du sujet qui tente de percevoir et d'inférer certains éléments importants de cette économie mentale cachée. Cette conception topique de l'inconscient conduisit donc explicitement à faire le deuil de l'idée de pouvoir rendre n'importe quelle partie de l'inconscient accessible à la conscience. Freud s'interrogea d'ailleurs souvent sur ce qui arrive à une représentation inconsciente lorsqu'elle devient préconsciente ou consciente : cette représentation est-elle dupliquée, avec un exemplaire original brut qui demeure dans la contrée psychique de l'inconscient et un second exemplaire de qualité différente qui compte parmi les citoyens du système Pcs-Cs ? Ou doit-on envisager qu'il n'existe à tout moment qu'une seule représentation dont le statut est modifié qualitativement et qui « saute » ainsi d'un lieu à l'autre ? Nous aurons loisir là encore de consulter les cogitations de Freud à ce sujet.

C'est parce qu'il fut en proie notamment à ces difficultés conceptuelles issues de l'étude de la dynamique psychique des représentations mentales d'un système à l'autre, que Freud modifia à nouveau profondément en 1922-1923 sa théorie de l'appareil psychique en conservant l'idée centrale des trois topiques, mais en modifiant de fond en comble leur contenu. Plutôt que d'attribuer un lieu psychique à l'Ics, un autre au Pcs et un enfin au système Cs, Freud proposa une organisation « perpendiculaire » plus complexe : le premier lieu psychique serait celui du Moi, le second celui du Ça et le dernier celui du Surmoi. La nouveauté résidait dans le fait que le Moi comprend lui-même des contenus conscients ou préconscients, mais également tout un ensemble de représentations mentales inconscientes préalablement catégorisées dans le système Ics. Cette seconde topique donna lieu à de nombreuses interrogations et discussions chez Freud quant au contenu exact de chacun de ces trois lieux, notamment au cours du développement de l'enfant et chez les malades névrosés ou psychotiques.

Munis de cette carte de navigation élémentaire, il est temps à présent d'établir ce portrait-robot de l'inconscient ou plutôt des inconscients de Freud. Les descriptions freudiennes de l'inconscient peuvent être classées en trois catégories selon leur degré de cohérence avec celles qui en sont proposées par les neurosciences de la cognition. Je vous propose ainsi d'examiner successivement les motifs de possible convergence entre Freud et l'inconscient cognitif, puis les motifs d'inquiétante divergence et, enfin, ceux qui correspondent à une opposition radicale entre ces deux conceptions théoriques.

Possibles convergences entre Freud et l'inconscient cognitif

La première de ces trois catégories regroupe des points de convergence apparente entre la conception psychanalytique freudienne de l'inconscient et celle qui est élaborée par les neurosciences contemporaines.

Richesse de l'inconscient

La première constatation qui s'impose est que plusieurs considérations freudiennes sur la nature, le contenu et les propriétés de l'inconscient manifestent d'indiscutables convergences avec la description qu'en donnent aujourd'hui les neurosciences de la cognition.

Si l'on se souvient du caractère très laborieux et longtemps incertain de la découverte, par les neurosciences, de la richesse insoupçonnée de certaines de nos représentations mentales inconscientes, on ne peut qu'être frappé par la clairvoyance et l'intelligence visionnaire de Freud. Dès 1896, il formula ainsi explicitement l'existence d'une authentique « idéation inconsciente » dans un article intitulé « L'hérédité et l'étiologie des névroses » publié en français dans la *Revue neurologique* (Freud, 1989). Accorder à certaines de nos productions mentales inconscientes le statut d'idéation signifie que pour Freud, jeune neurologue éduqué dans la tradition jacksonienne, cette vie psychique inconsciente ne se résume pas à des chaînes de réflexes nerveux plus ou moins complexes, mais qu'elle peut atteindre des processus d'élaboration de contenus mentaux riches et abstraits.

Il est difficile à un psychologue cognitiviste contemporain de ne pas prendre conscience du fait qu'exactement cent ans plus tard, Greenwald rapporta dans le plus grand organe de communication scientifique, la revue *Science*, des données expérimentales venant confirmer cette intuition de l'existence de traitements sémantiques inconscients. Un siècle aura été nécessaire afin d'apporter des preuves tangibles de la validité de ce concept d'« idéation ». Si votre mémoire est bonne, vous vous souviendrez d'ailleurs que suite à cette publication prestigieuse, une dizaine d'années supplémentaires furent nécessaires afin de réparer les failles de cette démonstration incomplète ! Établir une prédiction ne dispense évidemment pas d'en apporter l'indiscutable démonstration par l'expérience, mais force est de reconnaître ici la justesse de cette intuition.

Cette conception d'une richesse intellectuelle de la vie mentale inconsciente s'accentua d'ailleurs dans les écrits ultérieurs de Freud, à travers des propos plus explicites encore. Ainsi, en 1900, Freud écrivait dans *L'Interprétation des rêves*, ouvrage qu'il a souvent affectionné et considéré comme son grand œuvre, que « les activités de pensée les plus compliquées peuvent se produire sans que la conscience y prenne part » (Freud, 1987). Traitant un peu plus loin de la psychologie de la production artistique et de la création intellectuelle, Freud affirme que « même dans les créations intellectuelles et artistiques, il semble que nous soyons portés à trop surestimer le caractère conscient ».

Ces différentes citations dans lesquelles nous pouvons trouver des éléments de convergence entre la richesse de l'inconscient freudien et de l'inconscient neuroscientifique contemporain appellent toutefois plusieurs nuances. Attribuer à certains processus inconscients de riches capacités de représentation mentale est sans aucun doute un point d'accord entre ces deux discours.

Néanmoins, lorsque Freud affirme que « les activités de pensée les plus compliquées peuvent se produire sans que la conscience y prenne part », son propos demeure ambigu pour nous. Qu'entend-il exactement par « activités de pensée les plus compliquées » ? Jaloux gardien de ces propriétés de la conscience que Sperling, Merikle, Posner et tant d'autres ont acquises à la sueur de leurs ingénieuses expérimentations, j'ai à l'esprit ces propriétés qui ne s'appliquent jamais à nos cogitations inconscientes et que nous avons déjà eu le loisir d'analyser dans la partie précédente de cet essai : nulle représentation mentale inconsciente ne peut résister à l'évanescence qui la caractérise, nulle représentation mentale ne peut être directement le support d'un processus de contrôle mental, et les chaînes d'opérations les plus complexes et les plus innovatrices semblent bien requérir notre conscience. Bref, si le neurocognitiviste que je suis est tout prêt à chanter avec Freud les louanges de la richesse de certaines de nos représentations mentales inconscientes, je ne peux que me raidir lorsqu'il m'entraîne à reconnaître que « les activités de pensée les plus compliquées peuvent se produire sans que la conscience y prenne part ». Sous cette première convergence pointe déjà un soupçon de divergence.

Au commencement était l'inconscient...

Dans le cadre de ses multiples descriptions sur la nature de l'inconscient psychanalytique, Freud insiste à plusieurs reprises sur le statut initial nécessairement inconscient d'une représentation mentale, avant qu'elle ne puisse éventuellement accéder à la conscience du sujet. Il écrit par exemple : « L'inconscience est une phase régulière et inévitable des processus qui constituent notre activité psychique ; tout acte psychique commence en tant qu'acte inconscient, et il peut soit le demeurer, soit se développer jusqu'à la conscience » (Freud, 1991). Dans ce passage, on peut lire le terme inconscient en tant qu'inconscient descriptif très général, sans faire appel à la définition topique. Un peu plus tard, dans sa fameuse *Introduction à la psychanalyse*, Freud réaffirmera cette idée centrale selon laquelle « chaque processus [psychique] fait d'abord partie du système psychique de l'inconscient et qu'il peut ensuite, dans certaines circonstances, passer dans le système du conscient » (Freud, 2004).

Cette hypothèse théorique est en parfaite harmonie avec la description neuroscientifique contemporaine de la dynamique des représentations mentales, notamment dans le champ de la perception. Lorsqu'un objet visuel est projeté sur nos rétines, nous avons vu comment plusieurs régions de notre cortex visuel en élaborent de multiples représentations, dont nous n'avons initialement pas conscience. Ce n'est que dans une seconde étape que certaines de ces représentations font parfois l'objet d'une amplification attentionnelle qui s'accompagne d'un accès à notre conscience phénoménale. Nous avons d'ailleurs déjà constaté ensemble ces deux temps de la représentation : le premier temps inconscient, suivi ou non du second temps conscient. Ainsi, le patient atteint du syndrome de négligence pour qui cette seconde étape n'est en général jamais franchie pour les représentations mentales des objets issus de la moitié gauche de notre univers, illustre parfaitement la dissociation possible de ces deux moments de la perception. Lors d'une expérience de perception subliminale, cette seconde étape est également avortée, et seules ces représentations perceptives inconscientes sont à l'œuvre dans notre esprit. Sans multiplier davantage les exemples issus de nos incursions précédentes dans les neurosciences de l'inconscient, il semble bien que nous trouvions ici un admirable point d'entente avec les conceptions de Freud.

Si ce principe peut sembler assez intuitif en ce qui concerne la perception, il est important de souligner qu'il demeure pertinent dans le champ de la prise de décision et de l'action. Dès les années 1980, Benjamin Libet avait astucieusement montré à travers une série d'expériences qu'au moment où nous pensons prendre une décision aussi élémentaire que celle d'appuyer volontairement sur un bouton, les régions de notre cerveau impliquées dans la genèse des ordres moteurs sont quant à elles déjà à l'œuvre depuis plusieurs dixièmes de seconde (Libet, Gleason, Wright et Pearl, 1983 ; Libet, Wright et Gleason, 1982). Il existe donc préalablement à notre volonté consciente une représentation mentale inconsciente de cette « intention » à venir ! Autrement dit, si les représentations perceptives inconscientes préexistent à notre prise de conscience de leur contenu, celles qui concernent notre capacité à prendre des décisions conscientes et réfléchies – notre volition – sont gouvernées par le même principe temporel. Lorsque nous prenons une décision, il s'agit davantage d'une prise de conscience d'une représentation inconsciente du contenu de cette décision que de la création *ex nihilo* d'une représentation mentale immédiatement consciente.

Il s'agit là d'une découverte profondément contre-intuitive à propos de ce qu'est en réalité notre « libre arbitre ». Cette découverte ne signifie cependant pas que nous ne serions que des pantins dont les actions seraient gouvernées par des mécanismes cachés à notre conscience, et qui échapperaient à toute influence de cette dernière. Les travaux de Libet signifient plutôt que, lorsque nous décidons consciemment d'une action, nous sélectionnons parmi les innombrables actions potentielles qui sont inconsciemment représentées en permanence dans notre esprit celle qui répond à nos attentes et motivations conscientes. Notre « libre arbitre » ne peut nous offrir de réaliser des actions impossibles, mais seulement de sélectionner dans le registre du possible certaines d'entre elles qui s'inscrivent dans nos plans conscients. Il ne suffit pas de vouloir consciemment voler comme Superman pour s'envoler par sa fenêtre : si les actions que vous décidez d'effectuer ne sont pas codées dans votre système nerveux, il ne s'agira que d'un vœu pieux et d'une illusion de décision ! Décider correspond donc effectivement à un processus de sélection et non de création. Là encore, nous retrouvons donc la notion de contrôle conscient de processus inconscients riches, prolifiques et évanescents.

Ainsi, lorsque Freud affirme que « tout acte psychique commence en tant qu'acte inconscient », il énonce un principe qui se veut très général, qui n'a rien de trivial, et qui devra attendre presque un siècle avant de trouver des confirmations expérimentales reproductibles. En ce sens, la formulation de ce concept des deux temps de la représentation mentale nous semble constituer un second élément de convergence possible entre les résultats des neurosciences cognitives, et les idées de Freud sur l'inconscient.

Cependant, dès lors qu'on tente d'approfondir ce second point de convergence, certaines failles ne peuvent manquer de nous apparaître.

Ainsi, si on poursuit notre lecture du premier passage cité, nous apprenons les principes qui, selon Freud, gouvernent la dynamique de cette prise de conscience ou de son échec :

« L'inconscience est une phase régulière et inévitable des processus qui constituent notre activité psychique ; tout acte psychique commence en tant qu'acte inconscient, et il peut soit le demeurer, soit se développer jusqu'à la conscience, selon qu'il rencontre de la résistance ou non. La distinction entre activité préconsciente et activité inconsciente n'est pas primaire, mais se trouve établie après que le rejet est intervenu » (Freud, 1991).

Freud évoque ici le processus de refoulement inconscient qui interdit ou autorise l'accès d'une idée inconsciente à l'espace potentiellement conscient. Œuvre de la période correspondant à la première topique, ce passage renvoie directement à la dynamique suivante : initialement, une représentation mentale est inconsciente au sens descriptif, puis elle subit l'épreuve de la censure et selon qu'elle échoue ou réussit, elle est refoulée dans cet espace proposé par Freud sous le terme de système Inconscient au sens topique, ou elle est autorisée à pénétrer dans le supersystème Conscient-

Préconscient. Dans ce dernier cas, elle pourra alors éventuellement accéder au contenu conscient du sujet.

Si la première partie de ce passage résonnait en parfaite cohérence avec de nombreuses découvertes des neurosciences contemporaines, la seconde partie nous semble plus étrange et plutôt problématique. Le sentiment d'étrangeté que nous ressentons provient de tout ce qui accompagne la vision topique de l'inconscient : introduction d'un curieux mécanisme de refoulement sur lequel nous reviendrons, structuration de l'appareil psychique en trois espaces distincts. Autant d'hypothèses qui nous apparaissent arbitraires, et qui ne semblent faire écho à aucune découverte des neurosciences cognitives. Au-delà du sentiment d'étrangeté percera bientôt celui de l'inquiétude des problèmes soulevés par certaines de ces hypothèses topiques freudiennes.

Le mécanisme de la prise de conscience

Quel est, selon Freud, le mécanisme qui permet à une représentation mentale inconsciente (au sens descriptif) d'accéder à notre contenu conscient ?

Nous serons là encore surpris de la proximité des idées de Freud avec les nôtres en lisant dans *L'Interprétation des rêves* le passage suivant : « Le fait de devenir conscient dépend de l'orientation d'une certaine fonction psychique, l'attention, qui, semble-t-il, ne peut être dispensée qu'en certaines quantités et qui peut être détournée des pensées en question par d'autres buts. [...] Notre réflexion consciente nous montre que notre attention suit une voie déterminée. Si nous rencontrons sur notre route une représentation qui ne résiste pas à la critique, [...] nous laissons tomber l'investissement d'attention. Or il semble bien que les pensées abandonnées puissent suivre leur cours sans que l'attention se reporte sur elles ; elles ne la forcent que lorsqu'elles atteignent une intensité particulièrement élevée » (Freud, 1987).

Pour Freud, comme pour Michael Posner près d'un siècle plus tard, l'attention reste le mécanisme de la prise de conscience ! On retrouve assez précisément plusieurs concepts fondamentaux des neurosciences de l'attention. Ainsi en évoquant le fait que l'attention « ne peut être dispensée qu'en certaines quantités », Freud formule explicitement ce que l'on appellera plus tard les « ressources attentionnelles ».

L'une des théories modernes de l'attention, celles de la charge attentionnelle élaborée par la psychologue Nilli Lavie (1995), est entièrement construite sur ce talon d'Achille qui caractérise nos ressources attentionnelles. La fin du texte de Freud cité ci-dessus mentionne à nouveau la notion de seuil d'intensité des représentations mentales comme un facteur important pour expliquer leur nature inconsciente (préconsciente). Dès qu'une représentation mentale inconsciente est suffisamment intense, Freud semble postuler, tout comme nos modèles actuels, qu'elle sera capable de solliciter ce mécanisme attentionnel et de parvenir à notre espace mental conscient.

L'intuition de Freud ne se cantonne d'ailleurs pas à la formulation de ce mécanisme qui sous-tend la prise de conscience. Qu'advient-il, selon Freud, à une représentation mentale qui embrase le contenu de notre espace conscient ? Souvenons-nous que, selon notre modèle théorique, le processeur cérébral dont l'activité sous-tend cette représentation mentale inconsciente entre en connectivité fonctionnelle avec l'espace de travail global, et que c'est précisément cette modification anatomo-fonctionnelle qui explique le changement de statut de cette représentation dont nous prenons alors conscience.

Assurément, Freud ne disposait pas de toutes les informations conceptuelles, neuropsychologiques et expérimentales produites par les neurosciences cognitives du XXe siècle. Pourtant, sa description des effets de l'attention sur une représentation mentale inconsciente qui devient consciente sont d'une stupéfiante modernité : « Ce n'est pas la formation psychique qui nous paraît changer, mais son innervation » (Freud, 1987). Freud, qui en 1900 n'avait pas encore définitivement renoncé à relier un jour la neuro-anatomie et la neurophysiologie à la psychanalyse, a utilisé ici une formule incroyablement exacte.

En 1915, il réfléchit à nouveau au destin psychique d'une représentation mentale inconsciente (au sens topique), lorsqu'elle accède à la conscience du sujet : si une représentation « subit la transposition du système Ics dans le système Cs (ou Pcs), devons-nous admettre qu'à cette transposition est reliée une fixation récente, pour ainsi dire une seconde inscription de la représentation en question, inscription qui peut donc être aussi contenue dans une nouvelle localité psychique, et à côté de laquelle persiste l'inscription inconsciente originelle ? Ou bien devons-nous plutôt croire que la transposition consiste en une modification d'état, laquelle s'accomplit sur le même matériel et sur la même localité ? [...] La première des deux possibilités [...] est indubitablement la plus grossière, mais aussi la plus commode. La seconde [...] est, d'emblée, la plus vraisemblable, mais elle est moins plastique, moins facile à manier. [...] Ainsi, nous ne sommes pas tout d'abord en mesure de trancher entre les deux possibilités débattues » (Freud, 1988).

Ces réflexions ouvertes sur le statut des ex-représentations mentales inconscientes, avec un indiscutable penchant en faveur d'interprétations fonctionnelles dynamiques très proches de celles dont nous faisons aujourd'hui l'usage, résonnent pour nous d'une bouleversante familiarité. Ne disposant ni de la théorie de l'information, ni des connaissances récentes de l'architecture fonctionnelle corticale, Freud ne pouvait traduire en termes plus clairs le paradoxe apparent résolu par l'idée d'un espace à géométrie – cérébrale et psychologique – variable postulé par plusieurs modèles théoriques contemporains de l'inconscient et de la conscience.

Au-delà de ce pont séduisant entre la psychanalyse freudienne et nos théories neuroscientifiques actuelles, il nous faudra néanmoins aborder plusieurs différences qui jettent à nouveau des doutes sur le caractère durable de cette liaison ! À titre de simple exemple, Freud associe de manière univoque la prise de conscience d'une représentation mentale inconsciente avec la notion de verbalisation, c'est-à-dire de décrire en « représentation de mots » ce qui n'était qu'une « représentation de chose ». Ainsi, dans ce qui apparaît comme une reprise de cette discussion intérieure, Freud écrit en 1915 que la représentation consciente et la représentation inconsciente « ne sont pas [...] des inscriptions distinctes du même contenu en des lieux psychiques distincts, ni non plus des états d'investissements fonctionnels distincts au même lieu, mais la représentation consciente comprend la représentation de chose plus la représentation de mot afférente, l'inconsciente est la représentation de chose seule » (Freud, 1988).

Si le rôle du langage dans l'explosion combinatoire et la richesse des nuances de nos représentations mentales est parfaitement reconnu par les neurosciences de la cognition, le caractère exclusivement verbal d'une représentation consciente est davantage problématique. Nous aborderons bientôt ce dernier point de manière plus explicite.

Deux, et non pas un seul « inconscient » !

L'une des originalités majeures de l'œuvre de Freud réside dans sa proposition d'une partition de nos représentations mentales, considérées selon leur rapport à notre contenu conscient, en non pas deux mais trois catégories distinctes.

L'intuition commune suggérerait plutôt de n'accorder de place qu'à deux types de représentations mentales : celles dont nous avons conscience, et celles dont nous n'avons pas conscience. Les conceptions médicales, psychologiques et scientifiques antérieures à celles de Freud s'accordaient d'ailleurs sur ce point avec l'intuition commune. Il existerait un « seuil d'intensité psychologique » de nos représentations mentales, seuil en dessous duquel elles demeureraient inconscientes, c'est-à-dire subconscientes. Sitôt ce seuil franchi, elles pénétreraient de fait dans notre conscience.

Pourtant, sur la seule base de ses études cliniques, Freud a très tôt ressenti le besoin de réviser ce modèle, et d'introduire une nuance supplémentaire au sein même de cet inconscient descriptif, défini jusqu'alors comme le simple négatif de notre contenu conscient. Ainsi qu'il l'écrit dès 1912 dans le cadre de la formulation de sa première conception topique :

« Nous étions habitués à penser que toute idée latente l'était parce qu'elle était faible et qu'elle est devenue consciente dès qu'elle est devenue forte. Nous avons maintenant acquis la conviction qu'il existe des pensées latentes qui ne pénètrent pas dans la conscience, quelle que soit la force à laquelle elles ont pu parvenir. Aussi pouvons-nous appeler les idées latentes du premier type préconscientes, alors que nous réserverons le terme inconscient (au sens propre) pour ce dernier type [...]. Il désigne non seulement des idées latentes en général, mais en particulier des idées possédant un certain caractère dynamique, des idées qui restent à l'écart de la conscience en dépit de leur intensité et de leur activité » (Freud, 1991).

À travers sa distinction entre le système Ics et le système Pcs-Cs, Freud établit une différence fondamentale entre certaines représentations mentales inconscientes qui ne participeraient jamais directement à notre contenu conscient (système Ics), et celles qui n'en font pas partie à un moment donné du fait de leur faible intensité, mais qui peuvent potentiellement y accéder (système Pcs-Cs). Il s'agit là d'une découverte remarquable, car elle remet en question le vieux modèle psychophysique de l'inconscient qui reposait, avant lui, sur cette unique notion de seuil d'intensité des représentations mentales. Freud le premier a annoncé l'existence de représentations mentales qui demeuraient inconscientes malgré un niveau d'activité « supraliminaire ». La nature psychologique de l'inconscient ne se résume donc pas à la question de l'intensité des objets mentaux représentés mais elle nécessite de faire intervenir un « facteur supplémentaire ». Quelle est l'identité de ce mystérieux facteur ?

Riches d'un siècle de recherches neuroscientifiques que Freud n'a pas connues, nous sommes à présent prêts à répondre à cette question à la lumière de notre modèle théorique neuroscientifique du mental. Pour accéder à la conscience, une représentation mentale inconsciente doit certes dépasser un niveau d'« intensité psychologique » et une durée de vie minimaux, afin d'autoriser le mécanisme d'amplification attentionnelle indispensable à la prise de conscience. Nous avons vu comment la perception subliminale ou certains processus visuo-moteurs inconscients illustraient particulièrement bien cette couche de processus inconscients. Il s'agit de ce que nous avons décrit comme la troisième catégorie de processus inconscients selon la taxonomie établie à l'aide de la théorie de l'espace de travail global conscient : un inconscient représenté, connecté mais non amplifiable (voir figure 31). La connaissance des corrélats neurophysiologiques de ces processus mentaux inconscients nous a d'ailleurs permis de mieux apprécier cette notion d'intensité psychologique et de durée minimale de la représentation. Les niveaux d'activation neuronale et les durées de vie des corrélats cérébraux de ces objets mentaux semblent bien en traduire leurs équivalents psychologiques respectifs.

Néanmoins, nous avons également appris que cette notion de seuil ne suffisait pas. Le facteur supplémentaire est, pour les neurosciences cognitives, celui de la mise en relation de cette représentation mentale inconsciente avec l'espace de travail global. Nous avons rencontré plusieurs situations dans lesquelles cette mise en relation n'était pas possible. Si une représentation mentale repose sur l'activité de processeurs qui ne sont pas anatomiquement connectés de manière adéquate avec cet espace de travail global, elle ne pourra jamais participer à notre contenu conscient (deuxième catégorie d'inconscient de notre taxonomie, voir figure 31). Souvenez-vous du petit colliculus supérieur !

D'autre part, si le système de mise en relation, c'est-à-dire le mécanisme d'amplification attentionnelle, est indisponible du fait d'une situation pathologique (la négligence) ou parce qu'il est occupé à d'autres tâches (les lettres de Sperling), là encore la représentation mentale inconsciente échouera à pénétrer dans notre espace conscient, quand bien même elle se situe au-delà des fameux seuils d'intensité et de durée minimums (quatrième catégorie d'inconscient selon notre taxonomie, voir figure 31). Autrement dit, pour les neurosciences cognitives modernes, ce « facteur supplémentaire », dont l'existence avait été pressentie par Freud, n'est autre que le fonctionnement conscient du sujet : l'architecture anatomique de cet espace neural conscient, son intégrité fonctionnelle et sa disponibilité temporelle du fait de ses ressources limitées. La prise de conscience est bien un phénomène intentionnel au sens phénoménologique développé par Brentano et Husserl. Il implique deux acteurs : la représentation mentale inconsciente et le système mental conscient. L'entrée dans la conscience fait donc intervenir deux facteurs, celui qui a trait à l'intensité de la représentation en question, et celui qui dépend de l'état du système conscient.

Le « facteur supplémentaire » selon Freud

Quelle est selon Freud la nature de ce « facteur supplémentaire » indispensable à la prise de conscience, en dehors du facteur d'intensité – infra- ou supraliminaire – d'une représentation mentale ? Sa géniale intuition d'une organisation duelle de l'inconscient le conduisit-elle à découvrir, sous une forme plus ou moins aboutie, ces contraintes propres à la conscience du sujet ? Est-il possible de voir dans le préconscient un équivalent de notre inconscient de troisième type (voir figure 31) ? Et dans le système Ics, un équivalent de notre inconscient du deuxième type ou du quatrième type, qui pour des raisons différentes correspondent tous deux à des situations dans lesquelles une représentation mentale intense peut échapper à notre contenu conscient ?

En réalité, la réponse apportée par Freud à la question de l'identité du « facteur supplémentaire » ruine irrévocablement tout espoir de rapprochement conceptuel entre sa théorie de l'inconscient et nos conceptions neuroscientifiques.

Pour Freud, la différence entre une représentation mentale préconsciente et une représentation mentale inconsciente ne repose pas sur la relation que chacune d'elles entretient directement avec le système conscient du sujet. À l'inverse, ce statut préconscient ou inconscient est imposé par la rencontre de la représentation mentale avec un processus de censure inconscient imaginé par Freud, et qui n'est autre que les fameuses instances de refoulement.

En effet, la justification théorique de cette partition topique en trois systèmes est rapidement expliquée et justifiée par Freud de manière univoque tout au long de son œuvre :

« Nous appelons le latent, qui n'est inconscient que descriptivement, non au sens dynamique, préconscient ; la dénomination d'inconscient, nous la limitons au refoulé dynamiquement inconscient, si bien que nous avons maintenant trois termes, conscient (Cs), préconscient (Pcs) et inconscient (Ics), dont le sens n'est plus purement descriptif. Le Pcs, nous en faisons l'hypothèse, se tient beaucoup plus près du Cs que de l'Ics » (Freud, 1991).

« L'inconscient, c'est-à-dire le refoulé » (Freud, 1996).

« Le refoulé est pour nous le prototype de l'inconscient » (Freud, 1991).

Ou bien la représentation mentale passe ce barrage jalousement gardé par un gardien inconscient, et elle accède au système préconscient. De fait, elle pourra alors pénétrer la conscience du sujet dès lors que le seuil d'intensité sera franchi[1]. Ou bien cette représentation échoue à franchir

1. Au fil des ses révisions théoriques, Freud parviendra à postuler au sein même du système préconscient un processus de censure inconscient qu'il distingue pourtant du refoulement (*L'Inconscient*, 1915, dans [Freud, 1988], mais également dès *L'Interprétation des rêves* publiée en 1900 [Freud, 1987]).

cette frontière, et elle sera activement refoulée dans le système inconscient au sens topique que lui donne Freud.

Dès 1896, Freud distingua ce processus de refoulement des mécanismes de défense conscients qui sont également à l'œuvre dans notre vie mentale. Autrement dit, selon Freud le refoulement d'une représentation mentale ne proviendrait pas d'une posture ou d'une intention consciente du sujet qui repousserait une idée déplaisante, mais il s'agirait bien d'un processus totalement inconscient au cours duquel un « gardien » inconscient empêcherait cet hôte encombrant et indésirable de pénétrer dans le système Pcs.

Nous reviendrons bientôt sur le problème que nous posent ces « instances de refoulement », mais le point que je voudrais ici particulièrement souligner, est la totale incompatibilité entre la réponse freudienne et la réponse neurocognitiviste quant à la question de l'identité de ce « facteur supplémentaire ». Là où nous le concevons comme les contraintes imposées par la mise en relation d'une représentation inconsciente avec notre espace mental conscient, Freud imagine l'intervention d'un acteur additionnel qui n'est autre qu'un mécanisme inconscient de refoulement.

Synthèse sur les possibles convergences entre inconscient freudien et inconscient cognitif

Au terme de l'exposition synthétique et critique de ces quatre points de convergence entre l'inconscient psychanalytique freudien d'une part, et le discours actuel des neurosciences de l'esprit d'autre part, le bilan que nous pouvons établir reste assez incertain. Plusieurs idées importantes semblent communes à ces deux démarches théoriques. La richesse de l'inconscient, le statut originairement inconscient de toute représentation mentale, le rôle de l'attention dans la prise de conscience et enfin la division de l'espace inconscient en plusieurs catégories qualitativement distinctes nous sont apparus comme autant d'éléments de rapprochement indiscutables.

Néanmoins, pour chacun de ces arguments « consensuels », un examen attentif et rigoureux nous a apporté son lot de doutes quant à la solidité de ces points de passage entre les concepts d'inconscient freudien et d'inconscient neurocognitif.

À l'argument de richesse reconnue de l'inconscient s'est associé un possible désaccord sur les limites de cette richesse : aux limites clairement énoncées par la psychologie cognitive, le discours freudien nous a semblé moins tranché et porteur de plusieurs idées hétérodoxes qui constituent autant de motifs à une rupture immédiate des projets de rapprochement.

Lorsque Freud formule l'idée du statut originairement inconscient de toute représentation mentale, il fait appel à un mécanisme de refoulement inconscient qui, lui, nous est apparu là encore comme une discordance majeure entre les deux discours étudiés.

Si la reconnaissance commune du rôle de l'attention dans le mécanisme de la prise de conscience s'est avérée être pour nous une surprise inattendue riche de nombreux prolongements, son utilisation par Freud pour l'associer à la fonction du langage a fait apparaître une nouvelle différence importante.

Enfin, la description de différents niveaux d'inconscients à travers le *distinguo* établi par Freud entre système préconscient et système inconscient rend compte d'un phénomène fondamental. Mais l'explication théorique apportée pour le décrire est aux antipodes de celle proposée par les neurosciences. L'importance attribuée par Freud à l'hypothétique concept de refoulement conçu comme une instance inconsciente de contrôle vient mettre un terme à ce possible rapprochement.

Bref, ces éléments de « convergence » autour du concept d'inconscient restent assez limités ! Il est en effet curieux de remarquer que, chaque fois que nous avons découvert un élément de convergence, il ne concernait que la « portion congrue » du discours freudien. La richesse propre du discours freudien n'est pas la définition du préconscient, ni celle du rôle de l'attention ou la proclamation de la richesse de l'inconscient. Nous le verrons bientôt, ces différentes idées brillamment explicitées par Freud ne sont, pour l'essentiel, pas l'œuvre première de sa pensée, mais apparaissent déjà de manière explicite dans la littérature psychologique et neurologique des XVIIIe et XIXe siècles. Les créations scientifiques propres de Freud en terme d'inconscient sont le concept de refoulement, la définition topique de l'Inconscient et le contenu psychodynamique des représentations mentales qui l'habitent. Pour chacun des éléments de convergence étudiés, nous avons systématiquement buté dès lors qu'apparaissait l'une de ces idées qui se situent au cœur de la pensée freudienne.

Inquiétantes divergences entre Freud et l'inconscient cognitif

Ce portrait-robot de l'inconscient freudien examiné au crible de notre conception neuroscientifique contemporaine est construit en trois catégories. Au-delà de cette première catégorie des possibles convergences dont nous venons d'examiner l'extrême fragilité, je vous propose de nous pencher maintenant sur plusieurs traits qui sont de nature à inquiéter les tenants du rapprochement consensuel entre psychanalyse et neurosciences cognitives. Il ne s'agit pas véritablement d'oppositions radicales et inconciliables entre les deux discours, mais – ce qui est parfois pire – d'une sensation de malaise associée à l'impression de ne pas parler du tout de la même chose, sous des airs de faux-semblants.

Jusqu'à présent, quelles que soient les options théoriques et les interprétations proposées, nous avions néanmoins matière à élaborer un véritable échange entre les points de vue respectifs de la psychanalyse freudienne et des neurosciences. Nos points de départ, c'est-à-dire la définition de la conscience, et donc celle de l'inconscient au sens descriptif, étant parfaitement identiques, le projet de confrontation des thèses semblait légitime. Lorsque nous avons discuté la question des limites de l'inconscient, celle du mécanisme de la prise de conscience ou encore celle des différences qualitatives au sein de cette sphère mentale inconsciente, nous avons eu le loisir de procéder à des échanges, et de constater, ici ou là, des points de rapprochement et des oppositions franches. Le problème que nous rencontrons à présent est d'une autre nature.

Contenu du système inconscient

Lorsque nous cherchons à comprendre de quoi est rempli le système Ics postulé par Freud, l'idée même de la possibilité d'un échange avec le discours neuroscientifique semble se dissiper brutalement. Il suffit de consulter les multiples formulations univoques chez Freud du contenu du système Ics pour s'en convaincre :

« L'inconscient de la vie psychique est l'infantile » (Freud, 2004).

« L'infantile est [...] la source de l'inconscient, les processus de pensée inconscients ne sont rien d'autre que ceux qui se trouvent mis en place dans la prime enfance, à l'exclusion de tout autre » (Freud, 1990).

Dans *L'Homme aux rats*, Freud écrit que l'inconscient, c'est l'« infantile refoulé » (Freud, 1998).

« On peut comparer le contenu de l'Ics à une population originaire psychique. S'il existe chez l'être humain des formations psychiques héritées, quelque chose d'analogue à l'instinct des animaux, c'est là ce qui constitue le noyau de l'Ics. À cela s'ajoute plus tard ce qui, au cours de l'enfance, a été éliminé comme inutilisable, et qui, de par sa nature, n'a pas à être distinct de l'hérité » (Freud, 1988).

Dans *Une difficulté de la psychanalyse*, texte publié en 1917, Freud peuple l'inconscient exclusivement de contenus pulsionnels sexuels (Freud, 1996).

Les concepts que l'on retrouve ici semblent situés à des années-lumière des prototypes des représentations mentales que nous avons jusqu'ici manipulées chez les patients neurologiques ou chez les sujets sains participant à ces diverses expériences de psychologie cognitive et d'imagerie cérébrale fonctionnelle.

De quel chapeau Freud sort-il ce rapport exclusif du système Ics à la prime enfance du sujet ? Pourquoi la dimension sexuelle des représentations mentales constitue-t-elle soudain un attribut primordial des objets du système Ics ? Le ton légèrement ingénu de nos questions n'est pas une pose. Nous savons bien évidemment que les constructions de Freud dérivent essentiellement d'un riche matériel clinique psychopathologique dans lequel la dimension affective des représentations mentales jouait un rôle fondamental. La lecture et la fréquentation clinique de patients névrosés, phobiques, hystériques ou obsessionnels met nécessairement le clinicien face à des questions psychoaffectives et émotionnelles. Néanmoins, ce que nous questionnons ici, ce n'est pas la nature du matériel utilisé par Freud, mais l'orientation univoque de sa construction théorique. Ainsi, le système Ics ne contiendrait que des matériaux refoulés, vestiges de pulsions sexuelles de la prime enfance du sujet[1] !

La messe est dite.

Ce dont nous devons faire le deuil, ce n'est pas nécessairement de la validité et de la pertinence du contenu des théories freudiennes, mais plutôt de la possibilité de les confronter à nos théories neuroscientifiques de la conscience et de l'inconscient.

Du langage et de la conscience

La seconde grande divergence entre l'inconscient freudien et l'inconscient cognitiviste a trait à la question du langage. En de multiples occasions, Freud insiste sur le rôle fondamental du langage dans le mécanisme de la prise de conscience. Les citations suivantes illustrent assez clairement la position de Freud à ce sujet :

« La représentation consciente comprend la représentation de chose plus la représentation de mot afférente, l'inconsciente est la représentation de chose seule » (Freud, 1988).

« À cet égard, la conscience est seulement un organe sensoriel pour les restes de nos représentations de mots. Relativement à cela, il est aussi très difficile de déterminer si certaines émotions sont conscientes ou inconscientes chez

1. Nous sommes conscients du fait que plusieurs écoles psychanalytiques ont réfuté ce contenu exclusivement sexuel et infantile, telle que l'école jungienne et ses nombreux développements.

l'enfant. Ces représentations de mots doivent avoir des restes de qualités qui sont caractéristiques des représentations optiques, acoustiques, etc., sur lesquelles notre conscience est originellement réglée. Les représentations de mots ont une fonction très définie par rapport au conscient et à l'inconscient et nous n'avons pas encore trouvé de solution aux problèmes suivants : quelle est la nature de cette relation ? [...]. Pour l'instant, nous pouvons seulement supposer que la clé du problème se trouve dans la représentation de mot » (Freud, 1978).

« Le système Cs correspond à la mise en relation de ces représentations inconscientes avec les représentations de mots qui rendent possible l'accès à la conscience » (Freud et Abraham, 1969).

Le rôle attribué au langage par Freud est assez problématique pour deux raisons principales. Tout d'abord, cet aspect de la pensée de Freud suggère qu'il ne conçoive pas l'idée de représentations inconscientes de mots, même si ce qui est visé derrière cette expression demeure assez énigmatique. La représentation de mot semble être chez lui nécessairement consciente, ou préconsciente. Pourtant, nous avons eu le loisir de décrire de multiples illustrations d'activations inconscientes de représentations mentales verbales à des niveaux aussi variés que la forme visuelle abstraite d'un mot, sa morphologie, sa phonologie ou même son contenu sémantique. Ces activations verbales inconscientes ne se distinguent pas selon nous des autres contenus représentés. Il n'existe pas de statut spécifique aux représentations de mots, par comparaison avec toutes les autres catégories d'objets mentaux représentés, consciemment ou non.

Bien évidemment, nous ne remettons pas en question le rôle majeur du langage, notamment du langage intérieur, dans la verbalisation de nos contenus conscients à travers les rapports que nous en établissons pour nous ou pour d'autres. Toutefois, et c'est là le second point problématique du statut des représentations mentales verbales chez Freud, il existe aujourd'hui suffisamment d'évidence clinique et expérimentale pour affirmer qu'un contenu mental conscient n'est pas nécessairement verbal. Autrement dit, contrairement à la position apparente de Freud, une pensée peut être consciente, c'est-à-dire rapportable à soi ou à d'autres, sans pour autant être associée à des représentations de mots. Comment pouvons-nous affirmer une telle proposition ?

Plusieurs observations et expériences réalisées chez les patients aphasiques ayant perdu l'usage de telle ou telle composante du langage, ou chez des primates non humains tels que le macaque, semblent bien montrer qu'il existe des états psychologiques conscients, au sens utilisé par Freud et nous, mais dépourvus d'une structure langagière. Nous n'en donnerons ici qu'un seul exemple particulièrement lumineux. Le premier phénomène mental inconscient que nous avons rencontré au début de notre exploration concernait le patient G. Y. Celui-ci présentait ce spectaculaire phénomène de *blindsight*. Alors qu'il ne percevait pas consciemment des lumières allumées dans la zone « aveugle » de son champ visuel, il était capable, lorsqu'on l'obligeait à répondre, de diriger son regard ou de pointer son doigt vers la zone éclairée. Autrement dit, ce patient présentait une dissociation étonnante entre un rapport conscient négatif « je ne vois rien », et une performance comportementale qui révélait l'existence d'une représentation mentale active des stimuli. Bref, le cerveau et l'esprit de G. Y. représentaient les stimuli à l'insu de sa conscience.

Cette découverte a longtemps posé un problème d'ordre phylogénique. Les macaques, nos cousins sur l'échelle de l'évolution, ont un cerveau visuel étonnamment proche du nôtre. Pourtant, lorsqu'on détruit chez un macaque la zone qui a été endommagée suite à un traumatisme crânien chez G. Y., le macaque semble se comporter comme s'il disposait toujours de cette région du cortex visuel primaire. Il ne semble pas présenter de handicap visuel majeur à en juger par son comportement. Si le macaque opéré semble se comporter comme s'il disposait toujours de son cortex visuel primaire, cela signifie donc peut-être que son comportement est essentiellement inconscient, et qu'il n'existe pas chez lui d'équivalent au phénomène de *blindsight* observé chez l'homme. De nombreux comportements visuo-moteurs sont d'ailleurs inconscients, ainsi que nous l'avons nous-mêmes constaté avec les expériences du groupe de Rossetti, la patiente D. F. de Milner et Goodale ou l'utilisation d'illusions visuelles. Le macaque ne dispose peut-être pas de conscience phénoménale au sens que nous donnons à ce terme : il ne peut pas rapporter, à lui-même ou à d'autres, le contenu de ses représentations mentales visuelles. Bref, le macaque n'est peut-être tout simplement pas conscient. Freud aurait probablement fait un argument de cette observation en remarquant que l'absence de langage et donc plus spécifiquement de représentations mentales de mots chez le macaque, permet de prédire que les systèmes Pcs-Cs n'existent pas chez lui.

Pourtant, en 1995, Alan Cowey et Petra Stoerig révolutionnèrent ce domaine de la conscience perceptive animale à l'aide d'une expérience d'une ingéniosité peu commune. Cowey et Stoerig commencèrent par étudier trois macaques à qui ils avaient retiré le cortex visuel primaire d'un seul hémisphère. Ils présentèrent à ces singes des cibles lumineuses qui apparaissaient sur un écran tactile, soit dans le champ visuel sain soit dans celui qui correspondait à la zone de cortex visuel retirée (Cowey et Stoerig, 1995). Les singes furent conditionnés pour répondre à choix forcé à une tâche de localisation spatiale : à chaque essai, le singe devait toucher la région de l'écran sur laquelle la lumière venait d'être présentée. Cette première partie de l'expérience permit aux chercheurs de reproduire le résultat connu depuis les années 1930 : dans une telle situation expérimentale, les singes répondent aussi bien aux lumières allumées dans le champ visuel sain que dans celui qui correspond à la zone de cortex retirée.

Dans une seconde partie de l'expérience, Cowey et Stoerig ne présentèrent à leurs singes que des lumières projetées dans le champ visuel sain. L'astuce consistait à apprendre aux animaux à répondre à une nouvelle condition expérimentale : à chaque essai la lumière pouvait soit apparaître à l'écran, comme précédemment, mais elle pouvait également ne jamais apparaître, auquel cas les singes devaient appuyer sur une zone rectangulaire de l'écran réservée à cet usage. Leurs intelligents macaques réussirent rapidement à répondre correctement à cette nouvelle condition expérimentale pour des *stimuli* en provenance du champ visuel sain.

Autrement dit, les singes avaient désormais un moyen de répondre à l'expérimentateur « pas de lumière » pour les essais blancs présentés dans la partie normale du champ visuel.

La dernière partie de l'expérience consista à étudier ce qui se passait pour les stimuli présentés au sein du scotome, à présent que les singes savaient utiliser une consigne de réponse associée à l'absence de stimulus visible. Comment allaient-ils répondre aux cibles lumineuses présentées dans l'hémichamp visuel lésé : continueraient-ils à aller les toucher à l'écran, ou allaient-ils répondre « pas de lumière » ? Le résultat fut univoque : que la lumière fût allumée ou non,

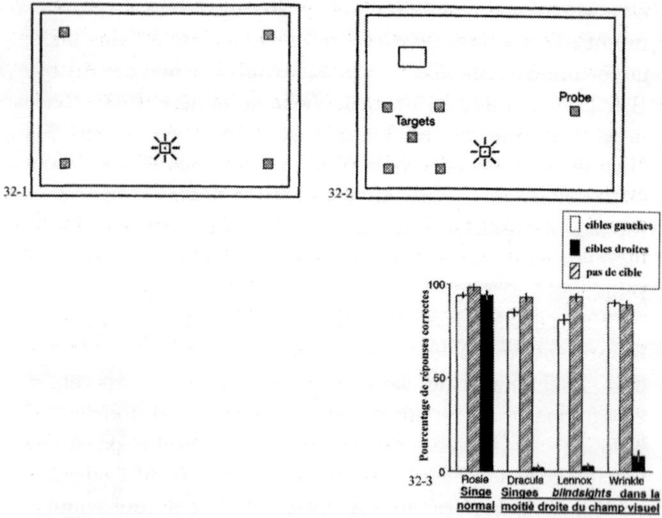

FIGURE 32 – Une conscience phénoménale sans langage ?
Alan Cowey et Petra Stoerig ont publié en 1995 une remarquable étude qui suggère l'existence d'une conscience perceptive chez le macaque. Dans un premier temps (32-1) ils ont appris à quatre macaques – Rosie, Dracula, Lennox et Wrinkle – qui fixaient le centre de l'écran (carré blanc central) à aller toucher l'une des quatre régions de l'écran dans laquelle un petit carré (carré gris) venait d'apparaître. Comme les patients humains blindsights *ces singes savaient répondre correctement aussi bien pour les cibles présentées dans leur hémichamp visuel normal que pour celles présentées à droite (Dracula, Lennox et Wrinkle avaient subi une ablation du cortex visuel primaire gauche). Dans une seconde version expérimentale (32-2), certains essais ne comportaient aucune cible visuelle. Dans ces essais, les singes devaient appuyer sur le rectangle visible en haut à gauche en 32-2. Cette réponse permettait aux singes de répondre « pas de cible ». À présent (32-3), lorsqu'une cible visuelle apparaissait à droite, Rosie allait la toucher, mais les trois singes* blindsights *répondaient systématiquement « pas de cible » ! Ces singes savaient toucher la région de l'écran où ces cibles apparaissaient (expérience précédente), mais lorsqu'on leur permettait d'utiliser une réponse plus proche de leur rapport conscient, ils nous révélaient que comme les sujets humains, ils ne voyaient pas les cibles droites. Il semble donc exister des formes de conscience phénoménale en l'absence de langage.*
Adapté de Cowey et Stoerig, *Nature*, 1995.

quel que fût l'endroit où elle était présentée au sein du scotome visuel, les macaques répondaient à présent systématiquement en appuyant sur le bouton « pas de lumière » ! Les singes bien sûr ne parlent pas. Mais cela ne signifie pas qu'ils n'élaborent pas de rapport conscient de certains de leurs états mentaux. On ne peut recueillir leur rapport conscient éventuel que de manière non verbale. Dès lors que l'on offre au singe un moyen d'exprimer ce rapport, il est capable de nous le livrer. Alors que dans la première partie de cette expérience, les singes qui n'avaient accès qu'à deux boutons répondaient sans livrer leur rapport conscient, l'utilisation du troisième bouton leur permit de répondre très différemment aux mêmes essais. Plutôt que de discriminer la couleur à choix forcé, ce qu'ils savaient faire inconsciemment comme le patient G. Y., le troisième bouton leur permit d'exprimer une réponse probablement consciente qui se rapproche là encore de celles du patient humain qui affirme verbalement ne rien voir. Cette expérience met ainsi en évidence l'existence de représentations mentales conscientes non verbales, ce qui est en totale opposition avec la conception freudienne selon laquelle toute représentation consciente est nécessairement associée à une représentation langagière, à une « représentation de mot », pour reprendre ses propres termes.

Oppositions radicales entre Freud et l'inconscient cognitif

Jusqu'à présent, l'étude de l'inconscient freudien à travers le prisme de nos connaissances neuroscientifiques contemporaines nous a conduits à mettre en lumière dans l'œuvre de Freud quelques profondes intuitions relatives aux phénomènes mentaux inconscients, ainsi que de nombreux points de divergence qui ont le plus souvent trait à l'interprétation théorique de ces phénomènes, interprétations qui sont presque systématiquement désavouées par les neurosciences de la cognition. Il est remarquable de constater le caractère visionnaire de ces intuitions qui attendront parfois plus d'un siècle, et l'émergence de nouveaux paradigmes scientifiques – tel que celui apporté par les sciences cognitives en introduisant la théorie de l'information pour décrire les opérations mentales –, et de nouvelles technologies au premier rang desquelles l'imagerie cérébrale fonctionnelle, avant d'être reformulées et redécouvertes par les neurosciences. Jusqu'à présent donc, les phénomènes mentaux inconscients décrits par Freud nous semblaient relativement cohérents avec la description qu'en donnent les neurosciences, et seules ses interprétations théoriques semblaient introduire une distance abyssale avec nos théories contemporaines.

Il existe néanmoins trois propriétés de l'inconscient freudien qui sont en contradiction franche et radicale avec notre conception de la vie mentale. Chacune de ces trois propriétés joue un rôle fondamental dans l'édifice freudien, et leur réunion constitue en quelque sorte le « noyau dur » de la définition freudienne de l'inconscient.

Le refoulement ou les instances inconscientes du contrôle

Au sein même de ce « noyau dur de l'inconscient freudien », le concept de refoulement se distingue tant par son originalité que par son importance déterminante qui en fait la véritable « pierre angulaire » des différentes théories freudiennes.

Le rôle majeur que nous attribuons au refoulement a été en son temps reconnu par Freud lui-même au fil de son œuvre. Dans un texte classique rédigé comme un manifeste de l'histoire officielle de la naissance de la psychanalyse, Freud écrit ainsi en 1914 : « Le refoulement est à présent le pilier sur lequel repose l'édifice de la psychanalyse » (« Contribution à l'histoire du mouvement psychanalytique » *in* (Freud, 1992)). Nous avons déjà fait référence en de multiples endroits à ce concept sans nous aventurer au sein de ses entrailles. Qu'est-ce donc que le refoulement d'après Freud ?

L'idée générale du refoulement est celle d'un processus psychologique qui lutterait activement contre l'irruption, au sein de la conscience du sujet, de certaines représentations mentales désagréables. Avec son génie de la métaphore, Freud a mis en scène ce processus en utilisant l'image d'un personnage perturbateur exclu par des gardiens, de la salle qui représente l'espace conscient du sujet. Dès 1909, Freud use de cette métaphore lors d'une conférence prononcée à Worcester :

« J'illustrerai le processus du refoulement et sa relation nécessaire avec la résistance par une comparaison grossière. Supposez que dans la salle de conférences, dans mon auditoire calme et attentif, il se trouve pourtant un individu qui se conduise de façon à me déranger et qui me trouble par des rires inconvenants, par son bavardage ou en tapant des pieds. Je déclarerai que je ne peux continuer à professer ainsi ; sur ce, quelques auditeurs vigoureux se lèveront et, après une brève lutte, mettront le personnage à la porte. Il sera “refoulé” et je pourrai continuer ma conférence. Mais, pour que le trouble ne se reproduise plus, au cas où l'expulsé essaierait de rentrer dans la salle, les personnes qui sont venues à mon aide iront adosser leurs chaises à la porte et former ainsi comme une “résistance”. Si maintenant l'on transporte sur le plan psychique les événements de notre exemple, si l'on fait de la salle de conférences le conscient, et du vestibule l'inconscient, voilà une assez bonne image du refoulement » (Freud, 1992).

Freud met ainsi en avant, avec ses « gardiens de la paix mentale », l'idée d'un processus de contrôle doté de la capacité d'inhiber ou d'exclure certaines représentations mentales sur la base de décisions stratégiques. Nous faisons tous les jours l'expérience de phénomènes de rejets actifs, conscients et délibérés de certaines idées qui nous dérangent, que nous chassons de notre conscience ou que nous tentons de cacher à nous-mêmes.

Nous avons d'ailleurs déjà eu le loisir de rencontrer certaines traductions expérimentales de ces phénomènes de contrôle cognitif. Souvenez-vous de l'expérience de Stroop dans laquelle les sujets tentent de ne pas lire le mot écrit. Nous commençons à disposer aujourd'hui d'un grand jeu de données expérimentales et cliniques qui permettent de dessiner des modèles théoriques sophistiqués et réalistes de ce phénomène général du contrôle mental (Koechlin, Basso, Pietrini, Panzer et Grafman, 1999 ; Koechlin, Ody et Kouneiher, 2003).

Pourquoi le concept de refoulement constituerait-il alors un motif d'opposition radicale avec les neurosciences cognitives ? En vertu d'un point fondamental, les mécanismes de contrôle cognitif tels que ceux que nous venons de décrire sont l'apanage exclusif du fonctionnement conscient.

Les belles expériences de Merikle ou de Kunde[1] nous ont montré comment un stimulus non consciemment perçu ne

1. On peut relire dans le chapitre 5 de la première partie le paragraphe intitulé « Contrôler l'inconscient ! » page 187, ainsi que la note 1, page 201.

pouvait être à l'origine d'une stratégie de contrôle. Jacoby a le premier eu l'idée que lorsqu'on nous présente des mots écrits et que nous devons explicitement refuser de les utiliser pour répondre à telle ou telle question de l'expérimentateur, nous parvenons sans peine à les « exclure » activement si et seulement si nous avons conscience de ces mots (Jacoby, 1991). Dès lors que ces mots nous sont inconsciemment présentés, de manière subliminale (Merikle *et al.*, 1995) ou en utilisant d'autres techniques plus récentes comme la méthode de clignement attentionnel (Wisser *et al.*, 2005), nous ne pouvons nous empêcher de les utiliser. Bref, le déclenchement stratégique de ces mécanismes de contrôle cognitif qui gouvernent les processus de rejet actif d'une représentation, est nécessairement et exclusivement conscient.

Le problème avec le concept de refoulement freudien, c'est qu'il est explicitement défini comme un processus inconscient qui opérerait sur des représentations inconscientes.

Il existe à ce sujet un cheminement intellectuel de Freud en deux étapes. En 1893, dans une étude sur l'hystérie, Freud laisse entendre que le refoulement est un phénomène conscient et volontaire, mais qui agirait sur des idées inconscientes. Dans un texte de 1895 consacré à la névrose d'angoisse, il décrit ce phénomène comme intentionnel, puis il écrit dans ses *Études sur l'hystérie* (1895) :

« La représentation n'est point anéantie mais seulement repoussée dans l'inconscient. Ce processus [...] donne lieu à la projection d'un noyau [...] de cristallisation [...] autour duquel tout ce qui dépendait de l'idée contradictoire va se concentrer. La dissociation [...] est ainsi une dissociation voulue, intentionnelle, ou, souvent, tout au moins introduite par un acte volontaire » (Freud, 1971).

Cette conception est encore illustrée dans une métaphore formulée en 1897 dans laquelle Freud affirme : « De même que nous détournons avec dégoût notre organe sensoriel (tête et nez) devant les objets puants, de même le préconscient et notre compréhension consciente se détournent du souvenir. C'est là ce qu'on nomme refoulement » (Freud, 1973).

Bref, jusqu'à la période qui semble s'achever en 1897, la conception de Freud de ce qu'il dénomme refoulement semble encore conciliable avec notre vision contemporaine des mécanismes conscients. Non seulement le processus de contrôle est conscient, mais il est capable d'influencer consciemment le cours de représentations mentales inconscientes. Ce second point met en lumière l'un des acquis les plus récents des sciences cognitives (Naccache *et al.*, 2002). On pourrait donc imaginer que le sujet adopte consciemment un mécanisme de contrôle opérant sur une « liste » consciemment définie de représentations mentales à refouler, et qu'une fois mis en place, ce mécanisme soit efficace non seulement pour chasser des idées conscientes, mais également pour refouler des représentations inconscientes. D'une certaine façon, si tel était le message de Freud, nous devrions non seulement le considérer comme pertinent, mais il faudrait l'ériger comme un modèle épistémologique de découverte scientifique visionnaire et géniale ayant dû attendre plus d'un siècle avant d'être re-découverte, à l'image de la génétique mendélienne ou de la machine à vapeur inventée « sur le papier » par Héron d'Alexandrie dès l'Antiquité.

Cependant, tel n'est pas le cas. Freud n'a véritablement donné un contenu psychanalytique fort à ce concept de refoulement qu'après 1896. Dans cette nouvelle et durable conception, conception qui est d'ailleurs visée par la citation de 1914 sur son rôle théorique clé, le refoulement n'est plus un processus conscient.

Dans un écrit de 1896, le refoulement devient un mécanisme de défense « inconsciente », contre « une représentation inconciliable qui était entrée dans une opposition pénible avec le moi » (Freud, 1989). En 1897, Freud remarque qu'« il ne suffit pas de tenir compte du refoulement entre le préconscient et l'inconscient ; il faut encore penser au refoulement normal qui se produit dans le système inconscient lui-même » (Freud, 1973). À la même période il écrit encore que « la défense est un mécanisme normal lié au principe de constance, qui ne joue que sur la pensée et le souvenir, mais non sur la perception, car c'est un mécanisme inconscient » (Freud, 1973). Dans *L'Interprétation des rêves* publié en 1900, l'identité de ce « gardien » qui incarne le refoulement se modifie. Alors qu'il était encore possible de se représenter ce gardien comme une instance consciente qui chasse de la salle-conscience « l'individu » au comportement perturbateur intempestif, après 1900 le gardien est hors de la salle, donc en dehors de la conscience et il ne se contente pas d'exclure des idées conscientes, mais il agit sur des idées inconscientes : « C'est le système préconscient qui interdit l'accès à la conscience » (Freud, 1987).

Cette définition claire et univoque du refoulement comme processus inconscient qui opère sur des représentations inconscientes est ensuite présent tout au long de l'œuvre de Freud.

Lorsqu'il développe sa première topique, Freud indique par exemple que « le destin du refoulement consiste pour une motion particulière en ceci que le gardien ne l'autorise pas [la motion inconsciente] à passer du système de l'inconscient dans le système du préconscient » (Freud, 2004). Dans cette conception topique que nous avons déjà décrite, le refoulement agit donc à la frontière mentale entre les deux lieux inconscients (au sens descriptif) inventés par Freud : le système Ics et le système Pcs. Autrement dit, le refoulement opère sur des idées inconscientes, et il est lui-même situé en territoire inconscient, au sens descriptif.

Afin de bien nous signaler qu'il ne faut pas confondre le refoulement avec les mécanismes de rejet conscients et volontaires, Freud distribue dans son œuvre de multiples mises au point comme : « Un refoulement est quelque chose d'autre qu'un rejet » (Freud, 1988).

Très clairement, la métaphore du refoulement entendu comme un gardien qui repousserait un contenu du conscient vers l'inconscient n'est plus d'actualité à la lecture des mécanismes supposés régir la dynamique du refoulement : « Un acte psychique passe en général par deux phases d'étapes, entre lesquelles est intercalée une sorte d'cxamen (censure). Dans la première phase, il est inconscient et appartient au système Ics ; si lors de l'examen il est écarté par la censure, le passage à la seconde phase lui est refusé ; il est alors dit "refoulé" et doit nécessairement rester inconscient » (Freud, 1972).

Ou encore : « Le refoulement est [...] ce processus par lequel un acte apte à la conscience, donc un acte qui fait partie du système Pcs, est rendu inconscient, donc renvoyé dans le système Ics. Et pareillement, nous appelons cela refoulement lorsque l'acte psychique inconscient n'est tout simplement pas admis dans le système préconscient qui lui fait suite, mais est récusé à son seuil par la censure. Il (le refoulement) désigne un processus purement psychologique, que nous pouvons caractériser encore mieux en le qualifiant de topique » (Freud, 2004).

Dans le même ouvrage, on peut enfin lire : « La censure, le refoulement donc, se fait entre l'inconscient et le système préconscient, mais elle peut encore s'exercer si la représentation a réussi à passer dans le préconscient : il suffit que le "gardien" se tenant entre Ics et Pcs, retrouve sa vigilance avant que le passage dans le Cs ait eu lieu » (Freud, 2004).

Nous pourrions ici multiplier les citations à l'appui de cette définition univoque de la nature des instances de refoulement chez Freud[1]. La prégnance de cette conception chez Freud est si puissante qu'il me semble qu'elle est en partie à l'origine de la seconde topique. En de multiples passages, Freud affirme sa conviction que c'est le Moi qui est à l'origine du refoulement. Étant donné qu'il pense toutefois que le refoulement est nécessairement inconscient, il devient indispensable de réviser son modèle topique afin d'instaurer au sein du Moi des composants inconscients. Le Moi n'est évidemment pas le système Cs et c'est là la grande nouveauté de la seconde topique.

Ce concept si essentiel du refoulement suffit donc à dresser une opposition radicale entre le discours freudien et les neurosciences cognitives du contrôle mental.

Très récemment, le groupe d'Anderson mena une série de magnifiques études comportementales et d'imagerie cérébrale fonctionnelle afin d'explorer les bases cérébrales du

1. Par exemple Freud décrit le refoulement comme un processus « qui consiste en ceci que la prise en charge dans le conscient est refusée à la représentance psychique [représentance de représentation] de la pulsion » (Freud, 1988). Il énonce encore que le contre-investissement du système Pcs « représente la dépense durable d'un refoulement originaire [...]. Le contre-investissement est le mécanisme exclusif du refoulement originaire » (Freud, 1988). Ou encore : « Dans le refoulement originaire, on est en face d'une représentation inconsciente qui n'a encore obtenu aucun investissement du Pcs » (Freud, 1988). « Nous sommes donc fondés à admettre un refoulement originaire, une première phase du refoulement, qui consiste en ceci que la prise en charge dans le conscient est refusée à la représentance psychique (représentance de représentation) de la pulsion. Celui-ci s'accompagne d'une fixation ; la représentance concernée subsiste, à partir de là sans modification possible, et la pulsion demeure liée à elle » (Freud, 1988).

processus de rejet conscient (Anderson et Green, 2001 ; Anderson *et al.*, 2004)[1]. Anderson et ses collègues réussirent à montrer de manière ingénieuse que lorsqu'on faisait apprendre à des sujets sains une liste de mots arbitrairement associés (exemple : chaise-banane) et que une fois la liste apprise on leur demandait d'activement chasser de leur esprit ces associations, ils finissaient par effectivement s'interdire un accès conscient à ces liens associatifs. Si bien qu'au bout de quelques jours ils ne parvenaient plus à évoquer le mot associé (exemple : banane) au premier mot d'une paire donnée (exemple : chaise). Sans entrer dans les multiples conditions expérimentales de contrôle qui permettaient de faire cette démonstration, nous retiendrons que lorsque des représentations mentales conscientes étaient soumises à un processus de rejet conscient, délibéré et volontaire, elles pouvaient être durablement chassées de l'esprit des sujets qui ne parvenaient même plus à les réévoquer. Dans une version enregistrant l'activité cérébrale des sujets, à l'aide d'une technique d'IRMf, pendant ce processus de rejet conscient et volontaire, Anderson et ses collègues mirent en évidence que les régions corticales qui sous-tendaient ce processus n'étaient autres que des régions du cortex préfrontal dont nous avons déjà évoqué le rôle crucial dans le fonctionnement mental conscient.

Bref, si les neurosciences contemporaines parviennent à étudier les mécanismes de défense conscients, l'idée d'un refoulement au sens freudien semble en contradiction totale avec les données expérimentales et les modèles théoriques les plus pertinents. Le pilier de l'édifice menace donc de s'effon-

1. Ces auteurs font cependant un usage malheureux du terme de « refoulement » car l'essence même du phénomène qu'ils étudient correspond au rejet conscient et volontaire, mais non au refoulement tel que nous venons de le lire chez Freud (Kihlstrom, 2002).

drer lorsqu'on envisage de considérer l'inconscient freudien comme une construction psychologique scientifique.

Immortelles représentations inconscientes

La deuxième des trois propriétés qui me semblent définitivement condamner toute tentative pour trouver, dans l'œuvre de Freud, une psychologie scientifique de l'inconscient, concerne la durée de vie de nos représentations mentales inconscientes.

Je fais ici allusion à la maxime « néolacanienne » formulée au chapitre 6 de la première partie, page 211 : « L'inconscient est structuré comme une exponenticllc décroissante ! » Tous les exemples de représentations mentales inconscientes rencontrés nous ont en effet permis d'affirmer que le propre de l'inconscient est son éminente évanescence. Le maintien hors du temps d'une représentation mentale semble effectivement être l'une des particularités exclusives de nos cogitations conscientes[1].

Si cette dernière distinction n'apparaît pas de manière univoque chez Freud, son œuvre regorge d'allusions à cette distinction entre les « traces mnésiques », qui affectent la structure même du système nerveux, des représentations mentales conscientes ou inconscientes. Il devient donc possible d'interroger directement la pensée de Freud à propos de la durée de vie présumée des représentations mentales inconscientes, qu'elles soient entendues ici comme préconscientes

1. Nous avons également distingué cette propriété de l'évanescence des représentations mentales inconscientes de la stabilité temporelle des autres informations inconscientes qui sont présentes dans la structure même du système nerveux mais qui ne sont pas explicitement représentées à travers l'activité de populations neuronales (inconscient du premier type selon la taxonomie exposée au chapitre 3 de la deuxième partie, page 291).

ou inconscientes au sens topique du terme. Nous avions déjà constaté que la motivation principale de l'évolution de sa pensée vers une vision topique reposait sur l'intuition géniale qu'il existait différentes formes de représentations mentales inconscientes. À cette occasion, l'argument d'intensité était entré en ligne de compte chez Freud, mais également l'argument de durée de vie. Certaines représentations mentales inconscientes lui semblaient disposer d'une durée de vie prolongée.

Quelle est, au juste, l'espérance de vie d'une représentation mentale inconsciente ou préconsciente chez Freud ?

Nous ne chercherons pas ici à procéder à un examen exhaustif de son œuvre, mais nous isolerons certains passages propres à nous renseigner de la manière la plus claire possible.

En 1895, dans ses remarquables *Études sur l'hystérie,* Freud écrivait que « la représentation n'est point anéantie mais seulement repoussée dans l'inconscient » (Freud, 1971). Dans *L'Interprétation des rêves,* on peut relire la fin du passage que nous citions plus haut quant au rôle de l'attention dans le mécanisme de la prise de conscience, dans lequel Freud affirme : « Or il semble bien que les pensées abandonnées puissent suivre leur cours sans que l'attention se reporte sur elles ; elles ne la forcent que lorsqu'elles atteignent une intensité particulièrement élevée » (Freud, 1987). Ces « pensées abandonnées » inconscientes prennent ainsi l'allure lente, majestueuse et imperturbable d'un cygne qui glisse sur la surface du lac de notre vie mentale, à l'abri des contingences du temps.

Impression confirmée par d'autres textes comme *L'Inconscient* publié en 1915 dans lequel Freud écrit : « La représentation inconsciente, après refoulement, subsiste en tant que formation réelle dans le système Ics » (Freud, 1988). En 1926, dans *Inhibition, Symptôme et Angoisse*

Freud revient sur cette idée : « De la motion pulsionnelle refoulée elle-même nous admettions qu'elle subsistait non modifiée dans l'inconscient pendant une durée indéterminée » (Freud, 1992). La suite de ce passage pose la question de la validité de ce qui apparaît déjà comme un présupposé fort de la psychanalyse, mais la critique formulée par Freud ne remet pas du tout en cause cette idée générale d'une durée de vie sans limite de certaines représentations mentales inconscientes. Un peu plus loin encore, il affirme que « lorsque le moi a réussi à se défendre contre une motion pulsionnelle dangereuse, par exemple par le processus de refoulement, il a certes inhibé et lésé cette partie du ça, mais il lui a en même temps donné une part d'indépendance et a renoncé à une part de sa propre souveraineté » (Freud, 1992). Cette indépendance et cette libération des contraintes temporelles sont parfaitement résumées par ce passage rédigé en 1932, dans le cadre des *Nouvelles Conférences d'introduction à la psychanalyse*, dans lequel Freud pose que « des impressions qui ont été plongées dans le ça par le refoulement sont virtuellement immortelles » (Freud, 1995).

La décroissance exponentielle et l'immortalité ne faisant pas bon ménage, il apparaît ainsi clairement que la question de l'espérance de vie de nos représentations mentales inconscientes constitue un second motif d'abandon définitif, par les neuroscientifiques, de la conception freudienne d'inconscient.

J'aimerais toutefois prolonger ce sondage des œuvres de Freud sur cette question, non pas dans un esprit d'acharnement mesquin – guidé par une idée inconsciente immortelle ? –, mais plutôt afin de mettre en lumière deux autres aspects importants qui sont associés à cette idée. Il existe un passage de *L'Interprétation des rêves* dans lequel Freud écrit que « nos souvenirs, y compris les plus profondément gravés en nous, sont par nature inconscients. Ils peuvent être rendus conscients ; mais on ne saurait douter qu'ils déploient tous leurs effets à l'état inconscient. Ce que nous appelons notre caractère repose sur des traces mnésiques de nos impressions ; et ce sont précisément les impressions qui ont agi le plus fortement en nous, celles de notre première jeunesse, qui ne deviennent presque jamais conscientes » (Freud, 1987). Au-delà de la réaffirmation du caractère éminemment actif et immortel de nos souvenirs épisodiques inconscients, Freud en vient ici à introduire un nouveau paradoxe dans sa pensée théorique sur l'inconscient. Il nous parle ici des souvenirs épisodiques inconscients acquis pendant la prime enfance, c'est-à-dire pendant les tous premiers mois du nourrisson et les trois premières années de l'enfant. Nous reviendrons en temps utile sur la signification possible de l'extrême richesse des souvenirs élaborés pendant cette période, telle que Freud la postule. Cette prime enfance est couverte par un curieux phénomène qualifié d'amnésie infantile, phénomène parfaitement connu de Freud et qui continue à conserver une grande partie de son mystère. L'individu ne conserve aucun souvenir conscient de cette période. Si l'on se souvient que l'une des propriétés exclusives de notre fonctionnement conscient est la capacité de mémoriser en mémoire épisodique à long terme nos souvenirs conscients, l'une des explications possibles de l'amnésie infantile pourrait précisément être l'immaturité, voire l'absence de vie mentale consciente du nourrisson. Freud lui-même, qui reliait la conscience aux représentations linguistiques, formule en de multiples endroits ses doutes quant à l'existence d'une conscience chez le nourrisson. Par exemple, il écrivait en 1907 que « la différence entre conscience et inconscient n'est pas encore constituée dans la première période de l'enfance » (Freud et Abraham, 1969).

En 1912, il affirmait que « la distinction conscient-inconscient chez l'enfant n'est pas valable, car le conscient chez lui n'a pas acquis tous ses caractères, notamment de se transformer en représentations verbales » (Freud, 1988). Il réaffirmera cette position en 1918 en développant l'idée que chez le petit enfant, le conscient est encore largement immature puisqu'il n'a pas encore acquis la capacité à se convertir en représentations verbales (Freud, 1988). Nous entrevoyons ainsi dans le propre cadre de pensée de Freud cette « monstruosité » théorique : la prise de conscience par un sujet d'un « souvenir » inconscient qui n'aurait jamais été appréhendé consciemment auparavant ! Ou comment se souvenir de quelque chose dont nous n'avons jamais fait l'expérience consciente, art de la re-constuction poussé à l'extrême puisque l'expérience originaire n'aurait jamais existé en tant que représentation mentale consciente !

Enfin, dans un texte consacré au refoulement publié en 1915, Freud indique : « On n'a pas le droit de se représenter le processus de refoulement comme quelque chose qui n'advient qu'une fois avec un succès durable [...] ; au contraire, le refoulement exige une persistante dépense de force [...] le refoulé exerce [...] une pression continue [...] » (Freud, 1988). Ce passage combine ainsi les deux premières propriétés problématiques que nous venons d'aborder. Le refoulement est bien considéré comme un processus de contrôle inconscient permanent qui lutte sans fin (temporelle) aux pressions inconscientes permanentes refoulées.

Intentions et désirs inconscients

La troisième et dernière des trois propriétés de l'inconscient freudien qui nous semblent poser problème concerne la causalité de l'inconscient, c'est-à-dire les principes qui déterminent et gouvernent le cours de cette vie mentale inconsciente. Pourquoi telle représentation mentale serait-elle confrontée aux instances de refoulement ? Qu'est-ce qui guiderait l'évolution de ce processus de censure inconscient ?

À ces questions, Freud n'hésite jamais à répondre en attribuant à tous les citoyens de l'inconscient des intentions, des désirs et des affects. Si telle représentation est confrontée au refoulement, c'est qu'elle « désire pénétrer dans la conscience », si elle prend telle ou telle forme déguisée, c'est qu'elle tente de se cacher et d'avancer masquée, méconnaissable du « gardien » qui est tout aussi inconscient, rappelons-le ! Nous pouvons ainsi lire, parmi mille exemples, que « le désir refoulé continue à subsister dans l'inconscient ; il guette une occasion de se manifester et il réapparaît bientôt à la lumière, mais sous un déguisement qui le rend méconnaissable » (Freud, 1992). Pour Freud, il ne fait aucun doute que les processus inconscients « expriment, eux aussi, des intentions que l'on veut cacher à sa propre conscience, et qu'ils ont leur source dans des désirs et des complexes refoulés ».

Nous pourrions penser qu'il ne s'agit là que de métaphores utilisées par Freud pour décrire tel ou tel aspect de sa « psychologie des profondeurs[1] », et qu'il ne faudrait certainement pas prendre au pied de la lettre chacun des détails qui habillent ces métaphores, parmi lesquels figurent ces nombreuses attributions d'états mentaux intentionnels à l'inconscient. Cette hypothèse n'est toutefois pas très plausible.

Premièrement, les nombreux textes dans lesquels Freud formule ces descriptions d'intentions et de volontés inconscientes n'appartiennent pas uniquement au *corpus* d'ouvrages à visée de vulgarisation de la psychanalyse. Certains d'entre eux figurent au sein de ses œuvres les plus techniques

1. Voir note 1, page 221.

et les plus spécialisées. Une métaphore est certes utile pour éclairer ce grand public humaniste cultivé visé par certaines œuvres de Freud, mais sa présence répétée parmi les œuvres destinées aux psychanalystes les plus chevronnés invite à douter d'un simple statut de métaphore. Lorsque Freud décrit ces intentions cachées inconscientes de manière métaphorique, il nous faut donc les comprendre comme des énoncés explicites de sa conception de l'inconscient.

Deuxièmement, lorsqu'un penseur cherche une métaphore capable de traduire de manière imagée un aspect central de sa théorie, son choix se porte sur celle qui saura à la fois capturer l'essence du concept visé et éviter les écueils d'une mauvaise interprétation. Autrement dit, il est raisonnable de penser que, lorsque Freud cherche les meilleures métaphores de l'inconscient, il sélectionne et utilise celles qui seront de fidèles traductrices de sa pensée sur ce qu'est et ce que n'est pas l'inconscient. Cela signifie qu'une bonne métaphore de l'inconscient doit mettre en lumière, sans ambiguïté, les propriétés de l'inconscient et non pas celles de la conscience.

Freud a toujours été extrêmement vigilant à chasser de sa conception de l'inconscient ce qui pourrait conduire à le confondre avec la conscience du sujet. Lorsqu'il s'élève par exemple contre l'un de ses plus grands contemporains, le psychologue français Pierre Janet, à propos de l'interprétation de l'hystérie, c'est précisément pour cela. Freud considérait que les idées de Janet, qui avait postulé lui aussi l'existence de pensées inconscientes, à propos de la division de la conscience du malade hystérique, conduisaient *de facto* à introduire l'idée absurde et nécessairement erronée d'une conscience inconsciente (Freud, 1988). Bref, la vigilance de Freud à l'égard de ces interprétations déviantes de l'inconscient doit évidemment s'appliquer au choix de ses propres métaphores de ce système psychologique. Lucide sur les risques qu'il y avait à projeter des traits de la conscience sur les phénomènes inconscients étudiés, il semble certain qu'il n'aurait pas fait usage de métaphores dénaturant l'essence de sa pensée à propos de l'inconscient.

Je crois donc qu'il faut entendre au sens propre ces attributions d'intention et de désirs durablement inscrits dans les représentations mentales inconscientes qu'il décrit tout au long de son œuvre. De la même façon que Freud attribue à nos représentations mentales inconscientes la capacité de penser stratégiquement et de se maintenir durablement sous une forme active, il postule, très sérieusement, l'existence de véritables intentions et désirs inconscients. Pourtant, là encore nous butons sur ce qui nous apparaît aujourd'hui d'un point de vue neuroscientifique comme une incroyable confusion entre l'essence même de la conscience d'une part, et celle de nos représentations mentales inconscientes d'autre part.

Un inconscient un peu trop conscient !

Au terme de cette lecture comparée de l'inconscient freudien avec celui que nous avons aujourd'hui la possibilité d'observer avec les neurosciences de la cognition, le constat que nous pouvons dresser est à la fois radical et original. L'inconscient freudien est largement incompatible avec l'inconscient cognitif.

Si des points de convergence existent bien, un approfondissement, même rapide, de leur contenu met en lumière de profondes divergences sur les explications théoriques des phénomènes inconscients en question. Au-delà de ces premières divergences, le cœur même de la psychanalyse freudienne de l'inconscient, c'est-à-dire le concept de refoulement, et certaines propriétés des représentations mentales inconscientes postulées par Freud sont en absolue contradiction avec ce que nous connaissons aujourd'hui du fonctionnement mental et de sa physiologie.

Pourtant, ce qui me pose problème dans la conception de l'inconscient de Freud ne partage pas grand-chose avec les arguments qui lui sont traditionnellement opposés par ses adversaires. Là où de nombreux critiques ont remis en cause la richesse extrême de la conception freudienne de la vie mentale inconsciente, nous avons reconnu une profonde intuition de Freud. Cette intuition a dû attendre plus d'un siècle d'efforts scientifiques avant de trouver sa démonstration définitive, à travers la mise en évidence de processus mentaux inconscients culminant dans les niveaux de représentation mentale les plus abstraits. Là où certains méprisaient sa métaphore de la dynamique incessante entre les aspects conscients et inconscients de notre vie mentale, nous pouvons applaudir des deux mains à la lumière de ce que nous savons aujourd'hui de la grande proximité psychologique et cérébrale de nos pensées conscientes et inconscientes.

Ce qui en définitive me pose donc problème dans l'inconscient freudien, ce n'est pas sa richesse, mais plutôt son étrange et suspecte ressemblance avec notre conscience !

Dans sa description de l'inconscient, Freud n'hésite ainsi pas à attribuer à l'inconscient un jeu d'attributs qui nous semblent être le propre de la conscience : mode de pensée stratégique, durée de vie des représentations mentales inconscientes libérée des contingences de l'évanescence temporelle, caractère intentionnel et spontané. Ces attributs ne sont pas des petits motifs que nous pourrions retirer de l'œuvre de Freud sans la dénaturer. Bien au contraire, nous avons constaté que chacun d'entre eux occupe une place centrale au cœur même du concept d'inconscient freudien.

Dans son magnifique effort de découverte de l'inconscient, Freud me semble avoir échoué dans sa tentative d'affranchissement de la conscience, affranchissement dont il se faisait pourtant le plus vigoureux apôtre. En de nombreux textes, Freud compare la découverte de l'inconscient à la théorie de l'évolution des espèces de Darwin ou à la révolution copernicienne. À titre d'exemple, dans un bref article intitulé « Résistances à la psychanalyse » rédigé en 1925, Freud écrit : « À récapituler notre liste des résistances à la psychanalyse, on doit avouer qu'il en est bien peu qui correspondent à celles que rencontrent d'ordinaire la plupart des innovations scientifiques de quelque importance ; elles tiennent, pour la plupart, au contenu de la doctrine, qui heurte des sentiments humains puissants. Il en a été de même pour la théorie darwinienne de la descendance, qui a abattu le mur d'orgueil séparant l'homme de l'animal. J'ai déjà esquissé cette analogie dans une brève étude intitulée : "Une difficulté de la psychanalyse".

J'y indiquais que l'interprétation psychanalytique des rapports du moi conscient à l'inconscient tout-puissant constituait, pour l'amour-propre humain, une sérieuse humiliation. Cette humiliation que je qualifiais de psychologique vient s'ajouter à l'humiliation biologique, si j'ose dire, infligée par la théorie de la descendance, et à l'humiliation cosmologique due à la découverte de Copernic » (Freud, 1992).

La psychanalyse doit être entendue comme un nouvel effort de prise de conscience de l'anthropomorphisme naturel qui habille nos pensées et nos nombreux présupposés : présupposé d'être au centre du monde alors que nous ne sommes qu'une petite planète qui tourne autour du Soleil parmi une infinité de galaxies, présupposé d'être le sommet de la création là où nous ne sommes que l'une des étapes d'un processus évolutif riche de plusieurs milliards d'années qui continue à évoluer sans nous, et finalement présupposé que notre vie consciente résume notre vie mentale alors qu'elle n'est que la pointe visible (par nous !) de l'iceberg caché de nos autrement plus nombreuses cogitations inconscientes.

Le piège redoutable dans lequel Freud me semble être tombé n'est autre que celui qui a guetté tous les penseurs de l'inconscient : comment parvenir à sortir de notre propre regard conscient afin de décrire ce qui échappe au lieu mental dans lequel notre discours explicite est définitivement enfermé ? L'atout des neurosciences de la cognition pour aborder ce défi intellectuel réside dans l'utilisation froide et systématique d'une analyse objective à la troisième personne de ces phénomènes mentaux inconscients touchés du doigt par Freud.

À travers notre lecture de son concept d'inconscient, tout semble indiquer que Freud n'a pas réussi à prendre suffisamment de recul face aux propriétés de la conscience, et qu'il a généralisé, par erreur d'interprétation, certaines d'entre elles à nos processus inconscients. Freud a bien contribué à la découverte de l'inconscient, mais il nous apparaît comme ayant échoué dans sa tentative d'une description consciente objective de l'inconscient. Nous avons pu constater qu'il a trop souvent limité sa construction théorique à des interprétations, dans lesquelles il a attribué à cet inconscient des propriétés dont il n'avait pas réalisé qu'elles étaient le propre de la conscience. Ces « erreurs » ne sont pas triviales ou évidentes puisque, rappelons-le, il s'agit ici de parvenir à penser l'impensable, c'est-à-dire ce dont on ne fera jamais l'expérience consciemment.

On peut même isoler plusieurs passages dans lesquels Freud semble avoir touché du doigt ces inextricables difficultés, et avoir ressenti un profond désarroi. Dans un texte consacré à la névrose obsessionnelle, on peut lire par exemple que « celui qui souffre de compulsions et d'interdictions se comporte comme s'il était sous l'emprise d'une conscience de culpabilité [...] inconsciente, ainsi qu'on est obligé de s'exprimer en dépit de la répugnance qu'ont ces mots à aller ensemble » (Freud, 1974).

Ce « piège redoutable » commence d'ailleurs par le langage que nous utilisons pour parler de l'inconscient. Nos aventures neuropsychologiques nous ont appris à penser l'inconscient non pas comme une entité unifiée, mais comme une collection de processus absolument distincts et indépendants les uns des autres. Leur seul point commun est d'échapper à la conscience, mais ils ne constituent pas un système psychologique unifié comme l'est par contre la conscience. Parler de la conscience au singulier est donc parfaitement légitime, mais étendre cet usage du singulier à l'inconscient, c'est déjà s'engager sur la pente de la projection d'attributs conscients à nos processus mentaux inconscients. Le singulier de la conscience, processus temporellement unifié de notre psychisme, s'oppose ainsi au pluriel de nos inconscients évanescents, multiples et foisonnants.

Le piège des mots et l'abîme des métaphores

Cette fâcheuse asymétrie des genres me semble être à l'origine de nombreux égarements quant à la nature de l'« inconscient » chez Freud, et dans les divers courants psychanalytiques ultérieurs. Lorsque Freud prononce par exemple lors d'une conférence tenue en 1909 à propos du refoulement que « nous l'expliquons dynamiquement par le conflit de deux forces psychiques, nous voyons en elles le résultat d'une révolte active des deux constellations psychiques, le conscient et l'inconscient, l'une contre l'autre » (Freud, 1992), il commet très précisément cette erreur en donnant à croire qu'à l'unité de la conscience renverrait celle de l'inconscient. Freud lui-même connaissait pertinemment les risques inhérents à ces jeux de mots, mais cette connaissance et cette lucidité ne l'ont pas empêché de projeter sur l'inconscient de nombreuses propriétés de notre fonctionnement conscient.

Cette confusion des genres du mental demeure, je le crois, inscrite dans l'esprit de nombreux psychanalystes, et n'est pas une simple figure facile à déjouer. Alain de Mijolla, psychanalyste français contemporain, exprime cette pensée avec plus de légitimité et d'expérience analytique que je ne pourrais jamais le faire lorsqu'il décrit avec précision sa défiance à l'égard de ces graves déformations du langage. N'hésitant pas à les qualifier de « perversion du mode de pensée psychanalytique », de Mijolla poursuit en reconnaissant que dans le projet freudien lui-même, l'« Inconscient » est une « commodité de langage pour mieux traduire de façon ramassée un ensemble de processus ». Évoquant ailleurs les huées qu'il avait provoquées au sein d'un auditoire de collègues psychanalystes en affirmant : « Votre inconscient n'existe pas », de Mijolla reconnaît ainsi la forte prégnance aujourd'hui encore dans les milieux freudiens d'un inconscient revêtu des habits de la conscience (de Mijolla, 2004). Ce « monsieur Inconscient » décrié par de Mijolla est en réalité constamment présent dans l'œuvre même de Freud. Évoquant le mécanisme de refoulement inconscient, Freud n'hésite pas à écrire qu'« il suffit que le "gardien" se tenant entre Ics et Pcs, retrouve sa vigilance avant que le passage dans le Cs ait eu lieu ». Qui est ce gardien inconscient dont la vigilance – voire la conscience ! – semble pouvoir être parfois distraite ? Sommes-nous encore loin des reproches adressés à Janet d'un inconscient conscient, lorsqu'on se penche sur les tribulations de ce mystérieux gardien ? Toujours attelé à la description du refoulement, Freud écrit : « Or chacun d'entre nous a refoulé beaucoup de choses que nous maintenons peut-être avec peine dans notre inconscient. » Cette ambiguïté entretenue autour de l'identité de l'acteur du refoulement est ici assez stupéfiante. Qui est ce « nous » inconscient qui refoule ? Une autre entité psychologique singulière, qui exhiberait ainsi tous les traits de la conscience sans pour autant s'identifier à cette dernière ? Bref, là encore un inconscient conscient qui embourbe la pensée de Freud dans une régression à l'infini.

Le maître d'école et les garnements

Cet insidieux piège véhiculé par le langage est ainsi au cœur de la plupart des si belles métaphores et de la pensée théorique de Freud. C'est à travers une métaphore qui emprunte le même style que les siennes, que j'aimerais essayer de décrire l'erreur de Freud.

Imaginons une classe d'école, avec un maître et ses élèves. Ce maître et l'ensemble des élèves présents constituent une entité unifiée, située dans un lieu géographique unique, la classe. Cette classe est bien sûr la métaphore de la conscience du sujet. Elle a une unité de lieu et une cohérence temporelle. Lorsque les élèves sont en classe, ils sont effectivement réunis dans ce lieu clos et défini où s'exerce une activité coordonnée. Bref, ce n'est pas un abus de langage que d'utiliser le singulier pour décrire cette collection d'individus. Ils sont la classe. Ainsi en est-il du contenu de notre conscience. Là où les problèmes commencent à se poser, c'est lorsque le maître fait l'appel et qu'il s'intéresse au sort des élèves qui sont absents de la classe. « Où sont-ils ? s'interroge le maître. Ils sont absents, certes, mais pouvons-nous imaginer le lieu où ils se trouvent au moment où se tient notre classe ? »

L'erreur que peut alors commettre le maître relève du piège de langage que nous avons déjà stigmatisé. « Lorsqu'un élève est présent en classe il fait partie de la collectivité des élèves de la classe, collectivité réunie dans l'entité unifiée qu'est la classe, songe le maître. Inversement donc, lorsqu'un élève est absent, il doit sans doute appartenir à une autre entité, qui nous est cachée, l'entité de la classe absente. Ces garnements doivent être réunis et s'amuser ensemble de leur absence ! » se dit-il. Ce maître imaginaire se trompe.

L'erreur de jugement que nous lui prêtons tient à ce qu'il applique au statut des absents celui qui concerne les présents. Les absents sont absents. Rien ne nous permet de penser que leur absence soit unifiée par un projet unique et coordonné comme l'est celui de la classe des présents. Mais lorsqu'il cherche à comprendre quel peut être leur statut actuel, ce maître ne parvient pas à oublier le seul modèle qu'il connaisse, celui de la classe, et il ne peut donc s'empêcher d'imaginer l'existence d'une « anticlasse », cachée à ses regards, qui regrouperait l'ensemble des absents.

Telle est l'inférence logique erronée qui hante l'œuvre de Freud lorsqu'il forge son concept d'inconscient. Ce n'est pas parce qu'une représentation mentale n'appartient pas au contenu unifié de la conscience qu'elle appartient de fait à une autre entité tout autant unifiée : l'inconscient. Tout comme nos élèves absents (au pluriel) de la classe (au singulier), les représentations mentales inconscientes (au pluriel) sont absentes à la conscience (au singulier). Rien ne laisse présumer que leur absence renvoie à une entité unifiée.

L'inconscient est un concept préfreudien

Résumons-nous. Le concept d'inconscient freudien, lorsqu'on prend l'attention d'en recueillir toutes les subtilités, est incompatible avec celui qu'ont développé depuis une quarantaine d'années les neurosciences de la cognition. Freud nous semble penser l'inconscient de manière trop consciente ! Ses tentatives de théorisation de l'inconscient nous apparaissent en effet largement « contaminées » par son propre regard conscient.

Que conserverons-nous de sa pensée et de son œuvre du point de vue des théories contemporaines de la cognition et en particulier de l'inconscient ? Au-delà de la fascination exercée par nombre de ses écrits, au-delà de ses intuitions souvent géniales et de l'affection que nous pouvons éprouver pour le personnage et l'itinéraire personnel de Sigmund Freud, que retiendrons-nous de sa psychanalyse près d'un siècle après sa formulation ? En un mot, pouvons-nous encore y dénicher une essence vivante qui assurerait à cette œuvre une pertinence résiduelle ?

Si Freud s'est trompé sur l'interprétation des phénomènes inconscients en y projetant trop de sa propre activité mentale consciente, peut-être pouvons-nous chercher cette éventuelle « essence vivante » dans ses intuitions sur l'existence de l'inconscient.

Se poser cette question revient à se tourner vers les épistémologues de l'inconscient nerveux et psychologique en leur demandant à notre tour : « Peut-on créditer Freud de la découverte de l'existence des processus mentaux inconscients méconnaissables à notre introspection consciente ? »

Les premières références explicites à l'idée d'une vie mentale inconsciente sont en général attribuées à Leibniz, qui postulait dès le XVIIIe siècle l'existence de représentations mentales inconscientes. Parmi les nombreuses études disponibles à ce sujet, deux retiendront tout particulièrement notre attention.

Dans un remarquable essai consacré à la naissance de l'inconscient nerveux, Marcel Gauchet a brillamment raconté l'histoire des filiations intellectuelles qui unissent, dès le XIXe siècle, les créateurs du concept de réflexe nerveux aux théoriciens de l'inconscient mental (Gauchet, 1992). Certains des fondateurs de la théorie réflexe du système nerveux comme William Carpenter ou Thomas Laycock faisaient déjà usage vers 1850 d'expressions aussi univoques que « cérébration inconsciente » ou « action cérébrale inconsciente ». Ces auteurs ont élaboré les premiers modèles neurophysiologiques de la vie mentale. Ainsi, Laycock établissait dès 1884 qu'il ne suffit pas de dire « qu'une grande partie de notre activité intellectuelle – qu'elle consiste en processus raisonnants ou dans l'exercice de l'imagination – est essentiellement automatique et peut être décrite en langage physiologique comme l'action réflexe du cerveau », il faut encore établir, écrit-il, « qu'elle peut avoir lieu inconsciemment ». La pensée neurologique de Hughlings Jackson que nous avons déjà évoquée a elle aussi intégré l'idée de l'existence de nombreux processus mentaux inconscients.

Au-delà des grandes divergences dans les détails de leurs théories neurophysiologiques et psychologiques, force est de reconnaître que la notion fondamentale de vie mentale inconsciente était déjà présente dans la littérature européenne concernée avant l'apparition des premiers écrits de Freud. Du côté de la psychologie expérimentale et de son intégration aux théories philosophiques, les œuvres de Helmholtz, Fechner ou William James mentionnent elles aussi de manière univoque l'existence de processus mentaux inconscients. D'un point de vue davantage orienté vers un regard psychiatrique et psychothérapeutique, Henri Ellenberger a procédé quant à lui à un examen systématique de l'émergence des idées relatives à l'inconscient dans sa très détaillée *Histoire de la découverte de l'inconscient* (Ellenberger, 1994). Sans chercher à prendre part aux querelles, souvent mesquines, de paternité conceptuelle en ce domaine, il saute aux yeux que l'idée d'une vie mentale inconsciente préexistait aux premiers écrits de Freud. De Théodore Flournoy à Moritz Benedikt, l'un des maîtres de Freud, à Joseph Breuer son collègue des premières heures, et surtout à Pierre Janet son éminent concurrent parisien, le petit monde de la psychopathologie de la fin du XIXe siècle discutait depuis assez longtemps l'idée d'inconscient psychique.

Une illusion sans avenir ?

Au terme de cette visite guidée dans l'inconscient tel que le conçoit Sigmund Freud, il est difficile de ne pas cacher notre déception. Il est avéré que le concept fondamental de vie mentale inconsciente préexistait à Freud. Ce dernier semble bien avoir eu certaines intuitions profondes de la richesse de cette composante de notre vie mentale, et des intrications dynamiques qu'elle ne cesse d'entretenir avec notre conscience. Mais nous avons constaté que les fondations théoriques de son concept d'inconscient reposent sur des erreurs d'interprétation qui attribuent certaines propriétés de la conscience à cet inconscient. Les spécificités de l'inconscient freudien, telles que la vision topique de l'inconscient ou le concept de refoulement, nous sont apparues totalement irrecevables d'un point de vue neuroscientifique. Bref, Freud n'a pas découvert l'idée générale d'inconscient, et tout ce qu'il a développé comme appareil théorique pour penser cet inconscient nous semble erroné.

Freud n'aura-t-il été qu'une plume brillante et inspirée, une incarnation d'un style percutant et imagé à la légendaire clarté et à la force de conviction peu commune ? L'inconscient n'aura-t-il été qu'une illusion sans avenir en ce qui concerne sa valeur scientifique pour nous, neuroscientifiques de l'esprit qui vivons cent ans après sa formulation ? Freud apparaît en effet comme l'homme qui aura su diffuser dans nos sociétés l'idée très générale d'une vie mentale inconsciente, mais aussi comme l'homme qui aura échoué dans son grand projet de décentrage du psychisme humain et dans sa tentative de penser consciemment et correctement l'inconscient.

CHAPITRE 2

L'invention « miraculeuse »

Une (dernière) question de forme

Pourquoi s'atteler à l'écriture d'un chapitre supplémentaire ? Que nous reste-t-il encore à considérer dans ce concept d'inconscient freudien à l'issue de cet examen en règle de son contenu, dont le verdict nous semble sans appel ? Lorsque nous avons fini de scruter en détail la signification profonde de ce concept, y a-t-il matière à prolonger davantage notre étude de la pensée de Freud ?

Oui, car si Freud considérait la psychanalyse comme un édifice théorique, il la concevait avant tout comme un procédé thérapeutique. N'oublions pas que Freud cherchait à soigner certains troubles névrotiques à l'aide de la cure analytique. La vocation thérapeutique de la psychanalyse, dont l'efficacité et la pertinence peuvent être discutées, la distingue clairement des théories de la connaissance à proprement parler telles que les élabore l'approche scientifique. L'engouement planétaire pour cette méthode de traitement invite à la questionner sous l'angle non plus de son contenu conceptuel, mais de la forme de son discours.

On considère habituellement que l'une des premières méthodes de suggestion psychique, près d'un siècle avant les premières psychothérapies, fut inventée par Mesmer dont le baquet permettait de faire circuler les « fluides magnétiques » et de soigner certaines affections. Mesmer affirmait ainsi parvenir à guérir nombre de malades qui s'adressaient à lui en utilisant cette technique dont il avait développé les fondements théoriques. Nous disposons de témoignages relatifs à la forme que prenaient ces séances individuelles ou collectives de « mesmérisation ». Un médecin anglais, John Grieve, de passage à Paris en 1784 en a laissé la description suivante :

« J'étais dans sa maison l'autre jour et je fus témoin de sa façon de procéder. Au milieu de la pièce est placé un récipient d'un pied et demi de haut environ, que l'on appelle ici un baquet. Il est si grand que vingt personnes peuvent facilement s'asseoir tout autour. Le bord du couvercle est percé d'un nombre de trous correspondant au nombre de personnes qui doivent l'entourer. Ces trous reçoivent des tiges de fer, recourbées à angle droit vers l'extérieur, disposées à différentes hauteurs de façon à correspondre aux différentes parties du corps auxquelles elles doivent s'appliquer. Outre ces tiges, une corde fait communiquer le baquet avec un des malades, puis de proche en proche, avec tous les compagnons. Les effets les plus apparents se manifestent à l'approche de Mesmer, lequel, dit-on, dirige le fluide par certains mouvements de ses mains ou de ses yeux, sans avoir besoin de toucher la personne en question. J'ai parlé avec plusieurs personnes qui ont été témoins de ces effets et chez qui Mesmer a provoqué des convulsions, puis les a fait cesser par un simple mouvement de la main. »

Au faîte de sa gloire, une commission de scientifiques au sein de laquelle figuraient Benjamin Franklin et Antoine de Lavoisier avait conclu qu'il n'y avait aucun élément permettant de démontrer l'existence de ces « fluides magnétiques », sans pour autant exclure la possibilité d'effets thérapeutiques attribués aux produits de l'« imagination » (Ellenberger, 1994). Si la théorie de Mesmer sur les fluides ne présente pas l'ombre d'un intérêt théorique aujourd'hui, l'efficacité thérapeutique associée à son protocole de suggestion psychique constitue, elle, un élément très intéressant quant à la nature des phénomènes de suggestion et leur participation dans certains troubles mentaux ou psychosomatiques.

De la même manière, si le contenu de la théorie freudienne de l'inconscient ne nous satisfait pas, la posture intellectuelle adoptée par Freud et la forme qu'il donne à son discours à vocation thérapeutique restent les derniers éléments que nous n'avons pas encore abordés. L'examen de la forme du discours freudien au sujet de l'inconscient ne peut-il nous permettre de saisir un principe pertinent dans le cadre de notre projet de compréhension de la nature du psychisme humain ? C'est là notre dernière tâche.

Descartes et Husserl au secours de Sigismund[1]

Comment isoler la forme du discours freudien sur l'inconscient du contenu de ses propositions ? Une solution consiste à faire usage d'une méthode philosophique géniale découverte par Descartes, puis réinvestie de manière extrêmement approfondie par Husserl.

1. Prénom d'enfance de Freud, qu'il changera en Sigmund en 1878.

Cette méthode est celle de l'« épochè » ou de la « mise entre parenthèses », encore appelée « réduction phénoménologique ».

Afin d'appliquer cette « épochè » au discours freudien sur l'inconscient, il faut commencer par le débarrasser de tout son contenu. Mettons entre parenthèses tous les attributs que nous avons déjà explorés. Mettons de côté le refoulement, la conception topique de l'inconscient, son contenu sexuel infantile, sa nature fantasmatique originaire, son immortalité psychique… Oublions, le temps de cette « épochè », toutes ces significations propres au message freudien. Cette première étape consiste donc à mettre de côté tous les résultats revendiqués par la psychanalyse freudienne, toutes ses propositions théoriques, toutes ses conceptualisations, ses topiques, son complexe d'Œdipe, en passant par ses multiples formulations sur les rapports psychodynamiques de l'inconscient, du Ça et du Moi… Le fait de procéder à cette mise entre parenthèses nous permet de ne pas nous préoccuper directement du statut de vérité de ces résultats au sein desquels nous avons déjà identifié des contradictions avec notre conceptualisation du mental.

La seconde étape de l'« épochè » consiste à poser la question suivante : « Que reste-t-il de la psychanalyse dès lors que cette mise entre parenthèses a été effectuée ? » S'il demeure encore quelque chose de la psychanalyse freudienne de l'inconscient à ce stade du raisonnement, nous pourrons identifier ce « quelque chose » comme le fondement non révocable d'une élaboration possible entre neurosciences et psychanalyse. S'il n'en reste rien, ce travail sera définitivement clos.

La psychanalyse résiste-t-elle à cette réduction ? Sans aucun doute, elle y résiste. Que pouvons-nous donc isoler par l'« épochè » dans la psychanalyse une fois que nous ne considérons plus l'ensemble des théorisations freudiennes ? Ce qui s'offre à nous dans sa vérité nue, c'est la posture du psychanalyste, sa posture de sujet conscient qui interprète le mental, qui n'a de cesse de chercher et de construire des significations et une causalité dans tout ce qui procède de la vie psychique de son patient, de lui-même et plus largement de tout sujet humain.

Cette posture n'est pas triviale. Elle ne va pas de soi. Fonder un regard psychologique non pas sur un discours descriptif, qui constituerait le socle premier et préalable à toute élaboration ultérieure, mais sur un regard primitivement interprétatif, c'est-à-dire sur un mode de pensée qui considère que la réalité profonde de la vie psychique procède nécessairement de la construction d'une signification pour le sujet, voilà qui n'est pas commun. La singularité de ce regard freudien repose entièrement sur ce processus de création, et en ce sens de « fictionnalisation » de l'existence psychique. Là où la plupart, sinon l'ensemble des autres approches psychologiques, commencent par décrire le mental avant de commencer à l'interpréter à la lumière de tel ou tel appareil conceptuel, le discours de Freud ne laisse pas de place à cette « première couche » descriptive. Freud aborde le mental en l'interprétant directement. Lorsque Freud s'intéresse à un rêve par exemple, le contenu propre ou « objectif » du rêve ne l'intéresse pas. Primitivement, c'est la forme que le rêveur donnera lui-même à son expérience onirique qui importera et constituera le véritable matériau d'élaboration psychique. Le discours du rêveur autour de son rêve, c'est-à-dire déjà l'interprétation qu'il s'en construit, voilà ce qui fait sens pour Freud. De même, lorsqu'il s'intéresse aux fantasmes sexuels infantiles de ses patients, Freud n'est pas concerné par la réalité biographique des épisodes rapportés :

« Nous n'avons pas réussi, jusqu'à aujourd'hui, à mettre en évidence une différence dans les conséquences, suivant que c'est le fantasme ou la réalité qui a la plus grande part à ces événements de l'enfance. [...] Ces fantasmes possèdent une réalité psychique qui s'oppose à la réalité matérielle, et nous apprenons peu à peu à comprendre que, dans le monde de la névrose, c'est la réalité psychique qui est déterminante », écrit-il en 1916-1917 (Freud, 1992).

Au diable la réalité objective[1] ! Aux yeux de Freud, ce qui est déterminant est ce qui fait sens pour le sujet, et seulement cela. Les erreurs que nous avons identifiées dans sa construction du concept d'inconscient relèvent de ce principe. Plutôt que de chercher à décrire les phénomènes mentaux inconscients, ainsi qu'avaient commencé à le faire les premiers expérimentateurs du XIXe siècle et comme le feront plus tard les neuroscientifiques, Freud a directement appréhendé ces phénomènes en les interprétant. Dans la plupart des passages que nous avons cités, Freud adopte ainsi cette posture interprétative qui caractérise la psychanalyse. Son éloignement continu et progressif du discours scientifique me semble symptomatique de cette posture. D'une certaine manière, Freud s'est ainsi graduellement affranchi de la question du statut de vérité des propositions qu'il manipulait, pour finir par n'accorder de pertinence qu'à ces processus interprétatifs qui lui semblaient détenir une part considérable de l'économie psychique de ses patients et de ses congénères. Seule la réalité psychique entendue comme

1. La lecture de Freud que je propose ici me semble en accord sur ce point avec certaines idées développées par Paul Ricœur dans son ouvrage sur la psychanalyse freudienne *De l'interprétation*, dans lequel il intitule l'un de ses sous-chapitres « La psychanalyse n'est pas une science d'observation » (Ricœur, 1995). Le contenu de ce passage résonne harmonieusement avec notre proposition selon laquelle la psychanalyse freudienne est une approche immédiatement interprétative et non précédée d'une phase descriptive des phénomènes psychologiques.

cette interprétation consciente primitive et essentielle, semble lui importer[1].

Ce qui constitue ainsi à mes yeux l'unique mais inestimable héritage de la pensée de Freud concernant l'inconscient, c'est précisément cette posture consciente interprétative, et non le contenu de ses interprétations qui, elles, me semblent erronées. Cette posture, incarnée pour la première fois de manière totalement explicite par Sigmund Freud, constitue l'une des découvertes scientifiques les plus importantes des neurosciences de l'esprit. Ainsi, à l'encontre de l'adage populaire – et inexact au demeurant – qui identifie Freud au découvreur de l'« inconscient », je pense pour ma part que la grande découverte de Freud qui se cache sous ce vocable d'« inconscient » n'est autre que l'une des propriétés fondamentales de... notre vie consciente !

Freud doit être considéré comme le Christophe Colomb de la vie mentale et comme le découvreur d'un immense continent psychique, celui de l'interprétation consciente fictionnelle, qu'il dénomme à tort l'« inconscient ». Ce continent est à mes yeux l'une des pièces manquantes de nos théories contemporaines de la conscience !

---

1. Ce message fondamental transparaît jusque dans nos œuvres de science-fiction contemporaine telles que le premier opus de *Matrix* des frères Larry et Andy Wachowski qui est précisément fondé sur une version extrême de l'importance vitale de nos processus fictionnels.

Neurologie des affections de l'interprétation consciente

Nous apprécierons toute la mesure du génie freudien en plongeant une dernière fois dans l'univers de la neuropsychologie clinique afin d'y découvrir la confirmation du rôle vital que joue l'interprétation dans l'économie de notre fonctionnement mental conscient. L'observation fine de patients neurologiques permet là encore de saisir des principes fondamentaux de notre psychisme, ainsi que nous avons déjà pu le constater à travers les deux premières parties de cet essai.

LES ÉLUCUBRATIONS D'UN HÉMISPHÈRE DÉCONNECTÉ

Voyageons par la pensée en 1977. Nous sommes dans un laboratoire de psychologie américain dans lequel sont assis le chercheur Michael Gazzaniga, et face à lui un patient neurologique présentant une déconnexion interhémisphérique (Gazzaniga, LeDoux et Wilson, 1977). Ce patient présentait une épilepsie réfractaire aux traitements médicamenteux disponibles à l'époque. Afin de diminuer le nombre et l'importance de ses crises d'épilepsie, ce patient subit une intervention neurochirurgicale au cours de laquelle le corps calleux, cet épais faisceau de fibres blanches qui relie nos deux hémisphères, fut sectionné sur toute sa longueur. Suite à une telle intervention, les deux hémisphères d'un même cerveau ne sont plus capables de communiquer et d'échanger des informations entre eux.

Cette situation donne naissance à des symptômes rares mais bien connus par les neuropsychologues cliniciens : par

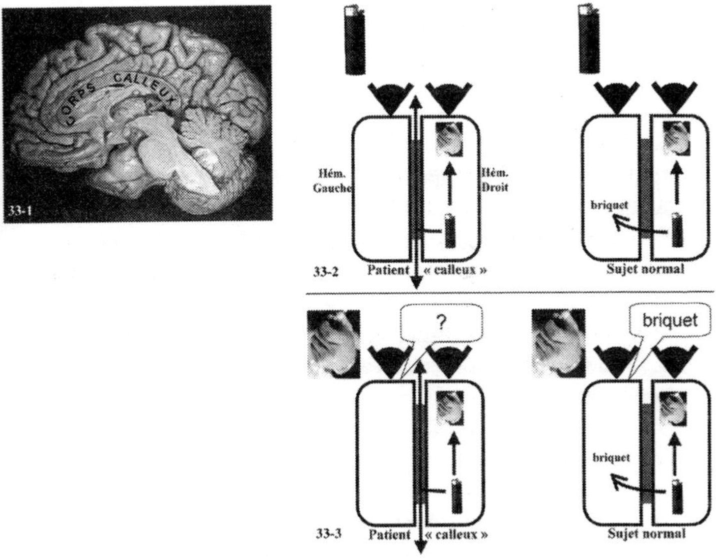

FIGURE 33 – Le corps calleux garant de l'unification apparente de nos cogitations.

Le corps calleux est cette épaisse structure de fibres blanches (33-1) qui relie les deux hémisphères cérébraux. Chez des patients dont le corps calleux a été détruit par des lésions neurologiques, ou a été sectionné chirurgicalement pour des raisons médicales, on observe un cortège de signes de disconnexion inter-hémisphériques fascinants. Par exemple, lorsqu'on présente un briquet (33-2) dans la partie gauche du champ visuel d'un tel patient, seul son hémisphère droit en est informé. Cet hémisphère droit ne sait ni parler ni dénommer cet objet, mais il identifie cet objet et sait lui associer des programmes moteurs adaptés (ex : allumer le briquet de la main). Si l'on demande à un patient « calleux » ce qu'on lui a montré (33-3), il ne saura pas répondre car lorsqu'il répond c'est uniquement son hémisphère gauche, celui qui parle, qui répond. Par contre, son hémisphère droit pourra déclencher une action adaptée comme par exemple saisir le briquet et l'allumer. Autrement dit, on peut observer les pensées et les actions indépendantes des deux hémisphères de ce patient.

exemple, si ce patient avait les yeux fermés et qu'on lui tendait un briquet dans la main gauche, il parvenait à saisir très correctement le briquet, il pouvait l'allumer, et tout dans le comportement de sa main gauche laissait supposer que le sujet savait qu'il tenait un briquet. Pourtant, dès qu'on lui demandait ce qu'il tenait dans sa main gauche, il était absolument incapable de répondre correctement ! Ce symptôme d'« anomie tactile gauche » est en réalité l'une des conséquences directes et obligatoires de la déconnexion interhémisphérique dont avait été victime ce patient. Lorsqu'il tenait le briquet dans la main gauche les yeux fermés, les seules informations concernant cet objet étaient les informations tactiles envoyées par sa main gauche à son hémisphère droit.

L'hémisphère droit de ce patient était parfaitement capable d'identifier cet objet, de le reconnaître et de mettre en branle les séquences gestuelles adaptées pour manipuler le briquet. Cet hémisphère droit manifestait d'ailleurs une conscience du briquet, mais il était par contre incapable de le dénommer. En effet, les capacités linguistiques de l'hémisphère droit sont extrêmement limitées, et lorsque nous nous exprimons, ce sont les réseaux cérébraux du langage lovés dans notre hémisphère gauche qui sont à l'œuvre chez la majorité d'entre nous. Autrement dit, lorsqu'on pose un briquet dans la main gauche d'un sujet sain qui dispose d'un corps calleux non sectionné, dès lors que son hémisphère droit reçoit des informations tactiles, certaines de ces informations sont transmises à son hémisphère gauche. Les représentations mentales de cet objet peuvent également circuler d'un hémisphère à l'autre. Ainsi, si l'on demande à un sujet sain de dénommer cet objet, son hémisphère gauche peut répondre sans encombre « briquet, c'est un briquet ! ». Par contre, chez le patient au corps calleux sectionné étudié par Gazzaniga, lorsqu'on lui posait la même question, seul son hémisphère gauche, déconnecté du droit, répondait verbalement. Étant donné que cet hémisphère gauche n'avait pas reçu d'informations relatives au briquet, le patient ne pouvait pas répondre correctement. Cette épreuve du briquet permit ainsi de révéler que sous le crâne de ce patient qui semblait à première vue être un individu unique, tout comme nous pensons nous-mêmes l'être, se cachaient deux hémisphères séparés et donc deux esprits disjoints mais habitant un seul et même corps ! Parfois, un « patient calleux » ou callotomisé – tel que les dénomment les neurologues – présente ainsi deux comportements volontaires simultanés contradictoires : un patient peut ouvrir la porte d'un réfrigérateur de la main droite afin d'aller y chercher une bouteille d'eau fraîche sous l'impulsion de son hémisphère gauche, alors que, de la main gauche, il claquera violemment la porte du frigo afin de faire autre chose, sous la commande de son hémisphère droit qui est lui aussi doté d'une volonté consciente !

Gazzaniga élabora ensuite une surprenante expérience. Il demanda au patient de fixer un écran qui était situé droit devant lui. Soudain, sans en avoir averti le patient, un verbe apparut quelques dixièmes de seconde à la gauche de l'écran : *WALK* (« marchez »). Cet ordre verbal présenté dans le champ visuel gauche du patient n'avait été reçu que par les régions visuelles de son hémisphère droit. Cet hémisphère droit était capable de comprendre sans pouvoir le prononcer cet ordre qui tenait en un mot. Gazzaniga resta silencieux. Le patient se leva, se mit à marcher et commença à se diriger vers la porte de la pièce. Arrivé au pas de la porte, Gazzaniga interpella soudain le patient, c'est-à-dire son hémisphère gauche qui savait parler mais qui ignorait ce que savait et ce que faisait l'hémisphère droit, et lui demanda : « Où allez-vous ? » Le patient lui répondit du tac au tac : « Je vais à la maison chercher un jus de fruits. »

Que nous révèle cette expérience répétée sous de multiples formes chez de nombreux patients callotomisés depuis 1977 ? Elle nous apprend que lorsque l'hémisphère gauche de ce patient prenait conscience d'un comportement qui

FIGURE 34 – L'interpréteur démasqué !
Michael Gazzaniga a étudié des patients dont le corps calleux a été sectionné, et dont les deux hémisphères cérébraux ne communiquent plus. Il a fait cette incroyable découverte que je résume sous la forme d'une petite BD : le patient entre dans la salle de test où Gazzaniga l'accueille (34-1). À un moment, il lui présente le mot « sortez » à gauche de l'écran que le patient fixe en son centre (34-2). L'hémisphère droit du patient lit cette consigne et décide de l'exécuter (34-3). Confronté à ce comportement dont il ne connaît pas la véritable origine, l'hémisphère gauche du patient invente et raconte un scénario inexact qui lui permet de donner une signification à cette action (34-4).
Adapté de Gazzaniga *et al.*, *Neurology*, 1977.

affectait son corps –, ici le fait de marcher vers la porte de la pièce –, il élaborait aussitôt une interprétation consciente qui lui permettait d'attribuer une signification à ce comportement. Plutôt que de répondre à Gazzaniga : « Je suis en train de sortir de cette pièce mais je ne sais pas du tout pourquoi, comme c'est curieux tout de même ! », le patient apporta sa propre réponse avec une force de conviction déconcertante. Le patient construisit immédiatement une interprétation de son comportement, au moment même où il prit conscience de ce comportement, mais sans se rendre compte que cette interprétation en était une.

Chez ces patients au cerveau divisé (*split-brain*), nous découvrons donc que leur hémisphère gauche doté des facultés du langage ne cesse d'élaborer consciemment des scénarios qui donnent sens au réel. Cette faculté de scénarisation du réel revient ainsi à considérer ces productions mentales conscientes comme d'authentiques œuvres de fiction ! Plutôt que de recueillir dans un premier temps les données objectives de son propre comportement, puis de discuter raisonnablement telle ou telle hypothèse afin d'essayer de l'expliquer, le patient façonne sans aucun recul une cause fictive de son comportement, et ne démord plus de cette explication qui a pour lui la force d'une croyance ! Tiens donc, le patient *split-brain* nous met ainsi sous les yeux ce que nous avions fini par retenir de l'inconscient freudien : la dimension fictive de nos constructions mentales conscientes ! Du point de vue du sujet lui-même, c'est-à-dire du point de vue de son discours conscient élaboré à la première personne, les représentations mentales qui sont manipulées ne sont rien d'autre que des constructions fictives auxquelles il accorde un statut de croyance profonde. Le patient de Gazzaniga ne se demanda pas simplement pourquoi il sortait de la pièce, il n'envisagea pas non plus de discuter telle ou telle hypothèse, mais il forgea une interprétation causale à laquelle il ne pouvait s'empêcher de croire avec force. Ce que nous isolons chez de tels patients à l'aide de ces petites expériences n'est rien d'autre qu'un accès privilégié à certains pans de leur « réalité psychique », pour reprendre les termes de Freud. Cette réalité psychique nous apparaît ici parfaitement dissociée de la réalité objective : ce qui fait véritablement sens pour le patient c'est une construction mentale fictive. Cette fiction qui est parfaitement contredite par la réalité objective n'en demeure pas moins une construction mentale d'une puissance autrement plus tangible et plus forte pour l'économie mentale du patient que la réalité « expérimentale » dont il est pourtant l'objet. À n'y pas douter, ces fictions sont les véritables habitants de la pensée consciente de ces patients.

« Ceci n'est pas ma main ! »

Ce résultat spectaculaire, qui indique l'omniprésence et la prégnance des fictions dans notre pensée consciente, se rencontre dans bien d'autres syndromes neurologiques.

Dans le chapitre 2 de la première partie, page 55, nous avions eu l'occasion d'évoquer le syndrome d'héminégligence gauche, autrement plus fréquent que les rarissimes disconnexions calleuses. Dans ce syndrome, les patients n'ont malheureusement plus conscience de la moitié gauche de l'univers, y compris parfois de la moitié gauche de leur propre corps, qui est souvent paralysée du fait des lésions cérébrales en cause. Il est ainsi classique de confronter ces patients à leurs déficits moteurs ou à la partie gauche de leur propre corps afin de déterminer s'ils sont encore capables de les analyser correctement. Ainsi, si vous êtes seul avec un patient souffrant d'une héminégligence gauche et que vous lui demandez combien de personnes sont présentes, il pourra vous répondre :

« Deux personnes, vous et moi.

— Combien de mains différentes sont alors présentes dans cette chambre ?

— Quatre, vos deux mains et mes deux mains. »

Si vous lui montrez sa propre main gauche paralysée et que vous lui demandez ce que c'est, il pourra vous répondre :

— « Une main, c'est une main.

— À qui est-elle ? À vous ?

— Assurément non, ce n'est pas ma main !

— À qui est-elle alors ? Elle n'est pas à moi non plus, regardez je vous montre mes deux mains. »

Il m'est arrivé d'entendre alors un patient négligent me répondre, un léger sourire aux lèvres :

« Vous avez peut-être trois mains, en tout cas ce n'est pas ma main ! »

Tout comme chez les patients au cerveau divisé, ces patients héminégligents construisent des représentations mentales conscientes qui ont la force de conviction d'une croyance, quitte à violer les contraintes du réel.

Le patient voit sa main gauche, mais sa négligence l'empêche de l'identifier comme sienne. Plutôt que de dresser un état objectif de la situation à partir des données du réel qu'il sait recueillir, ce patient intègre immédiatement ces données dans un scénario. On pourrait parfaitement imaginer qu'un tel patient incapable de considérer sa propre main gauche comme sienne, finisse par penser quelque chose comme : « En effet, je vois trois mains, dont deux qui sont à vous. Nous ne sommes que deux dans cette pièce et je sais bien que vous et moi avons deux mains chacun. Cette main inerte que vous me montrez semble bien m'appartenir d'un point de vue logique. Pourtant, vous savez, c'est incroyable mais je n'arrive pas à la considérer comme ma main ! »

Loin d'un tel discours raisonné, le patient reste enfermé dans son scénario proclamé avec la conviction d'une évidence certaine : « Ceci n'est pas ma main ! » Pourtant, l'ensemble des données objectives et des connaissances nécessaires sont accessibles consciemment au patient : il sait qu'il y a deux personnes dans la pièce, il sait que les humains ont deux mains, il sait qu'il voit trois mains dont deux qui sont les miennes et dont il ne discute pas un instant de l'appartenance. Ceci ne l'empêche pas d'adhérer avec force à sa conviction fictive. Tout comme chez le patient au cerveau divisé, la « réalité psychique » dépasse le réel. La fiction structure la conscience.

L'amnésie de Korsakov et ses incroyables affabulations

Dans l'amnésie observée chez des patients atteints du syndrome de Korsakov que nous avons déjà évoqué dans le chapitre 3 de la deuxième partie, page 291, on rencontre très souvent un phénomène tout aussi spectaculaire. Il révèle également la prégnance de la fiction dans la vie consciente.

Ces patients, dans les formes les plus sévères, peuvent présenter une amnésie antérograde majeure, c'est-à-dire l'incapacité totale à retenir le moindre souvenir conscient du cours actuel de leur existence. Ainsi, si vous entrez dans la chambre d'un tel patient et que vous le saluez, il vous répondra sans problème et entamera une discussion avec vous. Si d'aventure vous le quittez et ressortez de sa chambre, il vous suffira de compter jusqu'à trois puis d'ouvrir à nouveau la porte en le saluant comme si vous n'étiez pas déjà venu il y a quelques secondes à peine. Le patient n'aura conservé aucun souvenir conscient de votre visite et il vous saluera comme la première fois. Les externes en médecine qui découvrent ainsi la sémiologie neurologique répètent souvent à souhait ce test clinique abasourdissant.

Le patient atteint d'un tel syndrome est enfermé dans un perpétuel présent dont il ne conserve aucune trace consciente, incarnation du mythe de Sisyphe dépourvu de la conscience de la répétition. Ces patients ne sont pas conscients de leur état mnésique. Lorsque vous les interrogez sur ce qu'ils ont fait la veille au soir, plutôt que de vous répondre quelque chose comme : « Tiens, hier soir je n'ai aucune idée de ce que j'ai bien pu faire. Donnez-moi un indice, je vais essayer de me rappeler », ces patients confabulent, c'est-à-dire qu'ils se mettent à vous raconter, et à se raconter à eux-mêmes, des histoires vraisemblables : « Hier soir, je suis allé dîner dans ce bon restaurant près du palais Garnier avec quelques amis. » Ces narrations n'ont qu'une faille : elles sont totalement fictives. Le patient était dans sa petite chambre d'hôpital, là même où il réside depuis plusieurs jours, parfois depuis plusieurs semaines, plusieurs mois, voire des années.

Le sosie inventé

Une autre situation neuropsychologique, plus rare, nous permettra d'illustrer à nouveau cette faculté interprétative. Certains malades sont victimes d'une lésion cérébrale qui empêche les régions corticales impliquées dans le codage des visages de communiquer normalement avec les régions qui sous-tendent le codage émotionnel de nos perceptions. Que se passe-t-il lorsqu'un patient atteint d'une telle lésion rencontre un être familier comme son conjoint, l'un de ses enfants ou un ami proche ? L'espace de travail conscient de ce patient reçoit des informations contradictoires, le visage de l'individu perçu est reconnu sans peine et l'ensemble des connaissances qui lui sont associées sont activées et accessibles au patient : « C'est mon épouse », « j'aime son sourire », « nous nous sommes mariés en 1954 », « l'année dernière j'ai organisé une fête surprise pour son anniversaire »...

Pourtant, ce riche flot de pensées conscientes rencontre un petit problème : les informations de familiarité, qui sont normalement associées à l'identification d'un être qui nous est émotionnellement et affectivement cher, font défaut. Le sujet ne reçoit pas ces informations qui lui sont normalement accessibles dès qu'il reconnaît le visage de sa femme. Comment se comporte-t-il alors ? Pleure-t-il de son malheur neurologique ? Se lamente-t-il ou est-il surpris par cette anomalie de son fonctionnement mental ? Dans une telle situation, ce patient va produire une incroyable interprétation consciente : il va déduire que la femme qui est en face de lui est en réalité un imposteur qui ressemble trait pour trait à son épouse mais qui n'est évidemment qu'un sosie.

Ce syndrome de Capgras ou « illusion des sosies » n'est autre que le fruit d'une interprétation consciente à laquelle le patient croit dur comme fer. Quand bien même son épouse lui affirme avec tendresse que c'est effectivement elle qui lui fait face, quand bien même elle lui apporte des preuves, comme des souvenirs intimes d'eux seuls connus, rien n'y fait. Pour le patient dont nous parlons, cette femme ne peut être qu'un sosie. Ce malade ne connaît pas la circuiterie de ses émotions et de ses perceptions, il ignore la vraie cause de son trouble, mais cela ne l'empêche pas de construire un scénario fictif qui a pour lui la saveur du réel[1].

1. Quand bien même ce patient serait-il un neuropsychologue averti, cela ne l'empêcherait nullement de construire de tels scénarios !

Une philosophie de l'existence fictionnelle

Le dernier exemple que j'aimerais vous faire partager concerne une charmante patiente que je connais depuis plus de six ans (Naccache *et al.*, 2005).

Cette femme, Mme R. M. B., alors âgée de 50 ans, vint me consulter sur les conseils de son médecin, pour un avis neurologique face à une plainte mnésique. Elle se plaignait d'avoir du mal à se souvenir de certaines informations et à effectuer deux choses en même temps, comme par exemple lire pendant que sa fille regardait la télévision. En réalité, cette patiente avait été victime d'une grave hémorragie méningée survenue brutalement dix ans auparavant. Hospitalisée en urgence en neurochirurgie dans un état de coma profond, il ne fut pas difficile aux médecins de garde de diagnostiquer une rupture d'anévrysme intracrânien siégeant sur l'une des artères situées sur la ligne médiane du cerveau, au milieu du lobe frontal. Dans les suites de cette hémorragie méningée, Mme R. M. B. recouvra la conscience, mais elle présenta l'une des complications fréquentes de cette affection. L'artère qui irriguait la face interne de son lobe frontal gauche s'était occluse par un mécanisme de spasme artériel, et cette vaste région de son cerveau fut donc été définitivement détruite.

Au décours de cette période mouvementée, Mme R. M. B. rentra chez elle en marchant et en parlant normalement. Nul ne semblait s'être inquiété des conséquences neuropsychologiques éventuelles de cette lésion étendue. À l'aide de quelques épreuves cliniques, il m'était pourtant facile de mettre en évidence des altérations franches de ses capacités de contrôle mental, d'attention ou de mémorisation. Il suffisait d'ailleurs de discuter avec cette femme sensible, intelligente et instruite pour apprendre qu'elle bénéficiait d'un

35-1

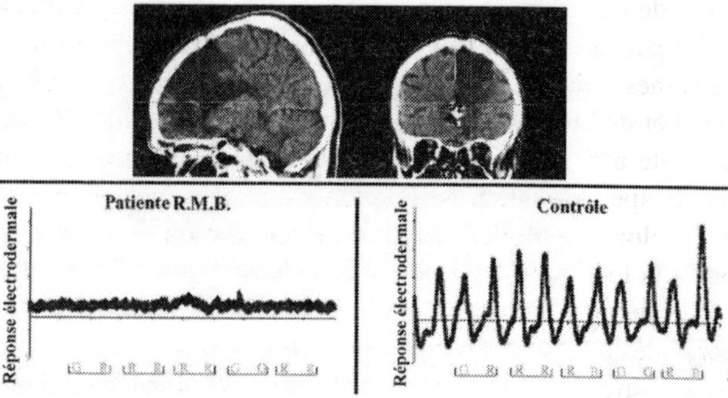

35-3 35-2

FIGURE 35 – Une philosophie de l'existence fruit de l'interprétation consciente « erronée » d'un déficit de couplage entre la cognition et l'émotion.

Cette patiente a été victime d'un accident vasculaire cérébral ischémique étendu du lobe frontal gauche (région visible en noir sur les 2 coupes de scanner cérébral en 35-1). Depuis cet accident, Mme R. M. B. présente de subtils déficits cognitifs et émotionnels. Par exemple, dans une épreuve de Stroop (dénommer la couleur de l'encre d'un mot voir p. 188) elle fait preuve de capacités de contrôle cognitif tout à fait comparables à celles de sujets indemnes de lésions frontales. Pourtant, contrairement aux sujet sains, elle a perdu toute notion subjective d'effort mental. Cette altération du couplage entre cognition et ressenti affectif ou émotionnel s'explique chez elle par une profonde altération du « marquage somatique » de nos pensées : lorsqu'un sujet sain fait un effort mental (35-2), certaines régions frontales signalisent sur son propre corps l'intensité de cet effort cognitif : parmi mille indices, la transpiration augmente subtilement, et d'autres régions cérébrales peuvent lire ces signes somatiques et élaborer la traduction émotionnelle de cet effort cognitif. Chez Mme R. M. B. (35-3), aucun signe somatique n'est visible et de fait, elle est incapable de ressentir en émotions les efforts cognitifs pourtant réalisés. À la lumière de ces données, il nous devient possible d'éclairer l'origine de son détachement affectif des soucis de ses enfants suite à sa lésion cérébrale. Cette patiente voit cependant les choses très différemment : elle a élaboré une interprétation existentielle de son détachement qui lui permet de le concevoir comme un choix philosophique réfléchi. Cette « fiction mentale » qui guide désormais une partie importante de la vie consciente de Mme R. M. B., a donc gagné un pan de réalité causale, celle de la réalité psychique consciente.

Adapté de Naccache *et al.*, *Neuropsychologia*, 2005.

stage de formation dans une administration publique où elle déplaçait des registres d'un bureau à l'autre ! Quelques semaines plus tard, nous constituâmes un dossier qui objectivait et décrivait explicitement le handicap cognitif de cette patiente afin de la faire bénéficier d'une allocation d'adulte handicapé parfaitement justifiée mais non demandée jusqu'alors. Les fonctions du cerveau humain ne se limitent pas à la locomotion, la parole et la vision !

Nous nous revîmes ensuite à plusieurs reprises dans un contexte clinique et expérimental. La lésion dont elle avait été victime avait endommagé la face interne du lobe frontal gauche, incluant une région appelée le cortex cingulaire antérieur, ainsi que la région orbito-frontale du cortex frontal gauche. L'une des conséquences classiques et importantes de ces lésions fut de modifier profondément le caractère émotionnel et affectif de cette malade. Alors qu'elle était jusque avant son accident neurologique une mère attentive à chacun de ses enfants, ce que je pus d'ailleurs vérifier en discutant avec eux, manifestant une présence sans faille pour les entourer sur le plan scolaire, familial, financier et affectif, Mme R. M. B. rentra chez elle totalement transformée. Elle manifesta un tableau d'indifférence affective profonde et de désintérêt pour les problèmes de ses enfants. La faculté d'empathie qui avait auparavant été particulièrement développée chez elle avait été totalement dénaturée.

Plusieurs expériences nous permirent de mieux comprendre le lien entre les lésions frontales et la transformation de son caractère. Chez un sujet sain, chaque fois qu'un sentiment conscient est ressenti, il est possible de détecter sur le corps du sujet les indices d'un bouleversement physiologique que nous avons déjà évoqué. La transpiration augmente, les pupilles se resserrent, le cœur s'accélère, la respiration se modifie... En réalité, les travaux du groupe d'Antonio Damasio nous ont appris que ce sont précisément les régions cérébrales lésées chez Mme R. M. B. qui sont responsables de ce séisme corporel. Ces marqueurs somatiques de l'émotion sont déclenchés par l'activité de ces régions cérébrales, ce qui permet ainsi à d'autres régions cérébrales de lire ces indices sur le corps et d'élaborer le contenu conscient de nos sentiments. Chez Mme R. M. B., dont l'intelligence rationnelle était remarquablement préservée, j'observais que son cerveau avait totalement perdu la capacité de déclencher ce séisme émotionnel en réponse à des modifications intérieures de ses pensées. Sans être totalement démonstratives, ces données permirent de mieux comprendre les conséquences émotionnelles de son accident.

Mme R. M. B. n'était plus capable de traduire les modifications intérieures de ses pensées en signaux corporels indispensables à l'apparition d'un sentiment associé à ses pensées. Elle ne pouvait plus donner corps, au sens littéral, à ses cogitations rationnelles conscientes. Comment considérait-elle elle-même l'évidence du changement de son comportement ? Quel était son regard, avait-elle une intime conviction à ce sujet ? De manière remarquable, lors de chacune de nos discussions à ce sujet, Mme R. M. B. reconnaissait ne plus avoir la même affection et la même empathie pour ses enfants. Le déplorait-elle ou même se cantonnait-elle à le remarquer sans pouvoir se l'expliquer ? À l'image des autres patients que nous venons d'évoquer, Mme R. M. B. répondit à ces questions d'une manière tout à fait remarquable et reproductible, parfois à des mois de distance, avec chaque fois le même calme imperturbable et le même ton empruntant une posture philosophique : « Vous savez, Docteur, quand on a vécu ce que j'ai vécu – des semaines en réanimation – et qu'on est passé comme moi à deux doigts de la mort, on ne considère plus les choses comme avant. Je ne jette plus le même regard sur les problèmes de mes enfants. Cette expérience a transformé ma conception de l'importance des choses dans la vie. »

Mme R. M. B. croyait évidemment profondément à ce qu'elle me répondait. Cette croyance avait pour elle une valeur existentielle authentique. Elle jouait à n'en pas douter un rôle important dans son économie psychique consciente. Et pourtant, tout comme les patients que nous avons déjà décrits, il s'agissait là encore d'une interprétation fictive consciente à laquelle elle adhérait avec force.

En réalité, on peut retrouver des formes plus ou moins claires de ces productions mentales conscientes fictives dans la plupart sinon l'ensemble des syndromes neuropsychologiques. Il serait stupide de ne pas faire attention à toutes ces manifestations conscientes qui « fictionnalisent » systématiquement le réel, au seul titre qu'elles sont inexactes ou qu'elles n'identifient pas les vraies causes des comportements que ces patients manifestent.

J'interprète, donc je suis !

Les interprétations conscientes fictives sont des croyances extrêmement fortes chez tous les patients que je viens d'évoquer. Sans abuser de la formule, toutes ces descriptions proclament haut et fort que, pour ces patients, la vie consciente repose sur ces processus d'interprétation et de croyance. La maxime de leur existence pourrait être : « J'interprète, donc je suis ! »

Une fois formulées, ces fictions alimentent le cours de leurs pensées, elles sont utilisées par eux pour guider leurs prises de décision et pour ajuster leur comportement : bref, ces croyances, pourtant fictives, sont à l'origine d'effets bien réels, qui affectent le cours de l'existence de ces malades neurologiques. Ces interprétations fictionnelles constituent donc un aspect majeur de la réalité psychique de ces malades, c'est-à-dire de ce qui joue effectivement un rôle causal dans leur vie mentale. Fictions du réel et réalités de la conscience, tel est le statut de ces interprétations mentales. Chez ces différents malades, nous observons l'action simultanée de deux processus qui caractérisent leur vie consciente : ils élaborent des scénarios du réel et ils croient au contenu de ces scénarios.

Sommes-nous tous les romanciers de notre propre vie ?

Un lecteur parvenu à ce stade de notre réflexion aura sans doute acquis les mécanismes de pensée de tout neuropsychologue en herbe. Il se demandera à bon droit si ce que nous découvrons chez ces innombrables patients aux tableaux cliniques si différents et aux lésions cérébrales si variées s'applique également au commun des mortels. Serions-nous tous des interpréteurs conscients qui s'ignorent ?

Aussitôt cette question posée, il ne nous est pas difficile de réaliser que chaque minute de notre vie consciente se traduit en interprétations que nous ne cessons d'élaborer. Vous attendez quelqu'un qui est en retard à un rendez-vous ? Immédiatement, des scénarios qui vous permettent d'envisager les causes de son retard sont joués sur la scène de votre conscience : son réveil n'a pas sonné, une panne de voiture, un embouteillage monstre, un accident, un décès soudain... Vous essayez d'imaginer de quoi demain sera fait ? De deviner ce que pense de vous telle ou telle personne de votre entourage ? Dès que l'on prête attention à la place qu'occupe dans notre vie mentale la composante interprétative, la liste ne cesse de s'allonger et l'on réalise bientôt qu'elle alimente, de manière plus ou moins visible, chacune de nos pensées conscientes.

L'aspect par lequel nous différons des patients neurologiques que nous venons de décrire, ce n'est donc pas tant dans cette faculté mentale d'interprétation consciente que nous partageons intégralement avec eux, mais plutôt dans la capacité à incorporer les autres données du monde réel et à les utiliser pour corriger sans cesse ces scénarios mentaux. Là où les malades neurologiques échouent, pour diverses raisons, à utiliser ces informations supplémentaires pour réviser leurs constructions conscientes, nous parvenons quant à nous sans peine à mettre au jour nos fictions, afin qu'elles épousent au mieux les contours du réel. Il nous est donc plus difficile de réaliser le caractère fictionnel de ces constructions conscientes.

Autrement dit, il est parfois difficile de mettre au jour la part d'interprétation, qui est je crois toujours présente au sein de nos pensées conscientes, lorsque la distance qui les sépare du réel semble infime. Imaginons que vous voyiez une rose posée dans un vase sur une table. Vous affirmez « voir une rose posée dans un vase », mais ce que nous apprennent les patients neurologiques, c'est que même dans une affirmation d'apparence aussi plate, neutre et « objective », notre parole a en réalité valeur d'interprétation, créditée à nos yeux d'une certaine croyance. En nous révélant l'existence de ces interprétations lorsqu'elles sont totalement déconnectées du réel, les patients neurologiques nous livrent un secret fondamental : notre réalité mentale consciente est avant tout un univers fictionnel que nous construisons à la lumière de la réalité objective, mais qui lui préexiste et qui ne se résume pas à elle.

Il est captivant de se pencher sur les croyances que nous élaborons en l'absence de support informationnel extérieur immédiat. Lorsque cent personnes neurologiquement saines voient la rose posée dans le vase, chacune d'entre elles rapporte voir consciemment cette rose et ce rapport conscient sera assorti d'une valeur d'interprétation et de croyance qu'il sera difficile de mettre en évidence. En revanche, dès lors qu'on interrogera chacune d'entre elles sur ses convictions religieuses, on recueillera un ensemble de croyances aussi disparates que nuancées. Dans le premier cas, les données objectives du monde réel telles qu'elles s'impriment de manière largement identique à travers les cent cerveaux normaux considérés dans notre exemple, contraindront fortement les interprétations de la perception, et une interprétation perceptive consensuelle émergera.

Dans notre second exemple, dès lors que l'interprétation qu'on recueille n'est plus contrainte par un jeu de données aussi rigides, la richesse de la composante interprétative apparaîtra dans toute sa force, et dans sa liberté relativement au réel. D'une certaine manière, lorsque nous exposons nos croyances religieuses, mystiques mais également de nombreuses croyances sociales et interpersonnelles, nous ressemblons davantage à ces patients neurologiques qui déploient leurs interprétations à l'abri de pans entiers de la réalité dont ils ne tiennent pas compte. Dans ces différentes situations, nous élaborons des interprétations de l'univers qui lui apportent de la causalité, nous croyons à ces interprétations et la réalité extérieure ne nous envoie pas d'informations décisives qui permettent de valider ou d'invalider ces interprétations.

Que se passe-t-il alors ? Plutôt que de douter, ou de nuancer nos opinions, nous continuons à accorder une croyance, souvent forte, à ces interprétations que rien ne vient contredire de manière irrévocable. Il est symptomatique de considérer que les échanges rationnels sur de telles questions, ou les tentatives de résolution de conflits interpersonnels par l'argumentation raisonnée, sont souvent sans effets sur la force de conviction des croyances considérées.

La force de l'interprétation et la puissance de la croyance

La force de l'interprétation-croyance me semble véritablement au cœur de notre mode de pensée conscient.

Lorsque nous parlions des expériences de Sperling sur les tableaux de lettres flashées quelques dixièmes de seconde, nous avions découvert que, l'espace d'un instant, n'importe laquelle de ces lettres était consciemment accessible mais qu'*in fine* seul un sous-ensemble de ces lettres serait effectivement perçu consciemment par le sujet. Ce que je ne vous avais pas encore indiqué, c'est que, dans une telle expérience, les sujets ont la très curieuse conviction qu'ils ont fait l'expérience consciente de tout le tableau. Comme lorsque vous ouvrez les yeux et qu'il ne fait pas l'ombre d'un doute que vous avez conscience de tout ce qui est face à vous. En réalité, les expériences de Sperling, mais également de nombreux travaux sur la détection consciente du changement dans une scène visuelle, nous indiquent que nous ne prenons conscience que d'une infime partie de ce qui nous fait face. Et pourtant, notre plus intime conviction, même en connaissant la neuropsychologie de la vision consciente, c'est que nous voyons tout.

Nous aurions pu imaginer qu'à l'image d'une personne qui se promène les yeux bandés dans une pièce et qui découvre la présence de tel ou tel objet en le palpant, notre interprétation consciente de la scène visuelle suivrait une progression régulière, et qu'à chaque instant nous aurions conscience de n'avoir identifié que tel ou tel objet, sans avoir cette absurde conviction de tout voir ! La force de cette conviction est si importante que certains philosophes et neuroscientifiques continuent à y adhérer, c'est-à-dire à penser que face aux tableaux de lettres de Sperling, nous avons une expérience consciente globale mais que nous ne finissons par pouvoir rapporter qu'un sous-ensemble de ce que nous avons perçu.

Ned Block est le principal défenseur de cette thèse qu'il a popularisée en proposant une distinction entre la conscience d'accès et la conscience phénoménale (Block, 1995, 2001). Cette thèse pose toutefois d'importants problèmes. Tout d'abord, faire l'expérience phénoménale de certains éléments, c'est déjà se rapporter à soi-même une richesse perceptive particulière, et en cela il s'agit déjà d'une forme de rapport conscient et donc de conscience d'accès. Pourtant, nous l'avons déjà constaté, les lettres que nous n'avons pas rapportées répondent à nos critères généraux d'inconscience, plus précisément à ce que nous avons appelé l'« inconscient qui aurait pu être conscient ». Il s'agit en effet de représentations mentales non rapportables et qui répondent à tous nos critères d'inconscient : impossibilité de mémorisation à long terme en mémoire épisodique, impossibilité d'utilisation pour générer une stratégie et un contrôle cognitifs, durée de vie évanescente. Autrement dit, lorsque Block nous parle de conscience phénoménale, cela ne peut être de ces représentations inconscientes dont il parle, puisqu'elles n'ont jamais étés consciemment accédées, qu'elles n'ont pas été mémorisées et qu'il est donc impossible de décrire notre vécu conscient à leur égard. Si un tel vécu existait, Block reconnaîtrait qu'il s'agirait de la conscience d'accès, c'est-à-dire d'un contenu conscient que nous pouvons rapporter ou commenter.

Quel est alors le contenu de la conscience phénoménale de Ned Block ? Tout simplement, je le pense, l'adhésion théorique à l'interprétation consciente que nous nous forgeons face à de telles situations : nous avons l'intime conviction de tout voir, même si cela est inexact. Cette croyance consciente peut ainsi servir de fondation, si on la prend au sérieux, à l'élaboration d'une théorie philosophique qui ne repose essentiellement sur rien d'autre que sur cette pure interprétation !

Notre fonctionnement conscient semble donc posséder une propriété supplémentaire qui nous avait jusqu'ici échappé : la posture interprétative à laquelle nous accordons une certaine croyance, et qui fonde assez largement l'économie de notre vie mentale. Cette propriété que nous ont fait découvrir tous ces patients, Freud l'a isolée magnifiquement en construisant, le premier, une psychologie primitivement fondée sur cette faculté à dimension existentielle. La psychanalyse, et notamment son concept propre d'inconscient, est le premier exemple d'une valorisation de cette fonction de notre conscience qui était ignorée ou méprisée jusqu'alors.

Résumons-nous : en nous annonçant sa découverte de l'inconscient, Freud a essentiellement mis au jour le mode de fonctionnement fondamental de notre conscience. Freud est donc, à mes yeux, l'un des grands découvreurs de la conscience humaine. L'a-t-il découverte à son insu le plus total, ou peut-on lui accorder une lucidité, même partielle, de sa méprise ?

Le courage de Freud

Avant de mesurer la clairvoyance de Freud, arrêtons-nous un instant sur la puissance thérapeutique de sa découverte, et sur le grand courage qui fut indéniablement le sien.

Freud eut l'audace d'accorder de l'importance aux idées conscientes que ses patients élaboraient à propos de leurs souffrances et de leurs névroses. À une époque dominée par un scientisme et une logique biologique archiréductionniste, Freud abandonna ses habits officiels d'héritier glorieux de la neurologie néophrénologique et des théories réflexes jacksoniennes, afin de proclamer haut et fort l'importance première de la subjectivité. Auteur juif du fascinant ouvrage psychanalytique sur le personnage de Moïse, Freud se sentit sans doute lui-même comme cet héritier de la couronne d'Égypte qui abandonna son destin naturel pour aider l'humanité à gagner la seule liberté qui compte réellement, c'est-à-dire sa liberté mentale (Freud, 1989).

Écouter une servante raconter ses rêves, une bourgeoise viennoise évoquer ses fantasmes, un jeune comptable divaguer sur ses expériences juvéniles traumatiques, nécessitait un courage dont on a peut-être perdu la compréhension, aujourd'hui à l'heure des *talk-shows* impudiques, et de la reconnaissance officielle du droit à l'introspection ! Comme les livrets de certains opéras de Mozart qui abandonnent les sempiternelles figures héroïques inaccessibles et autres dieux de l'Olympe pour ne s'intéresser qu'aux déboires d'un couple de serviteurs[1], Freud eut cette incroyable audace humaniste de donner de la réalité à la

1. Comme par exemple dans la scène d'ouverture de *L'Enlèvement au sérail*.

réalité psychique des individus quelconques dont les cœurs palpitent ici et maintenant.

Il convient de garder à l'esprit cette dimension de l'œuvre et de la démarche qui furent celles de Freud. Il se complut d'ailleurs souvent à se mettre lui-même en scène comme une victime moquée et décriée par les milieux officiels de la neurologie et de la psychiatrie universitaires viennois. Cette mise en scène – qui ne semble pourtant pas correspondre à la réalité des faits (Ellenberger, 1994) – provenait peut-être de cette souffrance intériorisée d'avoir conscience d'abandonner un univers pour en découvrir un nouveau, au risque de perdre certains honneurs et avantages auxquels son statut de neurologue intelligent de la bourgeoisie viennoise lui permettaient pourtant d'accéder s'il « restait dans le rang ». Freud fut courageux, et ce courage mérite d'être rappelé lorsqu'on se penche sur son œuvre.

Ce courage était probablement motivé par la compréhension qu'il existait là une nouvelle source de traitement de certaines maladies de l'esprit réfractaires aux traitements jusqu'alors disponibles. La psychanalyse entendue avant tout comme une méthode thérapeutique. Freud réfléchissait en médecin, ou plutôt en thérapeute.

Un besoin vital longtemps ignoré

Je crédite Freud d'avoir inventé une méthode de traitement, la cure analytique, dans laquelle le matériel utilisé pour soigner repose exclusivement sur la manipulation des interprétations mentales conscientes du patient et de son soignant, le psychanalyste. Cette reconnaissance du rôle à proprement parler vital des croyances conscientes dans le processus de guérison de certaines affections de l'esprit est révolutionnaire. Quand bien même le contenu de ces interprétations conscientes est souvent erroné et se limite à une vision imaginée et fantasmée de l'inconscient, cette posture thérapeutique exclusivement préoccupée par la dynamique de ces idées conscientes chez le malade et l'analyste est une découverte majeure.

Le concept de réalité psychique qui prend le pas sur la réalité objective est ainsi au cœur de la démarche freudienne. Il comprit que certaines maladies mentales – abordées avant lui comme s'il s'agissait de grippes ou d'infections bactériennes – étaient en réalité sous-tendues par des problèmes concernant primitivement les interprétations mentales conscientes que ces patients élaboraient. Aux antipodes d'une médecine biologique ou d'une psychiatrie morale qui cherche à convaincre le malade depuis l'extérieur de sa propre pensée, la psychanalyse propose de plonger au cœur de la subjectivité consciente du malade. S'immerger dans la réalité psychique d'un patient revient à abandonner un discours thérapeutique qui ferait mine d'en ignorer l'existence. Une parole qui soigne ne peut être envisagée par Freud que comme une parole qui fait sens pour le malade dans sa subjectivité consciente, et non comme une parole extérieure, froide et distante. Lorsque vous confrontez directement un humain à ses propres convictions les plus profondes, si vous lui tenez un discours irrecevable, ce discours sera au mieux et le plus souvent dépourvu du moindre effet, au pire nocif ou dangereux.

Parlez à un individu qui croit en l'existence d'extraterrestres et tentez de le convaincre de leur inexistence, vos paroles seront sans aucun effet. De la même manière, lorsque vous raisonnez le patient négligent qui affirme que vous avez trois mains, le canal rationnel et logique est sans le moindre effet. L'un des meilleurs exemples de cette impuissance est celui du patient atteint de psychose paranoïaque qui construit une interprétation consciente souvent parfaitement rationnelle, mais qui demeure pourtant hermétique à toute tentative de démonstration argumentée de l'inexactitude de ses interprétations. Le paranoïaque construit un discours logique, mais le moteur de ce discours est une croyance consciente profondément ancrée qu'il vous livre sans détour : « Untel me persécute. » Enfin, si vous livrez directement à un patient en analyse votre opinion sur ses problèmes, vous effectuez là encore ce que Freud a appelé et dénoncé comme étant de la psychanalyse sauvage. Ces différentes situations, qui s'apparentent à ce que l'on appelle la psychiatrie morale, c'est-à-dire à une parole à valeur normative qui cherche à apporter des éléments de repère à un patient sans prendre la peine de reconnaître l'existence – dans sa vie mentale – de ses propres croyances psychiques, sont l'antithèse de la méthode freudienne.

Freud nous propose d'ancrer toute relation thérapeutique dans un travail opérant exclusivement sur ce qui constitue la réalité psychique consciente du malade. Il ne s'agit absolument pas d'un délire à deux – le patient et l'analyste –, c'est-à-dire d'une adhésion de l'analyste aux fictions du patient. Tout comme dans notre « épochè », la psychanalyse pose à la fois l'absence de pertinence de la question de la réalité objective de ces fictions, tout en fondant précisément son travail sur ces précieux matériaux psychiques. Telle est à mes yeux l'essence du travail analytique. Ceci explique que cette discipline ait survécu à l'explosion des écoles de pensée qui ont, pour chacune d'entre elles, forgé un contenu théorique différent et souvent contradictoire avec celui des autres. Cette explosion inégalée des options théoriques souligne, je le crois, le niveau où se situe la pertinence de cette approche psychothérapeutique. Le seul point commun aux innombrables mouvements psychanalytiques me semble être la reconnaissance de la valeur centrale, voire exclusive, de la réalité psychique du malade pour aborder certains problèmes.

En découvrant ce principe thérapeutique fondé sur la reconnaissance du rôle majeur occupé par nos fictions conscientes au sein de notre psychisme, Freud a également offert cette connaissance à l'univers de la psychologie entendue comme science du mental. Dans ses ouvrages sociologiques, psychopathologiques, et dans de nombreux essais, Freud a en effet cherché à montrer que ce principe s'appliquait non seulement à la psychologie du névrosé mais également à celle de tout être humain socialisé. Malheureusement, la fausseté de ses prétentions théoriques a longtemps empêché de nombreux penseurs et chercheurs de saisir la portée générale de sa grande découverte.

La fiction, source de notre liberté

Je crois enfin que le ressort le plus essentiel de cette valorisation de nos fictions mentales conscientes n'est autre que la possibilité même de la liberté humaine.

Notre interprétation de la psychanalyse freudienne revient à identifier le mécanisme qui est au cœur de notre impression de libre arbitre. À la source, réside une illusion. Cette illusion est la croyance consciente du sujet qui élabore consciemment des scénarios fictifs, scénarios les plus cohérents possibles avec le réel. D'une certaine manière, la vérité objective de ces scénarios fictifs est une fausse question. Ces fictions sont des fictions. Pourtant, comme le sujet y croit, il devient alors capable de sélectionner parmi ses pensées et ses actions possibles celles qui vont lui sembler s'accorder au mieux avec ses propres scénarios. Autrement dit, ce qui n'est au départ qu'une fiction dépourvue de la moindre valeur pour décrire la causalité de l'univers mental du sujet, finit par posséder une valeur causale du fait même qu'en y adhérant le sujet va prendre telle décision plutôt que telle autre.

Munis de cette connaissance, nous comprenons maintenant le travail analytique inventé par Freud comme une tentative d'aider le malade névrosé à utiliser ses ressources fictionnelles pour alimenter sa propre réalité psychique et *in fine* à recouvrir davantage de liberté dans ses actions et dans le cours de ses pensées. Si tel est le cas, on comprend bien que le contenu exact de ces fictions a finalement peu d'intérêt. Ce qui est primordial par contre, c'est de stimuler et d'utiliser cette fonction qui caractérise tant notre vie mentale consciente.

Friand d'exégèse biblique, voire talmudique, Freud connaissait évidemment l'épisode de Joseph qui interprète les rêves des sept épis de blé et des sept vaches faméliques qui dévorent les sept vaches grasses de Pharaon, rêves qui annoncent les sept années grasses qui seront suivies de sept années de famine dans la haute et basse Égypte. Les multiples magiciens et sorciers officiels de la cour ont tous échoué à interpréter ces rêves. Leurs explications extérieures à la pensée de Pharaon ne rencontrent à aucun moment le cœur de la psyché du royal rêveur. Ce qui pousse Pharaon à accorder une valeur aux paroles prophétiques de Joseph, ce n'est pas tant la teneur immédiate ou objective de ses propos, mais bien davantage ce qu'ils ont déclenché comme richesse d'interprétation dans sa propre vie psychique de Pharaon.

Thomas Mann a d'ailleurs magnifiquement raconté ces aspects fictifs et interprétatifs dans sa tétralogie *Joseph et ses frères*, suggérant que la question de la réalité tangible de la prédiction de Joseph était finalement sans intérêt :

« En fait la période septennale prédite ressembla davantage à un lustre. La vie mouvante ne se prononça pas clairement en faveur d'un de ces nombres ou de l'autre, les années grasses et maigres ne jaillirent pas de ses flancs aussi définies, aussi indéniablement différenciées entre elles, que les vaches du songe de Pharaon. Selon les lois de la vie, les années prospères et stériles ne le furent pas toutes au même degré. Parmi les premières, un œil critique eût pu en trouver quelques-unes de modérément grasses. Les maigres, elles, l'étaient toutes suffisamment, du moins cinq, sinon sept ; mais quelques-unes n'atteignirent pas au même degré de la misère et s'arrêtèrent à mi-chemin. Sans la prédiction, on n'aurait peut-être pas reconnu en elles des années de famines, des années maudites. Néanmoins, la bonne volonté générale les engloba avec les autres » (Mann, 1948).

Le réel n'est plus pertinent. Seule la réalité psychique prime. Ce que Freud cherche à mobiliser, c'est très précisément cette faculté d'interprétation consciente qui est à la source de notre vie psychique. Entendue comme telle, la posture psychanalytique s'applique à l'autre mais également à soi, et elle propose un mode d'être qui se construit immédiatement sur le socle de notre conscience.

CHAPITRE 3

La conscience retrouvée

Réinterprétations

À la recherche de l'inconscient décrit aujourd'hui par les neurosciences, nous avons poursuivi notre périple afin de démasquer l'identité du système Ics de Freud, et nous avons fait la surprenante hypothèse que celui-ci n'était autre que la conscience du sujet qui interprète sa propre vie mentale inconsciente à la lumière de ses croyances conscientes. Pour fictives qu'elles soient, ces interprétations conscientes élaborées avec conviction par le sujet nous sont apparues comme le cœur de la réalité psychique du sujet et, à ce titre, comme une « case manquante » de notre théorie moderne de la conscience. Cette réflexion nous a finalement conduits à envisager le rôle fondamental de cette couche de représentations mentales conscientes, représentations fictives et authentiques supports de croyance, dans l'économie psychique de certains malades, et au-delà, dans celle de tout sujet conscient. Nous avons soutenu que ces fictions conscientes jouent un rôle clé dans ce que l'on a coutume de désigner sous le terme de

« libre arbitre », c'est-à-dire dans notre quête existentielle d'une liberté mentale.

Il nous reste à présent à faire usage de cette analyse de la pensée freudienne pour éclairer certaines questions que nous avions jusqu'à présent laissées en suspens, et à s'interroger sur les conséquences de notre approche sur l'avenir de la psychanalyse et des thérapeutiques de l'esprit qui sont aujourd'hui à notre disposition.

La petite enfance, paradis de l'interprétation ?

Dès qu'on évoque les théories de Freud sur la vie psychique, le premier concept qui vient à l'esprit est celui de l'inconscient, bientôt suivi par le rôle majeur attribué par Freud aux expériences psychiques élaborées pendant l'enfance, en réalité pendant la petite enfance. Nous avons déjà eu l'occasion de citer quelques-unes des formules les plus éloquentes à ce sujet, comme par exemple : « L'inconscient de la vie psychique est l'infantile » (Freud, 2004), ou « L'infantile est [...] la source de l'inconscient, les processus de pensée inconscients ne sont rien d'autre que ceux qui se trouvent mis en place dans la prime enfance, à l'exclusion de tout autre » (Freud, 1990), et l'inconscient, c'est l'« infantile refoulé » (Freud, 1998).

Longtemps, je me suis interrogé sur la pertinence de ce concept dans la pensée même de Freud. Pourquoi accorder une telle place aux expériences mentales infantiles dans le déterminisme de la vie psychique de l'adulte qu'il deviendra ? Cette question se trouve d'autant plus renforcée que Freud lui-même est passé par deux étapes successives à ce propos. Accordant tout d'abord un crédit « objectif » aux récits de ses premiers patients, Freud a fini par comprendre que ces scénarios fantasmatiques étaient des fictions inventées par ses patients. En effet, si le déclin de l'Empire austro-hongrois connaissait certainement alors son apogée, la prévalence de pervers sexuels ou de parents incestueux aurait été malgré tout trop importante pour être crédible si l'on accordait valeur de témoignage à ces récits recueillis au cours du travail de psychothérapie ! Freud fut ainsi conduit à formuler le concept de fantasme, concept qui ancrait ces récits dans leur réalité psychique et non pas dans une hypothétique réalité biographique. En créant ce concept, Freud semble avoir visé très exactement cette dimension fictionnelle élaborée à la première personne par le sujet, accompagnée d'un degré de croyance puissant. C'est ainsi qu'il écrit en 1916-1917 :

« Ces fantasmes possèdent une réalité psychique qui s'oppose à la réalité matérielle, et nous apprenons peu à peu à comprendre que, dans le monde de la névrose, c'est la réalité psychique qui est déterminante » (Freud, 1992).

Plutôt que de rejeter ces « faux souvenirs », Freud le premier a réalisé leur valeur considérable dans l'économie psychique de ses patients. Ce point me semble fondamental afin de bien délimiter l'apport proprement freudien dans la compréhension de notre vie mentale. Si d'autres analystes ont critiqué, à l'instar de Jung, la place majeure accordée par Freud et ses disciples à la petite enfance, ce dernier n'a jamais désavoué cette option théorique.

Comment comprendre ceci ? Pourquoi Freud qui a réalisé la nature fantasmatique des « souvenirs » de la petite enfance de ses patients n'a-t-il pas abandonné ou nuancé sa position ?

Si Freud avait compris l'origine fantasmatique et reconstruite des récits de ses patients relatifs à leur petite enfance, pourquoi ne modifia-t-il pas sa position sur l'enfance en déclarant par exemple que davantage que la petite enfance biographique, ce sont les constructions fantasmatiques de toutes sortes élaborées par le patient qui doivent être mises en valeur pendant le travail analytique ? Pourquoi ne pas privilégier cette dimension fantasmatique sans la réduire exclusivement à la seule période de la petite enfance ?

Je pense, pour ma part, que Freud a eu l'intuition que ce travail de production d'une interprétation psychique, cette machine à produire de la signification dans notre existence, ne trouvait pas de terreau plus riche et fécond que cette petite enfance dont on sait qu'à travers le phénomène de l'amnésie infantile elle n'offre aucune contrainte « objective » extérieure à ce travail d'interprétation tout-puissant. Autrement dit, à l'image de ces patients amnésiques qui affabulent à foison, Freud nous offre à travers l'investissement psychique de la « petite enfance » une situation comparable dans laquelle notre capacité d'interprétation consciente va pouvoir se déployer quasiment sans limites.

Nous avons déjà montré que tout fait de conscience semble être de nature interprétative. Cependant, le contenu même de cette interprétation sera plus ou moins contraint selon l'importance des contingences extérieures : lorsque vous me demandez ce que je vois devant moi, mon rapport interprétatif va être fortement guidé par la scène visuelle que je contemple, et la dimension interprétative de mon discours sera ténue et étroite. En revanche, si vous me demandez ce que j'ai fait hier soir, et que je ne suis pas amnésique, mon rapport conscient possédera davantage de processus interprétatifs du fait même que je ne serai pas immédiatement contraint par le cours de mes actions actuelles mais que je ferai déjà appel à des représentations mnésiques construites et interprétées. Plus loin on remontera dans le temps, plus la part d'interprétation de mon rapport conscient va ainsi s'accroître, aux dépens des limites posées par la réalité objective ou biographique qui deviendra moins prégnante. À l'extrême, lorsqu'on parvient à me convaincre de rapporter consciemment les faits d'une période de mon existence, ma prime enfance, période dont je ne conserve aucun souvenir conscient épisodique guidé par la réalité extérieure, alors mon rapport conscient devient exclusivement un travail d'interprétation pure, libéré de toutes contingences extérieures.

Cette situation permet ainsi de voir se déployer le travail conscient du sujet sans ces entraves non pertinentes qui sont posées par la réalité extérieure. La petite enfance est bel et bien le paradis de l'interprétation !

Le rapport de Freud aux sciences du système nerveux

Il est temps désormais d'aborder la question du rapport de Freud aux sciences du système nerveux, c'est-à-dire aux explications qui sont fondées sur l'anatomie et la physiologie pour rendre compte de ses propres théories.

Très souvent, les exégètes de sa pensée, détracteurs et contempteurs réunis, se limitent à l'une des deux positions de Freud sur cette question afin de guider leur réflexion contemporaine sur les rapports de la psychanalyse avec les neurosciences de la cognition. Selon certains, l'auteur de l'*Esquisse* qui brossait à grands coups de crayon des réseaux de neurones réalistes, et qui développait ses réflexions autour de concepts souvent très proches de ceux qu'ont investigués par la suite les neurobiologistes – comme par exemple celui de « frayage » qui ne peut manquer d'évoquer celui de pondération synaptique[1] –, aurait sans nul doute préféré assister aujourd'hui aux congrès de neurosciences de la cognition plutôt qu'aux séances des innombrables sociétés de psychanalyse freudiennes, néofreudiennes ou post-freudiennes !

Pour d'autres, le « vrai Freud », celui dont la pensée a fécondé la psychanalyse, n'est évidemment pas ce jeune potache brillant et ambitieux qui s'essaie encore à imiter ses premiers maîtres neurologues, anatomistes et physiologistes en chaire, en jargonnant avec eux d'absconses idées « à teneur biologique ». Le Freud qui compte à leurs yeux n'est autre que l'auteur de la théorie topique de l'inconscient et du refoulement inconscient. Or cet auteur a proclamé haut et fort son désintérêt officiel et durable pour ses premières amours neurophysiologiques. Bref, selon que l'on exhibe certaines pages de l'*Esquisse* ou certains paragraphes de *Le Moi et le Ça*, on peut contorsionner la pensée de Freud et légitimer des positions tout à fait contradictoires quant à cette question des relations entre psychanalyse(s) et neurosciences : nécessité d'une formation et d'une curiosité sans failles des psychanalystes pour les avancées des neurosciences de la cognition, *versus* mépris ou indifférence des psychanalystes pour ce champ scientifique qui ne partagerait guère plus de points communs avec la psychanalyse que la chimie industrielle ou la physique des plasmas.

1. Un neurone cortical communique avec ses voisins par le biais de milliers de contacts membranaires – les synapses – qui n'ont pas tous le même poids dans l'activité dudit neurone. On utilise le terme de pondération synaptique pour qualifier ces différences d'efficacité entre les différentes synapses. Depuis Donald Hebb, on pense que les phénomènes d'apprentissage reposent en partie sur des modifications de ces pondérations synaptiques par l'expérience de l'individu.

Cette difficulté à saisir de manière univoque le rapport de Freud aux neurosciences de son époque traduit simplement, je pense, l'existence d'une évolution interne de ses idées, évolution dont il nous faut comprendre la portée. Notre lecture de la pensée freudienne nous permet d'apporter un éclairage moins belliqueux à cette question. Nous n'aurons pas besoin de porter un diagnostic de personnalité multiple chez Freud : Docteur Jekill adorateur des neurones le jour, et Mister Hyde adepte de la seule *psyché* dès la nuit tombée. La remarquable progression logique des idées de Freud nous permet en effet de suivre le cours de ses réflexions sans réduire sa pensée à l'une de ses diverses formes, sous le simple prétexte qu'elles seraient contradictoires.

Le monisme matérialiste sans failles de Freud

Posons donc les premiers jalons en remarquant tout d'abord que Freud est expressément matérialiste : il n'accorde aucun crédit aux facteurs surnaturels pour expliquer les péripéties de nos activités de pensée. Il a toujours explicitement rejeté les conceptions mystiques de l'existence et de la vie mentale. D'autre part, Freud ne conteste point que l'organe de la pensée est bel et bien le cerveau, dans les méandres de ses circonvolutions corticales et de ses profondeurs, et que l'interaction des cerveaux qui communiquent entre eux, munis de leurs histoires propres, est le substrat et le support de la civilisation et de la vie psychique humaines. Cela ne fait pour lui pas l'ombre d'un doute.

Citons par exemple cette phrase rédigée vers la fin de sa vie en 1937 : « Pour le psychique le biologique joue véritablement le rôle du roc d'origine sous-jacent » (Freud, 1985).

En cela Freud n'est pas un dualiste mentaliste qui défendrait l'idée que la vie psychique existerait en dehors de l'activité des nos cerveaux socialisés. Par contre, avec la même détermination, Freud établit que le niveau de fonctionnement le plus pertinent pour expliquer de nombreuses maladies de l'esprit, et plus largement pour décrire la dynamique de nos pensées, est un niveau de fonctionnement psychologique et non pas un niveau structural cérébral. Jusque-là, cette position n'est pas spécifiquement psychanalytique, et elle est conforme à la posture de toute science du fait psychologique.

Au-delà de la seule psychologie, il est tout à fait courant pour un scientifique de choisir d'étudier le fonctionnement d'un système complexe qui comporte plusieurs niveaux d'organisation enchâssés, à l'un de ces niveaux plutôt qu'à un autre. Ainsi un biologiste cellulaire fait le choix de se concentrer sur le fonctionnement intégré d'une cellule, plutôt que de choisir soit un niveau d'étude plus macroscopique comme celui d'un organe, voire d'un organisme, soit un niveau plus microscopique encore que la cellule comme un biologiste moléculaire ou un chimiste organique pourraient le faire. Certaines propriétés de fonctionnement « émergent » ainsi à un niveau d'organisation plutôt qu'à un autre, et il est tout à fait légitime selon le phénomène que l'on étudie, de se fixer au niveau d'organisation dont le langage décrira avec le plus de parcimonie et de pertinence le phénomène en question.

La dynamique des processus névrotiques semble être immédiatement accessible au niveau psychologique que Freud a choisi d'étudier. Tel semble avoir été le premier Freud, dont la position reste assez univoque jusqu'en 1916-1917. Une telle posture lui permet d'ailleurs d'envisager sereinement qu'un jour viendra où son savoir pourra se conjuguer aux dernières avancées des neurosciences, c'est-à-dire de la neuro-anatomie, de la neurobiologie et de la physiologie nerveuse. Tout comme le phénomène macroscopique de chaleur a pu être un jour réduit à celui d'agitation moléculaire, Freud nous laisse ainsi imaginer des temps futurs où les neurosciences évoluées auront su intégrer les découvertes de la psychanalyse, et les remplacer peut-être par des concepts plus profonds. Cette vision du « premier Freud » est assez univoque. En 1914, il énonçait ainsi l'avenir naturel de son programme : « Toutes nos conceptions provisoires, en psychologie, devront un jour être placées sur la base de supports organiques » (Freud, 1973). En 1916-1917, Freud affirmait également : « L'édifice doctrinal de la psychanalyse [...] est en réalité une superstructure qui doit être assise un jour sur ses fondations organiques ; mais nous ne les connaissons pas encore » (Freud, 1992).

L'insistance de Freud sur les insuffisances des neurosciences de l'époque est souvent mise en avant dans les écrits de cette première période. Considérant le cas plus complexe et plus polymorphe des psychoses, Freud écrit ainsi que l'espoir « réside dans la chimie organique ou dans la possibilité d'action par l'intermédiaire de l'endocrinologie. Cet avenir est encore très distant, mais on devrait étudier tout cas de psychose du point de vue analytique, car ce savoir guidera un jour la thérapeutique médicamenteuse » (Jones, 1969). Il songe ainsi explicitement à la possibilité d'une chimiothérapie à venir pour agir « sur les quantités d'énergies et leur répartition dans l'appareil psychique » (Freud, 1985).

Ces textes qui préfigurent d'une certaine manière la pharmacologie des psychoses inaugurée avec les premiers neuroleptiques dans les années 1950, font l'apologie d'une sémiologie de la « réalité psychique psychotique » qu'oseront tenter d'établir après lui plusieurs générations de psychanalystes tels que Racamier (1980) ou Tatossian (1979) en France. Allant encore plus loin dans ses prédictions, Freud imagine en 1933 que « sans doute y aura-t-il un jour une "bioanalyse" » (Freud, 1995). Il envisage même une période où certains aspects de la psychanalyse ne seront plus directement pertinents mais auront joué un rôle épistémologique : « On peut attendre de l'endocrinologie, comme une possibilité future [...], les moyens d'agir aussi sur ces facteurs quantitatifs, et le mérite d'avoir ouvert la voie à cette thérapeutique organique resterait alors à l'analyse » (Freud, 1966). En 1926, Freud se laisse aller à penser qu'un jour peut-être la psychanalyse relèvera-t-elle de la biologie et de la chimie (Freud, 1994).

En attendant ces jours meilleurs, Freud justifie ainsi ses efforts théoriques et thérapeutiques par l'insuffisance des connaissances neuroscientifiques contemporaines : « Je suis loin de penser que le psychologique flotte dans les airs et n'a pas de fondements organiques. Néanmoins, tout en étant convaincu de ces fondements, mais n'en sachant davantage ni en théorie, ni en thérapeutique, je me vois contraint de me comporter comme si je n'avais affaire qu'à des facteurs psychologiques » (Freud, 1973). À ses yeux, sa démarche n'est donc pas antagoniste de celle des neurosciences, bien au contraire, mais elle constitue une sorte d'éclaireur avancé qui défriche un terrain sur lequel les disciplines fondamentales pourront le jour venu s'engager : « Seule la technique thérapeutique est purement psychologique ; la théorie ne néglige nullement d'indiquer le fondement organique des névroses tout en ne le recherchant pas dans les modifications anatomo-pathologiques, et tout en remplaçant provisoirement les modifications chimiques, certes probables, mais actuellement insaisissables, par celles de la fonction organique » (Freud, 1975).

À la lecture de ce portrait du « premier Freud », portrait qui, nous l'avons vu, dépasse largement la période des premiers écrits dont l'*Esquisse*, il semble légitime d'envisager que Freud ne se lasserait point aujourd'hui d'encourager les psychanalystes de tous bords à se lancer à l'assaut des neurosciences de la cognition du XXIe siècle. Freud élaborait une psychologie et revendiquait un statut de chercheur dont les théories et les découvertes correspondaient aux objets de savoir qui composent l'univers de notre savoir objectif et scientifique. Bref, Freud considérait très probablement ses idées comme des faits de science, susceptibles d'être révisés, parfaits et améliorés, mais qui appartenaient effectivement à la collection des données et théories scientifiques.

Le dualisme psychologique de Freud, ou le choix de la fiction au détriment du réel

Mais voilà, le discours et la pensée de Freud ne s'arrêtent pas là.

En réalité, la date charnière me semble se situer vers 1916-1917, années au cours desquelles Freud va progressivement découvrir et comprendre la nature fictionnelle des représentations mentales conscientes de ses patients, et plus largement de tous les humains. En sondant les « souvenirs d'enfance » et les autres productions mnésiques de ses patients, Freud va comprendre la nature fantasmatique de ces constructions mentales. Il écrit :

« Le caractère le plus déconcertant des processus inconscients [refoulés], [...] tient à ce que l'examen de réalité ne vaut rien en ce qui les concerne, que la réalité de pensée est assimilée à la réalité effective externe, le souhait à l'accomplissement, à l'événement, comme cela découle tout droit de la domination du principe de plaisir. C'est pourquoi il est si difficile de différencier fantaisies inconscientes et souvenirs devenus inconscients » (Freud, 1998).

La non-pertinence de l'examen de réalité objective de ces « souvenirs », c'est-à-dire de la question de la réalité biographique de ces faits mentaux, apparaît à Freud dans toute sa force. « Nous n'avons pas réussi jusqu'à aujourd'hui à mettre en évidence une différence dans les conséquences, suivant que c'est le fantasme ou la réalité qui a la plus grande part à ces événements de l'enfance » (Freud, 2004). D'abord déconcerté, Freud semble avoir rapidement compris que cette réalité objective ou matérielle ne comptait plus, et qu'il fallait la mettre entre parenthèses. « Ces fantasmes possèdent une réalité psychique qui s'oppose à la réalité matérielle, et nous apprenons peu à peu à comprendre que, dans le monde de la névrose, c'est la réalité psychique qui est déterminante » (Freud, 2004). À la réalité matérielle, biographique, objective et extérieure au sujet s'oppose celle de sa vie psychique fictionnelle.

Cette découverte fondamentale – que nous avons interprétée comme l'une des propriétés les plus importantes de la vie consciente – a profondément bouleversé l'attitude de Freud face au discours scientifique. En effet, en découvrant la primauté de la fiction sur le réel, c'est-à-dire de la croyance mentale sur le discours objectivant extérieur au sujet, Freud adopta une position dualiste. Ce dualisme de Freud ne se construit pas sur une opposition entre la matière et le mental, mais entre la réalité objective, dont il ne conteste pas un instant l'existence, et la réalité fictionnelle qui seule à ses yeux gouverne nos phénomènes mentaux conscients. Freud doit, je crois, prendre conscience que ses propres constructions théoriques qui s'élaborent exclusivement sur une communication entre un cerveau conscient, le sien, et ceux de ses patients et de ses contemporains, ne peuvent échapper au principe qu'il vient d'énoncer. Ses théories sont donc nécessairement fictionnelles : elles ne concernent en rien la réalité objective, qui ne compte pas dans l'économie psychique consciente.

À ce stade, le projet initial d'une psychanalyse qui s'intégrerait naturellement dans le *corpus* des autres constituants des sciences du système nerveux n'est plus tenable pour Freud. Aux connaissances scientifiques qui se construisent sur une description de faits objectifs ne prenant pas en compte directement la réalité psychique du sujet, sa psychanalyse entièrement et exclusivement concernée par ces fictions vitales devient une discipline absolument distincte. C'est ainsi que je comprends ces lignes rédigées dès 1911 : « La psychanalyse ne doit dépendre ni de la philosophie, ni de la physiologie, ni de l'anatomie du cerveau » (Freud et Jung, 1975). Cette évolution des idées de Freud me semble apparaître au sein de chacune de ses constructions théoriques.

L'un des exemples les plus clairs concerne la question de la localisation cérébrale des lieux psychiques dans la théorie topique de l'inconscient. En 1900 dans *L'Interprétation des rêves* Freud saisit cette notion de lieu mental ou psychique :

« L'idée qui nous est ainsi offerte est celle d'un lieu psychique. Écartons aussitôt la notion de localisation anatomique. Restons sur le terrain psychologique et essayons seulement de nous représenter l'instrument qui sert aux productions psychiques comme une sorte de microscope compliqué [...]. Le lieu psychique correspond à un point de cet appareil où se forme l'image. Dans le microscope et le télescope, on sait que ce sont là des points idéaux auxquels ne correspond aucune partie tangible de l'appareil » (Freud, 1987).

Il ne se refuse alors pas à considérer le substrat cérébral de ces lieux psychiques qui se définissent au niveau du fonctionnement mental du sujet. Lucide des limitations importantes de la neuro-anatomie et des neurosciences contemporaines, Freud écrit ainsi en 1913 que « la psychanalyse refuse d'établir pour le moment une relation de cette topique psychique avec une localisation anatomique ou avec une structure histologique » (Freud, 1984). Cette expression est précieuse car elle laisse encore ouverte la porte de l'intégration de cette théorie de l'appareil psychique dans une théorie neuroscientifique à venir.

Pourtant, les textes ultérieurs portent le deuil de l'espoir de la première période qui est définitivement annihilé du fait de la dimension fictive de la vie mentale et de sa théorisation psychanalytique : « La subdivision de l'inconscient est corrélative de la tentative d'imaginer l'appareil animique édifié à partir d'un certain nombre d'instances ou de systèmes, dont la relation mutuelle est exprimée en termes spatiaux sans que soit recherché pour autant un rattachement à l'anatomie du cerveau réelle [le point de vue topique] » (Freud, 1992). Ce constat sera exprimé en des termes plus définitifs encore en 1939 : « La topique psychique de la théorie psychanalytique n'a rien à voir avec l'anatomie du cerveau » (Freud, 1989).

L'éloignement progressif de Freud à l'égard du discours neuroscientifique nous apparaît donc comme l'une des conséquences de la découverte par Freud de la nature fictionnelle de la réalité psychique.

En ce sens, je pense que le fossé creusé par Freud entre la théorie psychanalytique et les neurosciences de la cognition est à respecter. La réalité des théories freudiennes ne peut tout simplement pas être envisagée sous l'angle de leur exactitude scientifique. Sur ce plan-là, ces théories sont non seulement incorrectes mais elles n'ont à vrai dire jamais revendiqué, depuis le tournant de 1916-1917, un véritable statut de théorie scientifique. L'unique plan sur lequel la question de la réalité de ces constructions théoriques peut être discutée est celui de leur pertinence dans la réalité psychique des patients et de leurs analystes.

Blanchiment sous les topiques

Lorsque nous nous sommes penchés sur les propriétés exclusives du fonctionnement mental conscient, nous avons isolé un résultat important : le fonctionnement intentionnel et stratégique est l'apanage exclusif de notre activité mentale consciente. Cette découverte de la psychologie cognitive nous a servi à critiquer le modèle freudien qui attribue des intentions et des stratégies à notre fonctionnement mental inconscient. Cette « erreur » théorique nous est apparue comme une faiblesse majeure d'interprétation de Freud. En réalité, cette erreur est très subtile, car les interactions de notre conscience avec nos processus inconscients sont souvent porteuses de telles interprétations erronées.

Je suggère que nous décrivions le principe commun à ce genre d'erreurs de la manière suivante. Soit un sujet animé d'une intention consciente explicite. Nous avons déjà eu le loisir de découvrir que de nombreux processus inconscients sont influencés et modelés par notre posture consciente. En vertu de cette propriété, notre sujet modèle et façonne à son insu de nombreux processus inconscients en leur appliquant les conséquences de sa posture consciente.

Prenons un des exemples que nous avons déjà détaillé : lorsque je décide de faire attention à tel endroit de la scène visuelle ou à tel moment précis, non seulement ma perception consciente se trouve affectée par cette intention consciente, mais de nombreux processus perceptifs inconscients sont également influencés par cette posture consciente. Ainsi, notre sujet peut constater les effets de cette intention dans les aspects intentionnels et conscients de son comportement, mais également dans ses composantes involontaires et inconscientes. Lorsqu'il analyse son comportement conscient, il peut légitimement affirmer que ce dernier est animé d'une intention consciente : « Je vois mieux consciemment ce qu'il y a ici, parce que je suis animé consciemment par la volonté de voir mieux ici. » Par contre, lorsque le sujet, ou son psychanalyste, se penche sur son comportement inconscient, il peut alors facilement glisser sur la pente d'une inférence logique incorrecte : « Si je vois mieux inconsciemment ce qu'il y a ici, cela traduit nécessairement le fait que mon fonctionnement inconscient est animé par la volonté ou l'intention de voir mieux ici. »

Nous savons, grâce aux expériences réalisées par notre équipe, mais également grâce à celles de Kunde, celles de Kentridge et Weiskrantz ou encore celles de Lachter et Forster, que dans de telles situations l'interprétation correcte est la suivante : « Si je vois mieux inconsciemment ce qu'il y a ici, c'est uniquement dû au fait que mon fonctionnement conscient est animé par la volonté ou l'intention de voir mieux ici et que cette intention s'applique également à certains de mes processus inconscients. » L'exemple que nous venons de donner est très précis mais le principe qu'il illustre est, je le pense, autrement plus général et doit s'appliquer à de nombreux aspects de notre vie psychologique quotidienne : lorsque nous sommes animés de désirs, d'intentions ou de volontés stratégiques conscientes, les effets de ces processus conscients peuvent se faire ressentir dans la partie inconsciente de notre comportement. Dès lors, lorsque nous nous penchons sur cette composante inconsciente de notre comportement, nous sommes naturellement amenés à nous tromper. Les conséquences inconscientes d'une intention consciente peuvent ainsi être entendues et surtout interprétées comme les conséquences d'une intention inconsciente.

Ce piège logique, qui résulte lui aussi de l'oubli de l'asymétrie fondamentale entre le singulier de notre conscience et le pluriel non unifié de notre vie mentale inconsciente, permet de « blanchir » le sujet conscient et de faire passer une intention consciente pour une intention inconsciente ! Ce mécanisme, que je propose d'appeler « blanchiment sous les topiques », me semble être à l'origine de cette aberration théorique que sont les idées freudiennes d'intention inconsciente ou de stratégie inconsciente. En effet, lorsque nous parlons d'une « intention », nous ne ressentons souvent pas le besoin de faire la part entre l'intention elle-même et ses effets sur le comportement. Les subtiles interactions entre nos processus conscients et inconscients nous montrent à quel point le respect de cette distinction est crucial, au risque de commettre ces erreurs d'attribution. Appliqué à des intentions plus habituelles que celles que nous venons de décrire, ce mécanisme peut s'avérer redoutable. Si nous sommes animés par un sentiment conscient de jalousie, si nous décidons d'ignorer tel individu, si nous orientons tous nos efforts en vue de séduire telle personne, il ne fait pas l'ombre d'un doute que ces intentions, ces stratégies guideront également de nombreux processus inconscients. Pourtant, il serait tout à fait incorrect d'attribuer à ces derniers les intentions qui les façonnent. Ces influences sur les processus inconscients sont bel et bien conscientes.

Au-delà de sa fascinante complexité, ce jeu de « blanchiment » me semble posséder une économie psychique propre qui demeure pertinente en dehors du cadre de la théorie psychanalytique. Il permet en effet au sujet d'extérioriser une propriété mentale de sa vie consciente, ce qui offre un regard plus critique et un recul plus important face à sa propre configuration mentale et affective. Surtout, ce mécanisme autorise une déculpabilisation importante en dédouanant le sujet conscient de ses propres intentions, ou du moins de certaines d'entre elles. C'est, en somme, l'art de la « mauvaise foi », entendue au sens propre, c'est-à-dire la croyance en une origine inexacte des ressorts de certains aspects de notre vie mentale. Cette dimension ouvre peut-être la voie à certaines relectures de la relation analytique, mais également à certaines pathologies psychiatriques importantes comme l'hystérie qui fascine neurologues et psychiatres depuis plus de deux siècles.

Ce « blanchiment » n'est pas un mensonge du sujet ou une simulation, c'est un acte de foi et d'interprétation qui est erroné quant à l'origine d'un phénomène mental. Une paralysie hystérique, ou paralysie de conversion, entendue comme la conséquence inconsciente d'une intention consciente. Cette perspective explicative permettrait peut-être d'ouvrir certaines pistes de psychothérapie orientées vers la mise au jour des intentions conscientes du sujet, et de leurs traductions corporelles et comportementales.

Cacophonie théorique chez les psychanalystes

L'un des motifs de critique à l'égard de la discipline fondée par Freud siège dans un constat qui peut sembler problématique à première vue : suite à la psychanalyse freudienne, dont nous avons entrevu l'incessante transformation à travers ses différentes périodes, la théorie analytique et ses pratiques ont explosé en une constellation d'écoles distinctes qui proposent chacune un contenu théorique différent. Que reste-t-il du cœur de la psychanalyse ? Lorsqu'on retire le rôle déterminant de la petite enfance, lorsqu'on relativise, voire supprime le complexe d'Œdipe, ou lorsqu'on introduit des concepts inédits qui transforment totalement le contenu de l'appareil psychique, y a-t-il encore un reliquat digne de considération ?

Suite à Jung, à Adler, à Winnicott et à d'autres grands psychanalystes, l'impression qui domine est en effet celle d'une « cacophonie » théorique qui ne peut pas être comparée aux différentes versions des théories scientifiques qui, tout en ne cessant jamais d'être corrigées et de faire l'objet de débats contradictoires, partagent toujours un jeu de principes communs qui servent de base aux élaborations à venir. Au-delà de la cacophonie théorique, le fonctionnement éclaté des sociétés psychanalytiques, notamment en France, dessine très souvent le tableau, désolant ou amusant, de guerres de chapelles. Les noms mêmes de ces écoles de pensée sont autant de perles surréalistes : de l'École de la cause freudienne au Quatrième groupe !

Notre lecture de l'apport freudien peut éclairer ce paysage et lui trouver une certaine forme de justification. Ayant apporté la démonstration du caractère erroné de nombreux contenus théoriques du message freudien, nous avons pu isoler ce qui en constitue le joyau inestimable : la mise au jour du rôle vital de l'interprétation consciente dans l'économie psychique de l'humain. De fait, les contenus de ces interprétations et leurs fondements théoriques ne renvoient pour moi à aucune réalité objective tangible. Interprétations et fondements théoriques analytiques sont pertinents et n'existent qu'au seul plan des fictions conscientes élaborées par des cerveaux en interaction. Dès lors, il n'est ni gênant ni choquant de découvrir une confusion théorique à travers les diverses écoles analytiques. Le cloisonnement relativement étanche qui les sépare peut d'ailleurs faire sens lui-même : le seul facteur fondamental pour l'efficacité du travail analytique est la capacité du psychothérapeute et du patient à accorder une certaine croyance aux interprétations qu'ils manipulent ensemble.

Une croyance n'est pas un fait de science échangeable et modifiable au gré de notre raison. Au contraire, une certaine intimité et une mise à distance de ses propres croyances de celles des autres semble nécessaire afin de les protéger. En ce sens, la multiplicité des théories contradictoires qui revient à discréditer la réalité objective de toute théorie psychanalytique, et l'explosion des communautés analytiques qui permet à chacune de sauvegarder des croyances mentales revendiquées, sont à mes yeux des indices qui confirment la dimension fictive des contenus théoriques psychanalytiques qui n'existent que dans la réalité psychique des thérapeutes et de leurs patients, ce qui est *in fine* le seul plan pertinent lorsqu'on désire agir au cœur du jeu de la pensée consciente du sujet.

« *Méta-invariance* » *des contenus analytiques*

Lorsque Freud formula nombre de ses contenus théoriques, comme par exemple le complexe d'Œdipe ou les fantasmes sexuels infantiles, plusieurs de ses adversaires, dont Pierre Janet, utilisèrent souvent un argument puissant : celui du relativisme de ces concepts qui ne s'appliqueraient qu'à certains milieux bourgeois décadents de la société viennoise de la fin du XIXe siècle. Freud prit souvent ombrage de tels reproches en les interprétant parfois comme de viles attaques dont le contenu antisémite serait parfois à peine masqué.

On peut par exemple lire cette réponse de Freud dans *Cinq leçons sur la psychanalyse* aux intentions cachées supposées de Janet :

« Nous avons tous entendu parler de la théorie qui cherchait à expliquer la psychanalyse par les conditions particulières du milieu viennois. Théorie intéressante, dont Janet n'a pas dédaigné de se servir encore en 1913, bien qu'il soit certainement fier d'être parisien et que Paris n'ait guère le droit de se considérer comme supérieure à Vienne, au point de vue de la pureté des mœurs. D'après cette théorie, la psychanalyse, et plus particulièrement l'affirmation que les névroses sont liées à des troubles de la vie sexuelle, n'aurait pu voir le jour que dans une ville comme Vienne, dans une atmosphère de sensualité et d'immoralité, étrangère à d'autres villes, et représenterait uniquement l'image, autant dire la projection théorique, de ces conditions particulières au milieu viennois. Or je ne suis guère un patriote de clocher, mais j'ai toujours trouvé cette théorie absurde, au point que j'ai été plus d'une fois tenté d'admettre que ce reproche adressé au milieu viennois n'était qu'un euphémisme destiné à en dissimuler un autre qu'on n'osait pas formuler publiquement » (Freud, 1992).

Au-delà de ces aspects polémiques, parfois virulents, il existe bien une question de l'invariance des contenus analytiques. Freud pensait offrir au monde civilisé les lois du fonctionnement mental, de la même manière qu'un physicien formule une théorie de la gravitation ou qu'un biologiste décrit les principes qui gouvernent la division cellulaire. Il existe donc indéniablement chez Freud une visée universelle des contenus de sa théorie. Dès lors, si le complexe d'Œdipe ne s'appliquait pas à tous les humains, quelle serait sa valeur ? Pourquoi conserverait-il d'ailleurs la moindre pertinence, à Vienne ou ailleurs, s'il ne visait pas un élément fondamental et invariant du psychisme humain ? L'évolution divergente des contenus analytiques depuis Freud, l'abandon par certaines écoles analytiques de nombreux contenus freudiens, leur révision à la lumière de nouveaux cadres sociaux, ou encore l'apparition à travers l'ethnopsychiatrie et la propagation de la posture analytique dans des cultures non européennes de nouveaux contenus analytiques, sont autant d'indices qui semblent définitivement ruiner la portée universelle des « théorèmes » freudiens dont la pertinence se limiterait à certaines situations socioculturelles bien particulières[1].

À la lumière de notre lecture de ce que manipule le travail analytique, il devient possible de « sauver » l'invariance des contenus analytiques en les considérant pour ce qu'ils sont, c'est-à-dire des principes fictionnels qui font sens ici et maintenant dans l'interaction d'individus soumis à une culture, un mode de vie et une histoire communs. Ce constat ne me conduit pour autant pas à discréditer leur portée ou leur pertinence locale, comme le font nombre d'adversaires de la psychanalyse. Ce qui me semble donc invariant dans le contenu analytique, ce n'est pas le contenu immédiat (par

1. Je me souviens ainsi d'une séance du groupe psychiatrie et philosophie organisée par Jocelyn Benoist et moi à l'École normale supérieure, au cours de laquelle nous avions invité Jean Laplanche afin de réfléchir au sujet de son ouvrage *Nouveaux Fondements pour la psychanalyse* (PUF, 1987) dans lequel il proposait notamment de décentrer et réviser totalement le complexe d'Œdipe, en lui substituant une théorie de la séduction généralisée qui introduisait le concept d'« inconscient parental » (Laplanche, 1987).

exemple le complexe d'Œdipe), mais la pertinence de ce contenu en termes de processus fictionnel pour une collectivité donnée. Ceci expliquerait à la fois pourquoi ces contenus sont efficaces à certains moments de l'histoire dans certains milieux, et pourquoi ils peuvent sans cesse évoluer à travers l'évolution des contenus fictionnels et des croyances mentales qui dépendent des facteurs sociohistoriques et culturels évoqués.

Je pense donc qu'il n'existe pas une invariance stricte des contenus analytiques, mais plutôt une forme de « méta-invariance » qui nécessite de se situer à un niveau plus abstrait pour la définir. J'aimerais emprunter à la neurologie clinique un exemple qui permettra d'illustrer ma pensée. La sclérose en plaques est une maladie qui peut se manifester par un nombre très important de signes cliniques déroutants auxquels il semble à première vue difficile de trouver un point commun. L'inventaire non exhaustif de cette sémiologie inclut des troubles de la vision, de l'équilibre, de la coordination motrice, de la sensibilité, de la force motrice, de la mémoire, ainsi que des douleurs vagues et fugaces, ou des troubles urinaires... Ces signes multiples peuvent apparaître et disparaître en de multiples endroits du corps. Bref, lorsqu'on reste au niveau du symptôme unitaire, il semble impossible de formuler une définition générale des manifestations cliniques de cette maladie. Pourtant, dès lors que l'on réalise que le mécanisme de cette maladie correspond dans tous les cas à une atteinte de la gaine de substance blanche qui entoure les fibres nerveuses du système nerveux central, il devient possible de décrire ces signes comme étant « une dissémination spatiale et temporelle de signes compatibles avec une atteinte de la myéline centrale ». Cette définition permet de saisir l'invariance de cette maladie en dépassant les symptômes élémentaires et en les considérant à la lumière d'un principe unificateur. En effet, lorsqu'on soumet l'histoire clinique d'un patient à cette définition, il devient relativement facile de porter ce diagnostic ou inversement de l'éliminer en faveur d'un diagnostic différentiel. Cette définition capture bien la singularité de la maladie.

De même, me semble-t-il, les contenus analytiques ne sont pas eux-mêmes les invariants de notre vie psychique fictionnelle, mais ce qu'ils ont de commun entre eux à travers l'histoire des sociétés humaines, c'est leur pertinence en tant que principes de notre fonctionnement mental interprétatif. Rappelons-le, le complexe d'Œdipe n'existe pas comme la montre que vous avez autour du poignet, le complexe d'Œdipe existe en tant que fiction mentale qui possède une certaine causalité mentale dans votre vie consciente et dans celle de votre analyste. Affirmer ceci ne retire rien à la pertinence de ces principes, mais permet de les considérer pour ce qu'ils sont effectivement.

Présent et avenir(s) de la psychanalyse

Ces diverses réinterprétations invitent à considérer l'avenir de la psychanalyse envisagée sous le triple rapport d'une pratique thérapeutique, d'une posture adoptée face à la vie mentale, et enfin d'une connaissance de la vie psychique.

Nous avons exposé notre vision de la nature de la connaissance analytique qui n'existerait, nous semble-t-il, que comme fiction mentale consciente, et dont il faut donc se garder de chercher une réalité tangible, biographique et biologique dans l'histoire des rouages cérébraux du sujet analysé. La psychanalyse est à ce titre plus proche de l'exégèse talmudique ou des littératures religieuses mystiques :

elles ne doivent pas s'entendre au premier degré, sinon on risque de sombrer dans une confusion durable ou dans un sectarisme dangereux. Ce qui est précieux dans le message analytique tient non pas à son contenu, mais à la posture qu'il incarne et qui épouse l'une des propriétés vitales de notre existence mentale consciente. La simple juxtaposition du discours conscient du patient et de l'écoute consciente active, même flottante, du thérapeute offre ainsi un partage de la posture interprétative et ouvre les portes d'un enrichissement de cette faculté mentale chez le patient, indépendamment des contenus interprétés et échangés.

Toutefois, si les contenus nous importent moins que la posture, l'art de l'analyse n'est pas vain ou gratuit. Il doit au contraire faire appel à une capacité à laisser se construire la liberté psychique du patient dans une autonomie entourée de bienveillance critique. Je ne suis pas analyste ni analysant, mais je n'ai nulle peine à imaginer les années de pratique éclairée que la maturation d'une telle praxis peut nécessiter.

En ce qui concerne le rapport de l'analyste aux données les plus récentes du fonctionnement mental, deux conclusions me semblent s'imposer : le psychanalyste devrait, je le pense profondément, respecter le fossé creusé par Freud entre les sciences du système nerveux et la psychanalyse afin de ne pas chercher à unir ces deux sources d'informations sur la vie psychique, mais en même temps il devrait sans relâchement se mettre à jour sur ce que l'on pourrait appeler la réalité objective de la réalité psychique.

Contrairement aux efforts de concordance menés par certains entre neurosciences et cure analytique, je pense donc qu'un thérapeute traditionnel doit poursuivre son travail au seul niveau qui fasse réellement sens pour le sujet humain conscient, c'est-à-dire au niveau de l'interprétation fictionnelle. Une cure analytique traditionnelle mâtinée d'un échafaudage théorique neuroscientifique ne serait sans doute pas dangereuse, mais elle risquerait d'être inefficace et de perdre sa spécificité et sa richesse.

Dans le même temps, je pense qu'un analyste se doit de se tenir informé des neurosciences de la cognition, et cela pour deux raisons complémentaires. Tout d'abord, cette vaccination permanente par le « principe de réalité » de la nature objective de la vie mentale est une méthode infaillible pour que le psychanalyste ne commette pas ce qui est à mes yeux la principale faute professionnelle aggravée qu'il puisse commettre : croire à la réalité de la « réalité psychique » de la même manière qu'il croit à la « réalité objective » visée par la science. Un psychanalyste qui croit au complexe d'Œdipe comme il croit à l'existence de l'oxygène est à mes yeux aussi affligeant et inutile qu'un professeur de littérature qui croit aux interprétations des textes qu'il enseigne à ses élèves de la même manière qu'il croit à la réalité de la salle de classe dans laquelle il se trouve. La vie psychique envisagée depuis ce lieu intime qu'est notre fonctionnement conscient est une construction fictive. Cette fiction est la seule réalité possible dans notre vie psychique. Confondre la fiction et la réalité extérieure, c'est-à-dire croire à la réalité de la fiction de la même manière que l'on croit à la réalité extérieure, revient à gommer les apports de Freud et à se situer à nouveau en amont de la naissance de la psychanalyse. Il est donc essentiel de croire aux fictions comme à des fictions, des constructions conscientes qui jouent un rôle fondamental, mais qui ne sont pas la feuille de papier posée devant moi. Ces deux formes de réalité sont absolument et irréductiblement distinctes. En se tenant au fait des avancées des neurosciences de l'esprit, l'analyste peut ainsi se préserver de croire à ses fictions comme à du réel extérieur et objectif. Il peut lire et entendre les métaphores thermodynamiques freudiennes comme ce qu'elles sont, et non comme une prétention à une description du réel extérieur. La seconde motivation importante de cet apprentissage par l'analyste des neurosciences cognitives tient à la qualité de l'échange avec les patients analysés. La thèse que nous défendons ici affirme en effet que ce qui compte dans cette relation analytique, c'est la nature des croyances partagées. De ce point de vue, les croyances qui se construisent sur la base de connaissances objectives évoluent et circulent comme tous les objets mentaux. Aujourd'hui, il est difficile d'imaginer que les connaissances neuroscientifiques des patients qui consultent un analyste n'intègrent pas un certain nombre des avancées contemporaines. S'ils veulent continuer à interroger leurs croyances et à les aborder avec eux, les analystes doivent probablement faire l'effort de s'en préoccuper et ne pas faire preuve ici d'un manque d'éducation ! Enfin, est-il nécessaire de rappeler que le mépris parfois hargneux manifesté à l'encontre des neurosciences donne souvent matière à penser que c'est le symptôme d'une « crise de foi » interne de certains analystes qui choisissent une politique de l'autruche de peur de « céder à la tentation » qu'ils s'imaginent que les neurosciences incarnent. Signalons enfin que la gousse d'ail de certains psychanalystes lorsqu'ils sont face à un vampire neuroscientifique n'est plus ici de la moindre efficacité. Depuis Freud, il est extrêmement fréquent qu'une critique de la théorie analytique soit retournée contre celui qui la formule en l'utilisant comme un symptôme d'agressivité, d'apparence raisonnée, mais qui ne traduirait que la résistance du sujet à accepter la vérité de la psychanalyse. En ce qui me concerne, je suis le premier à reconnaître la richesse et l'importance de la vie mentale inconsciente. Simplement, il ne faut pas confondre la réalité de celle-ci avec la représentation fictionnelle qu'en élabore la psychanalyse.

Au-delà de la pratique actuelle de la psychanalyse, je pense également qu'à l'image des autres faits de conscience étudiés par les neurosciences, comme la conscience phénoménale ou la conscience de soi, nous pouvons aujourd'hui commencer à intégrer ces données dans un cadre plus vaste qui cherche à décrire scientifiquement ces processus interprétatifs conscients qui scénarisent le réel afin de pouvoir agir sur lui. Cette intégration de la technique analytique dans la théorisation de la conscience me semble être une perspective féconde afin d'améliorer la prise en charge de nombreuses pathologies mentales. Les premières tentatives prometteuses pour aménager une place aux données subjectives dans la théorie de la conscience ont déjà permis de vérifier la plausibilité de ce projet (Dehaene et Naccache, 2001 ; Dennett, 1992 ; Lutz, Lachaux, Martinerie et Varela, 2002 ; Searle, 1998). Il existe bien là un projet thérapeutique et scientifique audacieux, capable de respecter à la fois la dimension fictionnelle du mental tout en la conjuguant à la réalité cérébrale qui la sous-tend.

CONCLUSION

Éloge de la fiction

Du vivant même de Freud, la question du statut exact de son œuvre demeurait énigmatique : s'agissait-il d'une œuvre scientifique, médicale ou d'une œuvre romanesque, voire philosophique ? Plus prosaïquement, fallait-il lui remettre le prix Nobel de médecine, celui de littérature ou, pourquoi pas, celui de la paix du fait des conséquences sociales de sa pensée ? Tel l'âne de Buridan, c'est sans doute en proie à ces incessantes hésitations que le jury Nobel ne l'a finalement jamais récompensé.

Avec le recul qui est le nôtre et les avancées des neurosciences que nous avons la chance de vivre et de connaître, il m'apparaît que l'éloge de la fiction mentale qui résume à mes yeux la richesse de la pensée freudienne est un inestimable progrès humaniste. Freud parsema son œuvre de louanges à la pensée romanesque qui avait anticipé nombre de ses propres interprétations du psychisme humain. Il n'avait d'ailleurs jamais caché son affinité pour la démarche des écrivains de fiction, ce qui résonne à nos oreilles d'une signification très particulière. Freud fut souvent comparé à Proust pour la richesse de ses descriptions introspectives et de ses portraits psychologiques.

Je pense que je ne pourrais mieux traduire en mots mon rapport à l'œuvre de Freud qu'en paraphrasant un critique de Proust[1] qui écrivait :

« Quelles qu'aient pu être les intentions de l'auteur, son œuvre est bien la plus minutieuse dissection qui fût jamais faite de la conscience. »

Minutieuse dissection de la conscience, mais non de l'inconscient ! Freud qui cherchait à mettre au jour le déterminisme de notre vie mentale consciente nous proposa l'intervention d'un système psychique qu'il appela l'inconscient. Il pensait ainsi avoir réalisé une révolution psychologique majeure : découvrir en l'inconscient ce qui détermine la marche de nos actions conscientes, une découverte qu'il comparait lui-même aux révolutions copernicienne et darwinienne en ce qu'elles nous heurtaient dans notre représentation de nous-mêmes. Accepter le rôle déterminant de l'inconscient freudien dans notre économie psychique n'était pas moins difficile que de se résoudre à la conception darwinienne de l'évolution des espèces ou à la place minuscule qu'occupe notre planète dans le cosmos depuis Copernic.

Occupé à lutter contre les résistances de ses contemporains, Freud ne réalisa pas, à mon sens, qu'il restait lui-même enfermé dans ses propres représentations conscientes lorsqu'il essayait de définir l'inconscient. Nous avons constaté à l'occasion de notre exploration scientifique que l'inconscient freudien s'apparentait davantage à un système conscient plutôt qu'à l'inconscient cognitif tel qu'il est décrit par les neurosciences contemporaines. Il est en cela possible d'évoquer un certain échec du projet freudien : la conscience de Freud n'a pas découvert l'inconscient, elle l'a inventé.

---

1. Il s'agit de John Middleton-Murray, critique littéraire britannique du début du XXe siècle.

Mais au-delà de cet échec, nous avons rencontré dans cette invention une immense découverte qui constitue, elle, une véritable révolution intellectuelle. En inventant l'inconscient, Freud mit au jour un rouage essentiel de notre conscience : précisément ce besoin vital d'interpréter, de donner du sens, d'inventer à travers des constructions imaginaires. Nous commençons à connaître aujourd'hui la réalité cérébrale de ces fictions mentales qui gouvernent notre pensée consciente. Nous les avons rencontrées en pleine action avec les patients au cerveau divisé, avec les patients souffrant de négligence et *in fine* avec chacun d'entre nous. En un sens, cette nouvelle ère de la psychologie dont nous vivons les premiers jours, n'est autre que la réalisation du rêve que Freud pensait, à tort, avoir achevé : la mise au jour du déterminisme de notre vie mentale consciente. Déterminisme qui n'est pas guidé par le « monsieur inconscient » tout-puissant des topiques freudiennes, mais plutôt déterminisme de notre usage illimité de la fiction pour parvenir à exister, fiction dans laquelle s'enracine notre réalité psychique et qui nous offre la seule liberté qui soit à notre portée.

Ainsi entendu, Freud fut un maître de fictions, un romancier de génie égaré dans l'univers de la neurologie et des neurosciences. Ses profondes intuitions le conduisirent à nous montrer que les ressorts intimes qui permettent de gouverner, depuis l'intérieur du sujet, les mouvements de notre vie mentale consciente, s'apparentent davantage au processus d'écriture littéraire, qu'à la mécanique du pendule amorti ! La psychanalyse freudienne me semble véhiculer cet art de composer notre existence sous la forme de ce roman sans cesse révisé que nous n'achevons jamais d'écrire. Freud avait-il fini par réaliser lui-même le niveau de réalité – psychique et non objectif – de ce qu'il venait de mettre au jour ? J'ai exposé certains indices, notamment dans l'évolution de son rapport aux neurosciences, qui me laissent à penser qu'il avait eu l'intuition de la signification véritable de cette découverte, mais ceci est ma croyance, c'est-à-dire une fiction consciente que je ne vous demande pas de prendre pour ce qu'elle n'est pas !

Bibliographie

ABRAMS, R. L., GREENWALD, A. G. (2000), « Parts outweight the whole (word) in unconscious analysis of meaning », *Psychological Science*, 11, p. 118-124.

ADOLPHS, R., TRANEL, D., DAMASIO, A. R. (1998), « The human amygdala in social judgment », *Nature*, 393 (6684), p. 470-474.

AGLIOTI, S., DESOUZA, J.-F., GOODALE, M. A. (1995), « Size-contrast illusions deceive the eye but not the hand », *Curr. Biol.*, 5 (6), p. 679-685.

ANDERSON, A. K., PHELPS, E. A. (2001), « Lesions of the human amygdala impair enhanced perception of emotionally salient events », *Nature*, 411, p. 305-309.

ANDERSON, M. C., GREEN, C. (2001), « Suppressing unwanted memories by executive control », *Nature*, 410 (6826), p. 366-369.

ANDERSON, M. C., OCHSNER, K. N., KUHL, B., COOPER, J., ROBERTSON, E., GABRIELI, S. W., GLOVER, G. H., GABRIELI, J. D. (2004), « Neural systems underlying the suppression of unwanted memories », *Science*, 303 (5655), p. 232-235.

ARTIGES, E., SALAME, P., RECASENS, C., POLINE, J. B., ATTAR-LEVY, D., DE LA RAILLERE, A., PAILLERE-MARTINOT, M. L., DANION, J.-M., MARTINOT, J.-L. (2000), « Working memory control in patients with schizophrenia : a PET study during a random number generation task », *Am. J. Psychiatry*, 157 (9), p. 1517-1519.

ATLAN, H. (1972), *L'Organisation biologique et la théorie de l'information*, Paris, Hermann.

BAR, M., BIEDERMAN, I. (1999), « Localizing the cortical region mediating visual awareness of object identity », *Proceedings of the National Academy of Sciences USA*, 96 (4), p. 1790-1793.

BAUBY, J.-D. (1998), *Le Scaphandre et le papillon*, Paris, Pocket.

BAUER, R. M. (1984), « Autonomic recognition of names and faces in prosopagnosia : a neuropsychological application of the Guilty Knowledge Test », *Neuropsychologia*, 22 (4), p. 457-469.

BECHARA, A., TRANEL, D., DAMASIO, H., ADOLPHS, R., ROCKLAND, C., DAMASIO, A. R. (1995), « Double dissociation of conditioning and declarative knowledge relative to the amygdala and hippocampus in humans », *Science*, 269 (5227), p. 1115-1118.

BISIACH, E., LUZZATTI, C., PERANI, D. (1979), « Unilateral neglect representational schema and consciousness », *Brain*, 102, p. 609-618.

BLOCK, N. (1995), « On a confusion about the role of consciousness », *Behavioral and Brain Sciences*, 18 (2), p. 227-287.

BLOCK, N. (2001), « Paradox and cross purposes in recent work on consciousness », *Cognition*, 79 (1-2), p. 197-219.

CAMPBELL, R. A., KING, A. J. (2004), « Auditory neuroscience : a time for coincidence ? », *Curr. Biol.*, 14 (20), p. R886-888.

CAPPELLETTI, M., BUTTERWORTH, B., KOPELMAN, M. (2001), « Spared numerical abilities in a case of semantic dementia », *Neuropsychologia*, 39 (11), p. 1224-1239.

CARR, C. E., KONISHI, M. (1990), « A circuit for detection of interaural time differences in the brain stem of the barn owl », *J. Neurosci.*, 10 (10), p. 3227-3246.

CHANGEUX, J.-P. (sous presse), « The molecular biology of consciousness investigated with genetically modified mice », *Royal Society Philosophical Transactions Biological Sciences*.

CHEESMAN, J., MERIKLE, P. M. (1984), « Priming with and without awareness », *Perception & Psychophysics*, 36, p. 387-395.

CLARK, R. E., SQUIRE, L. R. (1998), « Classical conditioning and brain systems : the role of awareness », *Science*, 280 (5360), p. 77-81.

COHEN, L. (2004), *L'Homme thermomètre*, Paris, Odile Jacob.

COHEN, L., DEHAENE, S., NACCACHE, L., LEHERICY, S., DEHAENE-LAMBERTZ, G., HENAFF, M.-A., MICHEL, F. (2000), « The visual word form area : spatial and temporal characterization of an initial stage of reading in normal subjects and posterior split-brain patients », *Brain*, 123 (Pt 2), p. 291-307.

COOPER, E. E., BIEDERMAN, I., HUMMEL, J. E. (1992), « Metric invariance in object recognition : a review and further evidence », *Can. J. Psychol.*, 46 (2), p. 191-214.

COWEY, A., STOERIG, P. (1995), « Blindsight in monkeys », *Nature*, 373 (6511), p. 247-249.

CRICK, F., KOCH, C. (1990), « Toward a neurobiological theory of consciousness », *Seminars in Neuroscience*, 2, p. 263-275.

DAMAS-MORA, J., SKELTON-ROBINSON, M., JENNER, F. A. (1982), « The Charles Bonnet syndrome in perspective », *Psychol. Med.*, 12 (2), p. 251-261.

DAMIAN, M. F. (2001), « Congruity effects evoked by subliminally presented primes : automaticity rather than semantic processing », *J. Exp. Psychol. Hum. Percept Perform*, 27 (1), p. 154-165.

DAPRATI, E., GENTILUCCI, M. (1997), « Grasping an illusion », *Neuropsychologia*, 35 (12), p. 1577-1582.

DEGELDER, B., VROOMEN, J., POURTOIS, G., WEISKRANTZ, L. (1999), « Non-conscious recognition of affect in the absence of striate cortex », *Neuroreport*, 10 (18), p. 3759-3763.

DEHAENE, S., (1997), *La Bosse des maths*, Paris, Odile Jacob.

DEHAENE, S., AKHAVEIN, R. (1995), « Attention, automaticity and levels of representation in number processing », *Journal of Experimental Psychology : Learning, Memory, and Cognition*, 21, p. 314-326.

DEHAENE, S., CHANGEUX, J.-P. (1993), « Development of elementary numerical abilities : a neuronal model », *Journal of Cognitive Neuroscience*, 5, p. 390-407.

DEHAENE, S., CHANGEUX, J.-P., NACCACHE, L., SACKUR, J., SERGENT, C. (2006), « Conscious, preconscious, and subliminal processing : a testable taxonomy », *Trends Cogn. Sci.*, 10 (5), p. 204-211.

DEHAENE, S., COHEN, L. (1995), « Towards an anatomical and functional model of number processing », *Mathematical Cognition*, 1, p. 83-120.

DEHAENE, S., KERSZBERG, M., CHANGEUX, J.-P. (1998), « A neuronal model of a global workspace in effortful cognitive tasks », *Proceedings of the National Academy of Sciences USA*, 95, p. 14529-14534.

DEHAENE, S., MOLKO, N., COHEN, L., WILSON, A. J. (2004), « Arithmetic and the brain », *Curr. Opin. Neurobiol.*, 14 (2), p. 218-224.

DEHAENE, S., NACCACHE, L. (2001), « Towards a cognitive neuroscience of consciousness : basic evidence and a workspace framework », *Cognition*, 79 (1-2), p. 1-37.

DEHAENE, S., NACCACHE, L., COHEN, L., BIHAN, D.-L., MANGIN, J.-F., POLINE, J.-B., RIVIERE, D. (2001), « Cerebral mechanisms of word masking and unconscious repetition priming », *Nat. Neurosci.*, 4 (7), p. 752-758.

DEHAENE, S., NACCACHE, L., LE CLEC, H. G., KOECHLIN, E., MUELLER, M., DEHAENE-LAMBERTZ, G., VAN DE MOORTELE, P. F., LE BIHAN, D. (1998), « Imaging unconscious semantic priming », *Nature*, 395 (6702), p. 597-600.

DELL'ACQUA, R., GRAINGER, J. (1999), « Unconscious semantic priming from pictures », *Cognition*, 73 (1), p. B1-B15.

DELRIEU, A. (2001), *Sigmund Freud. Index thématique*, Paris, Anthropos.

DENNETT, D. C. (1992), *Consciousness Explained*, Londres, Penguin.

DESIMONE, R. (1996), « Neural mechanisms for visual memory and their role in attention », *Proceedings of the National Academy of Sciences USA*, 93 (24), p. 13494-13499.

DEVLIN, J. T., JAMISON, H. L., MATTHEWS, P. M., GONNERMAN, L. M. (2004), « Morphology and the internal structure of words », *Proceedings of the National Academy of Sciences USA*, 101 (41), p. 14984-14988.

DONCHIN, E., COLES, M. G. H. (1988), « Is the P300 component a manifestation of context updating ? », *The Behavioral and Brain Sciences*, 11, p. 355-372.

DRAINE, S. C., GREENWALD, A. G. (1998), « Replicable unconscious semantic priming [see comments] », *J. Exp. Psychol. Gen.*, 127 (3), p. 286-303.

EIMER, M., SCHLAGHECKEN, F. (1998), « Effects of masked stimuli on motor activation : behavioral and electrophysiological evidence », *J. Exp. Psychol. Hum. Percept Perform*, 24 (6), p. 1737-1747.

ELLENBERGER, H.-F. (1994), *Histoire de la découverte de l'inconscient*, Paris, Fayard.

FABRE, L., LEMAIRE, P. (à paraître), « Age-related differences in automatic stimulus-response associations : insights from young and older adults parity judgment », *Psychonomic Bulletin and Review*.

FERRAND, L., GRAINGER, J. (1992), « Phonology and orthography in visual word recognition : evidence from masked non-word priming », *Q. J. Exp. Psychol. [A]*, 45 (3), p. 353-372.

FERRAND, L., HUMPHREYS, G. W., SEGUI, J. (1998), « Masked repetition and phonological priming in picture naming », *Percept Psychophys*, 60 (2), p. 263-274.

FFYTCHE, D. H., HOWARD, R. J., BRAMMER, M. J., DAVID, A., WOODRUFF, P., WILLIAMS, S. (1998), « The anatomy of conscious vision : an fMRI study of visual hallucinations », *Nat. Neurosci.*, 1 (8), p. 738-742.

FLOURENS, J. P. M. (1824), *Recherches expérimentales sur les propriétés et les fonctions du système nerveux dans les animaux vertébrés*, Paris, Crevot.

FRANZ, V. H. (2001), « Action does not resist visual illusions », *Trends Cogn. Sci.*, 5 (11), p. 457-459.

FRANZ, V. H., GEGENFURTNER, K. R., BULTHOFF, H. H., FAHLE, M. (2000), « Grasping visual illusions : no evidence for a dissociation between perception and action », *Psychol. Sci.*, 11 (1), p. 20-25.

FREUD, S. (1966), *Correspondance de Sigmund Freud avec le pasteur Pfister 1909-1939*, Paris, Gallimard.

FREUD, S. (1971), *Études sur l'hystérie*, Paris, PUF.

FREUD, S. (1972), *La Technique psychanalytique*, Paris, PUF.

FREUD, S. (1973), *La Naissance de la psychanalyse*, Paris, PUF.

FREUD, S. (1973), *La Vie sexuelle*, Paris, PUF.

FREUD, S. (1974), *Névrose, psychose et perversion*, Paris, PUF.

FREUD, S. (1975), *Cinq Psychanalyses*, Paris, PUF.

FREUD, S. (1978), *Les Premiers Psychanalystes. Minutes (II) de la Société psychanalytique de Vienne (du 7 octobre 1908 au 15 juin 1910)*, Paris, Gallimard.

FREUD, S. (1979), *Les Premiers Psychanalystes. Minutes (III) de la Société psychanalytique de Vienne (du 5 octobre 1910 au 20 décembre 1911)*, Paris, Gallimard.

FREUD, S. (1984), *Résultats, idées, problèmes*, (vol. 1), Paris, PUF.

FREUD, S. (1985), *Résultats, idées, problèmes*, (vol. 2), Paris, PUF.

FREUD, S. (1985), *Abrégé de psychanalyse*, Paris, PUF.

FREUD, S. (1987), *L'Interprétation des rêves*, Paris, PUF.

FREUD, S. (1989), *L'Homme Moïse et la religion monothéiste*, Paris, Gallimard.

FREUD, S. (1990), *Le Mot d'esprit et sa relation à l'inconscient*, Paris, Gallimard.

FREUD, S. (1991), *Métapsychologie*, Paris, Gallimard.

FREUD, S. (1992), *Cinq Leçons sur la psychanalyse*, Paris, Payot.

FREUD, S. (1989), *Sigmund Freud. Œuvres complètes*, (vol. III), Paris, PUF.

FREUD, S. (1998), *Sigmund Freud. Œuvres complètes*, (vol. IX), Paris, PUF.

FREUD, S. (1988), *Sigmund Freud. Œuvres complètes*, (vol. XIII), Paris, PUF.

FREUD, S. (1996), *Sigmund Freud. Œuvres complètes*, (vol. XV), Paris, PUF.

FREUD, S. (1991), *Sigmund Freud. Œuvres complètes*, (vol. XVI), Paris, PUF.

FREUD, S. (1992), *Sigmund Freud. Œuvres complètes*, (vol. XVII), Paris, PUF.

FREUD, S. (1994), *Sigmund Freud. Œuvres complètes*, (vol. XVIII), Paris, PUF.

FREUD, S. (1995), *Sigmund Freud. Œuvres complètes*, (vol. XIX), Paris, PUF.

FREUD, S. (2004), *Introduction à la psychanalyse*, Paris, Payot.

FREUD, S., ABRAHAM, K. (1969), *Sigmund Freud – Karl Abraham. Correspondance 1907-1926*, Paris, Gallimard.

FREUD, S., JUNG, C. G. (1975), *Correspondance (1910-1914)*, (vol. 2), Paris, Gallimard.

GAILLARD, R., NACCACHE, L., PINEL, P., CLEMENCEAU, S., VOLLE, E., HASBOUN, D., DUPONT, S., BAULAC, M., DEHAENE, S., ADAM, C., COHEN, L. (2006), « Direct intracranial, FMRI, and lesion evidence for the causal role of left inferotemporal cortex in reading », *Neuron*, 50 (2), p. 191-204.

GAILLARD, R., DEL CUL, A., NACCACHE, L., VINCKIER, F., COHEN, L., DEHAENE, S. (2006b), « Nonconscious semantic processing of emotional words modulates conscious access », *Proceedings of the National Academy of Sciences USA*, 103 (19), p. 7524-7529.

GAUCHET, M. (1992), *L'Inconscient cérébral*, Paris, Seuil.

GAZZANIGA, M. (1996), *The Cognitive Neurosciences*, Cambridge (Mass.), MIT Press.

GAZZANIGA, M. S., LEDOUX, J. E., WILSON, D. H. (1977), « Language, praxis, and the right hemisphere : clues to some mechanisms of consciousness », *Neurology*, 27 (12), p. 1144-1147.

GENTILUCCI, M., CHIEFFI, S., DEPRATI, E., SAETTI, M. C., TONI, I. (1996), « Visual illusion and action », *Neuropsychologia*, 34 (5), p. 369-376.

GERSTMANN, J. (1940), « Syndrome of finger agnosia disorientation for right and left agraphia and acalculia », *Archives of Neurology and Psychiatry*, 44, p. 398-408.

GOLDSTEIN, K. (1983), *La Structure de l'organisme*, Paris, Gallimard.

GOODALE, M. A., MILNER, A. D. (1992), « Separate visual pathways for perception and action », *Trends in Neuroscience*, 15, p. 20-25.

GOODALE, M. A., MILNER, A. D., JAKOBSON, L. S., CAREY, D. P. (1991), « A neurological dissociation between perceiving objects and grasping them », *Nature*, 349 (6305), p. 154-156.

GREENWALD, A. G. (1996), « Three cognitive markers of unconscious semantic activation », *Science*, 273 (5282), p. 1699-1702.

GREENWALD, A. G., ABRAMS, R. L., NACCACHE, L., DEHAENE, S. (2003), « Long-term semantic memory versus contextual memory in unconscious number processing », *J. Exp. Psychol. Learn Mem. Cogn.*, 29 (2), p. 235-247.

GREENWALD, A. G., KLINGER, M. R., SCHUH, E. S. (1995), « Activation by marginally perceptible ("subliminal") stimuli : dissociation of unconscious from conscious cognition », *J. Exp. Psychol. Gen.*, 124 (1), p. 22-42.

GRILL-SPECTOR, K., KUSHNIR, T., EDELMAN, S., AVIDAN, G., ITZCHAK, Y., MALACH, R. (1999), « Differential processing of objects under various viewing conditions in the human lateral occipital complex », *Neuron*, 24 (1), p. 187-203.

GRILL-SPECTOR, K., MALACH, R. (2001), « fMR-adaptation : a tool for studying the functional properties of human cortical neurons », *Acta Psychol. (Amst)*, 107 (1-3), p. 293-321.

HADAMARD, J. (1945), *An Essay on the Psychology of Invention in the Mathematical Field*, Princeton, Princeton University Press.

HADAMARD, J. (1975), *Essai sur la psychologie de l'invention dans le domaine mathématique*, Paris, Gauthier-Villars.

HAMM, A. O., WEIKE, A. I., SCHUPP, H. T., TREIG, T., DRESSEL, A., KESSLER, C. (2003), « Affective blindsight : intact fear conditioning to a visual cue in a cortically blind patient », *Brain*, 126 (Pt 2), p. 267-275.

HAN, C. J., O'TUATHAIGH, C. M., VAN TRIGT, L., QUINN, J. J., FANSELOW, M. S., MONGEAU, R., KOCH, C., ANDERSON, D. J. (2003), « Trace but not delay fear conditioning requires attention and the anterior cingulate cortex »,

Proceedings of the National Academy of Sciences USA, 100 (22), p. 13087-13092.

HODGES, J. R., PATTERSON, K., OXBURY, S., FUNNELL, E. (1992), Semantic dementia. « Progressive fluent aphasia with temporal lobe atrophy », *Brain*, 115 (Pt 6), p. 1783-1806.

HOLENDER, D. (1986), « Semantic activation without conscious identification in dichotic listening parafoveal vision and visual masking : a survey and appraisal », *Behavioral and Brain Sciences*, 9, p. 1–23.

ISENBERG, N., SILBERSWEIG, D., ENGELIEN, A., EMMERICH, S., MALAVADE, K., BEATTIE, B., LEON, A. C., STERN, E. (1999), Linguistic threat activates the human amygdala, *Proceedings of the National Academy of Sciences USA*, 96 (18), p. 10456-10459.

JACKSON, J. H. (1932), *Selected Writings of John Hughlings Jackson*, Londres, J. Taylor.

JACOB, F. (1986), *Le Jeu des possibles*, Paris, LGF.

JACOBY, L. L. (1991), « A process dissociation framework : Separating automatic from intentional uses of memory », *Journal of Memory and Language*, 30, p. 513-541.

JASKOWSKI, P., SKALSKA, B., VERLEGER, R. (2003), « How the self controls its "automatic pilot" when processing subliminal information », *J. Cogn. Neurosci.*, 15 (6), p. 911-920.

JONES, E. (1969), *La Vie et l'œuvre de Sigmund Freud*, Paris, PUF.

KARNATH, H. O., CHRIST, K., HARTJE, W. (1993), « Decrease of contralateral neglect by neck muscle vibration and spatial orientation of trunk midline », *Brain*, 116 (Pt 2), p. 383-396.

KARNATH, H. O., FERBER, S., HIMMELBACH, M. (2001), « Spatial awareness is a function of the temporal not the posterior parietal lobe », *Nature*, 411 (6840), p. 950-953.

KENTRIDGE, R. W., HEYWOOD, C. A., WEISKRANTZ, L. (1999), « Attention without awareness in blindsight », *Proc. R. Soc. Lond. B. Biol. Sci.*, 266 (1430), p. 1805-1811.

KENTRIDGE, R. W., HEYWOOD, C. A., WEISKRANTZ, L. (2004), « Spatial attention speeds discrimination without awareness in blindsight », *Neuropsychologia*, 42 (6), p. 831-835.

KIEFER, M. (2002), « The N400 is modulated by unconsciously perceived masked words : further evidence for an automatic spreading activation account of N400 priming effects », *Brain Res. Cogn. Brain Res.*, 13 (1), p. 27-39.

KIHLSTROM, J. F. (2002), « No need for repression », *Trends Cogn. Sci.*, 6 (12), p. 502.

KILLGORE, W. D., YURGELUN-TODD, D. A. (2004), « Activation of the amygdala and anterior cingulate during nonconscious processing of sad versus happy faces », *Neuroimage*, 21 (4), p. 1215-1223.

KOECHLIN, E., BASSO, G., PIETRINI, P., PANZER, S., GRAFMAN, J. (1999), « The role of the anterior prefrontal cortex in human cognition », *Nature*, 399 (6 732), p. 148-151.

KOECHLIN, E., NACCACHE, L., BLOCK, E., DEHAENE, S. (1999), « Primed numbers : exploring the modularity of numerical represnetations with masked and unmasked semantic priming », *Journal of Experimental Psychology : Human Perception and Performance*, 25 (6), p. 1882-1905.

KOECHLIN, E., ODY, C., KOUNEIHER, F. (2003), « The architecture of cognitive control in the human prefrontal cortex », *Science*, 302 (5648), p. 1181-1185.

KORSAKOFF, S. (1889), « Étude médico-psychologique sur une forme des maladies de la mémoire », *Revue philosophique*.

KROLAK-SALMON, P., HENAFF, M. A., VIGHETTO, A., BERTRAND, O., MAUGUIERE, F. (2004), « Early amygdala reaction to fear spreading in occipital, temporal, and frontal cortex : a depth electrode ERP study in human », *Neuron*, 42 (4), p. 665-676.

KUMADA, M., DAMPNEY, R. A., REIS, D. J. (1977), « The trigeminal depressor response : a novel vasodepressor response originating from the trigeminal system », *Brain Res.*, 119 (2), p. 305-326.

KUNDE, W. (2003), « Sequential modulations of stimulus-response correspondence effects depend on awareness of response conflict », *Psychon. Bull. Rev.*, 10 (1), p. 198-205.

KUNDE, W., KIESEL, A., HOFFMANN, J. (2003), « Conscious control over the content of unconscious cognition », *Cognition*, 88 (2), p. 223-242.

KUTAS, M., HILLYARD, S. A. (1980), « Reading senseless sentences : brain potentials reflect semantic incongruity », *Science*, 207 (4427), p. 203-205.

KWOK, R. M., BRADDICK, O. J. (2003), « When does the Titchener Circles illusion exert an effect on grasping ? Two- and three-dimensional targets », *Neuropsychologia*, 41 (8), p. 932-940.

LACHTER, J., FORSTER, K. I., RUTHRUFF, E. (2004), « Forty-five years after Broadbent (1958) : still no identification without attention », *Psychol. Rev.*, 111 (4), p. 880-913.

LAMME, V. A., ROELFSEMA, P. R. (2000), « The distinct modes of vision offered by feedforward and recurrent processing », *Trends Neurosci.*, 23 (11), p. 571-579.

LAPLANCHE, J. (1987), *Nouveaux Fondements pour la psychanalyse*, Paris, PUF.

LAPLANE, D., DEGOS, J. D. (1983), « Motor neglect », *J. Neurol. Neurosurg. Psychiatry*, 46 (2), p. 152-158.

LAUREYS, S., OWEN, A. M., SCHIFF, N. D. (2004), « Brain function in coma, vegetative state, and related disorders », *Lancet Neurol.*, 3 (9), p. 537-546.

LAVIE, N. (1995), « Perceptual load as a necessary condition for selective attention », *J. Exp. Psychol. Hum. Percept Perform*, 21 (3), p. 451-468.

LEDOUX, J. E. (2000), « Emotion circuits in the brain », *Annu. Rev. Neurosci.*, 23, 155-184.

LEMER, C., DEHAENE, S., SPELKE, E., COHEN, L. (2003), « Approximate quantities and exact number words : dissociable systems », *Neuropsychologia*, 41 (14), p. 1942-1958.

LIBET, B., GLEASON, C. A., WRIGHT, E. W., PEARL, D. K. (1983), « Time of conscious intention to act in relation to onset of cerebral activity (readiness-potential). The unconscious initiation of a freely voluntary act », *Brain*, 106 (Pt 3), p. 623-642.

LIBET, B., WRIGHT, E. W., Jr., GLEASON, C. A. (1982), « Readiness-potentials preceding unrestricted "spontaneous" vs. pre-planned voluntary acts », *Electroencephalogr. Clin. Neurophysiol.*, 54 (3), p. 322-335.

LU, Z. L., NEUSE, J., MADIGAN, S., DOSHER, B. A. (2005), « Fast decay of iconic memory in observers with mild cognitive impairments », *Proceedings of the National Academy of Sciences USA*, 102 (5), p. 1797-1802.

LUCK, S. J., VOGEL, E. K., SHAPIRO, K. L. (1996), « Word meanings can be accessed but not reported during the attentional blink », *Nature*, 383 (6601), p. 616-618.

LUTZ, A., LACHAUX, J. P., MARTINERIE, J., VARELA, F. J. (2002), « Guiding the study of brain dynamics by using first-person data : synchrony patterns correlate with ongoing conscious states during a simple visual task », *Proceedings of the National Academy of Sciences USA*, 99 (3), p. 1586-1591.

MANN, T. (1948), *Joseph le nourricier*, Paris, Gallimard.

MARCEL, A. J. (1980), « Conscious and preconscious recognition of polysemous words : Locating the selective effect of prior verbal context », *in* R. S. Nickerson (ed.), *Attention and Performance*, (vol. 8), Hillsdale, L. Erlbaum.

MARCEL, A. J. (1983), « Conscious and unconscious perception : an approach to the relations between phenomenal experience and perceptual processes », *Cognitive Psychology*, 15 (2), p. 238-300.

MARCEL, A. J. (1983b), « Conscious and unconscious perception : experiments on visual masking and word recognition », *Cognitive Psychology*, 15, 197-237.

MARSHALL, J. C., HALLIGAN, P. W. (1988), « Blindsight and insight in visuo-spatial neglect », *Nature*, 336 (6201), p. 766-767.

McGlinchey-Berroth, R., Milberg, W. P., Verfaellie, M., Alexander, M., Kilduff, P. (1993), « Semantic priming in the neglected field : evidence from a lexical decision task », *Cognitive Neuropsychology*, 10, p. 79-108.

Merikle, P. M., Joordens, S., Stolz, J. A. (1995), « Measuring the relative magnitude of unconscious influences », *Consciousness and Cognition*, 4, p. 422-439.

Mesulam, M. M. (1981), « A cortical network for directed attention and unilateral neglect », *Annals of Neurology*, 10, p. 309-315.

Mesulam, M. M. (2000), *Principles of Behavioral and Cognitive Neurology*, (seconde édition), New York, Oxford University Press.

Meyer, D. E., Schvaneveldt, R. W. (1971), « Facilitation in recognizing pairs of words : evidence of a dependence between retrieval operations », *J. Exp. Psychol.*, 90 (2), p. 227-234.

Mijolla, A. de (2004), *Préhistoires de famille*, Paris, PUF.

Milner, A. (1998), « Streams and consciousness : visual consciousness and the brain », *Trends in Cognitive Sciences*, 2 (1), p. 25-30.

Miniussi, C., Wilding, E. L., Coull, J. T., Nobre, A. C. (1999), « Orienting attention in time. Modulation of brain potentials », *Brain*, 122 (Pt 8), p. 1507-1518.

Mishkin, M., Ungerleider, L. G., Macko, K. A. (1983), « Object vision and spatial vision : two cortical pathways », *Trends in Neurosciences*, 6, p. 414-417.

Monahan, J. L., Murphy, S. T., Zajonc, R. B. (2000), « Subliminal mere exposure : specific, general, and diffuse effects », *Psychol. Sci.*, 11 (6), p. 462-466.

Morris, J. S., de Bonis, M., Dolan, R. J. (2002), « Human amygdala responses to fearful eyes », *Neuroimage*, 17 (1), p. 214-222.

Morris, J. S., DeGelder, B., Weiskrantz, L., Dolan, R. J. (2001), « Differential extrageniculostriate and amygdala responses to presentation of emotional faces in a cortically blind field », *Brain*, 124 (Pt 6), p. 1241-1252.

Morris, J. S., Ohman, A., Dolan, R. J. (1998), « Conscious and unconscious emotional learning in the human amygdala [see comments] », *Nature*, 393 (6684), p. 467-470.

Morris, J. S., Ohman, A., Dolan, R. J. (1999), « A subcortical pathway to the right amygdala mediating "unseen" fear », *Proceedings of the National Academy of Sciences USA*, 96 (4), p. 1680-1685.

Moyer, R. S., Landauer, T. K. (1967), « Time required for judgements of numerical inequality », *Nature*, 215, p. 1519-1520.

Naccache, L. (1998), « Dissociation entre performance et conscience : revue de la littérature et contribution expérimentale », thèse non publiée pour le doctorat en médecine, Paris, université René-Descartes-Paris-V.

NACCACHE, L., OBADIA, M., CROZIER, S., DETANTE, O., GUILLERM, C., BONNEVILLE, F., DORMONT, D., WILLER, J. C., SAMSON, Y. (2004), « Preserved auditory cognitive ERPs in severe akinetic mutism : a case report », *Brain Res. Cogn. Brain Res.*, 19 (2), p. 202-205.

NACCACHE, L. (2005), « Visual phenomenal consciousness : a neurological guided tour », *Prog. Brain Res.*, 150C, p. 185-195.

NACCACHE, L., BLANDIN, E., DEHAENE, S. (2002), « Unconscious masked priming depends on temporal attention », *Psychol. Sci.*, 13 (5), p. 416-424.

NACCACHE, L., DEHAENE, S. (2001), « Unconscious semantic priming extends to novel unseen stimuli », *Cognition*, 80 (3), p. 215-229.

NACCACHE, L., DEHAENE, S. (2001b), « The priming method : imaging unconscious repetition priming reveals an abstract representation of number in the parietal lobes », *Cerebral Cortex*, 11 (10), p. 966-974.

NACCACHE, L., DEHAENE, S., COHEN, L., HABERT, M. O., GUICHART-GOMEZ, E., GALANAUD, D., WILLER, J. C. (2005), « Effortless control : executive attention and conscious feeling of mental effort are dissociable », *Neuropsychologia*, 43 (9), p. 1318-1328.

NACCACHE, L., GAILLARD, R., ADAM, C., HASBOUN, D., CLEMENCEAU, S., BAULAC, M., DEHAENE, S., COHEN, L. (2005), « A direct intracranial record of emotions evoked by subliminal words », *Proceedings of the National Academy of Sciences USA*, 102 (21), p. 7713-7717.

NEUMANN, O. (1990), « Direct parameter specification and the concept of perception », *Psychol. Res.*, 52 (2-3), p. 207-215.

NEUMANN, O., KLOTZ, W. (1994), « Motor responses to non-reportable, masked stimuli : where is the limit of direct motor specification ? », *in* C. Umiltà, M. Moscovitch (eds.), *Attention and Performance XV : Conscious and Non-Conscious Information Processing*, Cambridge (Mass.), MIT Press, p. 123-150.

NIEDER, A., MILLER, E. K. (2004), « A parieto-frontal network for visual numerical information in the monkey », *Proceedings of the National Academy of Sciences USA*, 101 (19), p. 7457-7462.

O'REGAN, J. K., NOE, A. (2001), « A sensorimotor account of vision and visual consciousness », *Behav. Brain Sci.*, 24 (5), p. 939-973 ; discussion p. 973-1031.

PASCUAL-LEONE, A., RUBIO, B., PALLARDO, F., CATALA, M. D. (1996), « Rapid-rate transcranial magnetic stimulation of left dorsolateral prefrontal cortex in drug-resistant depression », *Lancet*, 348 (9022), p. 233-237.

PISELLA, L., GREA, H., TILIKETE, C., VIGHETTO, A., DESMURGET, M., RODE, G., BOISSON, D., ROSSETTI, Y. (2000), « An "automatic pilot" for the hand in human posterior parietal cortex : toward reinterpreting optic ataxia », *Nat. Neurosci.*, 3 (7), p. 729-736.

POPPEL, E., HELD, R., FROST, D. (1973), « Residual visual function after brain wounds involving the central visual pathways in man », *Nature*, 243 (405), p. 295-296.

POSNER, M. I., PETERSEN, S.E. (1990), « The attention system of the human brain », *Annu. Rev. Neurosci.*, 13, p. 25-42.

POSNER, M. I., SNYDER, C. R. R. (1975), « Attention & cognitive control », *in* S. R. L. (ed.), *Information Processing & Cognition. The Loyola Symposium*, Hillsdale, L. Erlbaum.

PURCELL, D. G., STEWART, A. L., STANOVICH, K. K. (1983), « Another look at semantic priming without awareness », *Perception and Psychophysics*, 34, p. 65-71.

RACAMIER, P. C. (1980), *Les Schizophrènes*, Paris, Payot.

RAYMOND, J. E., SHAPIRO, K. L., ARNELL, K. M. (1992), « Temporary suppression of visual processing in an RSVP task : an attentional blink ? », *J. Exp. Psychol. Hum. Percept Perform*, 18 (3), p. 849-860.

REES, G., WOJCIULIK, E., CLARKE, K., HUSAIN, M., FRITH, C., DRIVER, J. (2000), « Unconscious activation of visual cortex in the damaged right hemisphere of a parietal patient with extinction », *Brain*, 123 (Pt 8), p. 1624-1633.

REYNVOET, B., BRYSBAERT, M., FIAS, W. (2002), « Semantic priming in number naming », *Q. J. Exp. Psychol. [A]*, 55 (4), p. 1127-1139.

REYNVOET, B., CAESSENS, B., BRYSBAERT, M. (2002), « Automatic stimulus-response associations may be semantically mediated », *Psychon. Bull. Rev.*, 9 (1), p. 107-112.

REYNVOET, B., GEVERS, W., CAESSENS, B. (2005), « Unconscious primes activate motor codes through semantics », *J. Exp. Psychol. Learn Mem. Cogn.*, 31 (5), p. 991-1000.

RICŒUR, P. (1995), *De l'interprétation*, Paris, Seuil.

SAHRAIE, A., WEISKRANTZ, L., BARBUR, J. L., SIMMONS, A., WILLIAMS, S. C. R., BRAMMER, M. J. (1997), « Pattern of neuronal activity associated with conscious and unconscious processing of visual signals », *Proceedings of the National Academy of Sciences USA*, 94, p. 9406-9411.

SCHALLER, B. (2004), « Trigeminocardiac reflex. A clinical phenomenon or a new physiological entity ? », *J. Neurol.*, 251 (6), p. 658-665.

SCHNEIDER, W., SHIFFRIN, R. M. (1977), *Controlled and Automatic Human Information Processing, I* (vol. 84), p. 1-66.

SCHVANEVELDT, R. W., MEYER, D. E. (1976), « Lexical ambiguity, semantic context, and visual word recognition », *J. Exp. Psychol. Hum. Percept Perform*, 2 (2), p. 243-256.

SEARLE, J. R. (1998), « How to study consciousness scientifically », *Philosophical Transactions of the Royal Society London, Series B*, 353, p. 1935-1942.

SPERLING, G. (1960), « The information available in brief visual presentation », *Psychological Monographs*, 74, p. 1-29.

SPINOZA, B. (1955), *Œuvres complètes*, Paris, Gallimard.

STOERIG, P., BARTH, E. (2001), « Low-level phenomenal vision despite unilateral destruction of primary visual cortex », *Conscious. Cogn.*, 10 (4), p. 574-587.

STROOP, J. R. (1935), « Studies of interference in serial verbal reactions », *Journal of Experimental Psychology*, 18, p. 643-662.

TANG-WAI, D. F., GRAFF-RADFORD, N. R., BOEVE, B. F., DICKSON, D. W., PARISI, J. E., CROOK, R., CASELLI, R. J., KNOPMAN, D. S., PETERSEN, R. C. (2004), « Clinical, genetic, and neuropathologic characteristics of posterior cortical atrophy », *Neurology*, 63 (7), p. 1168-1174.

TATOSSIAN, A. (1979), *Phénoménologie des psychoses*, Paris, Masson.

THIEBAUT DE SCHOTTEN, M., URBANSKI, M., DUFFAU, H., VOLLE, E., LEVY, R., DUBOIS, B., BARTOLOMEO, P. (2005), « Direct evidence for a parietal-frontal pathway subserving spatial awareness in humans », *Science*, 309 (5744), p. 2226-2228.

TONONI, G., EDELMAN, G. M. (1998), « Consciousness and complexity », *Science*, 282 (5395), p. 1846-1851.

TRANEL, D., DAMASIO, A. R. (1985), « Knowledge without awareness : an autonomic index of facial recognition by prosopagnosics », *Science*, 228 (4706), p. 1453-1454.

VAN ECKOUT, P. (2001), *Le Langage blessé : reparler après un accident cérébral*, Paris, Albin Michel.

VANRULLEN, R., KOCH, C. (2003), « Is perception discrete or continuous ? », *Trends Cogn. Sci.*, 7 (5), p. 207-213.

VANRULLEN, R., REDDY, L., KOCH, C. (2005), « Attention-driven discrete sampling of motion perception », *Proceedings of the National Academy of Sciences USA*, 102 (14), p. 5291-5296.

VIARD, A., FLAMENT, M. F., ARTIGES, E., DEHAENE, S., NACCACHE, L., COHEN, D., MAZET, P., MOUREN, M. C., MARTINOT, J.-L. (2005), « Cognitive control in childhood-onset obsessive-compulsive disorder : a functional MRI study », *Psychol. Med.*, 35 (7), p. 1007-1017.

VIGAND, P., VIGAND, S. (1997), *Putain de silence*, Paris, Anne Carrière.

VUILLEUMIER, P., ARMONY, J. L., DRIVER, J., DOLAN, R. J. (2003), « Distinct spatial frequency sensitivities for processing faces and emotional expressions », *Nat. Neurosci.*, 6 (6), p. 624-631.

WALLAS, G. (1926), *The Art of Thought*, New York, Harcourt Brace.

WHALEN, P. J., KAGAN, J., COOK, R. G., DAVIS, F. C., KIM, H., POLIS, S., MCLAREN, D. G., SOMERVILLE, L. H., MCLEAN, A. A., MAXWELL, J. S., JOHNSTONE, T.

(2004), « Human amygdala responsivity to masked fearful eye whites », *Science*, 306 (5704), p. 2061.

WHALEN, P. J., RAUCH, S. L., ETCOFF, N. L., MCINERNEY, S. C., LEE, M. B., JENIKE, M. A. (1998), « Masked presentations of emotional facial expressions modulate amygdala activity without explicit knowledge », *Journal of Neuroscience*, 18, p. 411-418.

WILLIAMS, L. M., LIDDELL, B. J., KEMP, A. H., BRYANT, R. A., MEARES, R. A., PEDUTO, A. S., GORDON, E. (2005), « Amygdala-prefrontal dissociation of subliminal and supraliminal fear », *Hum. Brain Mapp*.

WISSER, T. A., MERIKLE, P. M., DI LOLLO, V. (2005), « Priming in the attentional blink : perception without awareness ? », *Visual Cognition*, 12 (7), p. 1362-1372.

Remerciements

Mes premiers remerciements vont à celle dont j'imaginais la lecture de chacune des pages de ce livre alors que je les écrivais, Karine ma femme. Je remercie « Karine imaginée » pour l'esprit et la joie qu'elle insuffle à mes fictions conscientes, et je remercie « Karine réelle » pour son amour, pour la richesse de ses idées et de ses commentaires, et pour son aide à clarifier ma pensée.

Merci à Nathan et Gabriel, nos enfants sages et espiègles dont les rires et l'intelligence pétillante ont entouré la rédaction de ces pages.

Mes remerciements vont également à Nicolas Danziger, mon vieil ami et complice du bureau 727 que nous partageons, où psychanalyse et neurosciences ont toujours fait bon ménage. Il sait combien le regard enthousiaste qu'il a toujours porté à mon projet, et combien sa lecture chaleureuse m'ont été utiles.

Un grand merci à Stanislas Dehaene, Maître, Collègue et Ami (MCA) qui m'a initié à la recherche en neurosciences cognitives dans une atmosphère amicale d'exultation intellectuelle partagée. En souvenir de cette fin d'après-midi de l'année 1995 à l'École des hautes études en sciences sociales, lorsque nous avons immédiatement commencé à explorer ensemble les processus cognitifs abstraits inconscients. Que dure l'aventure !

Je remercie Laurent Cohen, mon autre MCA, maître ès neuropsychologie clinique, qui manipule thermomètres, IRM et autres appareils ingénieux autour de nos cerveaux stupéfaits.

Je remercie les étudiants et collègues qui m'assistent depuis des années dans ces travaux de recherche avec une ingéniosité et une motivation qui ne cessent de me surprendre. Merci en particulier à Raphaël Gaillard, mon ami psychiatre avec lequel nous cherchons depuis bientôt quatre ans les confidences de l'inconscient cognitif dans les méandres des circonvolutions du cortex cérébral à l'aide d'électrodes implantées. Merci aussi à Jérôme Sackur, Nicolas Chausson, Élise Blandin et Amira Wassouf. Merci à mes amis de l'unité Inserm U562, notamment à Ghislaine Dehaene, Christophe Pallier, Manuela Piazza, Catherine Oppenheim, Claire et Claire, Véronique Izard, Philippe Pinel, Mariano Sigman, Sid Kouider, merci à Andrea Rojas-Slachevsky.

Je remercie très chaleureusement Odile Jacob pour sa confiance et son soutien lorsque je lui ai exposé mon projet pour la première fois. J'ai eu depuis la chance de bénéficier de ses conseils éditoriaux. Merci à Bernard Gotlieb dont j'ai pu apprécier l'érudition lumineuse. Merci à Odile et Bernard de leur amitié.

Merci à Gérard Jorland pour la justesse de ses recommandations. Merci à Cyrille Bégorre-Bret pour sa lecture attentive et ses conseils judicieux. Merci à Émilie Barian.

Je remercie enfin les personnes qui ont eu une influence – dont j'ai conscience ! – sur mon parcours neurologique et scientifique. Que soient ainsi remerciés dans une continuité qui résonne un peu comme un « inventaire à la Prévert » :

Philippe Ascher, Michel Poisson, Jocelyn Benoist, Jean-Claude Willer, Jean-Claude Chottard, Nina Benoît, Zach Hall, Henri Petit, Marc Jeannerod, Jean Renaud Garel, Francis Eustache, Yves Samson, Jean-Pierre Changeux, Bruno Dubois, Michel Poncet, Juan Segui, Yves Agid et Olivier Lyon-Caen.

Table

CHAPITRE 5
Un inconscient sous influence ?

CHAPITRE 6
Portrait de l'inconscient
cognitif contemporain

Deuxième partie
NEUROSCIENCES DE LA CONSCIENCE

CHAPITRE PREMIER
Le propre de la conscience

CHAPITRE 2
Esquisse pour une psychologie scientifique de la conscience

CHAPITRE 3
Taxonomie des inconscients

Troisième partie
FREUD, CHRISTOPHE COLOMB DU MENTAL

CHAPITRE PREMIER
L'inconscient selon Freud

CHAPITRE 2
L'invention « miraculeuse »

CHAPITRE 3
La conscience retrouvée

Dans la collection « Poches Odile Jacob »

N° 1 : Aldo Naouri, *Les Filles et leurs mères*
N° 2 : Boris Cyrulnik, *Les Nourritures affectives*
N° 3 : Jean-Didier Vincent, *La Chair et le Diable*
N° 4 : Jean François Deniau, *Le Bureau des secrets perdus*
N° 5 : Stephen Hawking, *Trous noirs et Bébés univers*
N° 6 : Claude Hagège, *Le Souffle de la langue*
N° 7 : Claude Olievenstein, *Naissance de la vieillesse*
N° 8 : Édouard Zarifian, *Les Jardiniers de la folie*
N° 9 : Caroline Eliacheff, *À corps et à cris*
N° 10 : François Lelord, Christophe André, *Comment gérer les personnalités difficiles*
N° 11 : Jean-Pierre Changeux, Alain Connes, *Matière à pensée*
N° 12 : Yves Coppens, *Le Genou de Lucy*
N° 13 : Jacques Ruffié, *Le Sexe et la Mort*
N° 14 : François Roustang, *Comment faire rire un paranoïaque ?*
N° 15 : Jean-Claude Duplessy, Pierre Morel, *Gros Temps sur la planète*
N° 16 : François Jacob, *La Souris, la Mouche et l'Homme*
N° 17 : Marie-Frédérique Bacqué, *Le Deuil à vivre*
N° 18 : Gerald M. Edelman, *Biologie de la conscience*
N° 19 : Samuel P. Huntington, *Le Choc des civilisations*
N° 20 : Dan Kiley, *Le Syndrome de Peter Pan*
N° 21 : Willy Pasini, *À quoi sert le couple ?*
N° 22 : Françoise Héritier, Boris Cyrulnik, Aldo Naouri, *De l'inceste*
N° 23 : Tobie Nathan, *Psychanalyse païenne*
N° 24 : Raymond Aubrac, *Où la mémoire s'attarde*
N° 25 : Georges Charpak, Richard L. Garwin, *Feux follets et Champignons nucléaires*
N° 26 : Henry de Lumley, *L'Homme premier*
N° 27 : Alain Ehrenberg, *La Fatigue d'être soi*
N° 28 : Jean-Pierre Changeux, Paul Ricœur, *Ce qui nous fait penser*
N° 29 : André Brahic, *Enfants du Soleil*
N° 30 : David Ruelle, *Hasard et Chaos*
N° 31 : Claude Olievenstein, *Le Non-dit des émotions*
N° 32 : Édouard Zarifian, *Des paradis plein la tête*
N° 33 : Michel Jouvet, *Le Sommeil et le Rêve*
N° 34 : Jean-Baptiste de Foucauld, Denis Piveteau, *Une société en quête de sens*
N° 35 : Jean-Marie Bourre, *La Diététique du cerveau*
N° 36 : François Lelord, *Les Contes d'un psychiatre ordinaire*

N° 37 : Alain Braconnier, *Le Sexe des émotions*
N° 38 : Temple Grandin, *Ma vie d'autiste*
N° 39 : Philippe Taquet, *L'Empreinte des dinosaures*
N° 40 : Antonio R. Damasio, *L'Erreur de Descartes*
N° 41 : Édouard Zarifian, *La Force de guérir*
N° 42 : Yves Coppens, *Pré-ambules*
N° 43 : Claude Fischler, *L'Homnivore*
N° 44 : Brigitte Thévenot, Aldo Naouri, *Questions d'enfants*
N° 45 : Geneviève Delaisi de Parseval, Suzanne Lallemand, *L'Art d'accommoder les bébés*
N° 46 : François Mitterrand, Elie Wiesel, *Mémoire à deux voix*
N° 47 : François Mitterrand, *Mémoires interrompus*
N° 48 : François Mitterrand, *De l'Allemagne, de la France*
N° 49 : Caroline Eliacheff, *Vies privées*
N° 50 : Tobie Nathan, *L'Influence qui guérit*
N° 51 : Éric Albert, Alain Braconnier, *Tout est dans la tête*
N° 52 : Judith Rapoport, *Le garçon qui n'arrêtait pas de se laver*
N° 53 : Michel Cassé, *Du vide et de la création*
N° 54 : Ilya Prigogine, *La Fin des certitudes*
N° 55 : Ginette Raimbault, Caroline Eliacheff, *Les Indomptables*
N° 56 : Marc Abélès, *Un ethnologue à l'Assemblée*
N° 57 : Alicia Lieberman, *La Vie émotionnelle du tout-petit*
N° 58 : Robert Dantzer, *L'Illusion psychosomatique*
N° 59 : Marie-Jo Bonnet, *Les Relations amoureuses entre les femmes*
N° 60 : Irène Théry, *Le Démariage*
N° 61 : Claude Lévi-Strauss, Didier Éribon, *De près et de loin*
N° 62 : François Roustang, *La Fin de la plainte*
N° 63 : Luc Ferry, Jean-Didier Vincent, *Qu'est-ce que l'homme ?*
N° 64 : Aldo Naouri, *Parier sur l'enfant*
N° 65 : Robert Rochefort, *La Société des consommateurs*
N° 66 : John Cleese, Robin Skynner, *Comment être un névrosé heureux*
N° 67 : Boris Cyrulnik, *L'Ensorcellement du monde*
N° 68 : Darian Leader, *À quoi penses-tu ?*
N° 69 : Georges Duby, *L'Histoire continue*
N° 70 : David Lepoutre, *Cœur de banlieue*
N° 71 : Université de tous les savoirs 1, *La Géographie et la Démographie*
N° 72 : Université de tous les savoirs 2, *L'Histoire, la Sociologie et l'Anthropologie*
N° 73 : Université de tous les savoirs 3, *L'Économie, le Travail, l'Entreprise*

N° 74 : Christophe André, François Lelord, *L'Estime de soi*
N° 75 : Université de tous les savoirs 4, *La Vie*
N° 76 : Université de tous les savoirs 5, *Le Cerveau, le Langage, le Sens*
N° 77 : Université de tous les savoirs 6, *La Nature et les Risques*
N° 78 : Boris Cyrulnik, *Un merveilleux malheur*
N° 79 : Université de tous les savoirs 7, *Les Technologies*
N° 80 : Université de tous les savoirs 8, *L'Individu dans la société d'aujourd'hui*
N° 81 : Université de tous les savoirs 9, *Le Pouvoir, L'État, la Politique*
N° 82 : Jean-Didier Vincent, *Biologie des passions*
N° 83 : Université de tous les savoirs 10, *Les Maladies et la Médecine*
N° 84 : Université de tous les savoirs 11, *La Philosophie et l'Éthique*
N° 85 : Université de tous les savoirs 12, *La Société et les Relations sociales*
N° 86 : Roger-Pol Droit, *La Compagnie des philosophes*
N° 87 : Université de tous les savoirs 13, *Les Mathématiques*
N° 88 : Université de tous les savoirs 14, *L'Univers*
N° 89 : Université de tous les savoirs 15, *Le Globe*
N° 90 : Jean-Pierre Changeux, *Raison et Plaisir*
N° 91 : Antonio R. Damasio, *Le Sentiment même de soi*
N° 92 : Université de tous les savoirs 16, *La Physique et les Éléments*
N° 93 : Université de tous les savoirs 17, *Les États de la matière*
N° 94 : Université de tous les savoirs 18, *La Chimie*
N° 95 : Claude Olievenstein, *L'Homme parano*
N° 96 : Université de tous les savoirs 19, *Géopolitique et Mondialisation*
N° 97 : Université de tous les savoirs 20, *L'Art et la Culture*
N° 98 : Claude Hagège, *Halte à la mort des langues*
N° 99 : Jean-Denis Bredin, Thierry Lévy, *Convaincre*
N° 100 : Willy Pasini, *La Force du désir*
N° 101 : Jacques Fricker, *Maigrir en grande forme*
N° 102 : Nicolas Offenstadt, *Les Fusillés de la Grande Guerre*
N° 103 : Catherine Reverzy, *Femmes d'aventure*
N° 104 : Willy Pasini, *Les Casse-pieds*
N° 105 : Roger-Pol Droit, *101 Expériences de philosophie quotidienne*
N° 106 : Jean-Marie Bourre, *La Diététique de la performance*
N° 107 : Jean Cottraux, *La Répétition des scénarios de vie*
N° 108 : Christophe André, Patrice Légeron, *La Peur des autres*
N° 109 : Amartya Sen, *Un nouveau modèle économique*
N° 110 : John D. Barrow, *Pourquoi le monde est-il mathématique ?*

N° 111 : Richard Dawkins, *Le Gène égoïste*
N° 112 : Pierre Fédida, *Des bienfaits de la dépression*
N° 113 : Patrick Légeron, *Le Stress au travail*
N° 114 : François Lelord, Christophe André, *La Force des émotions*
N° 115 : Marc Ferro, *Histoire de France*
N° 116 : Stanislas Dehaene, *La Bosse des maths*
N° 117 : Willy Pasini, Donato Francescato, *Le Courage de changer*
N° 118 : François Heisbourg, *Hyperterrorisme : la nouvelle guerre*
N° 119 : Marc Ferro, *Le Choc de l'Islam*
N° 120 : Régis Debray, *Dieu, un itinéraire*
N° 121 : Georges Charpak, Henri Broch, *Devenez sorciers, devenez savants*
N° 122 : René Frydman, *Dieu, la Médecine et l'Embryon*
N° 123 : Philippe Brenot, *Inventer le couple*
N° 124 : Jean Le Camus, *Le Vrai Rôle du père*
N° 125 : Elisabeth Badinter, *XY*
N° 126 : Elisabeth Badinter, *L'Un est l'Autre*
N° 127 : Laurent Cohen-Tanugi, *L'Europe et l'Amérique au seuil du XXIe siècle*
N° 128 : Aldo Naouri, *Réponses de pédiatre*
N° 129 : Jean-Pierre Changeux, *L'Homme de vérité*
N° 130 : Nicole Jeammet, *Les Violences morales*
N° 131 : Robert Neuburger, *Nouveaux Couples*
N° 132 : Boris Cyrulnik, *Les Vilains Petits Canards*
N° 133 : Christophe André, *Vivre heureux*
N° 134 : François Lelord, *Le Voyage d'Hector*
N° 135 : Alain Braconnier, *Petit ou grand anxieux ?*
N° 136 : Juan Luis Arsuaga, *Le Collier de Néandertal*
N° 137 : Daniel Sibony, *Don de soi ou partage de soi*
N° 138 : Claude Hagège, *L'Enfant aux deux langues*
N° 139 : Roger-Pol Droit, *Dernières Nouvelles des choses*
N° 140 : Willy Pasini, *Être sûr de soi*
N° 141 : Massimo Piattelli Palmarini, *Le Goût des études ou comment l'acquérir*
N° 142 : Michel Godet, *Le Choc de 2006*
N° 143 : Gérard Chaliand, Sophie Mousset, *2 000 ans de chrétientés*
N° 145 : Christian De Duve, *À l'écoute du vivant*
N° 146 : Aldo Naouri, *Le Couple et l'Enfant*

N° 147 : Robert Rochefort, *Vive le papy-boom*
N° 148 : Dominique Desanti, Jean-Toussaint Desanti, *La liberté nous aime encore*
N° 149 : François Roustang, *Il suffit d'un geste*
N° 150 : Howard Buten, *Il y a quelqu'un là-dedans*
N° 151 : Catherine Clément, Tobie Nathan, *Le Divan et le Grigri*
N° 152 : Antonio R. Damasio, *Spinoza avait raison*
N° 153 : Bénédicte de Boysson-Bardies, *Comment la parole vient aux enfants*
N° 154 : Michel Schneider, *Big Mother*
N° 155 : Willy Pasini, *Le Temps d'aimer*
N° 156 : Jean-François Amadieu, *Le Poids des apparences*
N° 157 : Jean Cottraux, *Les Ennemis intérieurs*
N° 158 : Bill Clinton, *Ma Vie*
N° 159 : Marc Jeannerod, *Le Cerveau intime*
N° 160 : David Khayat, *Les Chemins de l'espoir*
N° 161 : Jean Daniel, *La Prison juive*
N° 162 : Marie-Christine Hardy-Baylé, Patrick Hardy, *Maniaco-dépressif*
N° 163 : Boris Cyrulnik, *Le Murmure des fantômes*
N° 164 : Georges Charpak, Roland Omnès, *Soyez savants, devenez prophètes*
N° 165 : Aldo Naouri, *Les Pères et les Mères*
N° 166 : Christophe André, *Psychologie de la peur*
N° 167 : Alain Peyrefitte, *La Société de confiance*
N° 168 : François Ladame, *Les Éternels Adolescents*
N° 169 : Didier Pleux, *De l'enfant roi à l'enfant tyran*
N° 170 : Robert Axelrod, *Comment réussir dans un monde d'égoïstes*
N° 171 : François Millet-Bartoli, *La Crise du milieu de la vie*
N° 172 : Hubert Montagner, *L'Attachement*
N° 173 : Jean-Marie Bourre, *La Nouvelle Diététique du cerveau*
N° 174 : Willy Pasini, *La Jalousie*
N° 175 : Frédéric Fanget, *Oser*
N° 176 : Lucy Vincent, *Comment devient-on amoureux ?*
N° 177 : Jacques Melher, Emmanuel Dupoux, *Naître humain*
N° 178 : Gérard Apfeldorfer, *Les Relations durables*
N° 179 : Bernard Lechevalier, *Le Cerveau de Mozart*
N° 180 : Stella Baruk, *Quelles mathématiques pour l'école ?*

N° 181 : Patrick Lemoine, *Le Mystère du placebo*
N° 182 : Boris Cyrulnik, *Parler d'amour au bord du gouffre*
N° 183 : Alain Braconnier, *Mère et Fils*
N° 184 : Jean-Claude Carrière, *Einstein, s'il vous plaît*
N° 185 : Aldo Naouri, Sylvie Angel, Philippe Gutton, *Les Mères juives*
N° 186 : Jean-Marie Bourre, *La Vérité sur les oméga-3*
N° 187 : Édouard Zarifian, *Le Goût de vivre*
N° 188 : Lucy Vincent, *Petits arrangements avec l'amour*
N° 189 : Jean-Claude Carrière, *Fragilité*
N° 190 : Luc Ferry, *Vaincre les peurs*
N° 191 : Henri Broch, *Gourous, sorciers et savants*
N° 192 : Aldo Naouri, *Adultères*
N° 193 : Violaine Guéritault, *La Fatigue émotionnelle et physique des mères*
N° 194 : Sylvie Angel et Stéphane Clerget, *La Deuxième Chance en amour*
N° 195 : Barbara Donville, *Vaincre l'autisme*
N° 196 : François Roustang, *Savoir attendre*
N° 197 : Alain Braconnier, *Les Filles et les Pères*
N° 198 : Lucy Vincent, *Où est passé l'amour ?*
N° 199 : Claude Hagège, *Combat pour le français*
N° 200 : Boris Cyrulnik, *De chair et d'âme*
N° 201 : Jeanne Siaud-Facchin, *Aider son enfant en difficulté scolaire*
N° 202 : Laurent Cohen, *L'Homme-thermomètre*
N° 203 : François Lelord, *Hector et les secrets de l'amour*
N° 204 : Willy Pasini, *Des hommes à aimer*
N° 205 : Jean-François Gayraud, *Le Monde des mafias*
N° 206 : Claude Béata, *La Psychologie du chien*
N° 207 : Denis Bertholet, *Claude Lévi-Strauss*
N° 208 : Alain Bentolila, *Le Verbe contre la barbarie*
N° 209 : François Lelord, *Le Nouveau Voyage d'Hector*
N° 210 : Pascal Picq, *Lucy et l'obscurantisme*
N° 211 : Marc Ferro, *Le Ressentiment dans l'histoire*
N° 212 : Willy Pasini, *Le Couple amoureux*
N° 213 : Christophe André, François Lelord, *L'Estime de soi*
N° 214 : Lionel Naccache, *Le Nouvel Inconscient*

Cet ouvrage a été transcodé et mis en pages
chez Nord Compo (Villeneuve d'Ascq)

Impression réalisée par

CPI

Brodard & Taupin

La Flèche (Sarthe), le 29-01-2009
N° d'impression : 48756
N° d'édition : 7381-2213-X
Dépôt légal : février 2009

Imprimé en France

Imprimé en France